本报告得到国家社会科学基金专项项目
（17VGB002）的资助

# 2016年度洞沟古墓群山城下墓区清理报告

吉林省文物考古研究所
集 安 市 博 物 馆 编著

科 学 出 版 社
北 京

## 内 容 简 介

2016年，为配合吉林省集安市洞沟古墓群墓葬文物本体保护维修工程的实施，由吉林省文物考古研究所、集安市博物馆对山城下墓区的288座墓葬进行考古清理。本书全面梳理了本次考古工作，对288座墓葬的地理位置、保存现状、墓葬类型、出土遗物等进行系统介绍，图文丰富，内容翔实，丰富和充实了洞沟古墓群墓葬资料，为今后开展墓葬研究提供了基础数据，具有较为重要的学术价值。

本书适合从事考古学、历史学，特别是东北考古、汉唐考古研究方向的中外学者以及高校相关专业师生参考、阅读。

**图书在版编目（CIP）数据**

2016年度洞沟古墓群山城下墓区清理报告 / 吉林省文物考古研究所，集安市博物馆编著．—北京：科学出版社，2023.1

ISBN 978-7-03-074787-7

Ⅰ．①2…　Ⅱ．①吉…　②集…　Ⅲ．①墓葬（考古）－发掘报告－集安　Ⅳ．①K878.85

中国版本图书馆CIP数据核字（2023）第019512号

责任编辑：王琳玮 / 责任校对：邹慧卿

责任印制：肖　兴 / 封面设计：陈　敬

科学出版社 出版

北京东黄城根北街16号

邮政编码：100717

http://www.sciencep.com

北京中科印刷有限公司 印刷

科学出版社发行　各地新华书店经销

*

2023年1月第　一　版　开本：589×1194　1/16

2023年1月第一次印刷　印张：18 3/4　插页：32

字数：530 000

**定价：398.00元**

（如有印装质量问题，我社负责调换）

# 《2016年度洞沟古墓群山城下墓区清理报告》编委会


主　　编　安文荣
执行主编　李睿哲
副 主 编　董　峰　郭建刚

# 目　　录

# 插图目录

# 图版目录

# 第一章 概　述

集安市位于吉林省东南部鸭绿江右岸群山环抱的通沟盆地。盆地狭长，依鸭绿江流向呈东北—西南方向，面积约24平方千米。集安城区东傍龙山，北依禹山，西靠七星山，南隔鸭绿江同朝鲜民主主义人民共和国相望，地理坐标为北纬41°05′30″～41°17′40″，东经126°05′25″～126°24′30″。盆地内的主要河流有两条，均为南北走向。一为通沟河，发源于北面的深山，由东而西绕经禹山北麓，在禹山西侧经七星山折而向南注入鸭绿江。一为麻线河，发源于板岔岭附近的深山中，由北向南途经石庙村形成一片面积较小的平原后流入鸭绿江。这片土地上很早就有人类生活居住，繁衍生息，目前发现最早的古代人类活动遗迹属新石器时代。

秦统一后，集安属秦辽东郡。汉武帝元封三年（公元前108年），汉王朝在东北设乐浪、真番、临屯、玄菟四郡，集安属玄菟郡高句丽县管辖。西汉末至唐，为高句丽都城和别都，唐灭高句丽后先为安东都护府，后为渤海国西京鸭绿府之桓州的丸都县，辽、金、元、明时期，为女真人活动区域。清代早期对长白山实行封禁，这里荒芜了近二百年。清光绪二年（1876年），清廷准许设治，光绪二十八年（1902年），始设辑安县。民国二年（1913年）至中华人民共和国成立，先后隶属奉天省、通化省、安东省、辽东省管辖。1954年，辑安县划归吉林省。1965年经国务院批准，辑安县更名为集安县。

汉建昭二年（公元前37年）高句丽人在纥升骨城（今辽宁省桓仁县）建立政权，汉元始三年（3年）迁都国内（今吉林省集安市），北魏始光四年（427年）再迁都平壤城（今朝鲜民主主义人民共和国平壤市），唐总章元年（668年）高句丽被唐朝所灭，历经汉、魏晋、隋、唐，存世705年，传28位王。其中高句丽以国内城作为政治、经济、文化、军事中心时间长达425年之久，正是在这个阶段，高句丽经历了由一个综合实力弱小的政权，通过长期的经营和多次剧烈的军事抗衡，发展成为东邻日本海、西至辽河流域、北至辉发河和西流松花江流域、南抵汉江流域的强大政权。427年高句丽迁都平壤后，国内城作为陪都仍然保持着繁荣与昌盛。集安市（国内城）经历了高句丽政权由弱小至昌盛到灭亡，见证了高句丽由兴盛转向衰败的历史。鸭绿江右岸从东北方向的长川村经过下解放村至西南方向的麻线河平原全长约35千米，进深3～5千米的平川、谷地和山岭区域内，分布着洞沟古墓群、国内城、丸都山城、好太王碑等闻名遐迩的高句丽遗迹。

洞沟古墓群位于集安市郊，多数为3～7世纪高句丽时期墓葬，少数墓葬为渤海时期。1961年，洞沟古墓群被国务院公布为全国重点文物保护单位。1966年，在对洞沟古墓群进行第一次正式普查测绘后，依据当时的行政区划，将墓群划分为六个墓区，自西而东为麻线墓区、七星山墓区、万宝汀墓区、山城下墓区、禹山墓区、下解放墓区，后经上报国务院批准，将长川墓区划入其中，形成现在的七个墓区的分布格局（图一）。1997年，对洞沟古墓群进行第二次普查后，登记著录墓葬总数为6974座。2004年，洞沟古墓群中的将军坟、太王陵、临江墓、YM992、YM2110、千秋墓、西大墓、MM626、MM2100、MM2378、QM211、QM871等12座王陵；五盔坟1～5号墓，四盔坟1～4号墓，四神墓，角觝墓，舞俑墓，马槽墓，散莲花墓，王字墓，折天井墓，龟甲墓，兄墓，弟墓，冉牟墓，环纹墓，长川1、2、4号墓，YM2112，YM3319，将军坟陪坟等27座贵族墓葬；另有国内城、丸都山城和好太王碑共计42处高句丽遗迹被列入《世界遗产名录》。

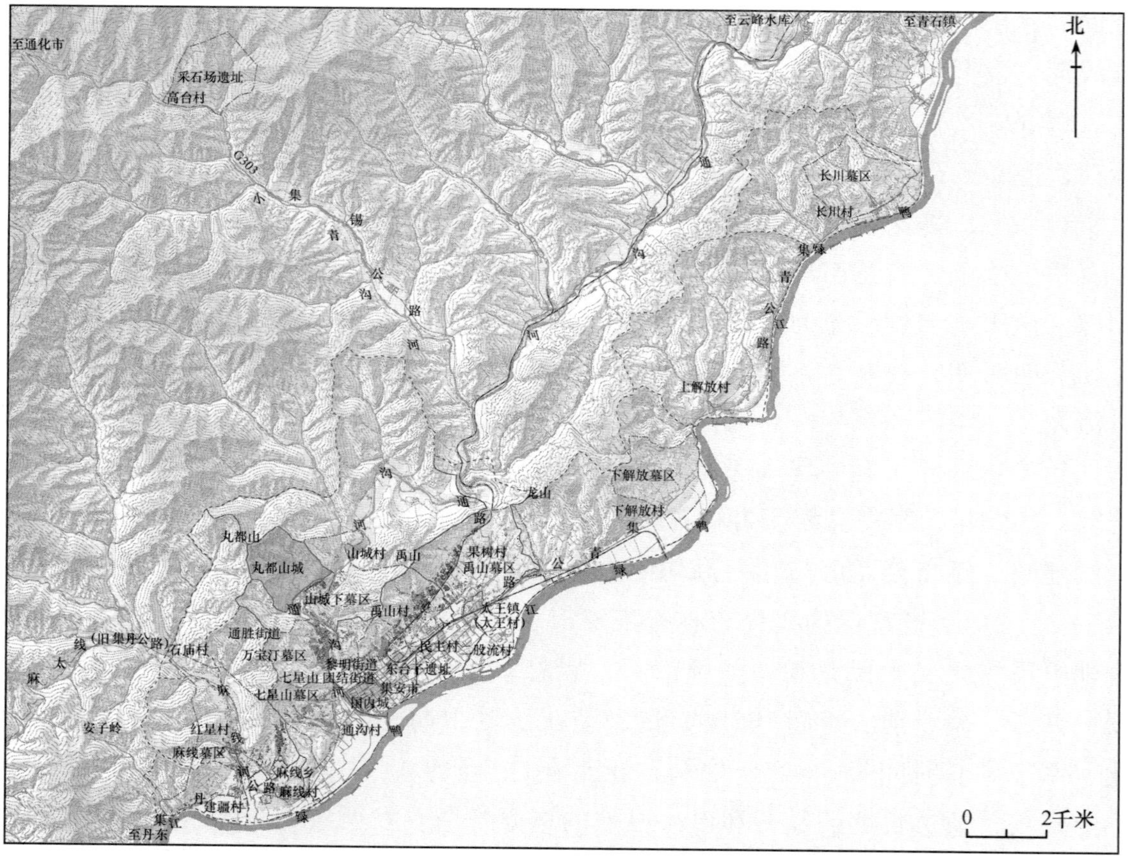


图一　洞沟古墓群分布示意图

# 第一节　项 目 背 景

为了科学、合理、可持续地保护和管理洞沟古墓群墓葬，2010年集安市文物局委托中国建筑设计研究院建筑历史研究所编制了《洞沟古墓群保护总体规划（2015～2030年）》。2014年集安市文物局聘请北京建工建筑设计研究院和总装备部工程设计研究总院编制完成《吉林省集安市洞沟古墓群208座高句丽墓葬文物保护设计方案》。方案内容重点是对世界文化遗产高句丽王城、王陵及贵族墓葬连接展示道路两侧的山城下墓区（100座）、万宝汀墓区（85座）、禹山墓区（11座）和下解放墓区（12座）的墓葬进行保护、维修、展示。

2015年6月，集安市文物局经过多次现场调研，确定先期实施《吉林省集安市洞沟古墓群208座高句丽墓葬文物保护设计方案》中山城下墓区100座墓葬的保护。同时由方案设计单位总装备部工程设计研究总院编制完成《吉林省集安市洞沟古墓群100座高句丽墓葬文物保护工程设计方案》上报省文物局予以核准。同月，吉林省文物局组织专家组到达集安现场论证《吉林省集安市洞沟古墓群100座高句丽墓葬文物保护工程设计方案》的可行性，经过现场调研和讨论后，明确方案名称修改为《洞沟古墓群208座高句丽墓葬本体保护及防排水工程设计方案（一期工程）》，同时要求"该工程应严格按照前期工作、深化设计和施工顺序步骤实施。前期工作主要指考古清理工作，根据考古清理工作结果深化方案设计"。之后，吉林省文物局按照专家意见下发了《关于洞沟古墓群208座高句丽墓葬本体保护及防排水工程设计方案的核准意见》（吉文物发〔2015〕187号）。

按照吉林省文物局的核准意见，2015年，集安市文物局委托吉林省文物考古研究所、集安市博物馆成立考古工作队对山城下墓区河西片114座墓葬开展了考古清理工作。2016年8～11月中旬，考古工作队对山城下墓区河西片所有尚未经过发掘和维修的墓葬逐一进行清理和资料收集。工作的主要内容是收集、整理墓葬的类型、结构、材料、建筑方法和分布范围等信息，并通过航拍、三维建模等技术手段全面、直观地反映每座墓葬的整体情况，为保护维修工程方案的深化设计提供科学、翔实的依据。

## 第二节　地理位置及地形地貌

洞沟古墓群山城下墓区位于集安市区北部2.5千米处，行政区划隶属集安市通胜街道通沟村十组、十一组、十二组和山城村一组、二组、三组、四组，墓区因环绕高句丽故城丸都山城分布而得名。

山城下墓区位于禹山、丸都山、七星山之间狭长的峡谷缓坡地带内，通沟河由东北至西南呈S形蜿蜒穿过该区域，向南注入鸭绿江。在这个长约3000米，宽400～750米的狭长地带内，1248座墓葬沿通沟河两岸的阶地和坡地呈片状分布。按照河流走向和墓葬分布区域现状，山城下墓区由北至南划分为大川片、河东片、河西片、南大湾片、东大坡片和砖厂片。2015～2016年清理的墓葬位于山城下墓区的河西片，由于该片区墓葬具有类型多、体量大、分布密集的特点，又被称为山城下贵族墓地（图二）。

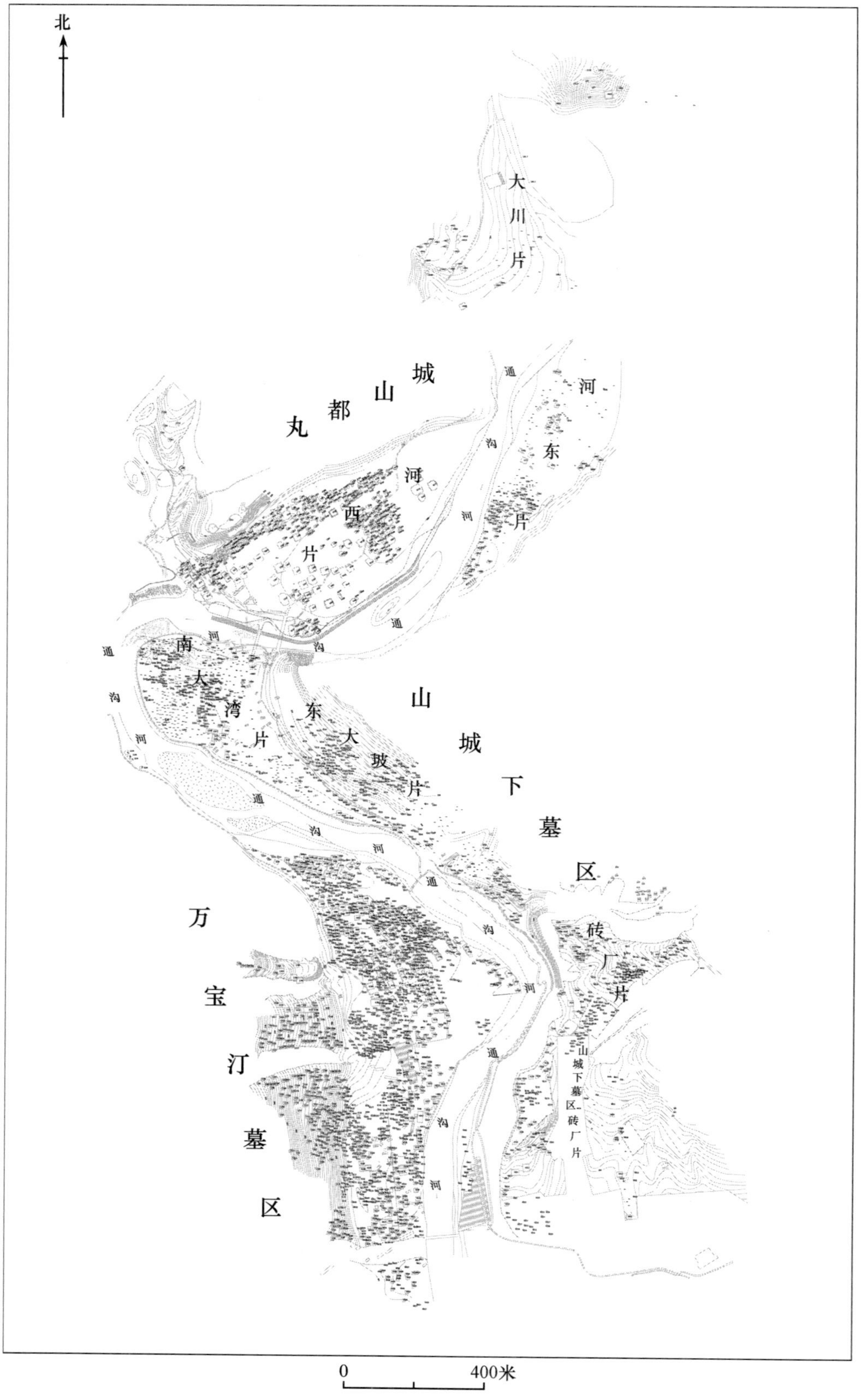


图二　洞沟古墓群山城下墓区墓葬分布示意图

山城下墓区河西片地处通沟河右岸，是一个由通沟河水冲积而成的平坦阶地，阶地北侧是陡壁，陡壁之上是著名的高句丽故城丸都山城，其南城墙沿陡壁边缘而建，与阶地的落差为50余米，形成一道天然的军事防御屏障。通沟河由东北—西南环绕阶地的东、南、西三面蜿蜒流淌而过。此区域地势平坦，面积约0.24平方千米，中心地理坐标为北纬41°08′42.5″，东经126°09′31.9″，平均海拔220米。

根据吉林省文物考古研究所和集安市博物馆编著的《洞沟古墓群1997年调查测绘报告》（以下简称《1997年测绘报告》）统计，山城下墓区河西片有墓葬473座，注销墓葬51座，现存墓葬422座。在2015～2017年的考古清理及本体保护维修工作中，部分墓葬在《1997年测绘报告》中已经登记为注销，但现地表仍可见，对这部分墓葬仍使用注销前的墓号并开展了本体保护维修。现山城下墓区河西片共有墓葬434座。墓区中著名的墓葬有龟甲墓等壁画墓，还有兄墓、弟墓、折天井墓等大型积石墓（图三；图版一，1）。

## 第三节 以往工作情况

对于山城下墓区高句丽墓葬的调查、著录始于20世纪初，最早由日本人对部分壁画墓和大型墓葬进行调查、著录并命名，如壁画墓龟甲墓、美人墓，大型墓葬兄墓、弟墓、折天井墓等。

中华人民共和国成立后，对洞沟古墓群山城下墓区进行的考古清理、发掘始于20世纪60年代，清理原因多为配合生产建设和生活建设。

1965年，集安县文物保管所清理山城下墓区9座墓葬。同年，对洞沟古墓群进行实测，完成了麻线、七星山、山城下、万宝汀、禹山、下解放六个墓区1万余座古墓的测绘著录，形成了一套完整的档案。

1966年，吉林省博物馆集安考古队、集安县文物保管所联合清理21座墓葬，包括山城下墓区332号墓（王字墓）和983号墓（莲花墓）。

1968年，为配合农田建设，吉林省博物馆清理36座墓葬；同年秋季陈相伟、张锡英、刘萱堂、宫永祥清理40座墓葬。

1969年，为配合农田建设，吉林省博物馆清理2座墓葬。

1970年，为配合农田建设，吉林省博物馆李文奎等清理3座墓葬。

1976年，为配合农业生产，吉林省博物馆、集安县博物馆、吉林大学部分师生、工农兵考古学习班学员联合清理山城下墓区砖厂片21座墓葬、东大坡片133座墓葬。

1979年，集安县文物保管所林至德等清理砖厂片46座墓葬。

1980年，为修建砖厂，集安县文物保管所孙仁杰清理砖厂片1座墓葬。

1993年，为了配合古墓葬保护维修工程，集安市博物馆耿铁华、孙仁杰、张雪岩、迟勇、董长富、周荣顺清理38座墓葬。清理完成后对墓葬进行保护维修加固。

2003年，为了配合高句丽遗迹申报世界文化遗产工作，考古清理、保护维修38座墓葬。

## 第四节　工作目标与方法

### 一、工 作 目 标

鉴于本次考古清理工作是为后期墓葬本体保护维修提供基础考古资料，以搞清楚墓葬的外部形制、结构和方法，不同于以往的考古发掘工作，因此我们参照《田野考古工作规程》，结合以往高句丽墓葬发掘方法，将工作目标划分为两个层次，编制了具体可行的高句丽墓葬考古操作流程和方法。

**1. 重点考古清理目标**

将全部积石墓列为重点考古清理对象，在搞清积石墓的外部形制、建造结构、建造方法和使用石料的基础上，对部分墓葬的墓室进行清理，并对每一座积石墓进行航拍，三维建模，绘制墓葬平、剖面图。选择体量较大、形制特殊、墓室裸露的封土墓进行清理，搞清封土范围、墓室结构、建造方法等，绘制墓葬平、剖面，墓室四壁图。

**2. 一般考古清理目标**

针对数量多、体量小、封土流失严重的封土墓，在墓葬周边采取打探沟的方式，搞清墓葬封土的原始范围、材料、培封方法等内容，绘制墓葬平、剖面图。

### 二、工 作 方 法

**1. 积石墓的考古清理方法和步骤**

第一步初判范围。清理墓葬本体及外延2米范围内的所有植被、根系、浮土，暴露出全部积石，确定墓葬倒塌范围，初步判断墓葬四面石坛分布范围、形状和走向。

第二步判断结构。

方法一，点线法。以现存地表之上的较大石块作为判断第一层基坛的依据，如果能串联成线，又符合高句丽墓葬的砌筑规律和特点，那么即以此作为墓葬底部边缘的依据，沿石条向两侧继续进一步清理，也就是“找边”。

方法二，探沟法。对于地表之上不见墓葬基坛任何依据的，采取探沟法，即根据墓葬积石的分布和堆砌特点，初步判断出墓葬基坛的方向，垂直于墓葬边缘倒塌堆积布设探沟，向墓葬内清理，发现基坛位置后，再沿着基坛向两侧清理，直至墓葬基坛全部清楚。

第三步清理阶坛。对于有阶坛的墓葬，采用点线法或探沟法清理出阶坛。

由于很多墓葬保存状况不好，在清理过程中，常常是点线法和探沟法相结合使用。

**2. 封土墓的考古清理方法和步骤**

清除墓葬封土和周边土地的植被后，在墓葬的周边选择不同位置，采取探沟法下挖至墓葬起建层位，以此探明封土的分布范围，搞清层位关系，确定封土厚度。

对墓葬进行考古清理之前，由专业测绘人员对此区域进行1：100比例的地形测绘，记录墓葬现存大小、高度。在积石墓考古清理完成后，采用无人飞行器对每座墓葬进行多角度航拍，将数据处理后，每座积石墓都建立了三维模型。根据三维模型，制作出了1：20和1：50的墓葬俯视图、侧视图。

# 第二章 墓 葬

## 第一节 墓葬类型

本次发掘工作为配合墓葬本体保护维修工程，遵照国家文物局“最小干涉”的原则，发掘工作重点突出外部结构，弱化内部结构，共清理墓葬288座，其中积石墓11座、封土墓277座。为了规范发掘工作，我们以《1997年测绘报告》的分类为基础，对本次发掘涉及的墓葬类型进行了统一，制定了判定标准，分为基坛积石墓、阶墙积石墓、阶坛积石墓、封石石室墓、封土石室墓五类。对清理了墓圹的积石墓，可以确定墓圹形制，在其分类名称的基础上加入墓圹形制名称。下面对每种类型进行说明。

**1. 基坛积石墓**

墓葬用较大的河卵石或山石石块、石条垒砌成基坛边框，平面多近方形或长方形，内部用河卵石、山石垒砌而成。墓顶有一个或多个墓圹，用碎山石、河卵石封护。

**2. 阶墙积石墓**

多先在地表堆积墓葬中部石块，然后用较大的河卵石或山石石块砌筑周围阶墙，由内向外逐层砌筑，此类墓葬多位于坡地，通常有多道阶墙。墓顶有一个或多个墓圹，用碎山石、河卵石封护。

**3. 阶坛积石墓**

墓葬用大的河卵石或山石石块、石条垒砌成基坛边框，内部用河卵石或山石填砌与边框石材平齐，即为一级阶坛，之上内收，以相同方法砌筑二级阶坛或多级阶坛，阶坛外形呈台阶状。墓顶有一个或多个墓圹，用碎山石、河卵石封护。

**4. 封石石室墓**

这类墓葬在《1997年测绘报告》中归为封土墓和洞室墓。墓室四壁以较为规整的石材构筑，之上用大石块覆盖，以河卵石、碎山石培封，墓室有铲形、刀形和长方形三种。此类型墓葬应属于积石墓，因内部为石室，外部封石形状与封土石室墓相似，为突出这一特征，在2015～2016年的清理发掘中称其为封石石室墓，单独分类。

**5. 封土石室墓**

墓室以石材构筑，一般有墓室、墓道两部分，大型封土石室墓还有耳室或壁龛、甬道等结构，墓室内有棺床或铺石，外部以土或土石培封。同一封堆之下墓室有单室、双室、三室不等，小型封土石室墓的双室和三室中每个墓室一般各设墓道，互不连通。此类型中一些体量较小的墓葬在以往调查和发掘报告中被称为洞室墓，在2015～2016年度的发掘中不再使用洞室墓这个名称，将此类墓葬统称为封土石室墓。

本次发掘的封土墓中有墓葬串接现象，一般称这种墓葬为串墓。串墓是两座以上墓葬，以同一方向一座紧接一座连串建造，形成一个整体。洞沟古墓群积石墓中有十余座墓葬相串接。封土墓一般为两座墓葬相串接，下部相连，上部可见两个封堆，似马鞍形，每个封堆内部有一个或多个墓室。串墓中的墓葬按照一定方向顺次建造，各个墓葬有着必然的先后建造顺序，可以明确串墓中各个墓葬的相对早晚关系。在排列中，串接在一起的墓葬应较独立墓葬关系更为紧密。串墓及墓葬的排列方式，对研究和判定墓葬相对年代提供了重要依据，同时也是高句丽家族墓地埋葬制度的反映。

## 第二节　墓葬检索说明

为了便于考古资料的检索和对早期资料的查补，本报告延续使用《1997年测绘报告》中墓区和墓葬分布图图幅，根据2005年绘制的洞沟古墓群墓葬分布图以及2015～2016年度的清理工作进行了部分调整和订正。墓葬分布图的编排方法、常用符号、图注等基本延续了《1997年测绘报告》的方式。《1997年测绘报告》中部分已经注销的墓葬，现地表仍可见，因维修需要，这部分墓葬仍使用注销前的墓号。

**1. 图幅与比例**

本报告中墓葬分布图为20厘米见方的正方形图幅，比例为1：2500（图四）。

**2. 图幅编号**

山城下墓区在《1997年测绘报告》中为Ⅱ区，此次清理的山城下墓区河西片位于Ⅱ-2-2、Ⅱ-2-4、Ⅱ-5-1、Ⅱ-5-3这4个图幅中（图五～图八）。

**3. 墓葬的大小**

大多数情况下，墓葬分布图以符号大小来表示墓葬的大小，部分墓葬清理之后的尺寸有变化，尺寸详见墓葬形制总表。

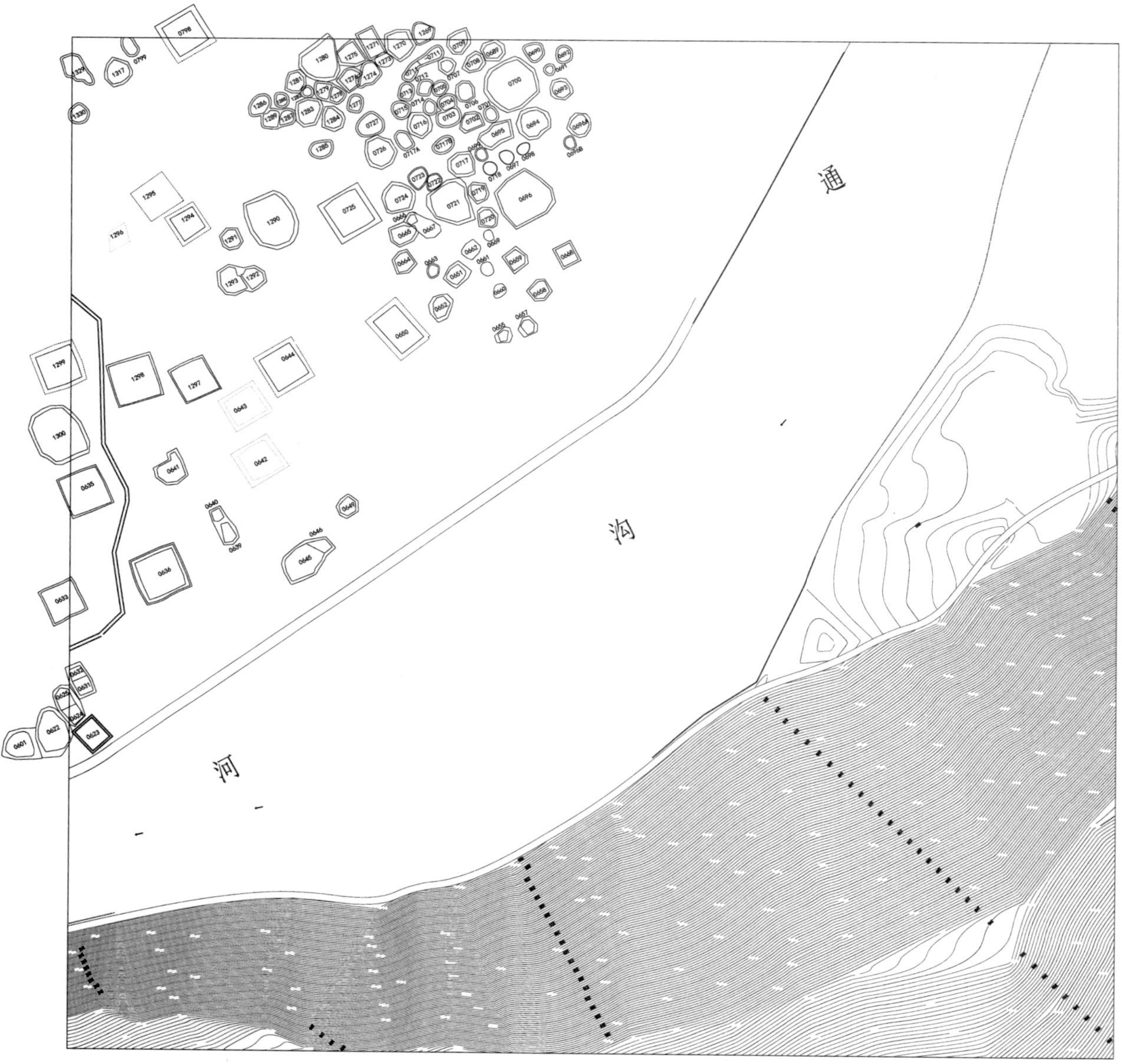


图六　Ⅱ-2-4

图七 Ⅱ-5-1

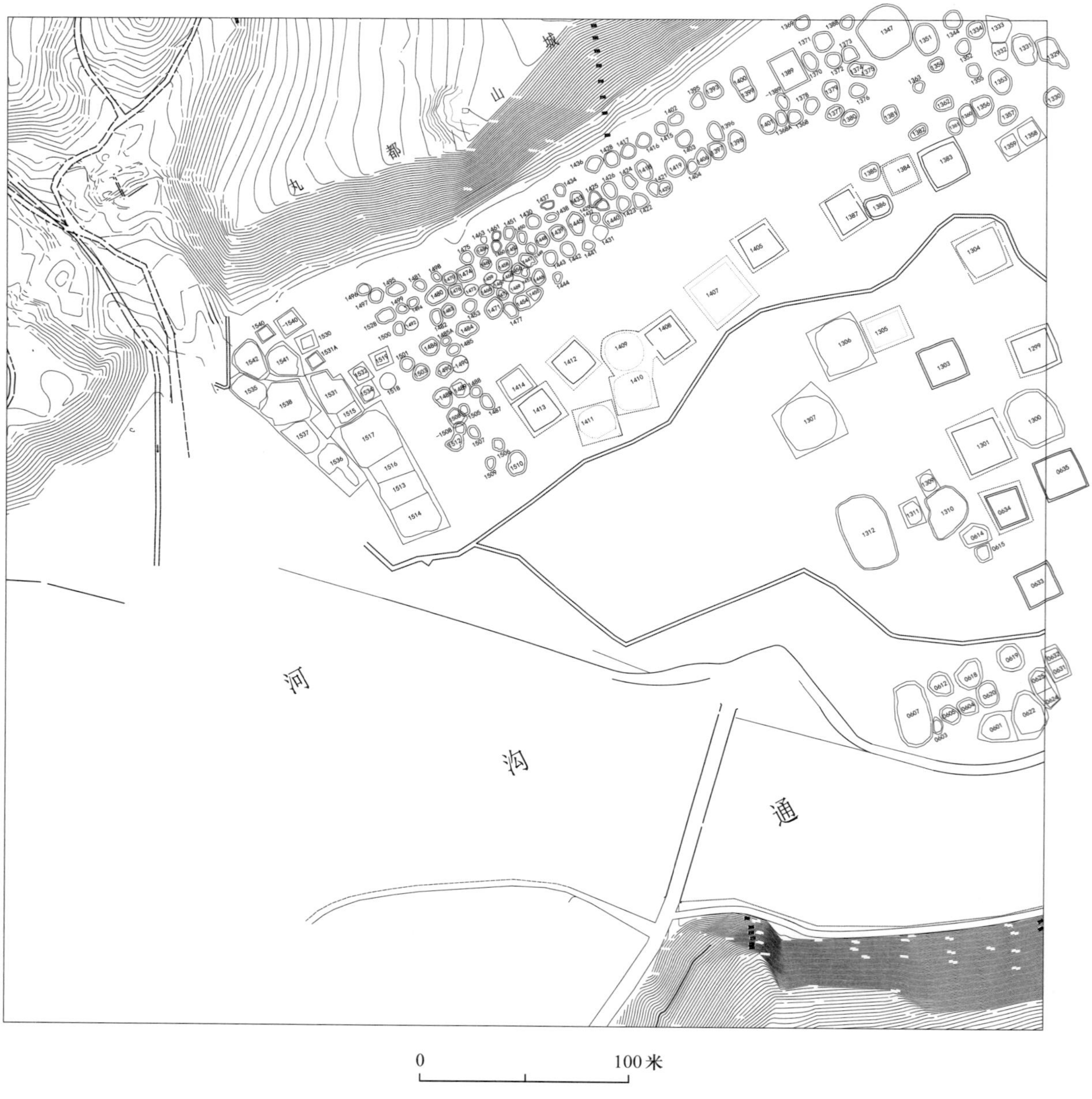


图八　Ⅱ-5-3

**4. 墓葬方向和平面形状**

墓葬分布图中，均以实测为准进行记录，部分墓葬清理后形状有变化。

**5. 墓葬编号与名称**

一般只标注编号，前缀“-”或后缀英文字母A、B、C、D等的是在复查及发掘过程中新发现的墓葬，参照邻近墓葬编号进行补编。

**6. 地形、地貌与地物**

依照实际情况对墓区及其周围的地形、地貌与地物进行绘制。

# 第三节 积 石 墓

2016年度清理积石墓8座，4个区内均有分布，形制包括基坛积石墓、阶墙积石墓、阶坛积石墓（附表1），保存情况多较差。著录墓葬3座，原认定为封土墓，简单清理后，根据筑墓石材判断JSM0703、JSM0704应为封石石室墓，JSM1512应为积石墓。

## 一、清 理 墓 葬

### （一）基坛积石墓

**1. JSM0623**

（1）周边环境

JSM0623位于山城下墓区Ⅱ-2-4区西南部，墓葬东侧为停车场，南侧是通往山城村的乡路，路基下是由东向西流过的通沟河。西北侧距JSM0624约3米。地理坐标为东经126°09′45.8″，北纬41°08′40.2″，海拔219米。该墓清理前呈低矮丘状，墓顶被植被覆盖，基坛四边不可辨，被墓上滑落的封石掩埋。

（2）墓葬形制

1）总体情况

JSM0623为一座基坛积石墓，清理后平面呈长方形。南北长约9.4米，东西宽约8.1米，高约1.4米。墓葬西侧基坛方向为北偏西30°（图九；图版一，2）。

2）基础

墓葬周边地层堆积简单，表土层为黑褐色土，其下为黄土层，包含碎石。清理时未

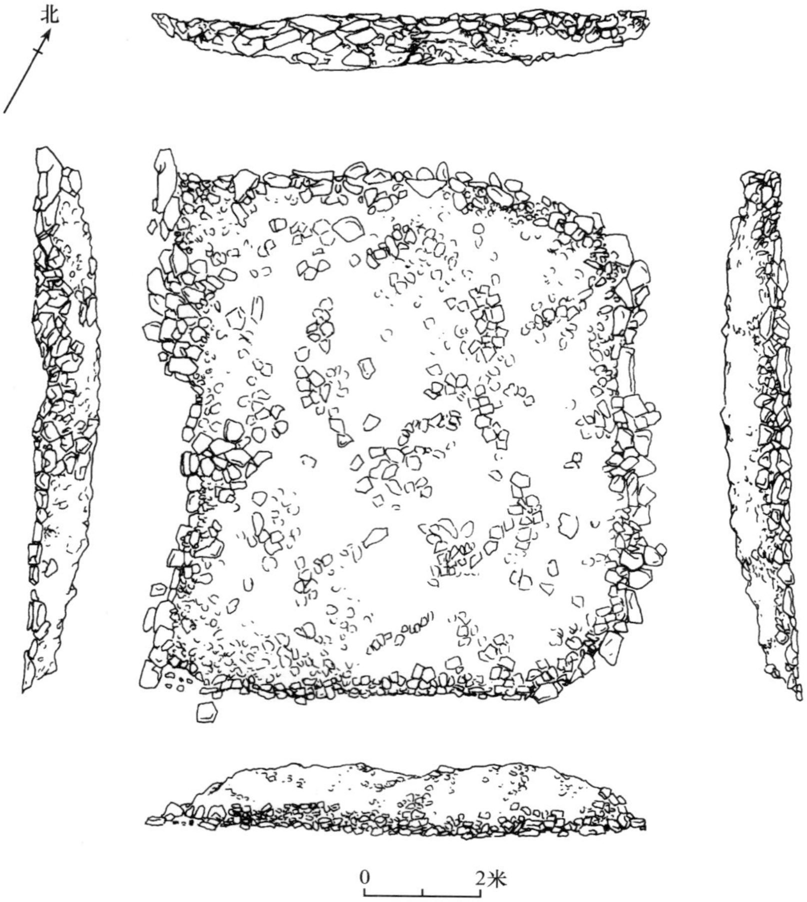


图九　JSM0623平、立面图

发现基础和基槽，墓葬应起建于黄土层。

3）基坛

基坛整体保存不好，砌石缺失严重，基坛砌石以大块的河卵石为主，也有少部分山石，均未经加工。北侧基坛残长约4.8米，高约0.6米。东段砌石完全缺失，西段现存两层，砌石比中段稍大，最大的河卵石块尺寸为0.9米×0.3米×0.3米。东侧基坛残长约7.6米，高约0.25米。仅存一层砌石，大多已移位，南段砌石缺失较多，间距较大。南侧基坛因早年修路时被破坏，现不见基坛砌石。西侧基坛残长约9.6米，高约0.4米，仅保存一层砌石。北段和西段向外侧移位，中段变形和位移较小。北端2块砌石较大，最大的砌石尺寸为0.65米×0.4米×0.35米，其余砌石较小，尺寸一般为0.3米×0.2米×0.2米左右。

4）墓顶

墓顶中部略偏南位置有一处东西长约2米，南北宽约1.5米的凹坑，可能是墓圹位置，未进行清理，情况不明。

5）封石

墓葬封石多为河卵石，石块大小不一，直径为0.3米左右，小者直径0.1～0.2米。

**2. JSM0739**

（1）周边环境

JSM0739位于山城下墓区Ⅱ-2-2区南部偏西，丸都山城南城墙山下。东南侧距JSM0740约5米，东北侧距JSM0736约4米，西侧距JSM0745约10米。地理坐标为东经126°09′51.1″，北纬41°08′55.1″，海拔220米。该墓清理前呈低矮丘状，墓顶被植被覆盖，中央有凹陷坑，基坛四边不可辨，被墓上滑落的封石掩埋，东侧和南侧墓外有大石块。

（2）墓葬形制

1）总体情况

JSM0739为一座基坛积石墓，清理后平面近方形。南北约10米，东西约10.2米，高约1.1米。墓葬西侧基坛方向为北偏西29°。墓上南侧封石大量缺失（图一〇；图版二，1）。

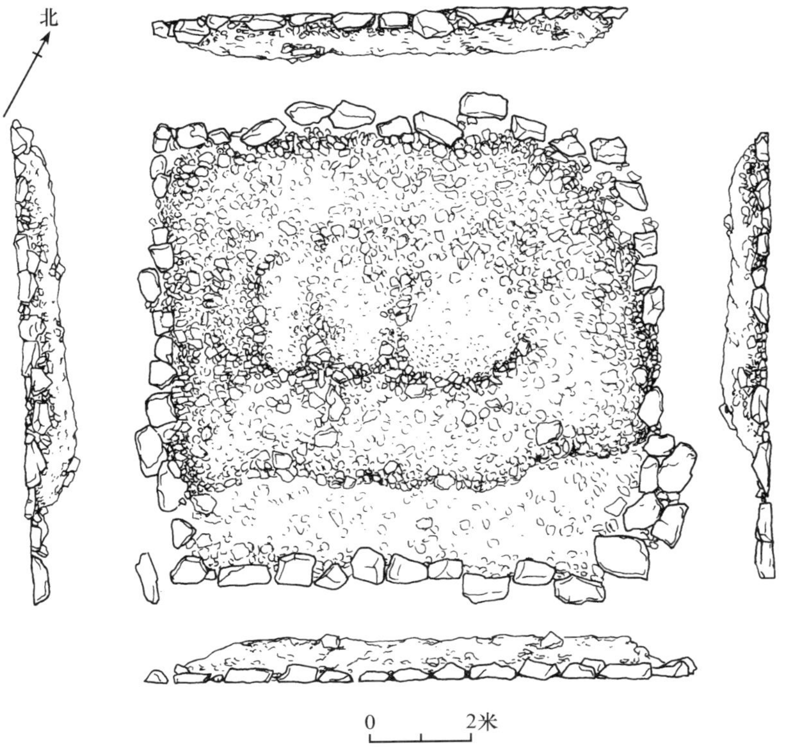


图一〇　JSM0739平、立面图

2）基础

墓葬周边地层堆积简单，表土层为黑褐色土，其下为黄土层，包含碎石。清理时未发现基础和基槽，墓葬应起建于黄土层。

3）基坛

基坛整体保存一般，砌石均为山石，以花岗岩为主，均未经加工，保留自然劈裂面，砌筑时将较为平整的一面向外。北侧基坛长约9.4米，高约0.55米。仅存一层砌石。

西段保存稍好，砌石部分向外位移，东段砌石部分缺失，现存砌石位移较大。砌石尺寸一般为0.6米×0.4米×0.3米。东侧基坛长约8.6米，高约0.3米。北段砌石部分缺失，现存砌石多已移位，间距较大，中段砌石大部分缺失，南段可见两层砌石，第2层砌石滑落到第1层砌石侧边。南侧基坛长约9.6米，高约0.5米。仅存一层砌石。西段保存较好，东段砌石移位。西侧基坛长约9.5米，高约0.5米。南段砌石位移，外张变形，仅在北段可见1块二层砌石。基坛西南角有1块大石条斜插于土中，可能为滑落的基坛石。

4）墓顶

墓顶中部有一浅坑，东西长约5米，南北宽约2米，可能是墓圹位置。未进行清理，情况不明。

5）封石

墓葬封石多为碎山石，石块大小不一，尺寸为0.2米左右。南侧封石缺失，仅余地表一层封石，宽度约2.2米。

### 3. JSM0745

（1）周边环境

JSM0745位于山城下墓区Ⅱ-2-2区南部偏西，丸都山城南城墙山脚下。东侧距JSM0739约10米，东南侧距JSM0744约4米，西侧距JSM0750约5米。地理坐标为东经126°09′50.5″，北纬41°08′54.7″，海拔220米。该墓清理前呈低矮丘状，墓顶被植被覆盖，基坛四边不可辨，被墓上滑落的封石掩埋。

（2）墓葬形制

1）总体情况

JSM0745为一座基坛积石墓，清理后平面近方形。墓葬整体保存较好，东西约8.6米，南北约8.2米，高约1.4米。墓葬西侧基坛方向为北偏西19°（图一一；图版二，2）。

2）基础

墓葬周边地层堆积简单，表土层为黑褐色土，其下为黄土层，包含碎石。清理时未发现基础和基槽，墓葬应起建于黄土层。

3）基坛

基坛整体保存较好，但四边的中部不同程度向外位移。基坛保存一至三层砌石。砌石有两种：一种为较大的扁平河卵石，另一种为山石块，均未经加工。砌筑时将较平整的一面朝外，错缝平砌，上下两层缝隙中用薄石片填充。北侧基坛长约8.1米，高约0.6米。现存二层，除西北角缺失第2层砌石外，均保存较好，砌石全部为山石块。东侧基坛长约7.7米，高约0.65米。最高可见三层砌石。北段保存较差仅存一至二层砌石。中段和南段第2层砌石保存较好，只在中段偏南位置保存1块第三层砌石。砌石尺寸一般为0.7米×0.4米×0.2米。南侧基坛长约7.7米，高约0.7米。东段和西段仅存一层砌石，中部保

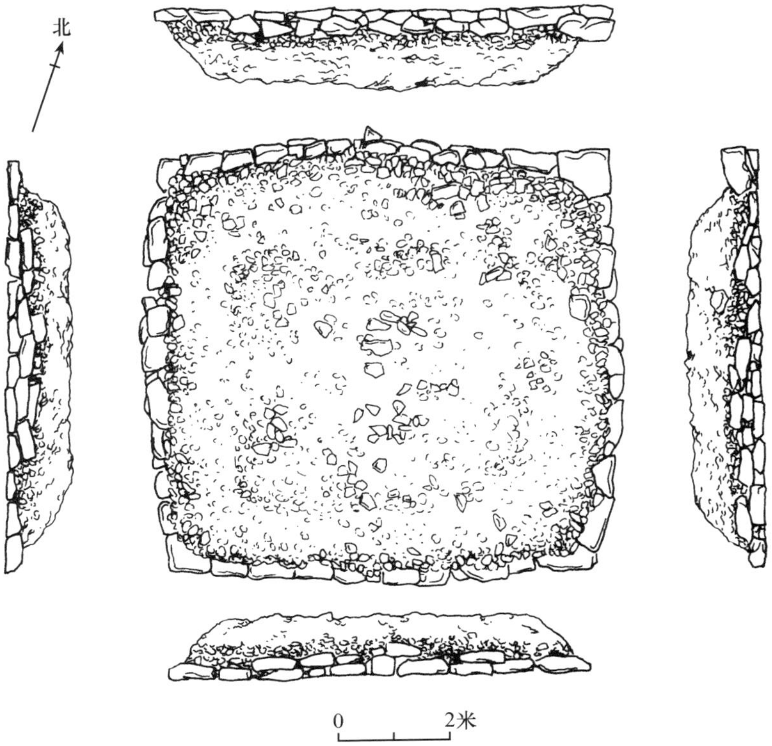


图一一　JSM0745平、立面图

存两层砌石。一层砌石高度普遍为0.2米左右，形状扁长，只在中部有1块砌石高约0.37米，外侧面近方形。西侧基坛长约7.6米，高约0.7米。现存三层，东段和西段仅存一层砌石，中部保存二至三层砌石。

4）墓顶

墓顶中部有一凹坑，东西长约2米，南北宽1.5米，可能为墓圹位置。未进行清理，情况不明。

5）封石

墓葬封石多为碎山石，石块较小，尺寸为0.1～0.2米。

### 4. JSM1271

（1）周边环境

JSM1271位于山城下墓区Ⅱ-2-4区北部偏西，周边地势较为平坦。地理坐标为东经126°09′50.2″，北纬41°08′51.9″，海拔220米。该墓清理前呈低矮丘状，墓表被植被覆盖，墓顶中央生长树木。西侧约三分之一被JSM1275的封土叠压，东侧南段被JSM1270破坏，南侧被JSM1273和JSM1274两座墓破坏。

（2）墓葬形制

1）总体情况

JSM1271为一座基坛积石墓，清理后平面近长方形。墓葬整体保存较差，东、南、西三面缺失严重。南北残长约13.3米，东西宽约11米，高约1.4米。墓葬东侧基坛方向为北偏西43°（图一二；图版三，1）。

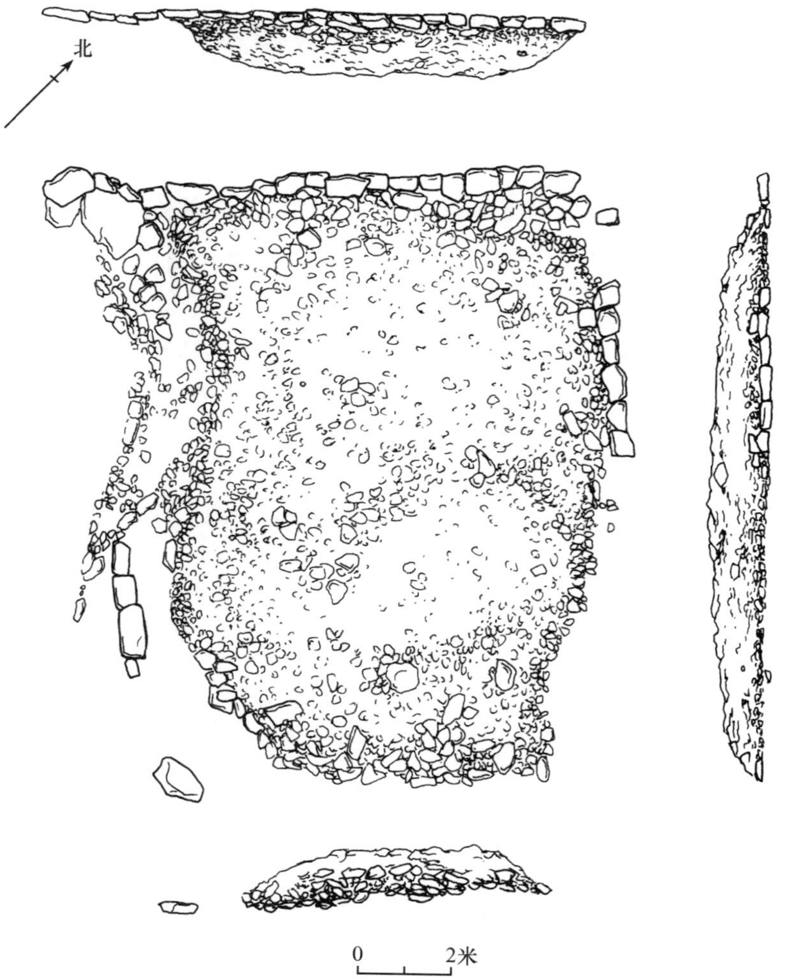


图一二　JSM1271平、立面图

2）基础

墓葬周边地层堆积简单，表土层为黑褐色土，其下为黄土层，包含碎石。清理时未发现基础和基槽，墓葬应起建于黄土层。

3）基坛

基坛整体保存较差。北侧基坛长约11.3米，高约0.5米，是保存最好的一边。砌石现存两层，第1层东端砌石缺失，西端砌石被扰动，其余保存完整。第2层仅在中部保存2块，砌石错缝砌筑。砌石为山石和河卵石两种，山石经过加工，河卵石局部也经过加工，外立面和顶面较为平整。砌石大小不一，最大尺寸为0.95米×0.4米×0.25米。东侧基坛北端砌石缺失，南段被JSM1270破坏，砌石全部缺失，仅在中间偏北位置尚存6块一层砌石，残长约5.36米，高约0.3米。砌石均为经过简单加工的山石，大小较为均匀，尺寸一般为0.5米×0.4米×0.3米。南侧基坛被JSM1273和JSM1274两座墓葬破坏，砌石全部缺失。西侧基坛北段被JSM1275封土叠压，情况不详，仅清理了中部偏南一段。揭露部分长约2.9米，高约0.45米。仅存一层。石块较大，均为经过简单加工的山石。

4）墓顶

墓顶中部有南北排列的2个凹坑，未进行清理，情况不明。

5）封石

墓葬封石为河卵石块，石块大小不一，墓顶中部封石普遍较大，四周稍小，尺寸为0.1～0.4米。

**5. JSM1323**

（1）周边环境

JSM1323位于山城下墓区Ⅱ-5-1区东南部，丸都山城南墙山脚下的坡地上，地势北高南低，坡度在10°左右，向南距通沟河约400米，地势较平坦开阔。东侧距JSM1322约7米，西南侧距JSM1325约4米。地理坐标为东经126°09′43.5″，北纬41°08′52.8″，海拔221米。该墓清理前呈低矮丘状，墓顶被植被覆盖，基坛四边不可辨，被墓上滑落的封石掩埋。

（2）墓葬形制

1）总体情况

JSM1323为一座基坛积石墓，清理后平面呈长方形。东西长约8.2米，南北宽约7米，现存高度约1米，墓葬随地势而建，南北高差约0.6米。墓葬东侧基坛方向为北偏西40°（图一三；图版三，2）。

2）基础

墓葬周边地层堆积简单，表土层为黑褐色土，其下为黄土层，包含碎石。清理时未发现基础和基槽，墓葬应起建于黄土层。

3）基坛

基坛整体保存较好，砌石为不规整的山石，个别稍经加工，大部分未经加工，保留石材自然劈裂面。砌石之间排列不紧密，间距较大。北侧基坛长约7.7米，残高约0.4米。现存两层砌石。一层砌石全部埋于表土之下，西北角石距地表约0.7米。基坛位移变形较小，中部略向外张。第1层砌石大小不一，普遍小于其余三面砌石，尺寸一般在0.5米×0.4米×0.25米。西北角角石尚存，两个外立面较规整，已发生位移。西端可见1块二层砌石，错缝砌筑于一层砌石之上。东侧基坛长约6.4米，残高约0.5米。现存两层砌石。中部位移较小，两端外张变形。一层砌石南侧砌石较大，北侧较小，砌石较平整的一面向外。现位于东北角的砌石规格较小，可能不是原角石。东南角角石尚存，尺寸为0.65米×0.55米×0.3米，砌石顶面和外立面较平整。二层砌石可见2块，分别位于南北两端，外立面较平整。南侧基坛长约6.9米，残高约0.4米。现存一层砌石。中部位移较小，两侧

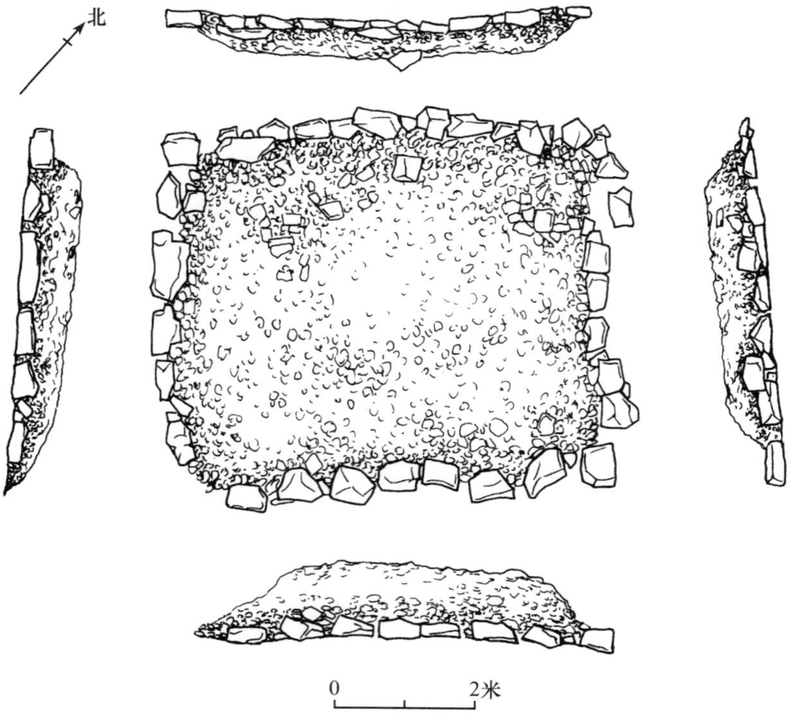


图一三　JSM1323平、立面图

外张变形，西端砌石缺失。砌石间距较大，大小较均匀，普遍大于其余三面砌石，尺寸一般为0.7米×0.5米×0.3米。西侧基坛长约5.8米，残高约0.4米。现存一层砌石。西南角缺失，中部外张变形，砌石中间较大，两侧较小，排列不紧密。

4）墓顶

墓葬顶部未进行清理，情况不明。北侧可见1块大石块，尺寸为0.5米×0.4米×0.3米。

5）封石

墓葬封石为碎山石和河卵石，碎山石较多，一般尺寸为0.2～0.3米。

**6. JSM1348**

（1）周边环境

JSM1348位于山城下墓区Ⅱ-5-1区东南部，丸都山城南墙山脚下坡下约10米，地势较平坦开阔，东南侧距JSM1349约2米，东北侧距JSM1341约5米。地理坐标为东经126°09′41.4″，北纬41°08′51.7″，海拔220.5米。该墓清理前呈低矮丘状，墓顶有三棵树木，墓北侧有几块大石块，可能为基坛砌石。

（2）墓葬形制

1）总体情况

JSM1348为一座基坛积石墓，清理后呈不规整长方形。南北长约9.8米，东西宽约7.4米，现存高度约1.2米，墓葬南侧基坛方向为北偏东51°（图一四；图版四，1）。

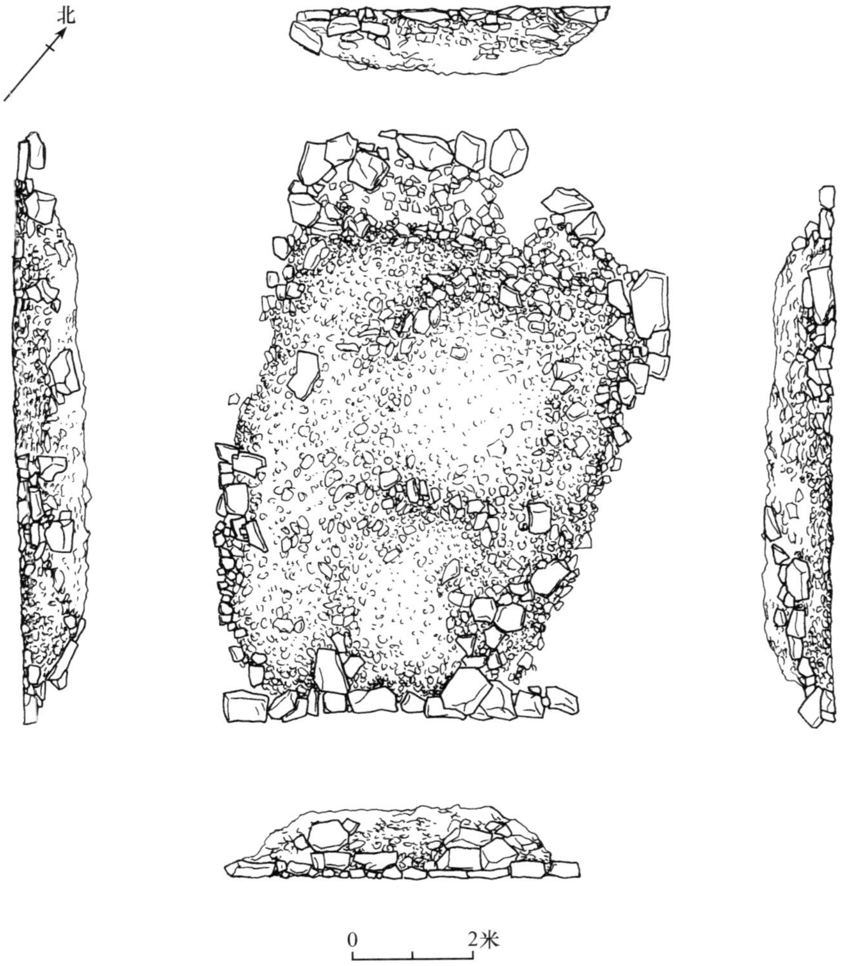


图一四 JSM1348平、立面图

2）基础

墓葬周边地层堆积简单，表土层为黑褐色土，其下为黄土层，包含碎石。清理时未发现基础和基槽，墓葬应起建于黄土层。

3）基坛

基坛整体保存很差，东西两侧砌石缺失严重。现存砌石主要为未经加工的山石，多保留自然劈裂面。北侧基坛保存不好，现存西侧一段，残长约3.7米，高约0.45米。现存5块一层砌石，近西端保存1块二层砌石。砌石间隙较大，基坛内部封石大部分缺失，在东侧有2块较大石块，可能是被扰动的基坛砌石。东侧基坛中部和南端全部缺失，仅存北端一段，残长约1.8米，高约0.5米。现存3块砌石，北侧砌石尺寸为0.9米×0.5米×0.5米，明显大于中部和南侧的2块砌石，且南部叠压在中部砌石之上。南侧基坛保存最好，残长约5.8米，高约0.85米。最多可见三层。一层砌石位于现地表下，砌石普遍较薄，一般长0.6米，厚0.17～0.3米；二层可见4块，位于中部偏东和偏西位置，规格普遍大于一层砌石；三层仅可见1块，位于二层东侧的2块砌石接缝之上。西侧基坛全部缺失，在现西侧南部边缘可见4块大致呈一排的小石块，外露面稍平整，但其规格较小，应不是基坛砌石，可能为墓葬内部砌筑的加固结构。

4）墓顶

墓葬顶部未进行清理。墓上西侧可见5块大石块，东侧可见4块较大石块，这些石块不甚规整，但每块砌石上均有稍平整的面，最大块尺寸可达1米×0.6米×0.5米，石块压在封石之上，排列不规则，从砌石规格看可能为扰动的基坛石。南侧偏西靠近南侧基坛二层坛石处斜立1块大石板，尺寸为0.8米×0.6米×0.1米。

5）封石

墓葬封石为河卵石和碎山石，碎山石较多，封石一般长0.2～0.3米，宽0.15～0.2米，厚0.1～0.15米，多呈粉黄色，少量呈青灰色。

6）出土遗物

铁匕　1件。2016JSM1348：1，锈蚀。完整。剑形，双刃，中间略厚，短柄。通长10.1厘米，宽1.8厘米，厚0.3厘米，柄部长1.5厘米，宽0.6～1厘米，厚0.1厘米（图一五）。

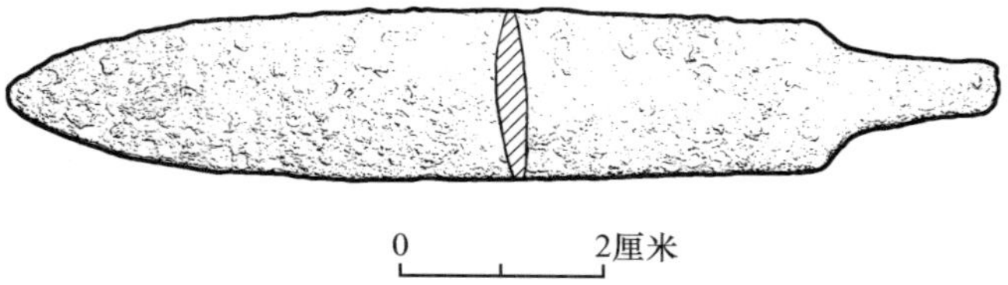


图一五　铁匕（2016JSM1348：1）

## （二）阶墙积石墓

### JSM-0735

（1）周边环境

JSM-0735位于山城下墓区Ⅱ-2-2区南部，丸都山城南城墙山下，地势北高南低，北侧与山坡上的乱石相连。东南侧距JSM0732约10米，西南侧距JSM0733约20米。地理坐标为东经126°09′52.9″，北纬41°08′56.6″，海拔221米。墓葬东北角因埋葬现代坟被破坏，现代坟迁出后留下一深坑。清理前墓表被植被覆盖，墓顶有几棵树木，墓南侧以及墓顶有几块大石块。

（2）墓葬形制

1）总体情况

JSM-0735为一座阶墙积石墓，清理后平面呈长方形。南北长约11.9米，东西宽约7.5米，高约0.6米。墓葬随地势而建，南北高差约1.5米。墓葬东侧阶墙方向为北偏西42°（图一六；图版四，2）。

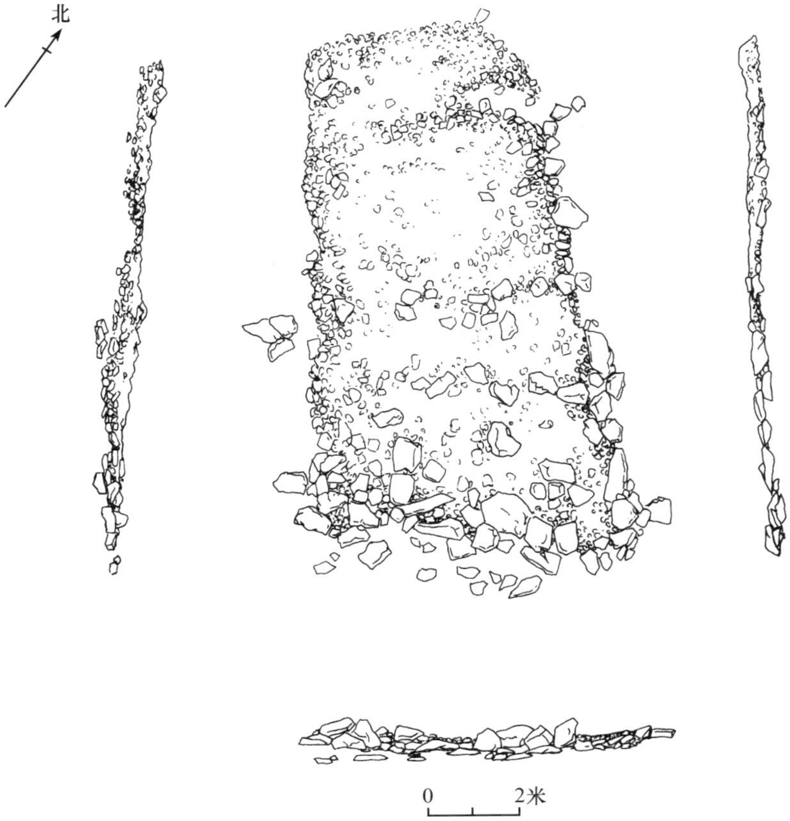


图一六 JSM-0735平、立面图

2）基础

墓葬周边地层堆积简单，表土层为黑褐色土，其下为黄土层，包含碎石。清理时未发现基础和基槽，墓葬应起建于黄土层。

3）阶墙

阶墙整体保存较差，东、西两侧砌石严重缺失，东南部整体向南侧坡下位移。砌石有河卵石和山石两种，均未经加工。北侧未见基坛或阶墙，封石与山坡上的乱石堆相连。东侧有一道阶墙，长约9.7米，高约0.35米。现存一层。北段砌石大部分丢失，南段砌石保存尚好，但大多已经移位。石材大小不一，最大砌石尺寸为1.25米×0.35米×0.3米。南侧因地势低矮筑有四道阶墙。自南向北第一道阶墙长约7.3米，高约0.5米。现存一层。砌石大多保存下来，两侧分别与东、西两侧阶墙南端相接，除东南角和西南角砌石还在原位外，其余的砌石多移位或倒塌。砌石整体较大，河卵石多为圆形，直径在0.5米左右，山石块有方形和长方形两种，方形石块边长在0.4米左右，长方形石块尺寸一般为1.15米×0.75米×0.4米。第二道阶墙位于第一道阶墙内侧约1.4米处，残长约4米，高约0.6米。现存一层。保存较差，仅存4块砌石，东侧1块砌石向南移位。砌石规格与第一道阶墙基本相同。第一道阶墙与第二道阶墙之间填充小碎山石。第三道阶墙位于第二道阶墙内侧约1.5米处，长约4.7米，高约0.4米。东段保存稍好，西段砌石部分遗失，除中段2

块砌石外，其余砌石多向南移位。砌石尺寸较小，一般为0.6米×0.4米×0.3米。第二道阶墙与第三道阶墙之间填充小碎山石。第四道阶墙位于第三道阶墙内侧约1.7米处，长约5.5米，高约0.4米。现存二层。东段保存稍好，砌石少量缺失，间距较大，砌石主要为河卵石；西段保存不好，砌石缺失较多，西端可见1块二层砌石，砌石均为山石。西侧阶墙经清理后除南段散落的保存4块砌石外，其余砌石全部缺失，现存的砌石也已经扰动，可能为早年破坏所致。

4）墓顶

墓顶较平整，破坏较重，大多处已到墓的底部。中部稍偏西北有一片东西长约1.6米，南北宽约1米的小碎山石，可能为墓圹位置。

5）封石

墓葬封石以碎山石为主，石块大小不一，尺寸为0.2～0.3米。

## （三）阶坛积石墓

### JSM1389

（1）周边环境

JSM1389位于山城下墓区Ⅱ-5-3区东北部，丸都山城南墙山脚下坡下约10米，地势较平坦开阔，东侧距JSM1370约3米，西南侧距JSM-1389约3米。地理坐标为东经126°09′38.8″，北纬41°08′50.1″，海拔220米。该墓清理前呈低矮丘状，墓上被植被覆盖，基坛四边不可辨，被墓上滑落的封石掩埋，墓顶中部有一凹坑，范围约4米×4米，深约0.5米，凹坑西侧见有砌筑墓道的石材。

（2）墓葬形制

1）总体情况

JSM1389为一座阶坛积石圹室墓，清理后平面近方形。南北长约12.5米，东西宽约12.2米，高约2.1米（图一七；图版五，1）。

2）基础

墓葬周边地层堆积简单，表土层为黑褐色土，其下为黄砂土层，包含较多的颗粒状小河卵石。清理时未发现基础和基槽，墓葬应起建于黄砂土层。

3）阶坛

墓葬现存二级阶坛。阶坛主要由稍经加工的山石和少量大河卵石垒砌，多数砌石仅外立面和顶面稍规整，个别砌石的两侧立面也较规整，角石加工较精细，顶面和两个外立面均较规整。砌石错缝平砌，增强阶坛的稳固性。山石多为花岗岩，多呈粉黄色，少量呈青灰色。个别砌石风化严重，表面破碎。

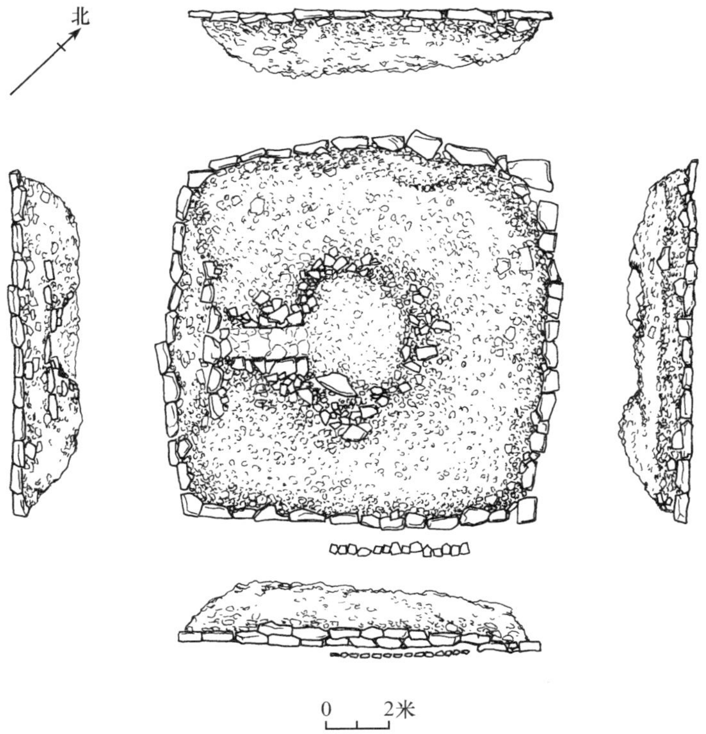


图一七 JSM1389平、立面图

一级阶坛可见两层，第1层砌石保存较好，第2层仅东、南两侧有保存。

北侧长约11.3米，高约0.4米。仅存一层砌石，未有缺失，中间外张变形，使阶坛边缘呈弧形。砌石排列不紧密，间距较大。砌石大小不一，尺寸一般为1米 × 0.45米 × 0.35米，自西向东砌石规格逐渐变大，最大的砌石为东北角角石，达1.3米 × 1米 × 0.3米。

东侧长约11.5米，高约0.6米。第一级阶坛可见两层，一层砌石保存较好，砌石未缺失，部分外张变形，缝隙较大。二层砌石仅在南北两侧各见一块，北侧的一块为河卵石，位于一层两块砌石的接缝处。南侧的一块为山石，尺寸为0.55米 × 0.55米 × 0.3米。

南侧长约11.2米，高约0.7米。第一级阶坛可见两层，保存最好，一层砌石保存基本完整，二层东西两侧缺失。砌石排列紧密，变形最小，错缝砌筑，大部分砌石尺寸较接近，一般为0.7米 × 0.3米 × 0.4米。

西侧长11米，高约0.4米。第一级阶坛仅存一层，保存较好，砌石未缺失，排列较紧密，部分砌石顶部外倾变形，中间和南端部分砌石发生沉降，导致砌石顶面不在同一水平线上。砌石大小较均匀，尺寸一般为0.8米 × 0.4米 × 0.3米。阶坛之内可见若干大河卵石，一般长0.4 ~ 0.5米，厚0.3米左右。

二级阶坛在东、西两侧可见，都保存有一层。从一级阶坛内收0.7 ~ 1.3米砌筑，二级阶坛石高出一级阶坛石顶面0.6 ~ 0.8米，砌石为稍经加工的山石和河卵石，规格较一级阶坛稍小，多呈长条状，部分石条截面近三角形。从二层阶坛石的高度推断一级阶坛至少有四层。

东侧仅在北端保存了1块砌石，从一级阶坛内收约0.7米砌筑，高出一级阶坛顶面约

0.6米，是一块外露面较平整的山石，阶坛石间为直径0.2米左右的河卵石。

西侧在中间部分保存1层砌石，残长约5米，从一级阶坛内收0.9～1.3米砌筑，高出一级阶坛顶面约0.8米，石条排列不紧密，发生位移变形。

4）墓域

在南侧阶坛外侧0.7～0.8米处，有一排东西向排列的河卵石块，现存14块，长约4.4米，河卵石大小一般在0.35米×0.25米×0.1米（图版五，2）。从现存情况看，其同周边墓葬的墓域铺石很相似，应该是该墓葬残存的墓域铺石。南侧阶坛底层砌石底部边缘低于墓域铺石底部0.1米左右，应是墓葬沉降所致。

5）墓顶

清理出墓道和圹室。墓道位于二级阶坛内侧，距离阶坛边缘0.7米，墓道方向为南偏西43°。现存墓道宽1米，北壁长约1.9米，南壁长约2.3米，可见二至五层砌石，最高约0.7米，全部由大河卵石板砌筑，尺寸一般在0.6米×0.4米×0.1米（图版六，1）。墓道底部由墓室口向外铺四排大河卵石，长约1.8米，顶面较为平整，可以观察到其下还叠压一层大河卵石。圹室建于第二级阶坛之上，被严重扰乱，经清理墓壁不明显，东西长约3.2米，南北宽约2.8米，深0.9～1米。底部较乱，河卵石大小不一。西南角有1块大河卵石板倾斜在圹室内，光滑面向下，尺寸为1.4米×0.9米×0.1米。墓顶四周有若干大河卵石，尺寸一般在0.6米×0.5米×0.1米，用途不明。

6）封石

墓葬封石为河卵石和碎山石，河卵石较多，封石一般在0.2米×0.15米×0.1米，多呈青灰色。

## 二、著录墓葬

著录墓葬3座，原认定为封土墓，简单清理后，根据筑墓石材判断JSM0703、JSM0704应为封石石室墓，JSM1512应为积石墓，保存情况均较差。

### 1. JSM0703

JSM0703位于Ⅱ-2-4区北侧中部，东南侧距JSM0702约1米，北侧距JSM0704约1米。地理坐标为东经126°09′51.9″，北纬41°08′50.5″，海拔220米。墓葬为封石石室墓，四边保存极差，平面呈圆角长方形，东西长约10米，南北宽约6.7米，现存高度约1.5米，西侧墓室外壁方向为北偏西26°。该墓为双室墓，墓室东西排列。墓顶破坏严重，墓室内部填满河卵石，情况不明。东侧墓顶有2块近东西向的大条石，东侧外壁局部裸露，多用河卵石垒砌。西侧墓顶有3块近南北向大石条，北侧和西侧局部可见外壁，用山石和河卵石垒砌。墓上封石以大河卵石为主（图一八；图版六，2）。

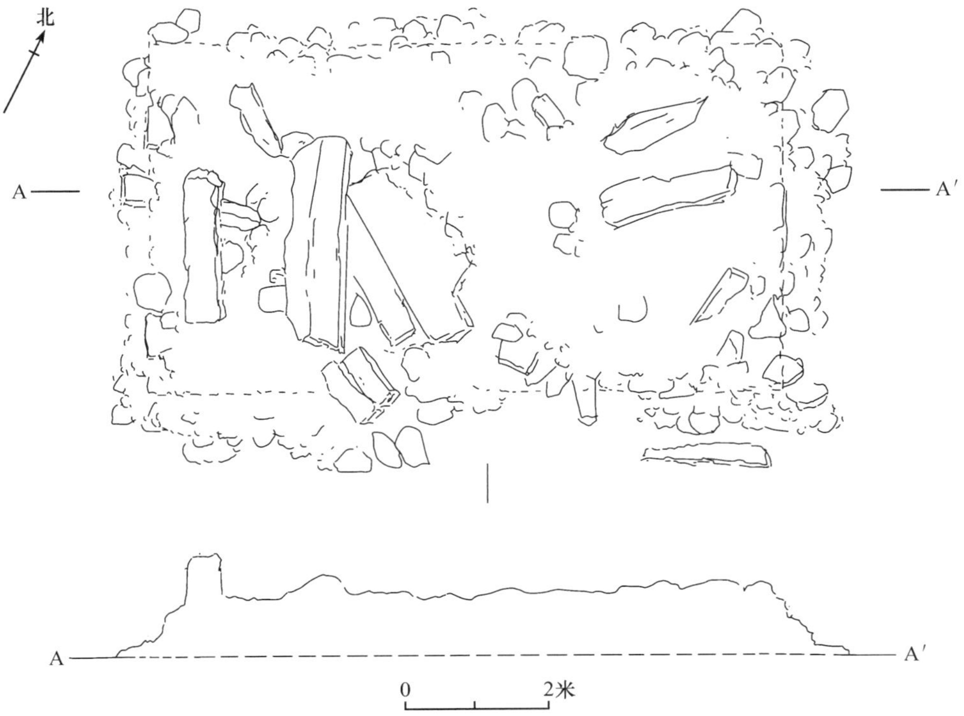


图一八　JSM0703平、剖面图

**2. JSM0704**

JSM0704位于Ⅱ-2-4区北侧中部，南侧邻JSM0703，东侧距JSM0706约2米。地理坐标为东经126°09′51.8″，北纬41°08′50.8″，海拔220米。墓葬为封石石室墓，平面呈方形，东西长约7.4米，南北宽约7米，现存高度约1.6米，墓室东侧外壁方向为北偏西24°。墓顶部石材完全缺失，墓室被破坏，墓上可见1块梭形大石条，石材为山石，尺寸为4.5米×1米×0.3米。墓室内被淤泥和石块填埋。墓葬四边基坛石墙保存较差，仅在北侧局部见四层石材垒砌，石材主要是河卵石，有少量山石，尺寸大小不一。西北角塌落1块条石。墓上西南可见2块条石，可能为墓道盖顶石，推测墓道为西南向。墓上封石以河卵石为主（图一九；图版七，1）。

**3. JSM1512**

JSM1512位于Ⅱ-5-3区中部，东侧距JSM1507约5米，东北侧距JSM-1508约1米。地理坐标为东经126°09′32.6″，北纬41°08′43.7″，海拔220米。该墓从表面分布的石块判断应为积石墓。现仅剩余平面为三角形的石堆，不知其规模形制。南北长约6.8米，东西宽约5.7米，现存高度约0.7米。在中部和边缘有少量较大的石块，其余石材多为较小的河卵石，尺寸在0.2～0.3米（图二〇；图版七，2）。

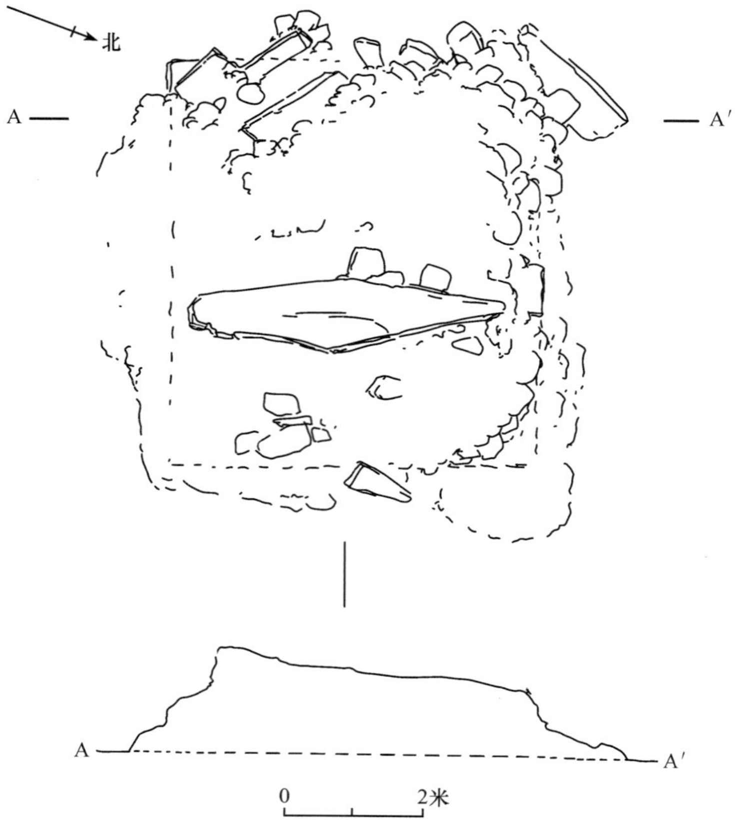


图一九　JSM0704平、剖面图

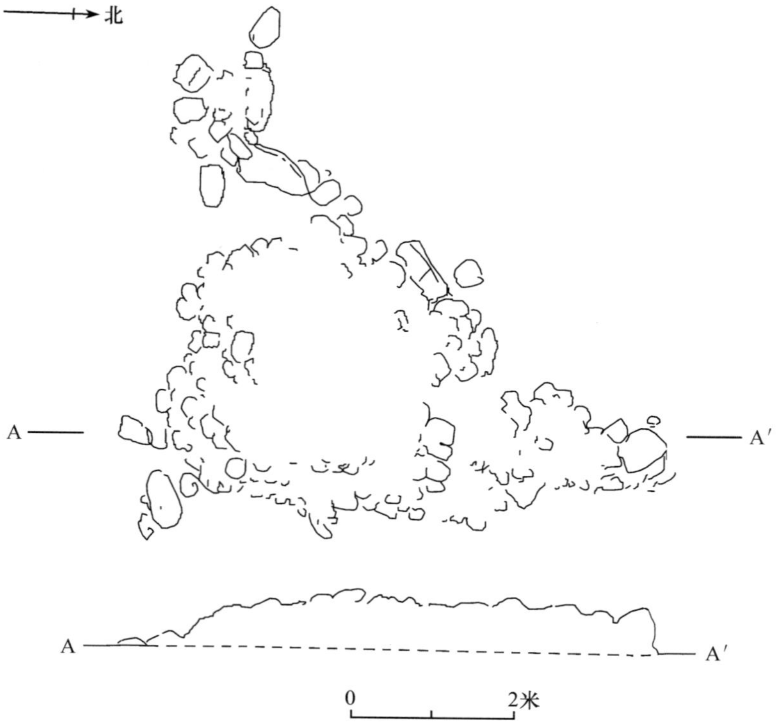


图二〇　JSM1512平、剖面图

# 第四节 封土墓

本次清理封土墓277座，在4个区域内均有分布。大多数墓葬遭受不同程度的盗掘和破坏，封土流失严重，筑墓石材裸露于外。我们挑选其中体量最大、具有代表性、墓室裸露较严重的10座墓葬进行发掘，对其余墓葬进行了调查著录，根据墓葬周边环境，选择在墓边开1或2条规格为2米×1米的探沟，了解封土范围（附表2）。

需要说明的是，在2015～2016年度发掘过程中主要依据2005年绘制的洞沟古墓群墓葬分布图（内部资料），同时参考《1997年测绘报告》，在实际工作中发现存在两者墓葬编号不一致、测绘墓葬类型与清理后不一致、已经注销的墓葬现在地表仍可见、个别墓葬在《1997年测绘报告》和2005年绘制的洞沟古墓群分布图中都没有记录等问题。对此，我们在本次报告编写过程中对墓葬编号不一致的，以较早出版的《1997年测绘报告》的墓葬编号为准；对测绘墓葬类型与清理后不一致的，以清理后的墓葬类型为准；《1997年测绘报告》中已经登记为注销的，但地表仍可见的墓葬，因维修需要，仍使用注销前的墓号；个别没有编号的墓葬，参照邻近墓葬编号前缀"-"或后缀英文字母A、B等进行补编。

## 一、清理墓葬

### 1. JSM0727

（1）周边环境及现状

JSM0727位于Ⅱ-2-4区的北侧偏西，东侧距JSM0715约7米，南侧紧邻JSM0726。地理坐标为东经126°09′44.7″，北纬41°08′52.8″，海拔220米。清理墓葬植被之后，在墓南侧和西侧可见大量大小不一的河卵石，墓上南侧偏西有1块大河卵石，为墓道之上的盖顶石。

（2）墓葬结构

墓葬封丘近圆形，东西长约11.7米，南北宽约11.1米，现存高度约2.7米。该墓为同封双室墓，由墓道和墓室两部分组成，两个墓室东西排列，结构相同，平面均为刀形，两条墓道平行，间距约1.3米，墓道方向为南偏西15°。墓葬南侧与JSM0726之间为一土坡，墓道底部低于南侧现地表约0.8米（图二一；图版八，1）。

1）西侧墓室

墓道位于南壁东侧，长4.4米，宽0.9～1.1米，高0.4～1.2米。墓道两壁用单排石块垒砌，石材为山石和河卵石，将平整的一面向外。东壁与墓室东壁一体砌筑。墓道顶部靠近墓室处有3块盖顶石封盖，盖顶石通长2.3米。墓道北侧两壁砌筑较规则，有六至七层，多为稍扁平的石条。从盖顶石向南两壁渐次低矮，石块大小不一，砌筑不规律，西

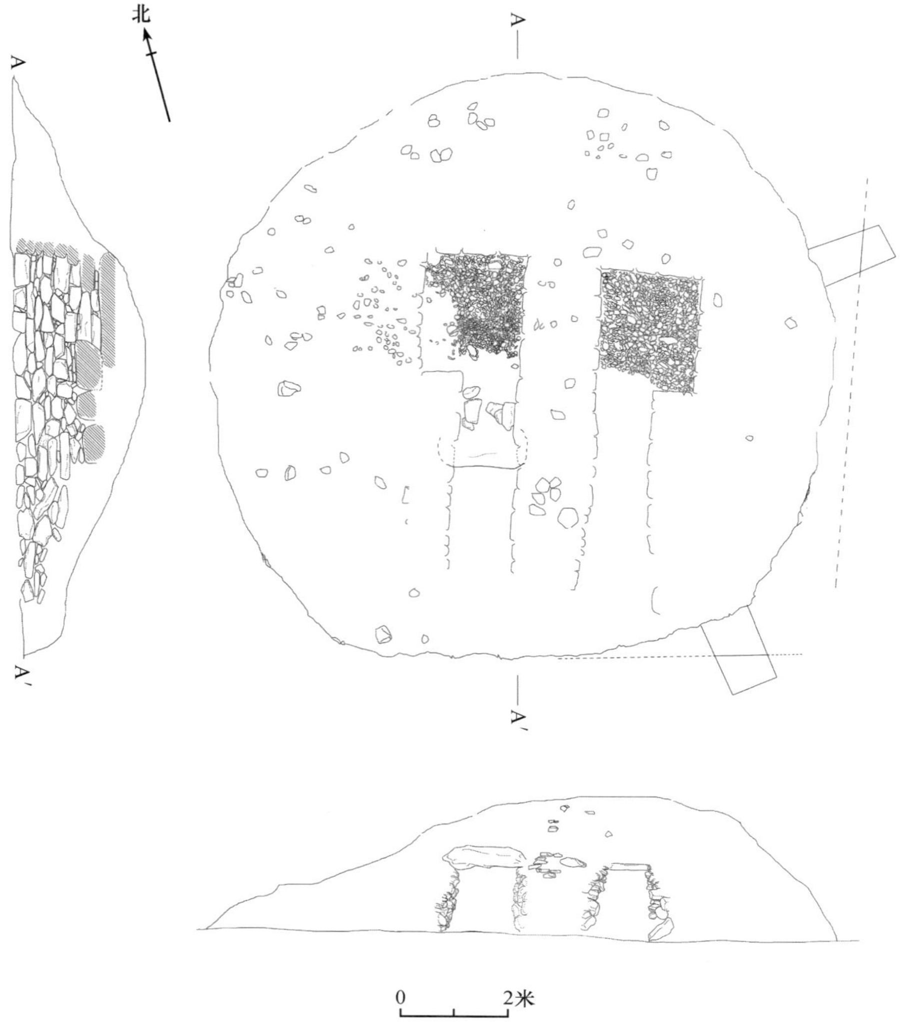


图二一　JSM0727平面、剖面、侧视图

壁南端多被破坏，最低处有二至三层。墓道距离墓室0.6米处向外用石块封堵。北侧四排石块较大，每排2至3块，放置较有规律，石块南北顺长排列。南侧多为小石块，无规律，石块大小在0.15～0.2米。封堵石块多为山石，少量为河卵石。

墓室南北长2.3米，东西宽1.8米，高1.6米（图二二；图版八，2）。四壁砌石有四至七层，高1.2米，由稍经加工的石块错缝砌筑，外露面较平整，以山石为主，有少量大河卵石，缝隙间填塞小石块和片状垫石，局部有白灰勾缝。四壁由下至上略向内倾。转角处石块不规则交错叠压连接。在北壁第4层与东壁连接处，直接使用1块L形石块，一侧位于北壁，一侧位于东壁，以增加稳固性。石块多为长条形，一般长0.6米，厚0.2米左右。在北壁和西壁局部石缝间有小块白灰，在清理墓室内淤土中也发现少量白灰块，从白灰块数量上看只能局部勾缝。四壁之上有一重抹角。东南角和西南角抹角石斜角较小，东南角抹角用两层较薄石块叠砌，与其余三处抹角高度基本相同。抹角石之上放置一整块花岗岩盖顶石。墓室底部铺小碎石，主要分布在东部和北部，南边宽约0.3米、西

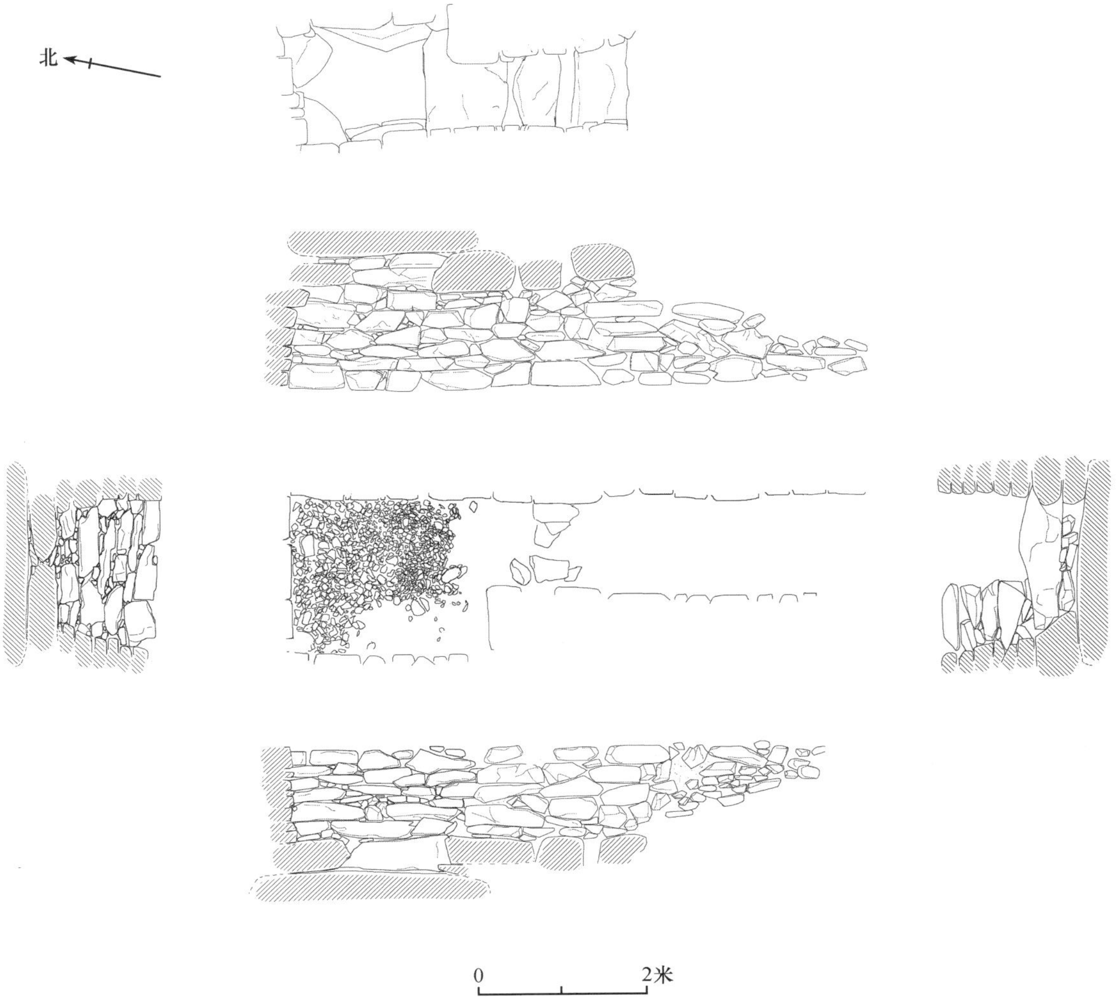


图二二　JSM0727西侧墓室平面、四壁图

南侧1.7米×0.6米范围内没有铺石。铺石厚0.15～0.2米，多为山石，仅见少量河卵石，直径多在5～8厘米。个别石块较大，可能为四壁掉落的填缝石块。墓室内发现少量人骨，被严重扰乱，散布多处。在距北壁约0.9米、西壁约0.3米处较为集中，有头骨、肩胛骨、股骨等。

2）东侧墓室

墓道位于南壁西侧，长4.6米，宽0.9～1.2米，高0.3～1米。墓道两壁用单排石块垒砌，石材为山石和河卵石，将平整的一面向外。西壁与墓室西壁一体砌筑。墓道北侧靠近墓室处用2块花岗岩盖顶石封盖，盖顶石通长2.2米。墓道北侧两壁砌筑较规则，有六至七层，多为扁平的石条。从盖顶石向南两壁渐次低矮，石块大小不一，砌筑不规律，最低处有一至二层。墓道距离墓室0.5米处向外用石块封堵，封堵石块亦北侧高南侧低。北侧4排石块较大，放置较有规律，封堵石高约0.6米，石块南北顺长排列，每排2～3块，大小一般在0.4米×0.3米×0.25米。南侧多为小石块，无规律，大小多0.15～0.2米。

石块多为山石，有少量河卵石。

东侧墓室南北长2.2米，东西宽1.8米，高1.5米（图二三；图版九，1）。四壁砌石有五至七层，高1.2米，由稍经加工的石块错缝砌筑，外露面较平整，以山石为主，仅有少量大河卵石，缝隙间填塞小石块和片状垫石。四壁由下至上略向内倾。转角处石块不规则交错叠压连接。石块形状不规则，大小不一，东壁左下角石块较大，外露面长0.7米，厚0.5米。四壁之上有一重抹角，西南角抹角石因位于墓室口位置，斜角较小，南侧略伸出西墙墙面0.23米，该石长1.2米，厚0.3米。东北角和东南角抹角石之间有两层平行于东壁的墓顶砌石，长约0.6米，高约0.4米，逐层内收0.1～0.15米。抹角石上面用片状石块垫平，之上放置盖顶石，盖顶石为一整块大河卵石。墓室底部铺小碎石，厚0.1米，多为0.05～0.1米大小的碎山石，有极少量河卵石。在墓底靠近东西两壁处分别发现少量人骨。

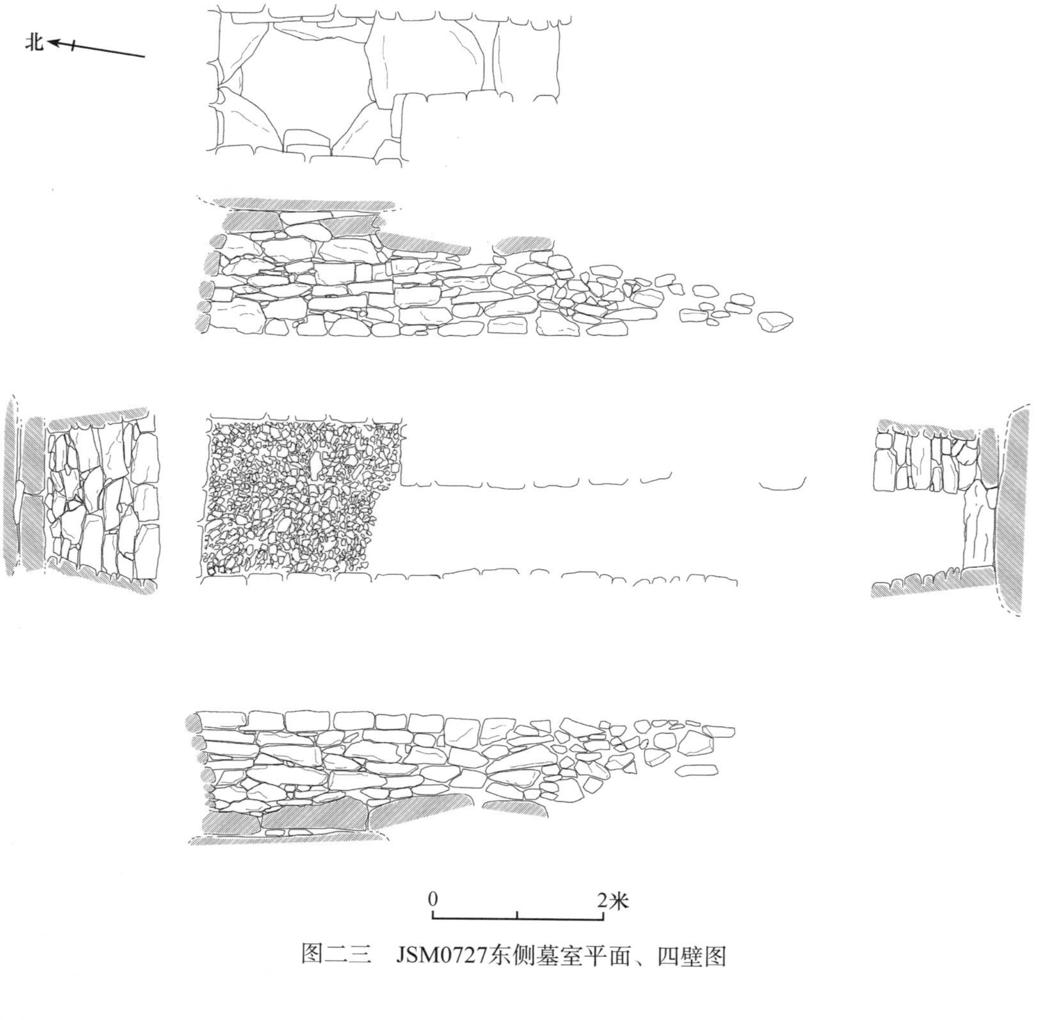


图二三　JSM0727东侧墓室平面、四壁图

（3）封土

封土为黄土，包含一定数量的石块，封土范围南侧在现墓葬南侧边缘外0.5米，东侧在现东侧边缘外0.8米。

（4）出土器物

西侧墓室出土了铁钉28件，其中完整的12件、可辨识形制的残件14件、仅存钉身的残件2件。以钉帽的形制可分为二型。

A型　圆帽，20件。均锻制。圆形钉帽，钉身为四棱方锥形。铁钉长短略有不同，长者如2016JSM0727西：1-5，通长10.7厘米，钉身长10.2厘米，宽0.5厘米，钉帽直径1.5厘米（图二四，1；图版五七，10）。短者如2016JSM0727西：1-2，通长8.8厘米，钉身长8.3厘米，宽0.4厘米，钉帽直径1.5厘米（图二四，2；图版五七，8）。

B型　折帽，6件。均锻制。2016JSM0727西：1-7，钉帽弯折一侧，帽面近方形，钉身为四棱方锥形。通长11.3厘米，钉身长10.7厘米，宽0.6厘米，钉帽长1.8厘米（图二四，3；图版五七，11）。

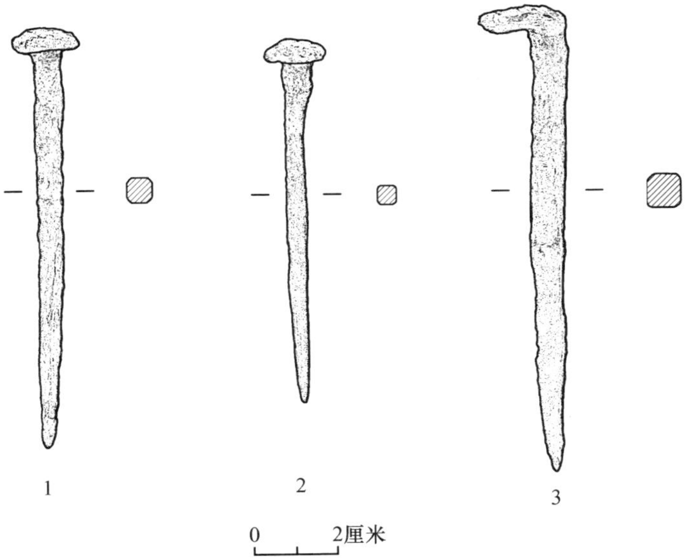


图二四　JSM0727西侧墓室出土铁钉

1、2. A型（2016JSM0727西：1-5、2016JSM0727西：1-2）　3. B型（2016JSM0727西：1-7）

**2. JSM0791**

（1）周边环境及现状

JSM0791位于Ⅱ-2-2区的西南，西侧距JSM0792约8米，东南侧距JSM0797约10米。地理坐标为东经126°09′44.7″，北纬41°08′52.8″，海拔220.5米。墓顶封土流失严重，清理墓葬植被之后，西侧盖顶石裸露，部分盖顶石缺失。墓顶东侧稍凸，应为东侧墓室顶部。

（2）墓葬结构

墓葬封丘形状不规则，南北长约12.7米，东西宽约11.4米，现存高度约2.8米。该墓为同封双室墓，由墓道和墓室两部分组成，两个墓室东西排列，结构相同，平面均为铲形，两条墓道平行，间距约2.3米，墓道方向为南偏西12°，墓道底部低于南侧现地表约0.4米（图二五；图版九，2）。

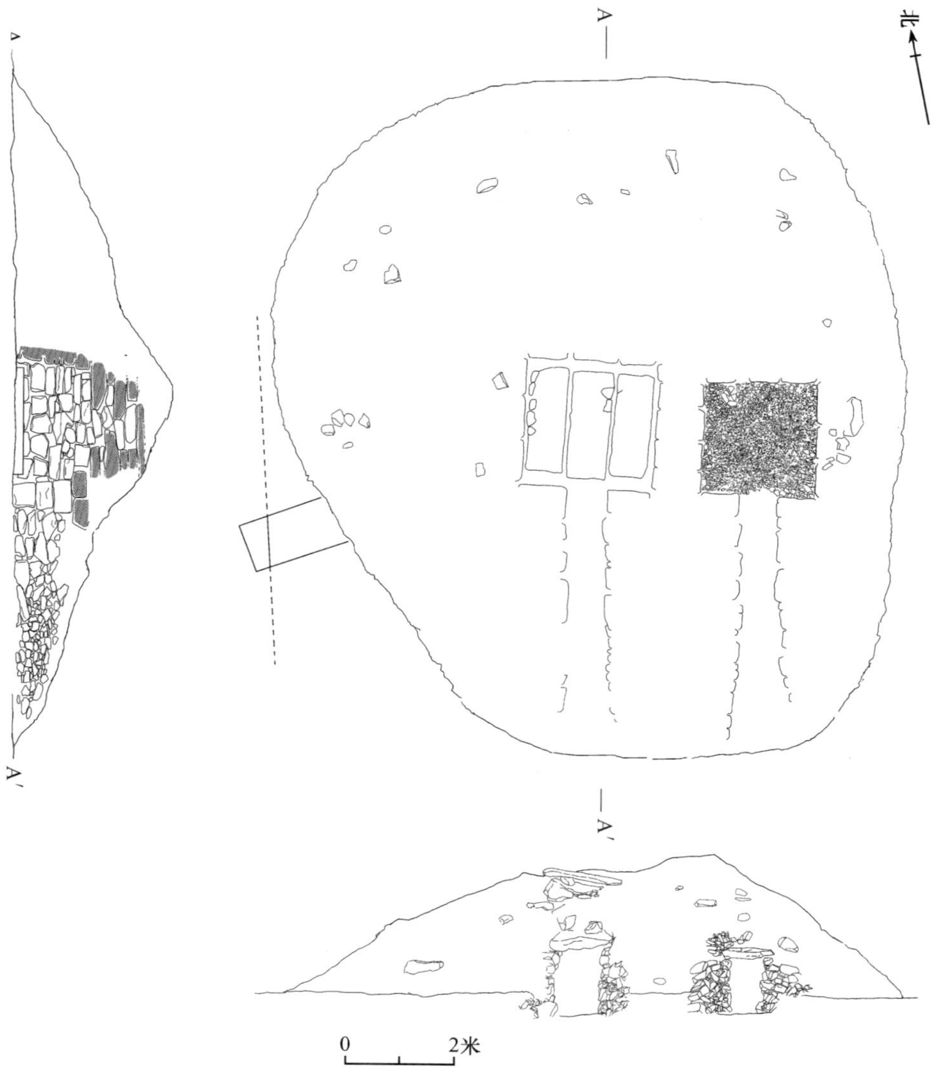


图二五　JSM0791平面、剖面、侧视图

1）西侧墓室

墓道位于南壁正中，长4.4米，宽0.75～1.15米，高0.4～1.1米。墓道两壁用单排山石垒砌，将平整的一面向外。墓道北侧靠近墓室处用2块盖顶石封盖，盖顶石通长1.2米。北侧盖顶石为石灰岩，底面和朝向墓室一面加工较为规整，尺寸为1.16米×0.5米×0.3米，南侧盖顶石为未经加工的花岗岩。墓道底部靠近墓室处长约1.6米经过人工夯筑。墓道两壁北侧砌石四层，石块较大，砌筑较规整，墙面平直，石缝间用白灰勾缝。石材外露面一般长0.5米，厚0.2米。两壁向南渐次低矮，南端现存两层，高0.4米。西壁墙面稍直，东壁上部略向外倾斜。石块整体较小，砌筑不规律，东壁方形石块略多，西壁扁平石块略多，表面均稍平整。在距离墓室约0.5米处用大石块封堵墓道，现仅见一层，长度约2.4米。石块规格多为0.5米×0.3米×0.3米。

西侧墓室南北长2.4米，东西宽2.4米，高2.35米（图二六；图版一〇，1）。四壁砌石有三至五层，高0.85米。北、西、南三壁砌筑工整，东壁略显草率，石材主要为石

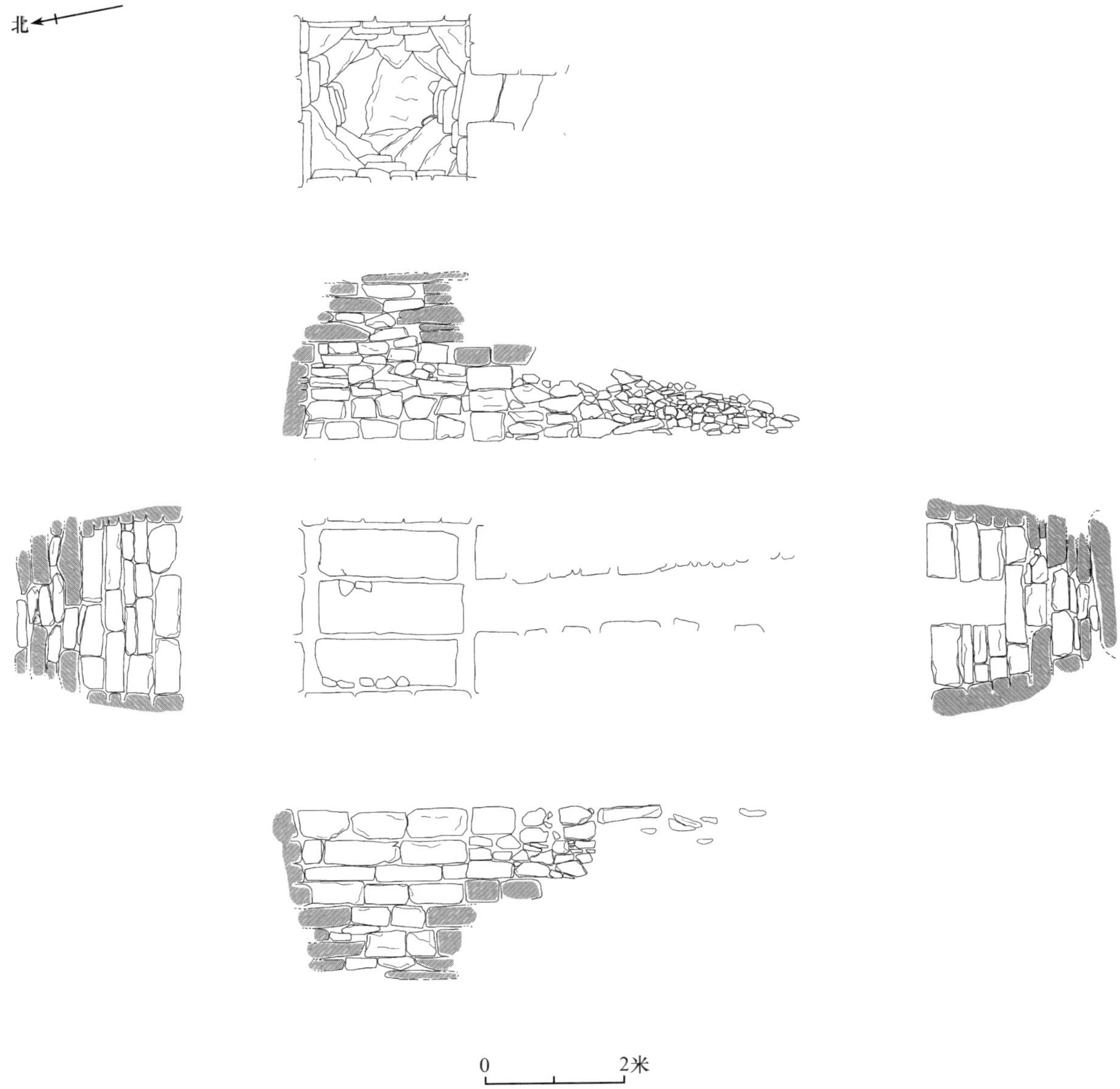


图二六 JSM0791西侧墓室平面、四壁图

灰岩石条，仅有1块河卵石，加工规整，部分石材表面有明显加工痕迹。四壁由下至上略向内倾，石材错缝砌筑，缝隙用小石块填塞，以白灰勾缝。最大石块长1.1米，厚0.4米。之上为一层平行叠涩，高0.3～0.4米，内收0.05～0.2米。平行叠涩之上为抹角叠涩，受石材影响，西南角与东北角为三重抹角石，西北角与东南角为四重抹角石。抹角石之间均有与四壁平行的顶部砌石，呈平行叠涩，逐层内收0.05～0.1米。西南角第三重抹角石之上，未做抹角，而是用2块较规整的石灰岩石块砌筑，夹角略呈钝角。之上一周顶石共8块，高约0.15米，外露面0.45～0.65米，仰视呈八角形。墓顶盖顶石现仅存1块，已位移，尺寸为1.9米×1.4米×0.2米。其余盖顶石缺失。墓顶部石材以石灰岩和花岗岩为主，石灰岩加工较规整，花岗岩简单加工。墓底见东西向平行排列的3座棺床，中间棺床为2米×0.8米×0.17米，用白灰涂抹顶面和立面，东边北侧白灰掉落可见内部

为河卵石砌筑，北距北壁0.2米，南距南壁约0.24米。东侧棺床与中间棺床间距0.07米，尺寸为1.9米×0.7米×0.16米，用白灰涂抹顶面和立面，西边北部因石材缺失白灰塌陷，北距北壁约0.2米，东距东壁约0.13米，南距南壁约0.32米。西侧棺床与中间棺床间距0.06米，尺寸为2米×0.7米×0.16米，用白灰涂抹顶面和立面，西北角有一道东西长0.28米，南北宽0.07米，深0.08米的长方形凹槽。北距北壁约0.2米，西距西壁约0.1米，南距南壁约0.34米。墓室内地面为夯筑的深黄褐色土。墓室内发现人头骨、股骨等。

2）东侧墓室

墓道位于南壁正中，长4.7米，宽0.75～1.1米，高0.4～1米。墓道两壁用单排山石垒砌，将平整的一面向外。墓道北侧靠近墓室处用2块盖顶石封盖，盖顶石通长1.3米。南侧1块为花岗岩，北侧1块为石灰岩，尺寸为1米×0.4米×0.24米。墓道底部靠近墓室处长约1.1米经过人工夯筑。两壁北侧砌石四层，石块较大，砌筑较规整，墙面平直，石缝间用白灰勾缝。两壁向南渐次低矮，南端现存四层，高0.4米。东壁上部大幅向外倾斜，西壁上部亦略向外倾斜。石块整体较小，砌筑不规则，东壁方形石块略多，西壁扁平石块略多，表面均稍平整。主要为山石，少量河卵石。墓道内用石块封堵，从墓室口处向外，现存长0.6米，高0.7米，有砌石三层，为经加工的花岗岩石条。

东侧墓室平面近方形，边长2.05米，高1.85米（图二七）。四壁砌石有三层，高0.85米。除西壁略显草率，北、东、南三壁砌筑较工整，石材多为加工精细的石灰岩石条，表面平整（图版一〇，2）。四壁由下至上略向内倾。除东壁北侧局部直缝砌筑外，均错缝砌筑，缝隙用小石块填塞，以白灰勾缝。之上有两层平行叠涩。第一层平行叠涩高约0.3米，内收0.05～0.15米。第二层平行叠涩高0.2～0.3米，内收0.1～0.15米。北壁石材较小，在北壁两角各有一抹角石。抹角石略薄，厚0.2～0.25米。两抹角石之间的砌石与北壁平行，外露面长0.5米，厚0.25米，内收0.04米。之上四隅再做一层抹角叠涩。东南角抹角石较大，外露面长0.7米，厚0.25米，有明显加工痕迹。除西壁两抹角石相抵外，北、东、南三壁抹角石之间均有与三壁平行的顶部砌石，呈平行叠涩。砌石内收0.15米左右。东、南两面为一整块大石块，北面是两层小石块垒砌。之上放置一整块花岗岩盖顶石。墓顶部石材以石灰岩和花岗岩为主，石灰岩加工较为规整，花岗岩简单加工。砌石缝隙间填垫小石块，使顶面平整，以方便砌筑。墓底中间有一个边长约1.8米，深约0.15米的方形坑，四壁为较纯净的深黄褐色土，经过夯打，方坑内填满木炭，木炭之上遍铺小碎山石，厚约0.15米，碎山石大小在5厘米左右（图版一一，1）。墓室内发现少量人骨，保存极差。

（3）封土

封土为黄土，包含一定数量的石块，封土范围西南侧在现墓葬西南侧边缘外1.3米。

（4）出土器物

墓室及墓道内出土银饰、铁器、陶片。

银饰　1件。2016JSM0791东：1，完整。长条形银板，一端略宽，呈弧形，另一端两

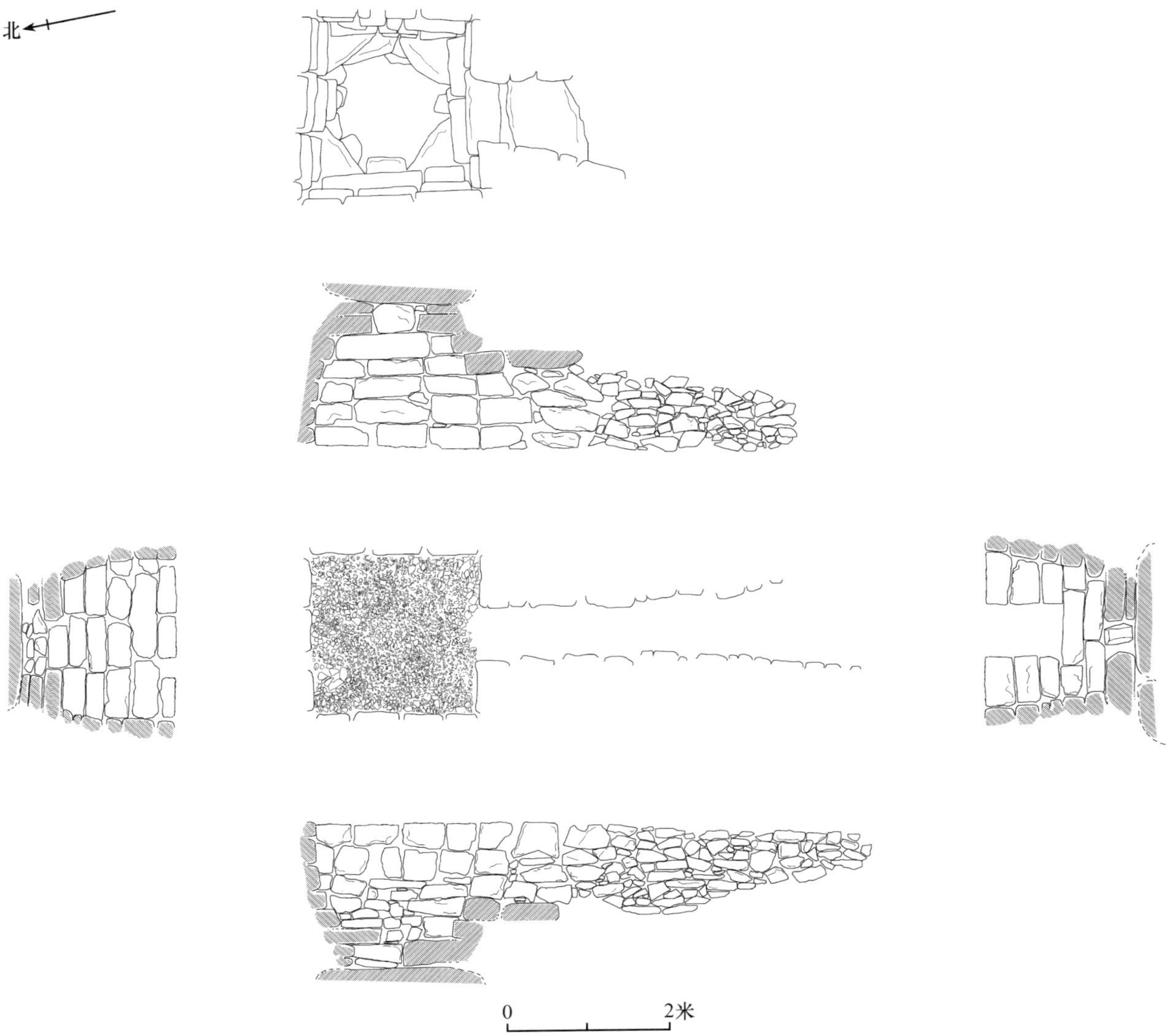


图二七　JSM0791东侧墓室平面、四壁图

面各有一个银片。银片内侧一半用铆钉固定在银板之上，两边基本与银板同宽，内侧呈鱼尾形，铆钉分布在四角。外侧一半凸出，形似花蕾，顶端用一铆钉连接。通长14.9厘米，宽2.2～3厘米，银片长约3厘米（图二八，2；图版五九，1）。

铁钉　10件。锻制，锈蚀，均为圆帽方钉。2016JSM0791西：5-4，钉帽稍残。通长14厘米，钉身长13.2厘米，宽0.6厘米，钉帽残径2.2厘米（图二八，3；图版五七，12）。2016JSM0791西：5-1，钉尖稍残。通长11厘米，钉身长10.6厘米，宽0.6厘米，顶帽直径2.8厘米。

铁棺环　3件。锻制，锈蚀。圆形铁环，铁环上连一分钉，分钉为一根对折的铁条，钉脚向两侧弯折，连接铁环处较宽，钉身略细，钉脚前端略弯折。靠近铁环处有一圆形挡片。2016JSM0791西：1，完整。铁环外径8.5厘米，内径6.5厘米，断面直径1厘米。分钉钉身长10.7厘米，宽0.7～1.3厘米，厚0.5厘米，钉脚长5厘米，宽0.6厘米，圆形挡片直

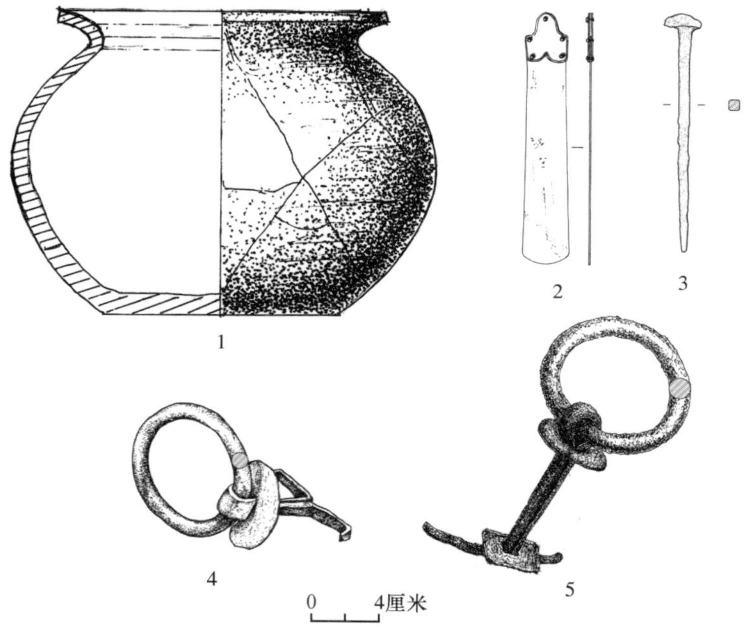


图二八　JSM0791出土器物

1. 陶罐（2016JSM0791西：4）　2. 银饰（2016JSM0791东：1）　3. 铁钉（2016JSM0791西：5-4）
4、5. 铁棺环（2016JSM0791西：3、2016JSM0791西：1）

径4.6厘米，方形挡片边长3.9厘米（图二八，5；图版五八，1）。2016JSM0791西：3，完整。铁环外径8.6厘米，内径6.8厘米，断面直径0.9厘米。分钉钉身长8.3厘米，宽0.7～1.6厘米，厚0.5厘米，钉脚长4.8厘米，宽0.6厘米，圆形挡片直径5.6厘米（图二八，4，图版五八，2）。2016JSM0791西：2，方形抹角挡片残。铁环外径8.4厘米，内径6.2厘米，断面直径1.1厘米。分钉钉身长9.5厘米，宽0.7～1.5厘米，厚0.5厘米，钉脚长4厘米，宽0.7厘米，圆形挡片直径4.6厘米，方形挡片边长3.7厘米。

陶罐　1件。2016JSM0791西：4，残。泥质黄褐陶。轮制。素面。侈口，展沿，方唇，矮领，鼓腹，平底。器高18厘米，口径19厘米，腹径24.8厘米，底径13.8厘米（图二八，1；图版六〇，6）。

**3. JSM1317**

（1）周边环境及现状

JSM1317位于Ⅱ-2-4区西北角，东北侧距JSM0799约5米，西侧距JSM1329约7米。地理坐标为东经126°09′45.0″，北纬41°08′50.8″，海拔220米。该墓封土西、北两侧稍好，东、南两侧保存较差，有部分砌筑墓室的石材裸露于外。墓顶西南角有一小洞，可见墓室。

（2）墓葬结构

墓葬封丘近椭圆形，南北长约10米，东西宽约8.8米，现存高度约3.1米。墓葬由墓道、甬道、墓室三部分组成（图二九；图版一一，2）。

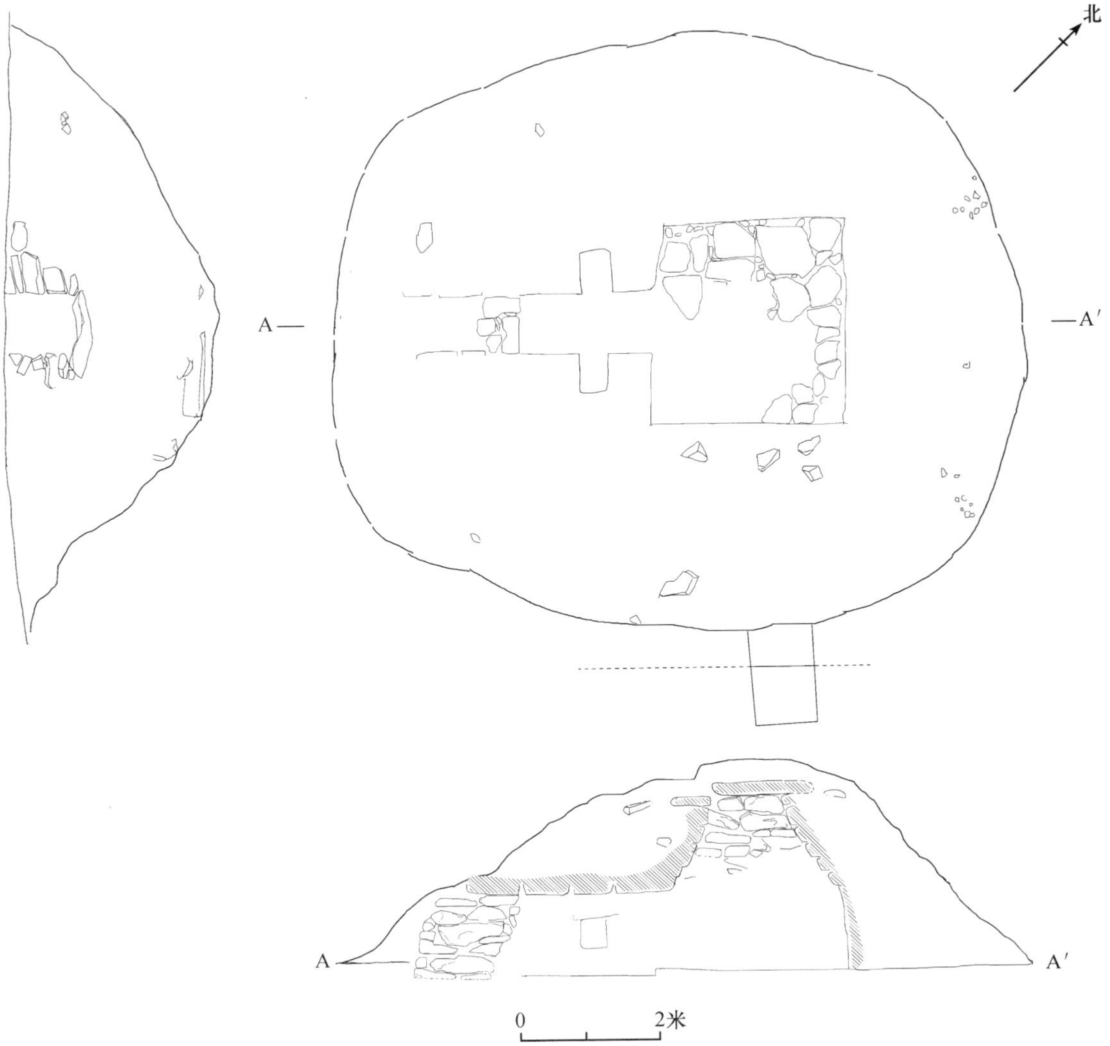


图二九　JSM1317平面、剖面、侧视图

墓道长1.8米，宽0.9米，高1.2米，方向南偏西46°，墓道底面低于西侧现地表约0.2米。两壁用单排石块垒砌，现存六层。石块错缝砌筑，缝隙间有少量白灰。石块主要为山石，外露面简单加工平整。石块大小不一，最大的外露面长0.8米，厚0.3米。墓道由石块封堵，东侧长0.6米的一段用山石和河卵石逐层垒砌封堵，封堵石材上部缺失，现存高0.7米。西侧长1.2米的一段用土和石块封堵，石块大小为0.2米左右。

甬道长1.9米，宽0.9米，高1.2米，甬道位于墓室西壁正中，底面与墓道底面高度相当，低于墓室底面0.1米。两壁涂抹白灰，南壁保存较好，北壁上端白灰大部分脱落。底面用直径约5厘米的小河卵石铺平，之上涂抹白灰。在距墓室约0.6米处，甬道南、北两壁各有一个壁龛。北侧壁龛底距甬道底约0.4米，高0.48米，宽0.48米，深约0.55米，底面、侧壁和顶部均涂抹白灰，顶面白灰全部脱落（图版一二，1）。南侧壁龛底距甬道底约0.4米，上沿呈喇叭口，高0.58米。内高0.47米，宽0.42米，深0.54米。底面、侧壁和顶部均涂抹白灰，顶面白灰全部脱落。甬道顶部和墓道东侧有4块盖顶石，通长3.1米。甬道靠近墓室的盖顶石底面有涂抹白灰的痕迹。

墓室平面为长方形，南北长3米，东西宽2.8米，高2.65米（图三〇）。四壁由下至上略向内倾，高1.2米。墙面涂抹白灰，表面起伏不平，有明显涂抹痕迹，刷痕有横向、斜向、竖向、弧形等，没有规律，一般宽约0.1米。刷齿粗细不均，总体较细，多在1毫米

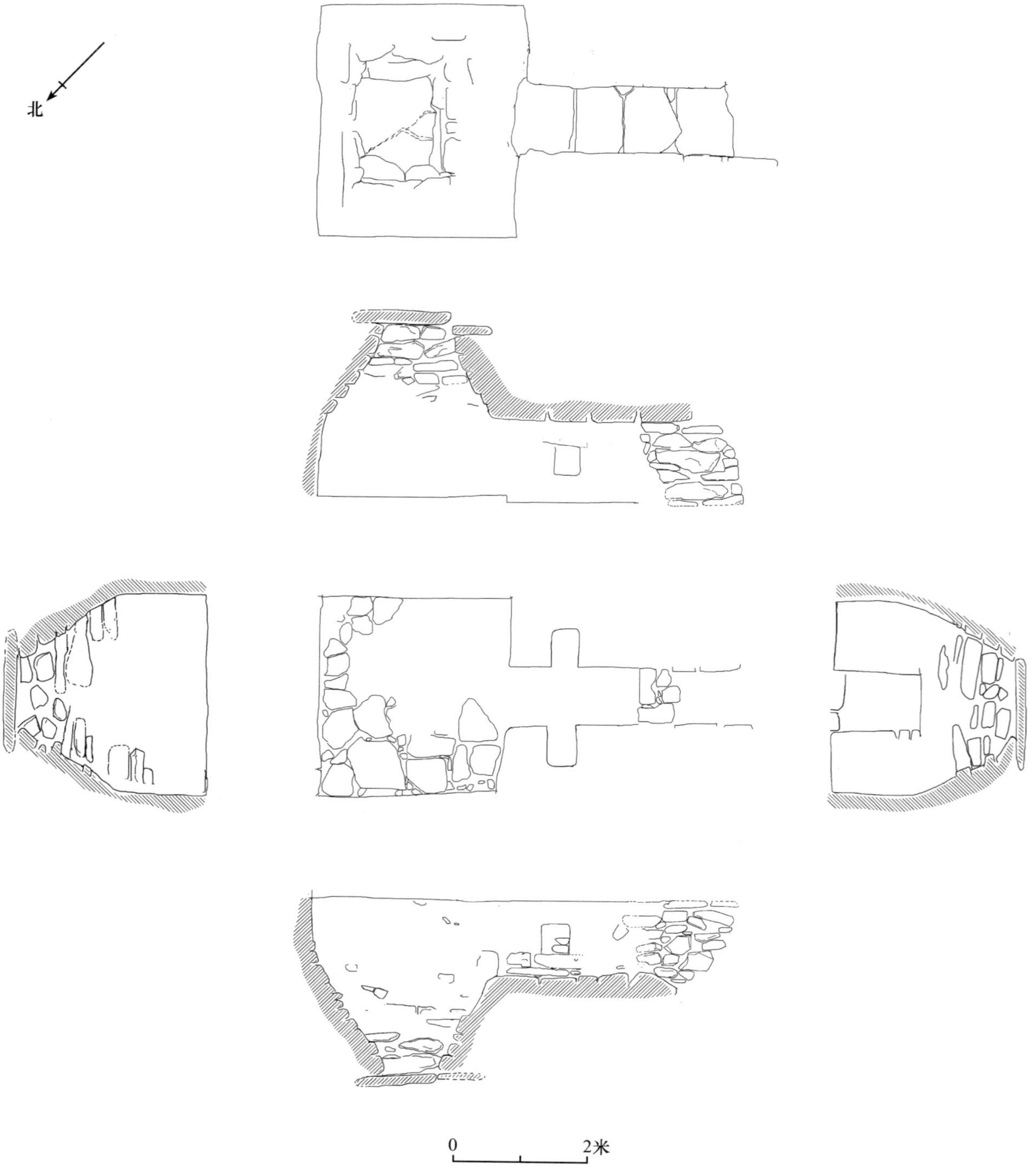


图三〇　JSM1317墓室平面、四壁图

左右，粗的有2～3毫米。局部白灰脱落，从脱落处看，白灰厚薄不一，最厚处0.08米，薄的不足0.01米。白灰内有稻秆，还有极少量的小碎石。四壁白灰墙面上有大片绿色霉菌（图版一二，2）。墓顶为穹隆顶，用山石和大河卵石叠砌，石缝间用小碎石和薄河卵石填塞。墙面涂抹白灰，上面二至三层石面白灰基本脱落，可见石材外露面多为平面或斜面。顶部盖顶石为2块石灰岩大石板，东侧1块较大，占墓顶大部，长约1.8米，厚约0.26米。墓底用扁平的山石和河卵石铺垫，缝隙间用小河卵石填塞，顶面涂抹一层白灰，整体较为平整，边缘白灰保存较差。

（3）封土

封土为黄土，包含一定数量的石块，封土范围东侧在现墓葬东侧边缘外0.6米。

（4）出土器物

北侧壁龛内出土陶片1件、陶器耳1件、陶饼1件，甬道内出土铁钉1件。

铁钉　1件。2016JSM1317：4，锈蚀，完整。锻制。圆形钉帽，钉身为四棱方锥形。通常11.9厘米，钉身长11.5厘米，宽0.6厘米，钉帽直径2.1厘米（图三一，1；图版五七，1）。

陶器耳　1件。2016JSM1317：1，残。桥状横耳。泥质灰陶。外壁抹光。长7厘米，宽2～4.2厘米，厚0.6厘米，器壁厚0.5厘米（图三一，2；图版六〇，1）。

陶饼　1件。2016JSM1317：2，完整。泥质灰陶。外面抹光。周边有人工打制痕迹，饼身较厚，略有弧度，系用较大陶器碎片制成。长10.4厘米，宽9.4厘米，厚1.5厘米。

陶片　1件。2016JSM1317：3，残。泥质灰陶。轮制。外壁抹光，上部饰一道弦纹，之下接一组垂帐纹。长13厘米，宽5厘米，厚0.5厘米（图三一，3；图版六〇，2）。

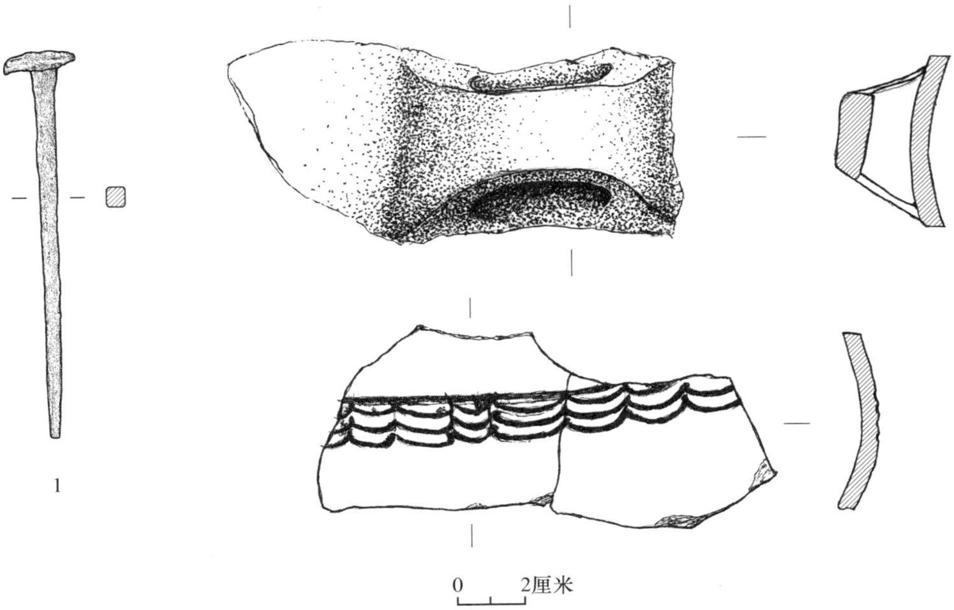


图三一　JSM1317出土器物

1. 铁钉（2016JSM1317：4）　2. 陶器耳（2016JSM1317：1）　3. 陶片（2016JSM1317：3）

**4. JSM1331**

（1）周边环境及现状

JSM1331位于Ⅱ-5-3区的东北部，西侧距JSM1332约2米，东侧距JSM1329约2米。地理坐标为东经126°09′43.6″，北纬41°08′50.8″，海拔220米。墓表封土流失严重，石块裸露于外，在墓的南侧有一处河卵石堆积，墓顶南侧裸露1块墓道盖顶石。

（2）墓葬结构

墓葬封丘形状近椭圆形，南北长约13.6米，东西宽约11.3米，现存高度约3.2米。墓葬由墓道、墓室两部分组成，墓室平面为刀形（图三二；图版一三，1）。

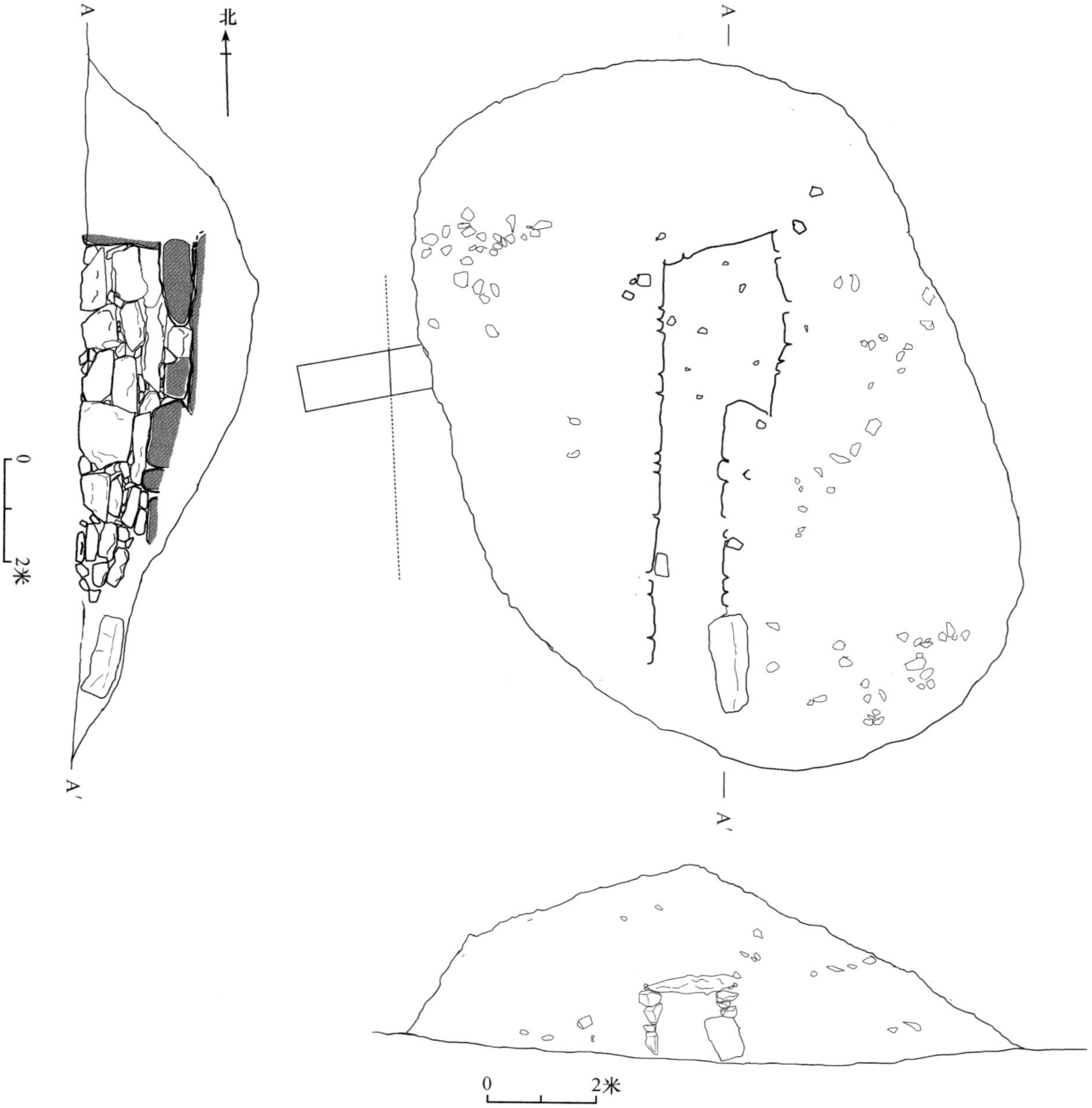


图三二　JSM1331平面、剖面、侧视图

墓道长5米，宽1.12～1.38米，高1.24～1.36米，方向为南偏西2°，墓道底面低于南侧现地表约0.1米。两壁用单排石块垒砌，石材大多为山石，仅有少量河卵石，经简单加工，将平整的一面向外。西壁与墓室西壁一体砌筑。墓道北侧靠近墓室处用3块花岗岩盖顶石封盖，盖顶石通长2.9米。墓道北侧两壁砌筑较规则，石材较大，有四层，从北向南两壁渐次低矮，石块大小不一，砌筑不规律，最低处有一至二层。墓道由石块封堵，底层封堵石较大，尺寸在0.6米×0.4米×0.3米左右，石材为河卵石和山石，两块并排放置，石材长边方向与墓道一致，其上是三层小河卵石和山石叠砌，每层有5、6块石块并行放置，最外侧由1块尺寸为1米×0.8米×0.4米的山石依护加固。墓道底面为黄褐色砂土，夹杂少量小碎石，直径在1～3厘米。在清理墓道口淤土时发现1块大石条，尺寸为1.8米×0.5米×0.4米，可能是塌落的墓道最外侧盖顶石。

墓室形状不规则，南北长2.5～3.4米，东西宽2～2.2米，高2.1米（图三三）。四壁砌石有一至三层，高1.5米，由稍经加工的大块山石垒砌和错缝砌筑，石材多不规整，外露面也多不平整，砌石间缝隙较大，填塞小石块和片状垫石。墓室北壁为一整块山石，其边长1.8米，高1.3米（图版一三，2）。石材表面相对平整，北壁左下角与西壁之间形成一处三角形缝隙，宽约0.4米，缝隙间填塞2块叠砌的小山石。西壁与墓道西壁一体砌筑，砌筑较为平直，石材规格普遍大于东壁石材，最大石材长2.2米，厚0.8米。东壁砌筑得不甚平直，石材规格一般长1米，厚0.5米。四壁之上有一重抹角，高0.4～0.6米，向内收约0.4米，其中西北角为2块山石叠砌。抹角石之上为一整块花岗岩盖顶石，南北长2.5米，宽1.5米。墓室底面与墓道底面高度一致，为黄褐色砂土，夹杂小碎石，石子直径在2～5厘米。

墓葬未出土遗物。

（3）封土

封土为黄土，包含一定数量的石块，封土范围西侧在现墓葬西侧边缘外0.7米。

**5. JSM1333**

（1）周边环境及现状

JSM1333位于Ⅱ-5-3区的东北角，北侧距JSM1335约2米，西侧距JSM1334约1.2米，南侧距JSM1332约4米。地理坐标为东经126°09′43.6″，北纬41°08′50.8″，海拔220米。清理前墓顶封土缺失，墓道洞开，南侧有现代围墙将该墓南部围起来，围墙使用墓上石材砌筑。

（2）墓葬结构

墓葬封丘近圆角方形，南北长约12.5米，东西宽约11.7米，现存高度约3.3米。墓葬由墓道、墓室两部分组成，墓室平面为刀形（图三四；图版一四，1）。

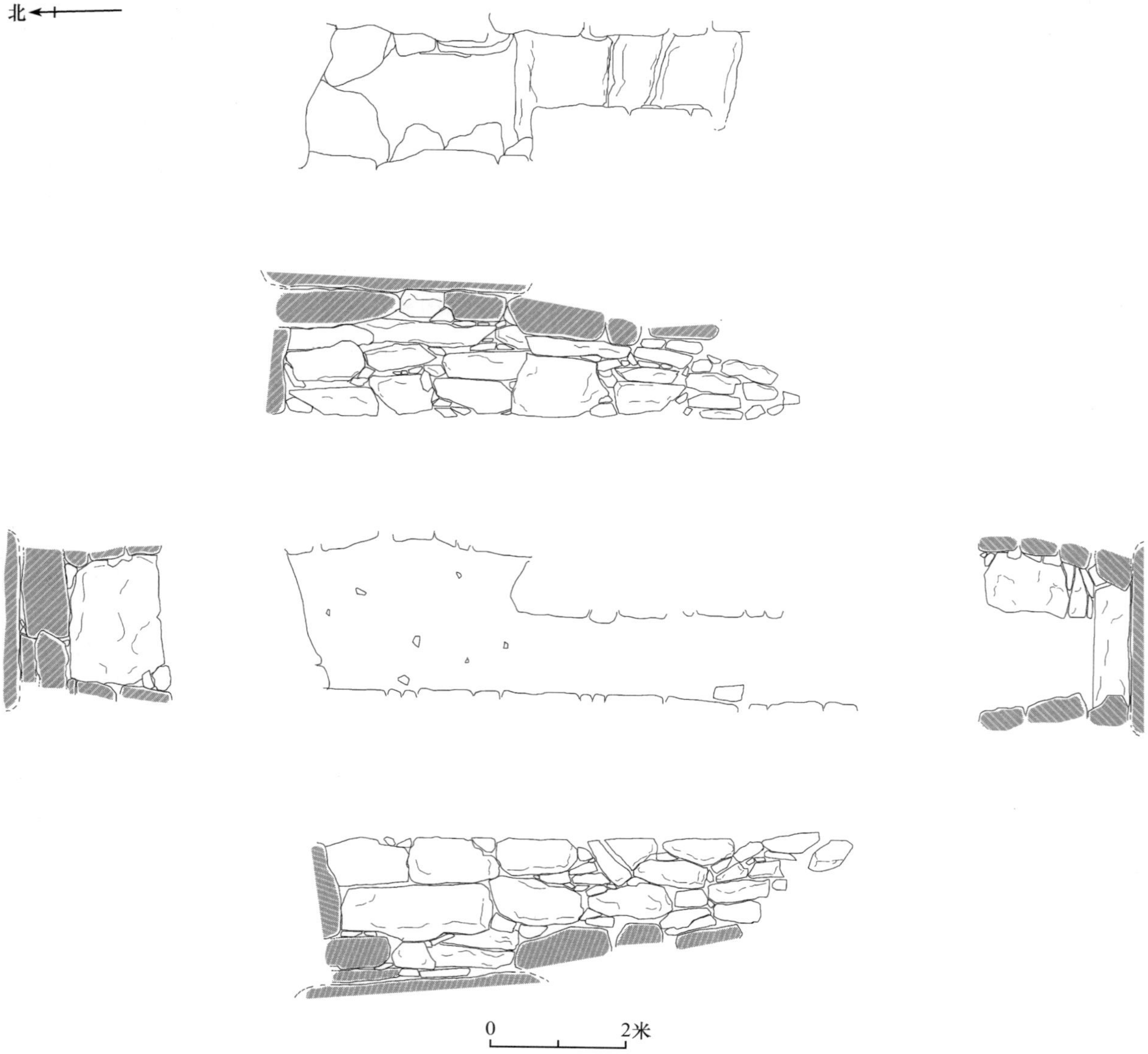

图三三　JSM1331墓室平面、四壁图

墓道现长3.1米，宽1米，高1.5米，方向为南偏东2°，墓道底部低于南侧现地表约0.3米。墓道两壁用单排石块垒砌，石材主要为山石，仅有2块河卵石。石块稍经加工，外露面略平整，错缝砌筑，石缝间填小石块。石块形状不规则，大小不一，一般长0.7米，厚0.3米。墓道东壁长3.1米，西壁长2.1米，西壁与墓室西壁一体砌筑。两壁有四至五层砌石，南侧被现代墙打破。墓道北侧有2块盖顶石，通长1.5米。墓道内封堵石块，现仅存一层，高约0.25米。石块多为较扁平的山石，缝隙间填大块河卵石，大石块现存4块，尺寸一般为0.8米×0.7米×0.25米。墓室西北角内也有2块扁平大石块，应是塌落的墓道封堵石（图版一四，2）。

墓室南北长2.3米，东西宽1.9米，高2.1米（图三五）。四壁砌石有三至四层，高1.6米，由稍经加工的石块错缝砌筑，外露面多不平整，以山石为主，根据缝隙大小用适合

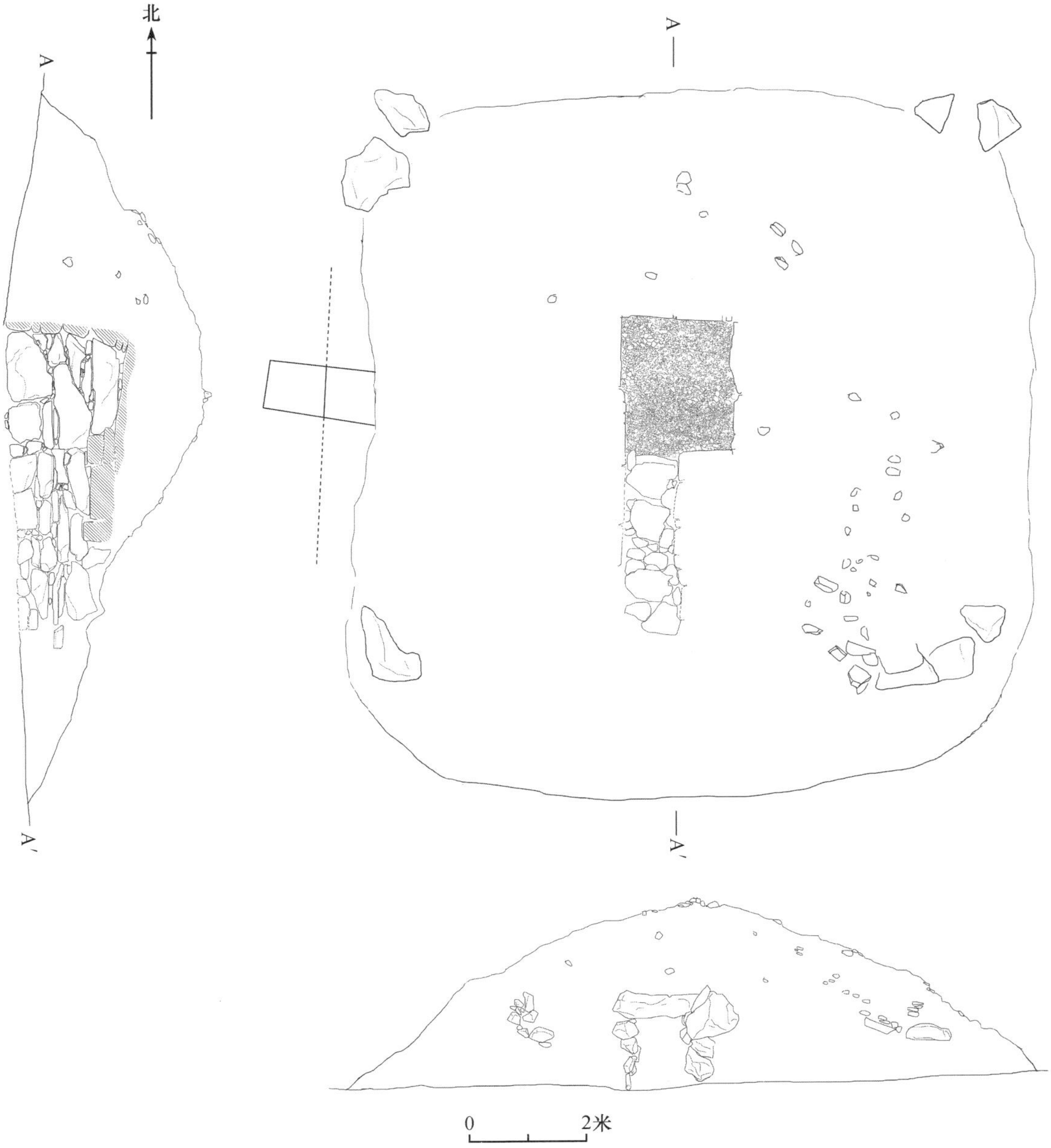


图三四　JSM1333平面、剖面、侧视图

的石块填塞，并用白灰勾缝。顶面不平整处用扁平的石块或河卵石垫平（图版一五，1）。四壁由下至上略向内倾，转角处石块不规则交错叠压连接。石材大小不一，规格最大的石材位于东壁左下角，外露面长1.3米，厚0.9米。四壁之上有一层平行叠涩，高0.4～0.5米，内收0.1～0.15米。每壁的平行叠涩均为一整块大石条，缝隙间填塞小石块。东壁石条最大，长1.8米，厚0.5米。平行叠涩之上为一整块花岗岩盖顶石。墓室底部铺小碎山石和小河卵石，厚约0.1米，石块大小在3～5厘米，部分小碎石上沾有白灰，偶见10厘米左右的河卵石，可能为掉落的墓壁填缝石材（图版一五，2）。

墓葬未出土遗物。仅在墓室内出土少量残碎人骨，保存极差。

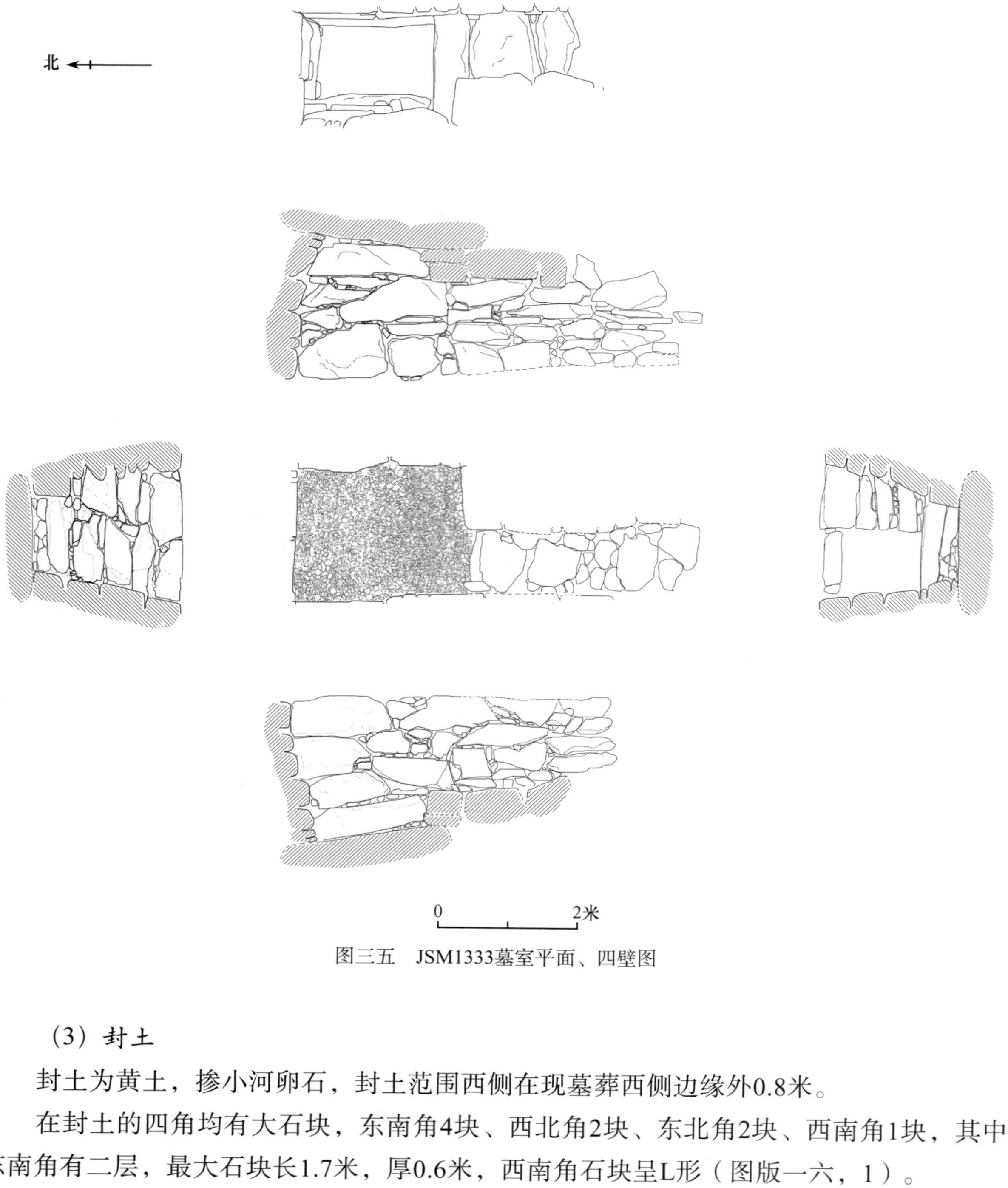


图三五　JSM1333墓室平面、四壁图

（3）封土

封土为黄土，掺小河卵石，封土范围西侧在现墓葬西侧边缘外0.8米。

在封土的四角均有大石块，东南角4块、西北角2块、东北角2块、西南角1块，其中东南角有二层，最大石块长1.7米，厚0.6米，西南角石块呈L形（图版一六，1）。

**6. JSM1334**

（1）周边环境及现状

JSM1334位于Ⅱ-5-3区的东北角，东侧距JSM1333约1.2米，东北侧距JSM1335约5米。地理坐标为东经126°09′42.6″，北纬41°08′51.1″，海拔220米。墓葬封土流失严重，四周可见砌筑墓室石材，东侧墓室墓顶部砌筑墓室石材缺失，可见墓室，墓顶有大量碎石。

（2）墓葬结构

墓葬封丘形状近圆形，东西长约6.8米，南北宽约6.7米，现存高度约2.4米。该墓为同封双室墓，由墓道和墓室两部分组成，两个墓室东西排列，东墓室平面呈刀形，西墓室平面呈长方形，两条墓道平行，间距约0.8米，墓道方向为南偏西30°，墓道底部低于南侧现地表约0.15米（图三六；图版一六，2）。

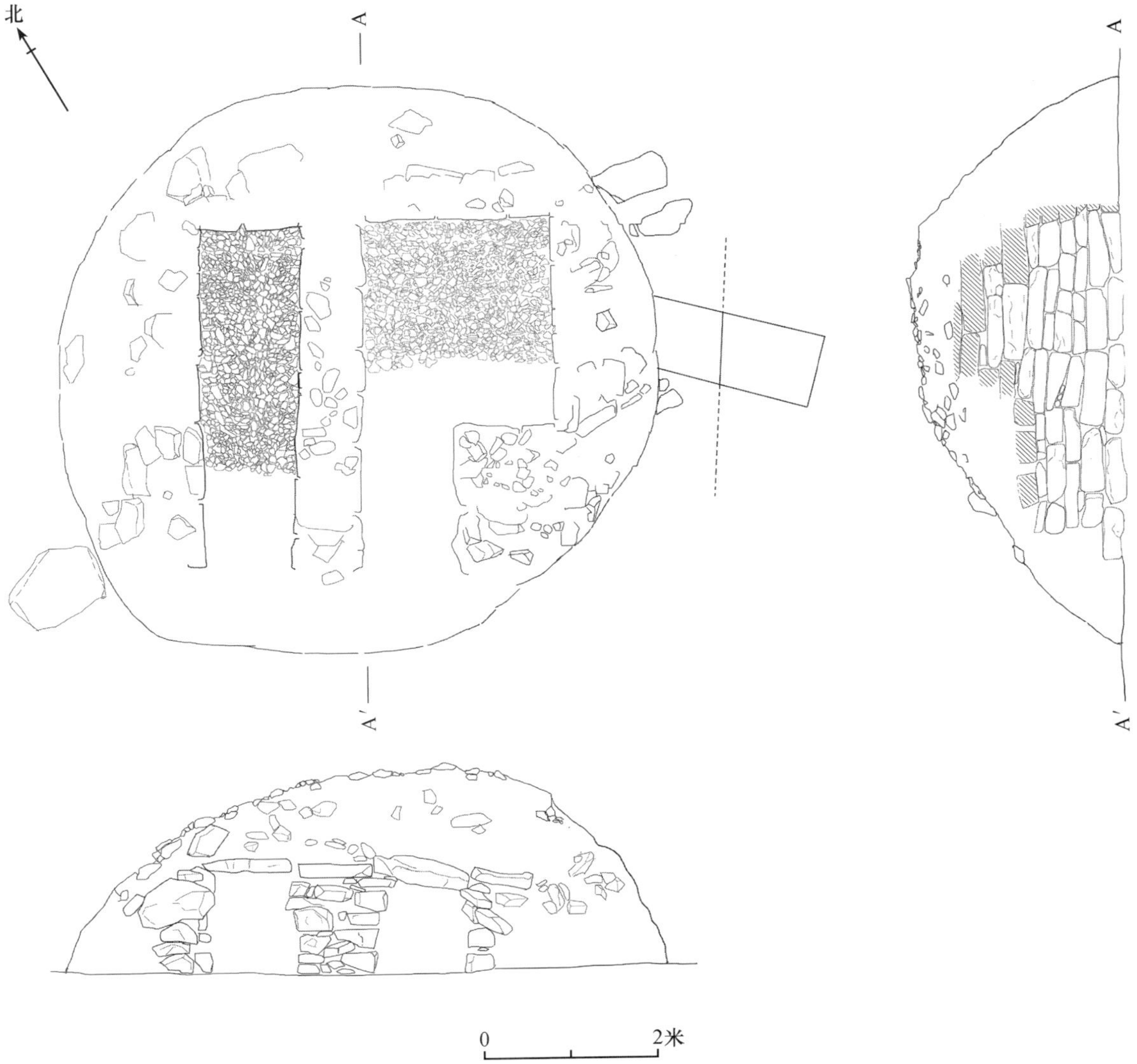

图三六　JSM1334平面、剖面、侧视图

1）西侧墓室

西侧墓室未经扰动，清理后平面为长方形，墓室与墓道东、西两壁一体砌筑，顶部盖顶石没有明显分界。根据墓室底部铺石和封堵石块位置判定墓室和墓道分界。墓室长2.8米，宽1～1.2米，高1米。三壁可见四至五层石块，石块稍经加工，外露面略平整，

垒砌和错缝砌筑（图三七；图版一七，1）。顶层个别石块略内收。石块主要为山石，大小一般长0.5米，厚0.25米。墓道长1.1米，与墓室高度、宽度相同，石材比墓室砌石规格稍小。盖顶石共5块，通长3米，材质为花岗岩和石灰岩。墓室内淤土可分两层，上层厚0.35～0.4米，为黄褐色土，下层厚0.3～0.35米，为黄土。墓室底部铺小碎山石，石块大小在10厘米左右。墓室内中部南侧铺石之上发现人骨，下层淤土中出土棺环和大量棺钉，棺环6件，其中4件位置近墓室四角，2件分别位于南、北两端中部。棺钉多分布在靠近墓室壁一周的较窄范围内。墓道内用两列石块封堵，每列五至六层。底层石块较大，向上石块渐小。一至三层每层有2块石块，四至六层每层有5或6块石块。在封堵石之外立

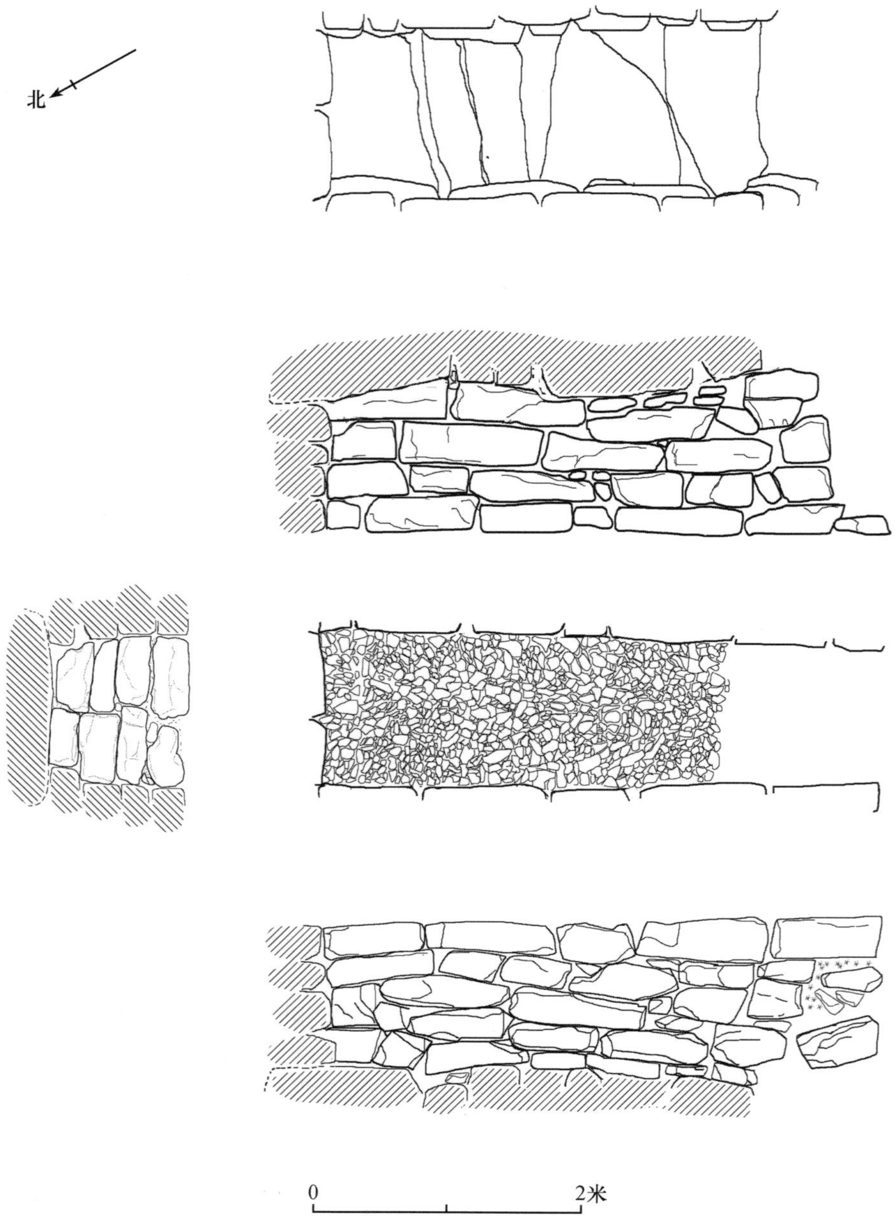


图三七　JSM1334西侧墓室平面、四壁图

置1块封堵墓道口的大河卵石，稍经加工，较薄，尺寸为1.1米×0.8米×0.2米。

2）东侧墓室

墓道长2米，宽1～1.1米，高1.05米。两壁均由经简单加工的石块砌筑，可见四至五层。东壁为单排石块垒砌，西壁与墓室西壁一体砌筑。从南端观察，中部石块叠压在东墓室墓道西壁和西墓室墓道东壁的石块之上，也一体砌筑。墓道顶部有3块盖顶石，通长1.25米。墓道堆满淤土，淤土中发现人骨和兽骨。墓道底部为黄土（图三八；图版一七，2）。

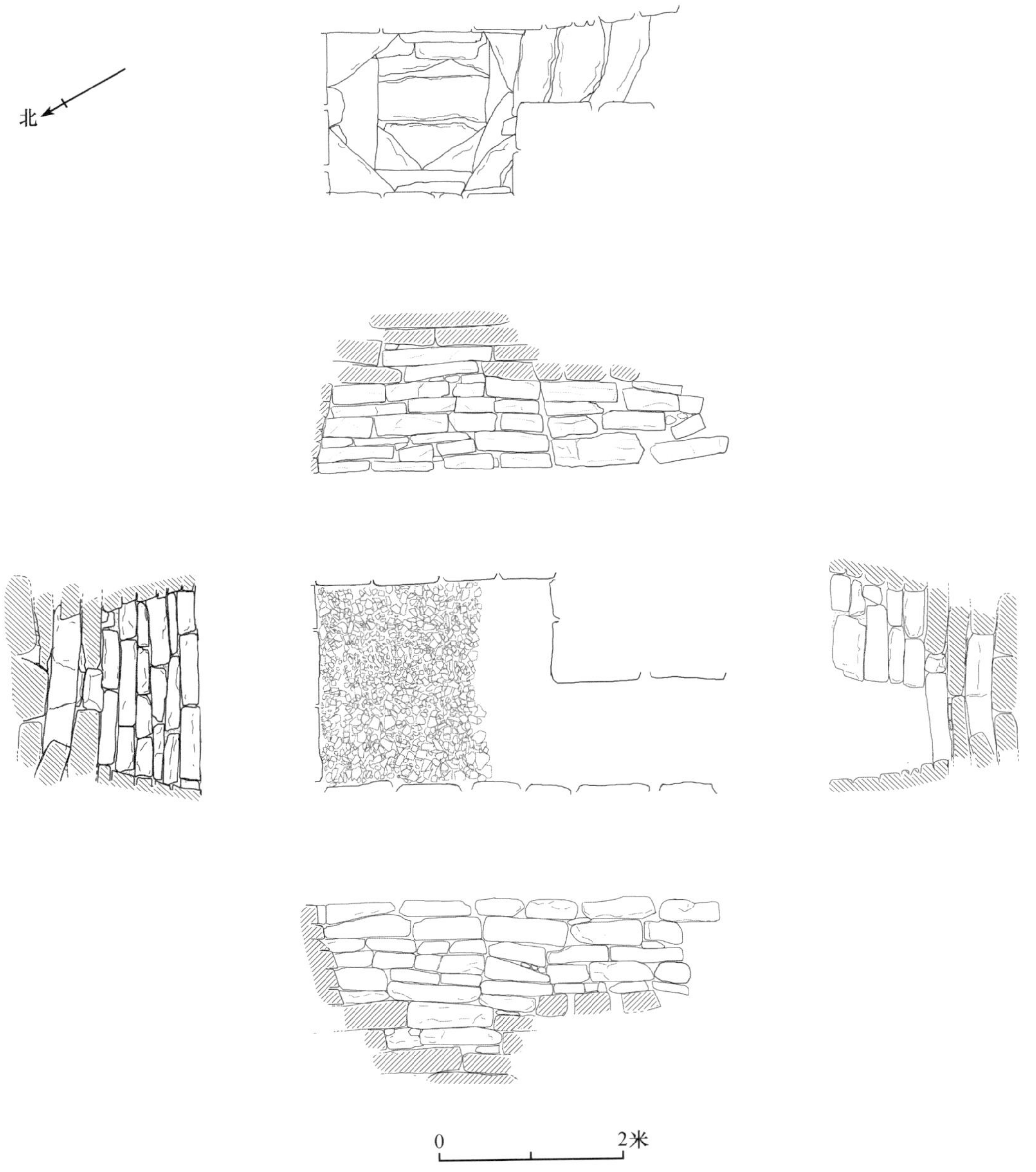


图三八　JSM1334东侧墓室平面、四壁图

东侧墓室南北长2.5米，东西宽2.1米，高1.7米。四壁有四至六层，高1～1.1米，由经过加工的石条错缝砌筑，石材以花岗岩为主，还有少量石灰岩，外露面较为规整，一

般长0.7米，厚0.2米。砌石之间的缝隙较小，个别缝隙中填塞小石块。四壁由下至上逐渐向内倾。石材厚薄不一，导致四隅抹角石材搭接层位不一致，从每个角看抹角均有三层，但从整体看总计有四层抹角。第一层只在墓室西北、东南、东北三处做抹角，抹角石间的石条与墓壁平行，西南角为墓室口，此处放置墓道盖顶石，未做抹角。二层在一层抹角石之上抹角，北侧、东侧与墓室北壁、东壁平行，西南和东南角做抹角，仰视呈五边形。三层在二层抹角石之上抹角，东侧形成抹角，南侧和西侧则分别与南壁和西壁平行。南侧三层抹角石与北侧二层抹角石之上正中放置1块窄长的花岗岩盖顶石，长1.2米，宽0.5米。花岗岩盖顶石东侧的三层抹角之上为1块石灰岩盖顶石，与其下的抹角石之间有一处小洞。花岗岩盖顶石西侧为第4层抹角，仅有2块，其上还有1块盖顶石封盖。墓室底部铺石，遍铺墓室北侧，南侧及墓道不见铺石（图版一八，1）。范围南北长约1.8米，铺石厚约0.1米。石块多为小碎山石，有少量小河卵石，直径8～10厘米。南侧未铺石处为黄土地面。在墓室靠近东壁发现少量人骨。

（3）封土

封土为黄土，包含一定数量的石块，封土范围东侧在现墓葬东侧边缘外0.8米。

（4）出土器物

出土器物共122件，有铁器、金器、鎏金器、银器、玛瑙珠等。东侧墓室出土器物37件，西侧墓室出土器物85件。

1）铁器

铁镜　1件。2016JSM1334东：1，锈蚀，镜面残存四分之一。直径14.2厘米，镜面略凸。拱形纽，长1.8厘米，宽0.6厘米，高1.4厘米，孔长0.8厘米，高0.6厘米（图三九，13）。

铁钉　共104件。其中完整的31件，可辨识形制的残件41件，仅存钉身的残件32件。根据钉帽形制可分为二型。

A型　52件。圆形钉帽，钉身为四棱方锥形。均锻制。铁钉长短略有不同。2016JSM1334东：2-11，通长10厘米，钉身长9.5厘米，宽0.5厘米，钉帽直径1.5厘米（图三九，1；图版五七，2）。2016JSM1334西：1-3，通长10.9厘米，钉身长10.6厘米，宽0.4厘米，钉帽直径1.7厘米（图三九，2）。2016JSM1334西：1-19，通长8.1厘米，钉身长7.8厘米，宽0.5厘米，钉帽直径1.7厘米（图三九，3）。

B型　20件。折帽，钉身为四棱方锥形。均锻制。铁钉长短略有不同，有的钉帽前端弯折。2016JSM1334东：2-1，通长11.2厘米，钉身长11厘米，宽0.5厘米，钉帽长1.1厘米，宽1.6厘米，厚0.2厘米（图三九，4；图版五七，3）。2016JSM1334东：2-5，通长8.8厘米，钉身长8.6厘米，宽0.4厘米（图三九，5）。2016JSM1334西：2-6，通长9.6厘米，钉身长9.2厘米，宽0.4厘米，钉帽长1.8厘米，宽1.2厘米，厚0.4厘米（图三九，6；图版五七，4左）。2016JSM1334西：2-9，钉帽前端向下弯折。钉身通长9.3厘米，钉身长8.6厘米，宽0.4厘米，钉帽长2厘米，宽1.5厘米，厚0.3厘米，弯折处长0.6厘米（图三九，7；图版五七，4右）。

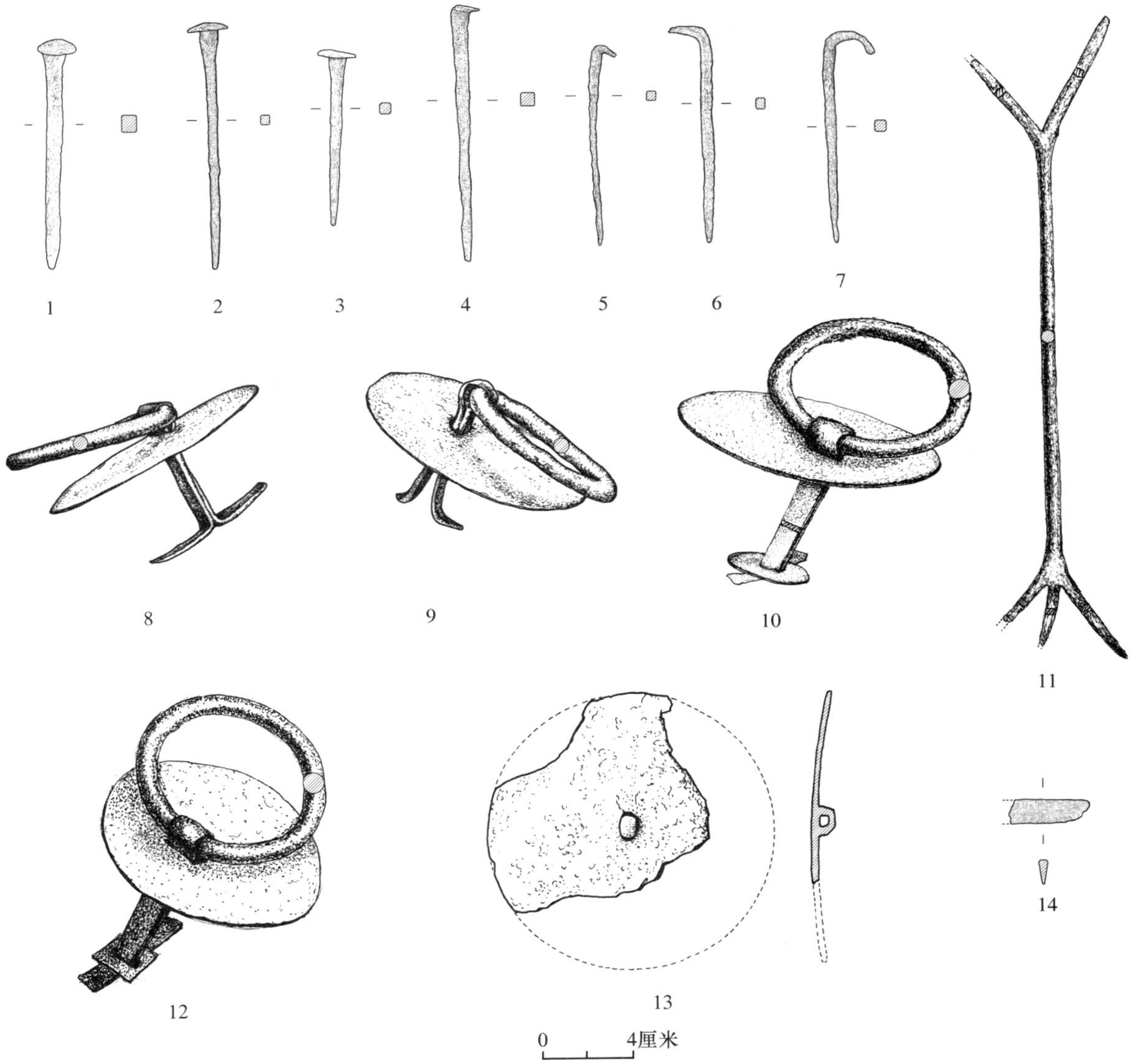


图三九　JSM1334出土铁器

1～3. A型钉（2016JSM1334东：2-11、2016JSM1334西：1-3、2016JSM1334西：1-19）　4～7. B型钉（2016JSM1334东：2-1、2016JSM1334东：2-5、2016JSM1334西：2-6、2016JSM1334西：2-9）　8～10、12. 棺环（2016JSM1334西：5、2016JSM1334西：6、2016JSM1334西：9、2016JSM1334西：12）　11. 铁器（2016JSM1334西：11）　13. 铁镜（2016JSM1334东：1）　14. 铁削（2016JSM1334西：8）

铁棺环　6件。均锻制。圆形铁环，铁环上连一分钉，分钉为一根对折的铁条，钉脚向两侧弯折，连接铁环处较宽，钉身略细，一侧钉脚略弯折。靠近铁环处有一圆形大挡片，靠近钉脚处有一圆形或方形的小挡片。2016JSM1334西：5，锈蚀，缺失小挡片。铁环外径7.8厘米，内径6.2厘米，断面直径0.8厘米。分钉钉身长6.8厘米，宽1～1.7厘米，厚0.2厘米，钉脚长3.5厘米，宽0.9厘米，大挡片直径11.3厘米（图三九，8；图版五八，3）。2016JSM1334西：6，锈蚀，缺失小挡片，分钉钉脚稍残。铁环外径8.3厘米，内径6.4厘米，断面直径0.8厘米。分钉钉身长6.9厘米，宽1～1.9厘米，厚0.2厘米，大挡片直径11.2厘米（图三九，9；图版五八，4）。2016JSM1334西：9，完整。铁环外径8.4厘米，内径6.8厘米，断面直径0.8厘米。分钉钉身长7.9厘米，宽1.1～1.8厘米，厚0.2厘米，钉脚长2.9厘米，宽1厘米，大挡片直径11.3厘米，小挡片直径3.8厘米（图三九，10；图版五八，5）。2016JSM1334西：12，完整。铁环外径8.6厘米，内径7厘米，断面直径0.8厘米。分钉钉身长7.9厘米，宽1.1～1.7厘米，厚0.2厘米，钉脚长4.8厘米，宽1.1厘米，大挡片直径11.2厘米，小挡片长2.7厘米，宽2.2厘米（图三九，12；图版五八，6）。

铁削　1件。2016JSM1334西：8，仅存部分刀身。锻制。直背，刃部前端略弧。残长3.6厘米，宽1.1厘米，刀背厚0.4厘米（图三九，14）。

铁器　1件。2016JSM1334西：11，残。锻制。底部是呈品字形分布的三足，一足前端较尖，其余两足尖部残断。顶部为丫字形铁条，中部为一根直铁条，横截面为圆角方形。通长28.6厘米，中部铁条长19.7厘米，宽0.5厘米，足长4.5厘米，丫字形铁条长6厘米（图三九，11；图版五七，8）。

2）金器

金环　2件。完整。锻制。2016JSM1334东：3，稍变形，呈不规则圆形。用0.2厘米粗金线环曲而成，两端处有缝隙。外径1.8厘米，内径1.4厘米（图四〇，1；图版五九，4）。2016JSM1334西：3，用0.2厘米粗金线环曲而成，两端处有缝隙。外径1.8厘米，内径1.4厘米（图四〇，2；图版五九，5）。

3）鎏金器

鎏金银饰　2件。造型相近。2016JSM1334东：4-1、2016JSM1334东：4-2，一侧为

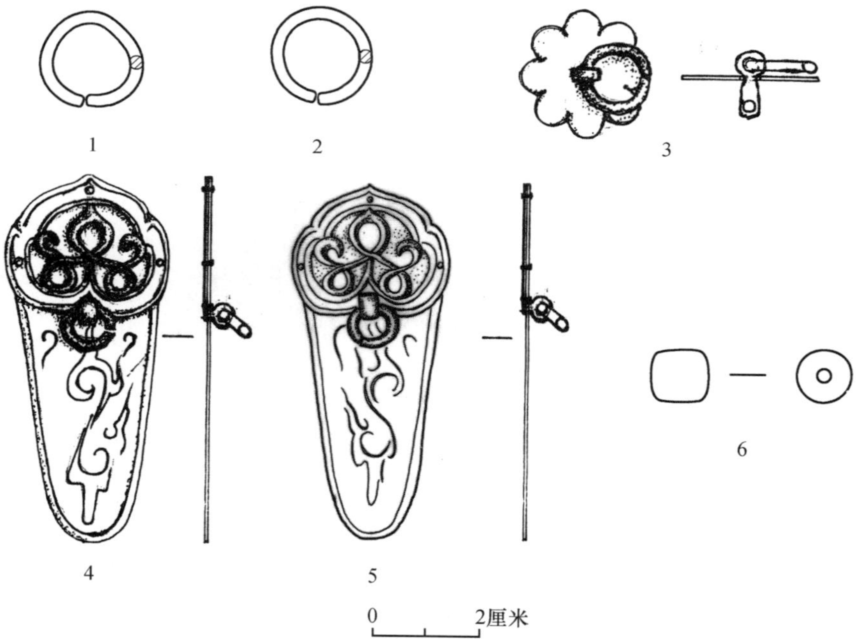


图四〇　JSM1334出土器物

1、2. 金环（2016JSM1334东：3、2016JSM1334西：3）　3. 银饰（2016JSM1334西：13-3）　4、5. 鎏金银饰（2016JSM1334东：4-1、2016JSM1334东：4-2）　6. 玛瑙珠（2016JSM1334西：4）

长椭圆形，正面饰云纹，外侧面打磨成小斜面，边缘为一道弦纹，背面无纹饰。一侧为菡萏形，边缘有两道弦纹，内部饰镂空忍冬纹，背面衬同形的鎏金银片，边缘用十字形分布的四个小铆钉固定。花蒂处铆接一个连铆钉的小圆环，环上有一小扣环。长7厘米，宽2.9厘米。小环外径0.5厘米，内径0.3厘米，扣环外径1厘米，内径0.6厘米（图四〇，4、5；图版五九，6、7）。

4）银器

银饰 4件。八瓣花形，其中2件仅存八瓣花形银片。2016JSM1334西：13-3、2016JSM1334西：13-4，为一薄银片，外缘八瓣花形，正面花瓣间有8个小凹点，中间有圆孔，孔内穿有一根小银柱，中部略细，以卡住八瓣花形银片。银柱位于花形银片正面一端，稍扁，上有一小孔，另一端为小圆环，圆环上有一扣环。花形饰直径2.3厘米，中间圆孔孔径0.4厘米，银柱长1.2厘米，大孔外径0.5厘米，内径0.3厘米，小孔内径0.2厘米，扣环外径1.3厘米，内径0.9厘米（图四〇，3；图版五九，2、3）。

5）玛瑙珠

玛瑙珠 1件。2016JSM1334西：4，完整。圆柱状，两端平整。长0.9厘米，直径1厘米，孔径0.2厘米（图四〇，6；图版六〇，7）。

**7. JSM1335**

（1）周边环境及现状

JSM1335位于Ⅱ-5-1区的东南角，南侧距JSM1333约2米，西南侧距JSM1334约5米，北侧距JSM1337约5米。地理坐标为东经126°09′50.3″，北纬41°08′50.8″，海拔220米。墓葬封土流失，墓顶可见盖顶石，砌筑墓室石材裸露，墓道洞开，墓道、墓室内堆积淤土，墓南侧有一处石堆。

（2）墓葬结构

墓葬封丘形状不规则，东西长约11.5米，南北宽约11米，现存高度约3.3米。墓葬由墓道、墓室两部分组成，墓室平面为铲形（图四一；图版一八，2）。

墓道位于南壁偏西，长3.3米，宽1～1.35米，高0.9～1.6米，方向为南偏东6°，墓道底面低于南侧现地表约0.1米。墓道两壁砌筑规整，有五至八层。北侧与墓室相连的两壁砌石为规整的石灰岩石块，南侧多用河卵石和山石块砌筑，最高处见八层砌石。石块错缝垒砌，石缝间用白灰勾缝。顶部近墓室处有一整块花岗岩盖顶石，长1.4米，厚0.25～0.45米。墓道呈喇叭状，入口处较宽，两壁分别向外伸折作为挡土墙。西侧挡土墙长2.7米，向西渐次低矮，西端见两层砌石，高0.7米。东侧挡土墙长1.3米，向东渐次低矮，最东端见两层小碎山石，高0.2米。挡土墙砌石多为山石，也有少量河卵石，外面稍平整，石块大小不一。墓道底部铺一层河卵石，现可见四排，长约1.7米，每排3、4块，仅1块为山石，石块尺寸一般为0.4米×0.3米×0.1米。墓道口外侧向内约0.9米范围内未

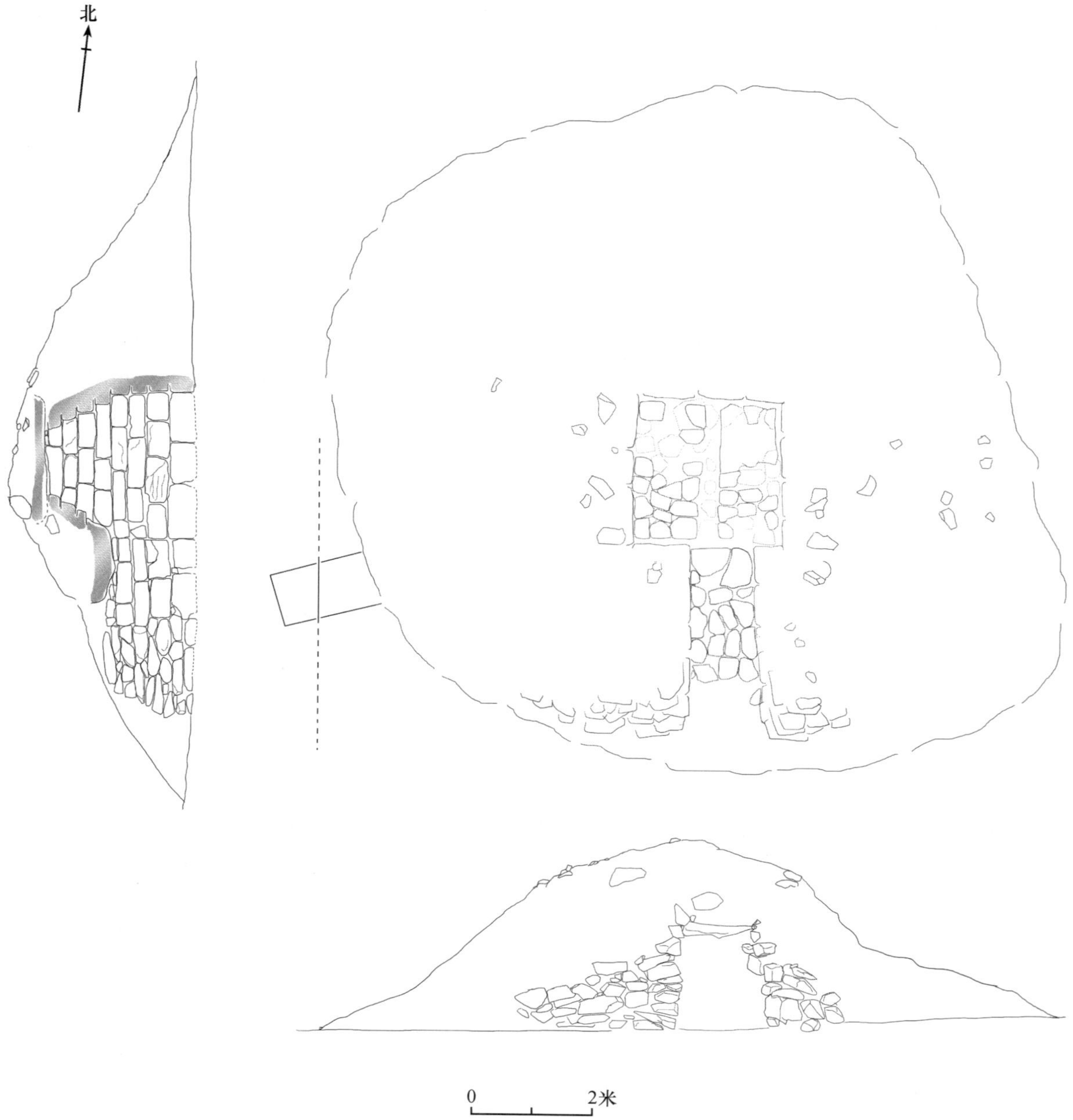


图四一　JSM1335平面、剖面、侧视图

见铺石。清理时，墓道北端封堵石块可见三层，每层2块石块，高0.96米。多为石灰岩石块，石块间以及石材与墓道之间以白灰勾缝，较规整的一块石材尺寸为0.6米×0.46米×0.35米。墓道内淤土中出土釉陶器盖、釉陶口沿、棺环、少量经火烧的骨骼。

墓室南北长2.5米，东西宽2.5米，高2.6米（图四二；图版一九，1）。东、北、西三壁均有四层砌石，高1.5～1.75米。南壁墓道两侧第4层上又各自加垫薄石块，使南壁高出0.15米。石材为精细加工的石灰岩石条，外露面平整，个别石条上有明显的竖向凿痕。石条错缝砌筑，石缝填小碎石，用白灰勾缝，白灰中含稻秆和少量小碎石。石块每层3、

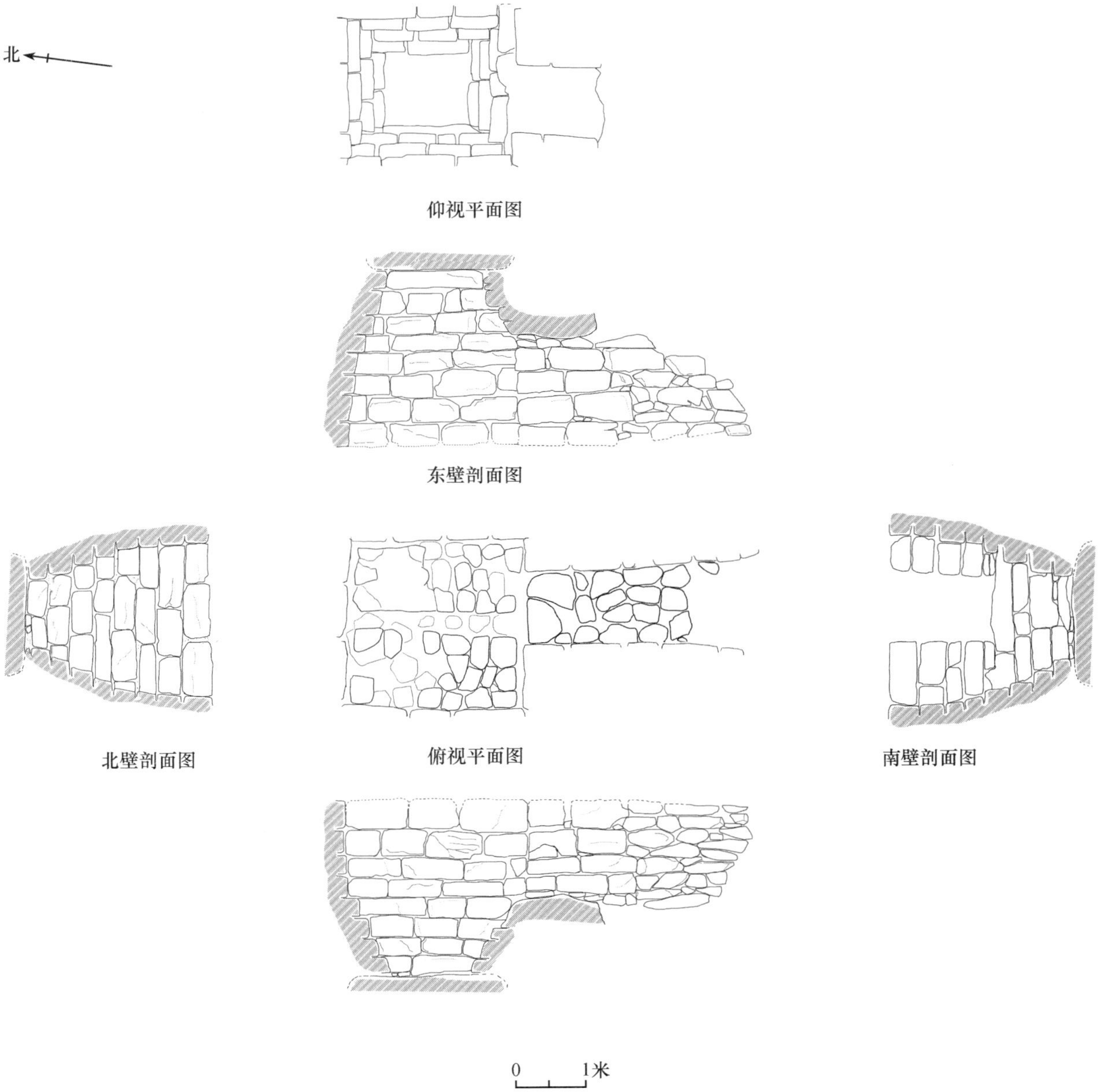


图四二　JSM1335墓室平面、四壁图

4块，大小一般长0.7米，厚0.3米。四壁砌筑规整，由下至上略向内倾。四壁之上为四层平行叠涩。一层高0.2～0.3米，内收0.1～0.25米。南侧东边石块为墓道盖顶石。东壁南侧砌石南端加工0.2米×0.06米的凹槽，以承置盖顶石。二层高0.2～0.35米，内收0.1～0.2米。三层高0.3～0.35米，内收0.5～0.17米。四层高0.15～0.3米，内收0.1～0.14米。石材多为规整的石灰岩，仅有1块山石和1块河卵石。石块间用白灰勾缝。顶层石缝用片状石块垫平，之上放置盖顶石，为一整块花岗岩石块（图版一九，2）。墓室底面用河卵石铺垫平整，河卵石均经过挑选，顶面较平整。墓底东西并列两个由河卵石铺砌的棺床。西侧棺床南北长2.3米，东西宽1.05～1.1米，高0.15米，主要用扁平的河卵石砌筑，仅在东边中部有1块山石。石材顶面较平，部分边缘石块外立面也加工平整。棺床南半部保存较好，北半部仅存3块河卵石，西北角石块顶面抹有白灰，东边石块的外立面用白灰抹平。石块大小一般在0.4米×0.3米×0.15米。北边距北壁0.17米，西边距西壁0.1米，南边距南壁0.2米。东侧棺床南北长2.3米，东西宽0.9米，高0.15米（图版二〇，1）。北半部保存较好，石块顶面和立面保留涂抹的白灰，中间东部、南边部分河卵石缺失。北边距北壁0.13米，东边距东壁0.1米，南边距南壁0.2米。两棺床间距北端为0.23米，南端为0.33米。墓室内的淤土中有少量经火烧过的骨骼。

（3）封土

封土为黄土，包含一定数量的石块，封土范围西侧在现墓葬西侧边缘外0.8米。

（4）出土器物

出土器物共11件，有铁器、银器、釉陶器。

1）铁器

铁棺环　7件。锻制，均残。2016JSM1335：1-4，锈蚀，钉脚残。圆形铁环，铁环上连一分钉，分钉为一根对折的铁条，连接铁环处较宽，钉身略细。靠近铁环处有一圆形挡片。铁环外径9厘米，内径7.2厘米，断面直径1厘米。分钉钉身长8.6厘米，宽1.7～2.1厘米，厚0.3厘米，挡片半径3.7厘米（图四三，5；图版五八，7）。

2）银器

银钗　1件。2016JSM1335：5，为一根断面直径0.2厘米的圆柱形银棒制成，中部扁平，一端略弯。长9.5厘米，中部宽0.4厘米（图四三，4）。

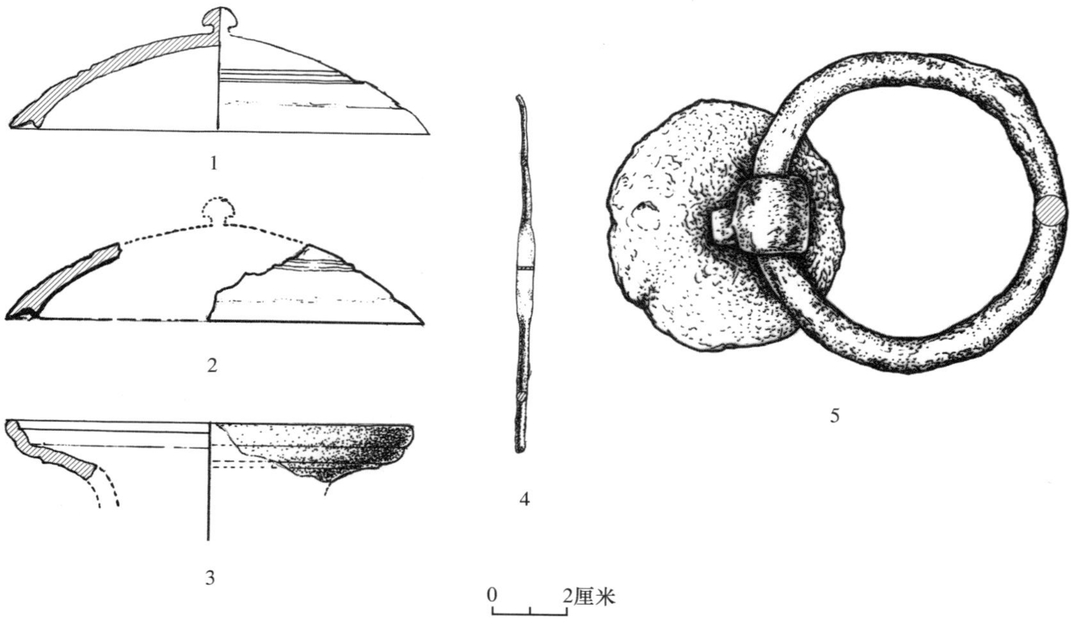


图四三　JSM1335出土器物

1、2. 釉陶盖（2016JSM1335：2、2016JSM1335：3）　3. 釉陶口沿（2016JSM1335：4）

4. 银钗（2016JSM1335：5）　5. 铁棺环（2016JSM1335：1-4）

3）釉陶器

釉陶盖 2件。2016JSM1335：2，可复原。陶胎为泥质黄褐陶，内外施酱黄色釉，盖内顶部无釉。器盖表面中部饰两道间距0.8厘米的弦纹，盖顶有一个桃形纽。盖内侧为子母口，边缘约1厘米有一周高约0.6厘米的凸棱。器盖直径22厘米，高8.2厘米，厚1厘米，器纽直径3.4厘米，高2.8厘米（图四三，1；图版六〇，3）。2016JSM1335：3，残。陶胎为泥质黄褐陶，内外施浅黄褐色釉。器盖表面中部饰两道间距0.8厘米的弦纹，盖顶有一个桃形纽。盖内侧为子母口，边缘约0.9厘米有一周高约0.6厘米的凸棱。器盖残长16.2厘米，宽7.3厘米，高4.9厘米。器盖原直径22.6厘米（图四三，2；图版六〇，4）。

釉陶口沿 1件。2016JSM1335：4，残。陶胎为泥质黄褐陶，内外施浅黄褐色釉。盘口，圆唇，口沿外侧有一道弦纹。口沿残长13.3厘米，宽4.4厘米，高1厘米，厚0.7厘米。器口原直径21.6厘米（图四三，3；图版六〇，5）。

**8. JSM1351**

（1）周边环境及现状

JSM1351位于Ⅱ-5-3区的东北角，西侧紧邻JSM1347，南侧距JSM1350约3米。地理坐标为东经126°09′41.6″，北纬41°08′50.9″，海拔220米。墓表封土流失严重，墓顶南侧封土缺失，墓室洞开，在墓的南侧堆积大量石块，石堆呈平台状。

（2）墓葬结构

墓葬封丘近圆角方形，东西长约11米，南北宽约10.4米，现存高度约2.8米。墓葬由墓道、墓室两部分组成，墓室平面为铲形（图四四；图版二〇，2）。

墓道位于南壁正中，长2.3米，宽1～1.1米，高1.3～1.5米，方向为南偏东7°，墓道底面低于南侧现地表约0.1米。两壁采用加工规整的花岗岩石条错缝砌筑，个别缝隙中填塞片状垫石。西壁见五层砌石，一至四层每层放置2块长石条，石材规格相近，一般长1米，厚0.3米。东壁见四层砌石，每层放置2、3块石条，石材大小不一，近墓室处的石材较短，长0.7米，厚0.3米。墓道北侧之上有1块花岗岩盖顶石，尺寸为1.1米×0.7米×0.3米，底面和朝向墓室的一面加工规整，朝向墓室一面的边缘有一道凸棱。在墓道两壁的南端分别斜立1块石条，其中东侧石条的西侧立面有多道石材加工痕迹，南侧立面边缘有一道凸棱。两壁分别向外伸折作为挡土墙，但砌筑得较为随意，东、西两侧挡土墙各长约1.2米，多由河卵石砌筑，外面稍平整，石块大小不一。墓道底面为黄土，黄土中夹杂小石子。墓道内放置封堵石，现存2块规整的条形封堵石，1块位于墓道北端，北距墓室约0.2米，尺寸为0.75米×0.3米×0.25米，另1块位于墓道南端，2块斜立石条之间，尺寸为0.8米×0.35米×0.2米，石条与墓道间隙填塞小石块（图版二一，1）。

墓室南北长3米，东西宽2.6米，高2.3米（图四五；图版二一，2）。四壁砌石均有五层，高1.7米，由加工规整的花岗岩石条错缝砌筑，个别缝隙中填塞片状垫石。四壁砌

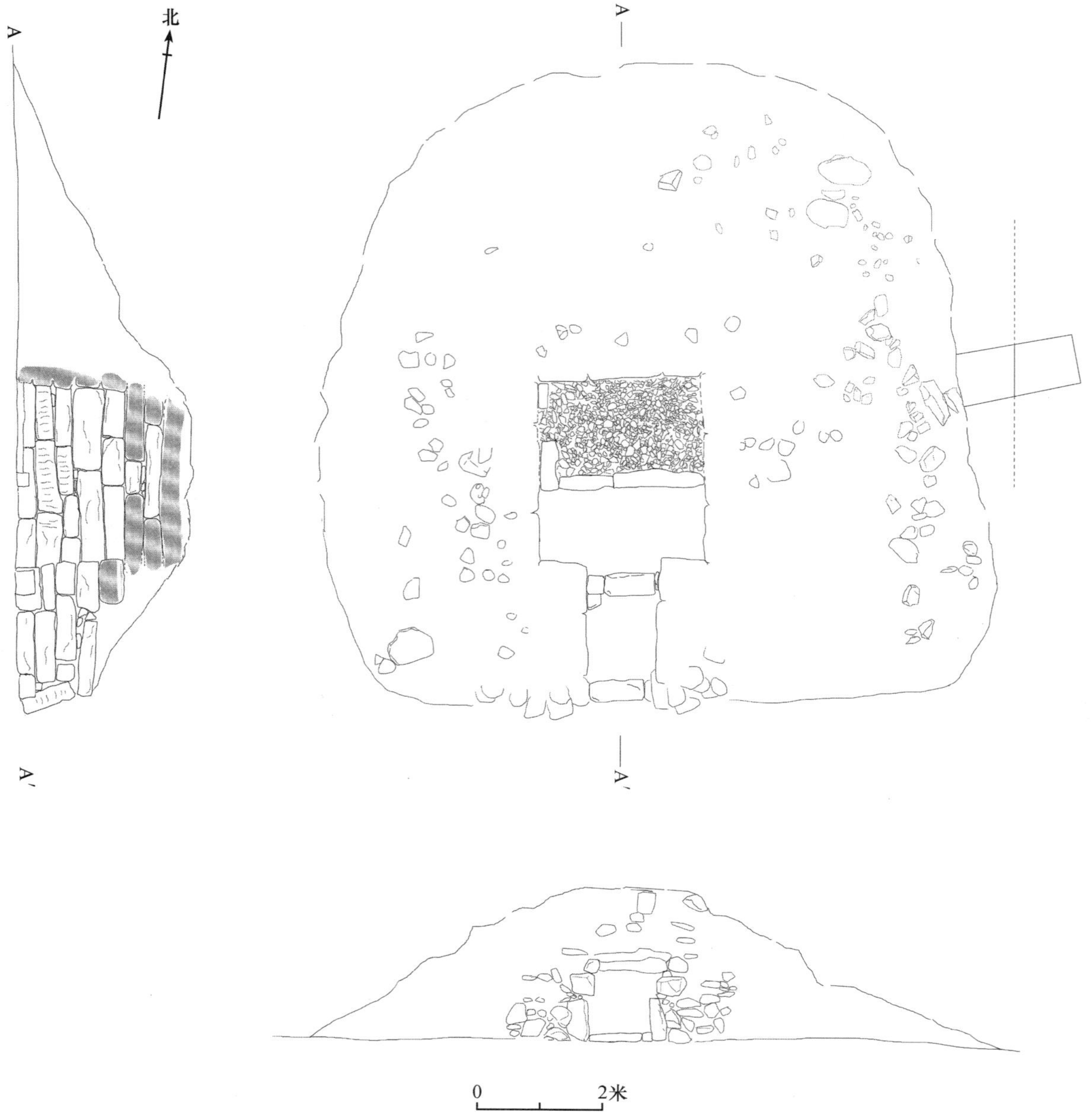


图四四　JSM1351平面、剖面、侧视图

筑规整，由下至上略向内倾，石材厚薄不一，四壁中四层石材规格最大，一般长1.5米，厚0.4米。石材外露面可见多道工具加工痕迹，间距2～7厘米。四壁之上有两重抹角，第一重抹角高0.3～0.35米，2块抹角石之间各有1块与墓壁平行的石块，内收0.15～0.25米，仰视呈八角形。第二重在第一重之上抹角，共6块石条，其中北侧、东侧石条与墓壁平行，西北角、西南角石条与之下第一重抹角平行，仰视呈六角形。两重抹角石之上为3块南北向放置的花岗岩盖顶石，长2.5～2.6米，宽0.5米，厚0.3米，盖顶石底面边缘均可见一道凸棱，宽约0.1米（图版二二，1）。墓室北半部为棺床，东西与墓室同宽，南北1.8米，南侧和西侧边缘各有2块加工规整的花岗岩石条，南侧石条最大尺寸为1.45米×0.3米×

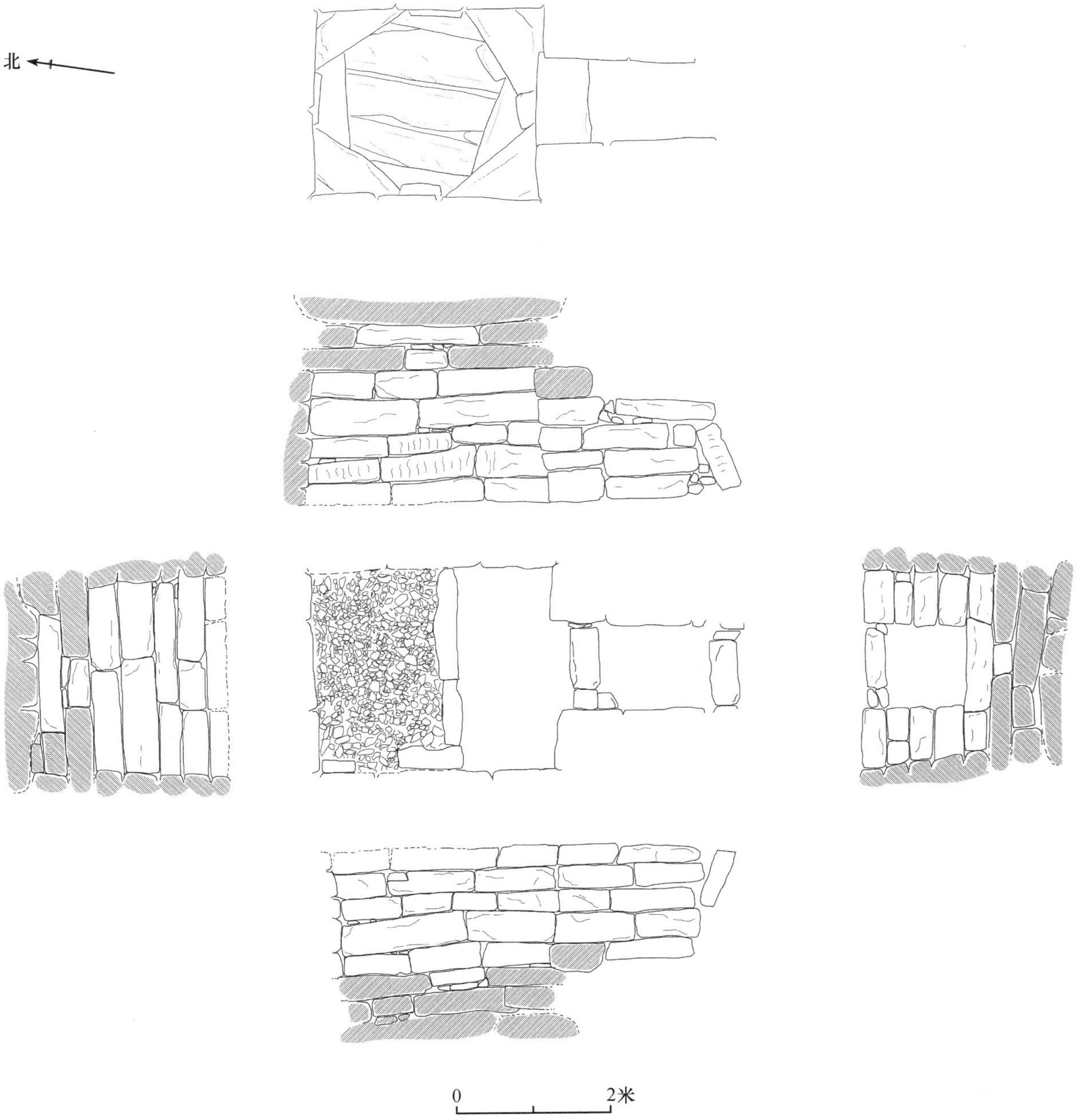


图四五　JSM1351墓室平面、四壁图

0.2米，西侧石条贴近西壁，2块石条间隔0.55米，中间填小碎山石，厚约0.1米，石材大小不一，直径5～15厘米（图版二二，2）。棺床南侧为黄土地面，夹杂小碎石。

（3）封土

封土为黄土，包含一定数量的石块，封土范围东侧在现墓葬东侧边缘外0.8米。

（4）出土器物

墓道淤土和墓室南侧近墓道口处出土2件铁钉，筛土中出土13件铁钉及1件铁挡片。

铁钉　15件。均锻制。均为圆帽方钉，其中完整的有7件，可辨识形制的残件有6

件，仅存钉身的残件有2件。2016JSM1351：1-1，通长7.6厘米，钉身长7.2厘米，宽0.5厘米，钉帽直径1.6厘米（图四六，2；图版五七，5右）。2016JSM1351：1-8，通长8.2厘米，钉身长7.9厘米，宽0.6厘米，钉帽直径1.5厘米（图四六，3；图版五七，5左）。

铁挡片　1件。2016JSM1351：3，残。锻制。圆形，中心部位有一方孔。直径3.2厘米，厚0.2厘米，方孔边长0.5厘米（图四六，1）。

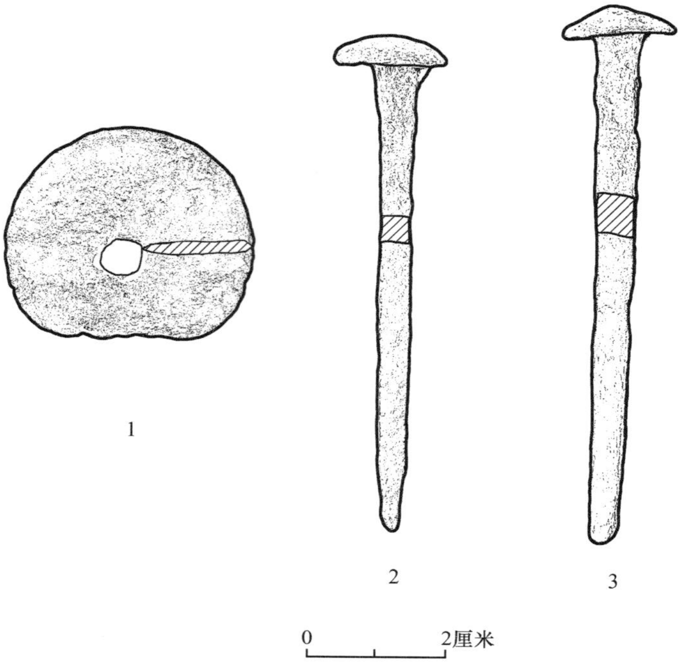


图四六　JSM1351出土铁器

1. 挡片（2016JSM1351：3）　2、3. 钉（2016JSM1351：1-1、2016JSM1351：1-8）

**9. JSM1400、JSM1399**

（1）周边环境及现状

JSM1400、JSM1399位于Ⅱ-5-3区的东北，东侧距JSM1389约11米，东南侧距JSM1401约8米。地理坐标为东经126°09′38.5″，北纬41°08′50.1″，海拔220米。墓葬封土流失严重，北侧裸露筑墓石材，墓顶可见盖顶石。

（2）墓葬结构

墓葬整体呈长条形，南北通长约15米，东西宽6.2～7.7米，现存高度1.5～2.1米（图四七；图版二三，1）。JSM1400、JSM1399为南北串接的两座墓，北侧的JSM1400是一座同封双室墓，南侧的JSM1399是一座单室墓，其封土范围较JSM1400小且低矮。三个墓室结构相近，均由墓道和墓室两部分组成，平面均为刀形，三条墓道平行。JSM1400南北两个墓室的墓道间距为1.8米，JSM1399与JSM1400南侧墓室墓道间距为3.7米。

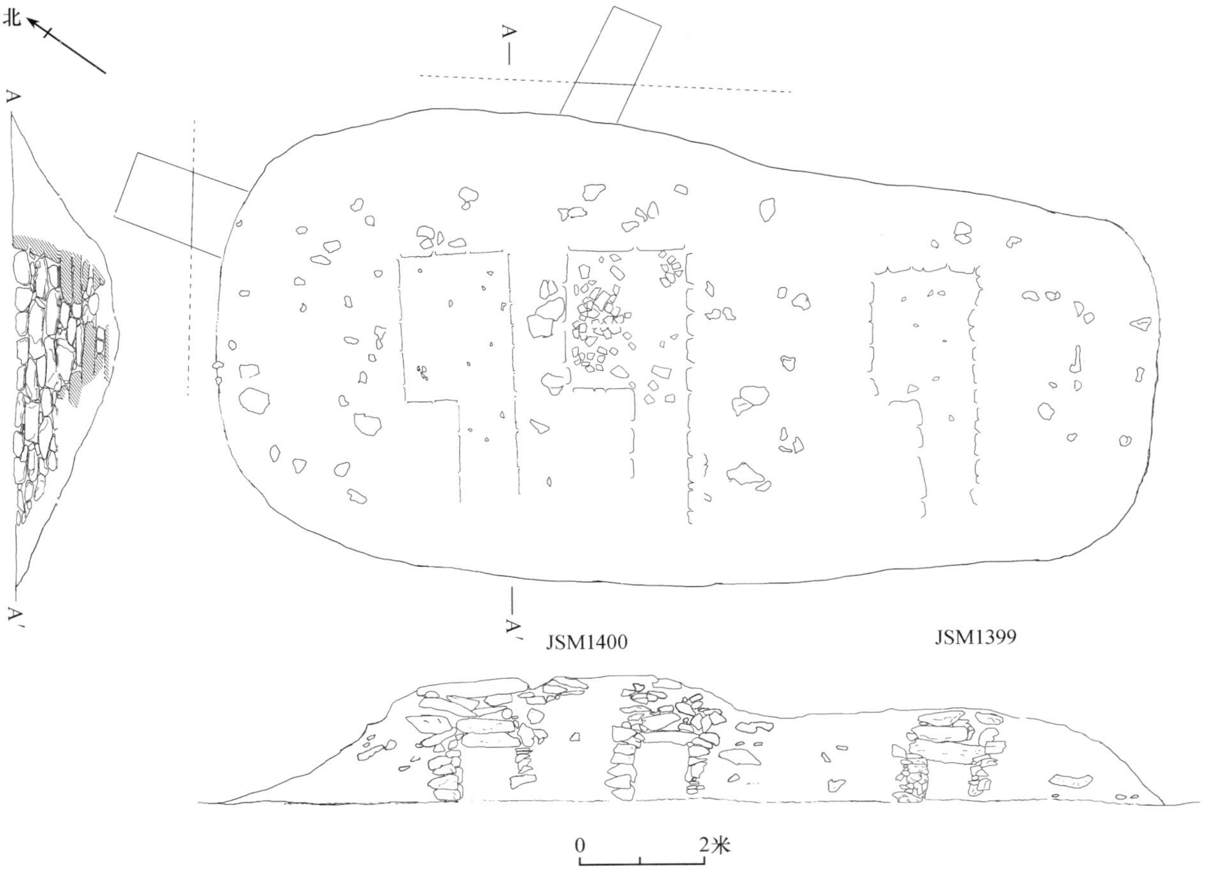


图四七　JSM1400、JSM1399平面、剖面、侧视图

1）JSM1400

北侧墓室　墓道位于西壁南侧，方向为西偏南38°，墓道底部与西侧现地表高度相近。墓道长1.7米，宽0.9米，高0.6～0.8米。石材为河卵石和山石，以河卵石为主，将平整的一面向外。南壁与墓室南壁一体砌筑。墓道北侧有三层砌石，南侧有四层砌石。石材尺寸多长0.5米，厚0.3米。现存2块盖顶石，1块覆盖于墓道上，1块塌落在墓道内，均为大块河卵石，规格为长0.95～1.2米，宽0.5～0.6米，厚0.12～0.2米。墓道与墓室连接处有两排石块堆积，可能是封堵墓室用石，但石块摆放较乱。墓道底部为黄褐色砂土，夹杂若干河卵石。

墓室东西长2.4米，南北宽1.8米，高1.6米（图四八）。四壁有三至四层砌石，高约1米，由河卵石和山石砌筑或错缝砌筑，以河卵石为主，一般尺寸长0.5米，厚0.3米，砌筑不甚规整，将稍平整的一面向外，缝隙间填满泥土和植被根系。四壁由下至上略向内倾，之上逐层内收，形成穹隆顶，顶部由1块花岗岩盖顶石封盖，盖顶石东侧裸露一处小洞。墓室底部为黄褐色砂土，之上铺有少量小碎山石，直径约10厘米。

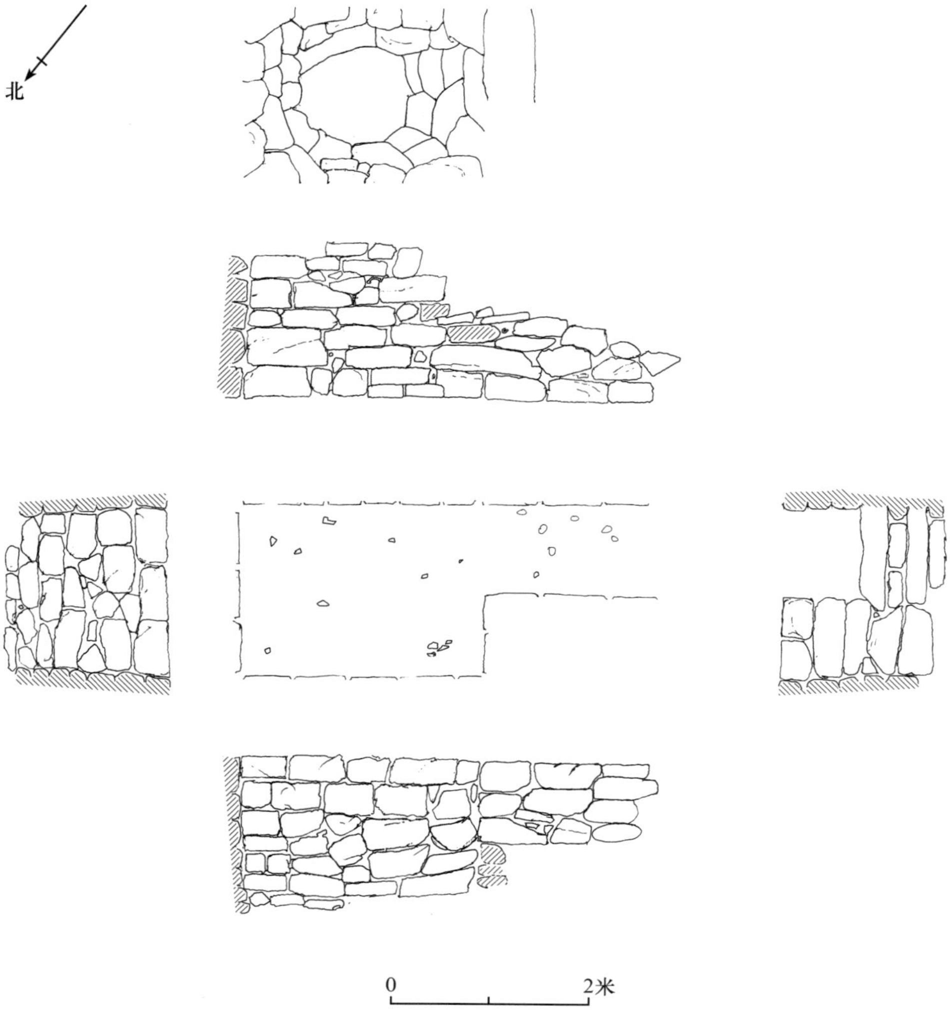


图四八　JSM1400北侧墓室平面、四壁图

南侧墓室　墓道位于西壁南侧，方向为西偏南36°，墓道底部与西侧现地表高度相近。墓道长2.2米，宽0.8米，高0.2～0.7米。石材为河卵石和山石，以河卵石为主，将平整的一面向外。南壁与墓室南壁一体砌筑。墓道有二至四层砌石，石材大小不一，缝隙间填塞碎石。河卵石尺寸一般长0.6米，厚0.3米。墓道之上有1块盖顶石，石质为大块河卵石，长1米，宽0.5米，厚0.2米。墓道底部为黄褐色砂土夹小碎石（图四九）。

墓室东西长2.2米，南北宽1.9米，高1.5米（图版二三，2）。四壁有三至四层砌石，高约0.7米。由河卵石和山石砌筑或错缝砌筑，以河卵石为主，一般尺寸长0.6米，厚0.3米，砌筑不甚规整，将稍平整的一面向外，石材间缝隙较大，缝间填碎石或泥土。四壁由下至上略向内倾，之上逐层内收，形成穹隆顶，顶部由1块花岗岩盖顶石封盖。墓室底部为黄褐色砂土，之上铺有一层薄石片，多集中在墓室北部、东南角和墓道口，石片表面平整，一般长0.15米，宽0.1米左右。

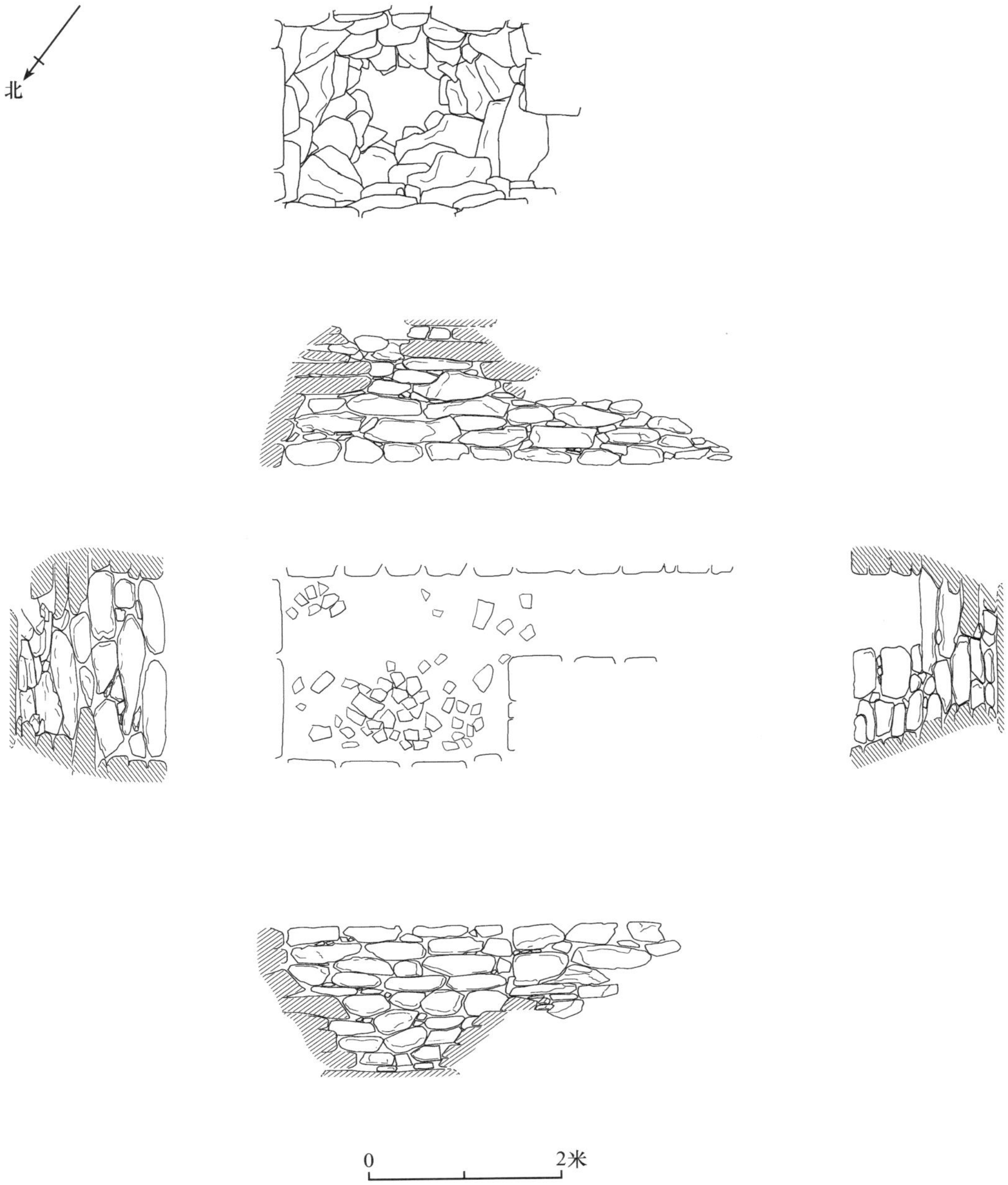


图四九 JSM1400南侧墓室平面、四壁图

2）JSM1399

墓道位于西壁南侧，方向为西偏南36°，墓道底部低于现地表约0.1米。墓道长1.7米，宽0.8米，高0.2～1.1米。由山石和河卵石砌筑，最多可见七层，除个别石条较大外，一般所用石材均较小，长0.3米，厚0.2米左右，将平整的一面向外。南壁与墓室南壁一体砌筑。墓道之上现存1块花岗岩盖顶石，长1米，宽0.58米，厚0.23米。墓道底部是黄褐色砂土，夹少量的小石块（图五〇）。

墓室东西长2.1米，南北宽1.6米，高1.4米。四壁有五至六层砌石，高约1米。由河卵石和山石砌筑，石材大小不一，总体规格较小，砌筑不甚规整，将稍平整的一面向外，

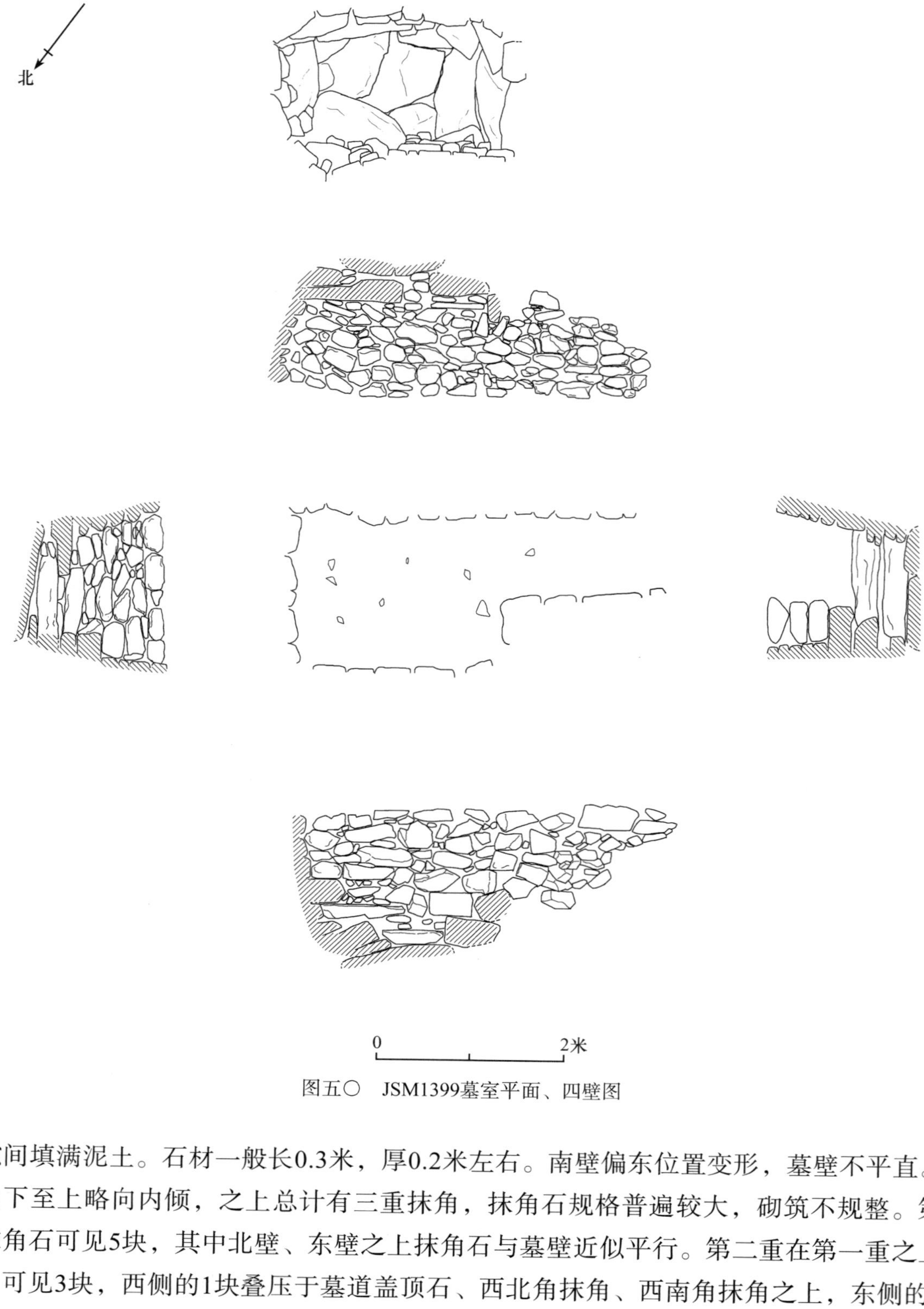


图五〇　JSM1399墓室平面、四壁图

缝隙间填满泥土。石材一般长0.3米，厚0.2米左右。南壁偏东位置变形，墓壁不平直。四壁由下至上略向内倾，之上总计有三重抹角，抹角石规格普遍较大，砌筑不规整。第一重抹角石可见5块，其中北壁、东壁之上抹角石与墓壁近似平行。第二重在第一重之上抹角，可见3块，西侧的1块叠压于墓道盖顶石、西北角抹角、西南角抹角之上，东侧的2块位于北侧、东侧第一重抹角之上。第三重抹角位于东侧两块第二重抹角之上，仅见1块。之上由一大一小2块河卵石封盖，之间有一处三角形缝隙。墓室底部为黄褐色砂土，夹少量的小石块。

（3）封土

封土为黄土，包含一定数量的石块，封土范围东侧在现墓葬东侧边缘外0.7米，北侧在现墓葬北侧边缘外0.6米。

（4）出土器物

JSM1399墓室出土铁钉8件。

铁钉　8件。均锻制。根据钉帽形制可分为二型。

A型　1件。钉尖稍残。圆形钉帽，钉身为四棱方锥形。2016JSM1399：1-1，通长10厘米，钉身长9.5厘米，宽0.7厘米，钉帽直径2.4厘米（图五一，1；图版五七，6）。

B型　7件。折帽，钉身为四棱方锥形。2016JSM1399：1-2，钉尖稍残。通长9.4厘米，钉身长8.5厘米，宽0.7厘米。钉帽垂直弯折，长2.2厘米，宽0.9、厚0.7厘米（图五一，2；图版五七，7左）。2016JSM1399：1-3，钉尖残。通长6.7厘米，钉身长5.9厘米，宽0.6厘米。钉帽垂直弯折，长1.9厘米，宽1.1厘米，厚0.4厘米。顶帽端头向下弯折，与钉身平行（图五一，3；图版五七，7右）。

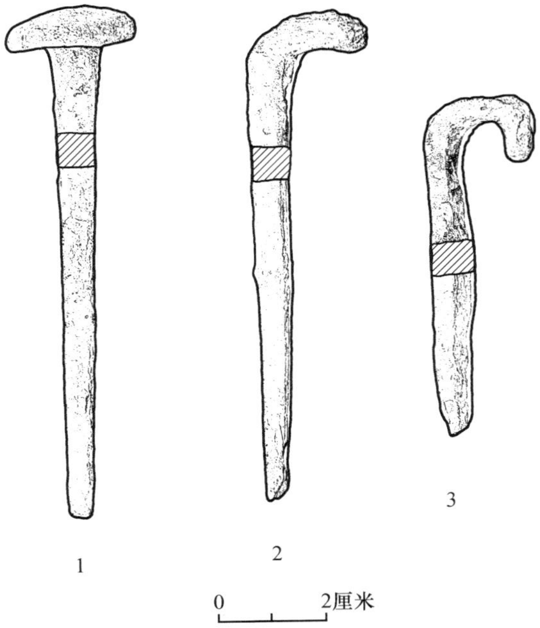


图五一　JSM1399出土铁钉

1. A型（2016JSM1399：1-1）　2、3. B型（2016JSM1399：1-2、2016JSM1399：1-3）

## 二、著录墓葬

### （一）Ⅱ-2-2区

JSM0670位于Ⅱ-2-2区南侧中部，东北侧距JSM0677约9米，西南侧距JSM1266约7米，西北侧距JSM1260约5米。地理坐标为东经126°09′51.5″，北纬41°08′53.4″，海拔220米。墓葬呈丘状，南北长约6米，东西宽约6米，现存高度约1.3米。墓葬封土流失严重，墓顶有2块盖顶石，部分裸露在外。墓上可见筑墓石块，石材为山石和河卵石。墓表有少量碎山石和河卵石，尺寸为0.2～0.4米。墓葬东南角有几块山石。在墓葬北侧和西侧各开一条探沟，封土为黄土，封土范围北侧在现北侧边缘外0.7米，西侧在现西侧边缘外0.5米（图五二；图版二四，1）。

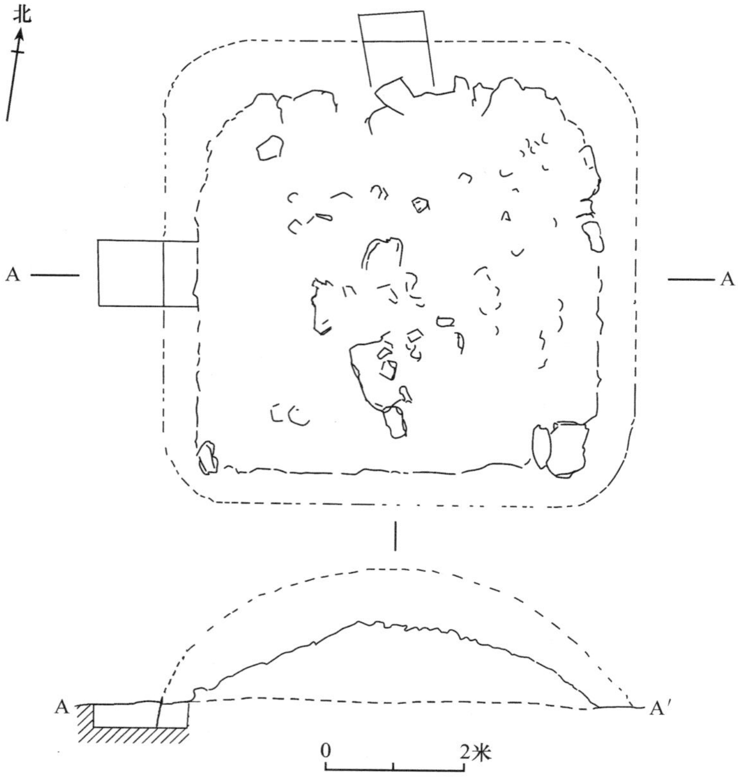

图五二　JSM0670平、剖面图

JSM0676位于Ⅱ-2-2区南侧中部，南侧距JSM0678约9米，西侧距JSM0677约2米。地理坐标为东经126°09′52.5″，北纬41°08′54.0″，海拔220米。墓葬呈丘状，南北长约6米，东西宽约5米，现存高度约1.2米。墓葬封土流失严重，墓顶盖顶石缺失，墓室被碎石和淤泥填埋。墓上可见筑墓石材，石材是山石和河卵石，墓表有少量碎山石和河卵石，尺寸一般在0.2～0.4米。在墓葬北侧和西侧各开一条探沟，封土为黄土，封土范围北侧在现北侧边缘外0.4米，西侧在现南侧边缘外0.6米（图五三）。

JSM0677位于Ⅱ-2-2区南侧中部，东侧距JSM0676约2米，南侧距JSM0678约8米。地理坐标为东经126°09′52.3″，北纬41°08′53.9″，海拔220米。墓葬呈丘状，南北长约5.8米，东西宽约4.2米，现存高度约1.4米。墓葬封土流失严重，墓顶可见盖顶石，部分裸露在外，石材为山石。墓上可见筑墓石材，石材分山石和河卵石。墓西侧被破坏，砌筑墓

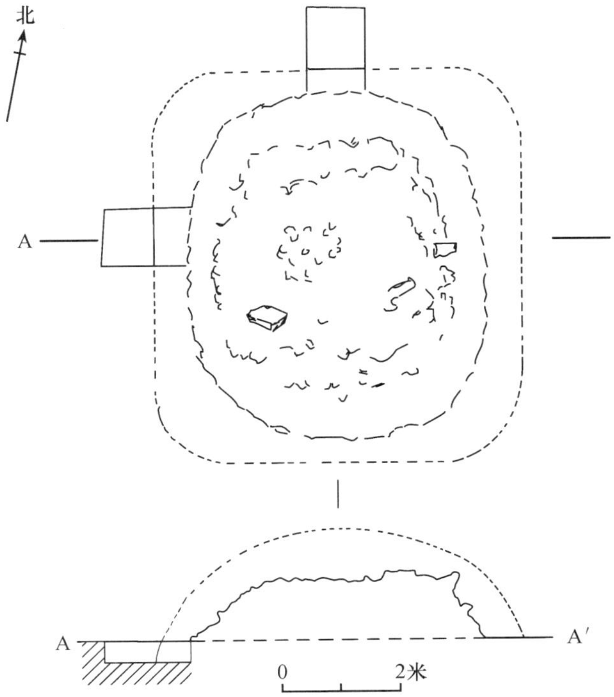


图五三 JSM0676平、剖面图

室的石材塌落，其中1块山石尺寸为0.8米×0.6米×0.35米。墓南角有1块长条形山石，尺寸为1米×0.45米×0.2米。墓表有少量碎山石和河卵石。在墓葬北侧和东侧各开一条探沟，封土为黄土，封土范围北侧在现北侧边缘外0.6米，东侧在现东侧边缘外0.5米（图五四；图版二四，2）。

JSM0678位于Ⅱ-2-2区南侧中部，西侧距JSM0670约9米，北侧距JSM676约9米。地理坐标为东经126°09′52.7″，北纬41°08′53.5″，海拔220米。墓葬西侧被道路毁坏，现存部分南北长约4.2米，东西宽约3.2米，残高约0.5米。墓上可见3块大山石，最南侧山石尺寸为1.6米×0.7米×0.25米。在墓葬北侧和东侧各开一条探沟，封土为黄土，封土范围北侧在现北侧边缘外0.6米，东侧在现东侧边缘外0.8米（图五五）。

JSM0679位于Ⅱ-2-2区南侧中部，南侧距JSM0680约6米，西南侧距JSM1262约9米。地理坐标为东经126°09′52.5″，北纬41°08′53.0″，海拔220米。墓葬西北角被破坏，残存部分南北长约7米，东西宽约7米，现存高度约1.7米。该墓葬为双室墓，墓室东西排列。墓葬封土流失严重，东侧墓室盖顶石部分裸露，石材为山石，墓室东侧和南侧外壁裸露，东侧可见三层砌石。西侧墓室被破坏，残留3块山石，其中1块为盖顶石，尺寸为1米×1米×0.25米，另2块为墓室壁砌石。墓东北角有3块大石块，石材为山石和河卵石，其中河卵石尺寸为1米×0.7米×0.25米，可能是西侧墓室盖顶石。墓上可见少量碎山石和河卵石。在墓葬西侧和南侧各开一条探沟，封土为黄土，封土范围西侧在现西侧边缘外0.9米，南侧在现南侧边缘外0.7米（图五六；图版二四，3）。

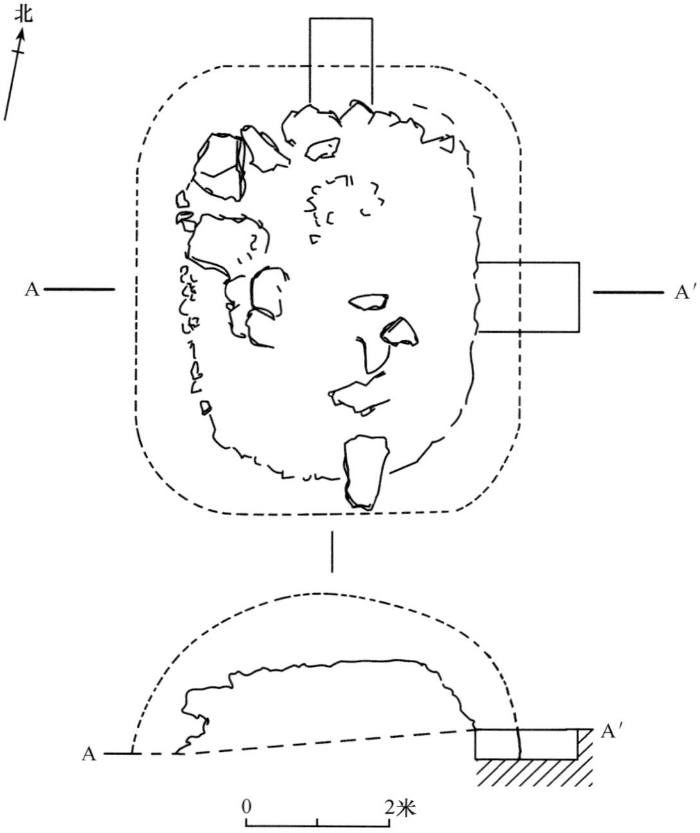


图五四　JSM0677平、剖面图

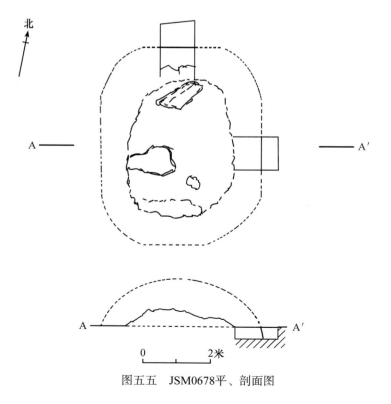

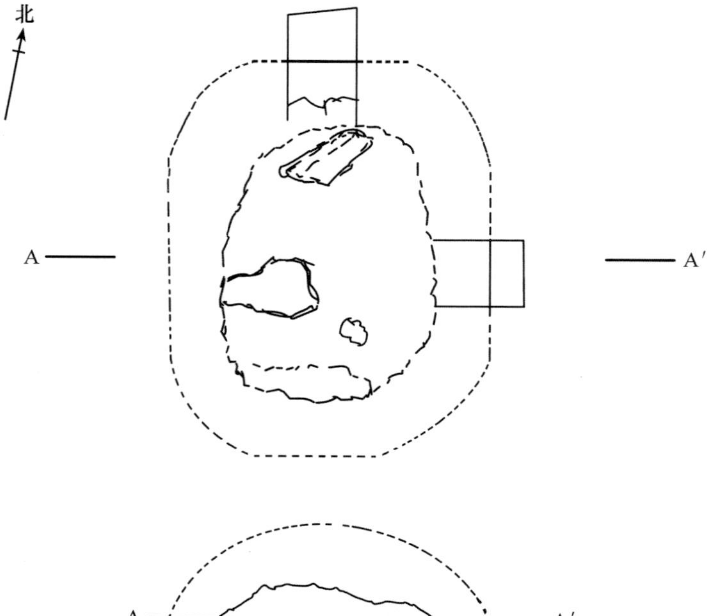


图五五　JSM0678平、剖面图

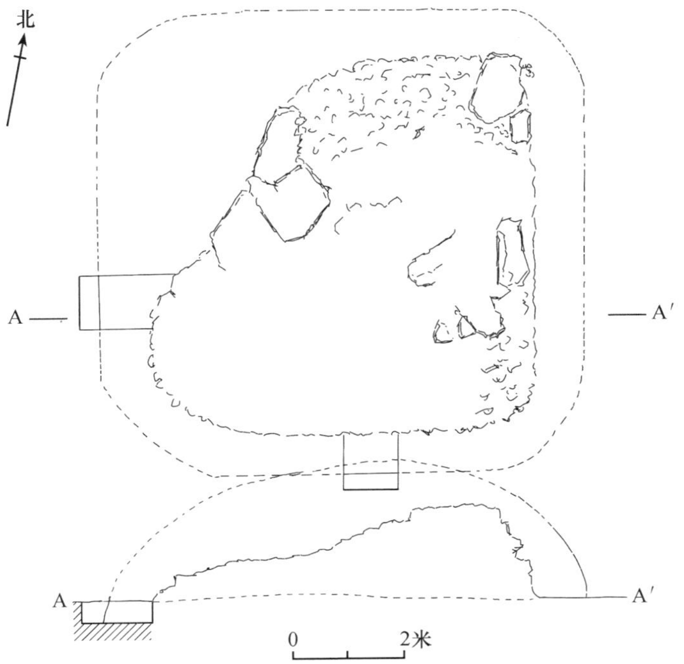


图五六　JSM0679平、剖面图

JSM0680位于Ⅱ-2-2区西侧中部，东侧距JSM0681约7米，北侧距SM0679约6米。地理坐标为东经126°09′52.5″，北纬41°08′52.4″，海拔220米。墓葬整体呈丘状，东西长约5米，南北宽约4米，现存高度约1.2米。墓葬封土流失严重，墓表可见大量碎山石和河卵石，尺寸为0.25米左右。墓葬东部较完好，西部被破坏，残留大量碎石和1块大石块，根据现状推测该墓葬可能是双室墓。西南有1块石条，疑似西侧墓室残存砌石。在墓葬北侧和西侧各开一条探沟，封土为黄土，封土范围北侧在现北侧边缘外0.9米，西侧在现西侧边缘外1米（图五七；图版二四，4）。

JSM0682位于Ⅱ-2-2区南侧中部，西南侧距JSM0684约9米，西北侧距JSM0681约3米。地理坐标为东经126°09′53.9″，北纬41°08′52.5″，海拔220米。墓葬呈丘状，南北长约4米，东西宽约3.5米，现存高度约1.2米。墓葬封土流失严重，墓上可见少量碎山石和河卵石。墓东、西两侧可见砌筑墓室石材，现可见两层砌石，其上可见东侧的2块抹角石，石材为山石。在墓葬西侧和南侧各开一条探沟，封土为黄土，封土范围西侧在现西侧边缘外0.7米，南侧在现南侧边缘外0.7米（图五八；图版二四，5）。

JSM0684位于Ⅱ-2-2区南侧中部，西南侧距JSM0690约3米，西侧距JSM0685约2米。地理坐标为东经126°09′53.6″，北纬41°08′52.1″，海拔220米。墓葬呈丘状，东西长约6米，南北宽约5米，现存高度约1米。墓葬封土流失严重，墓顶被破坏，盖顶石缺失，墓室被小河卵石填塞。墓上中部有多块大石材，北侧近边缘处有1块表面经加工的石材，这些石材可能为砌筑墓室石材。在墓葬西侧和南侧各开一条探沟，封土为黄土，封土范围西侧在现西侧边缘外0.6米，南侧在现南侧边缘外0.5米（图五九；图版二四，6）。

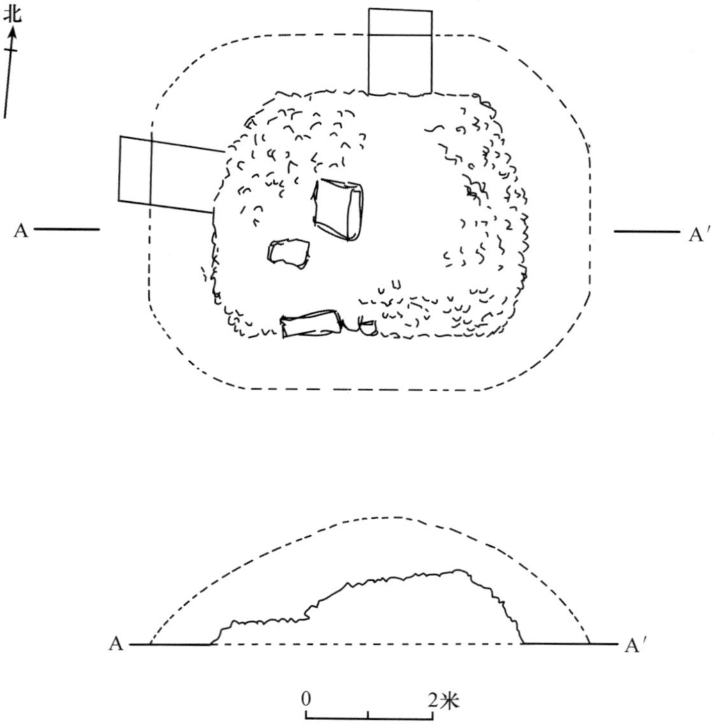


图五七　JSM0680平、剖面图

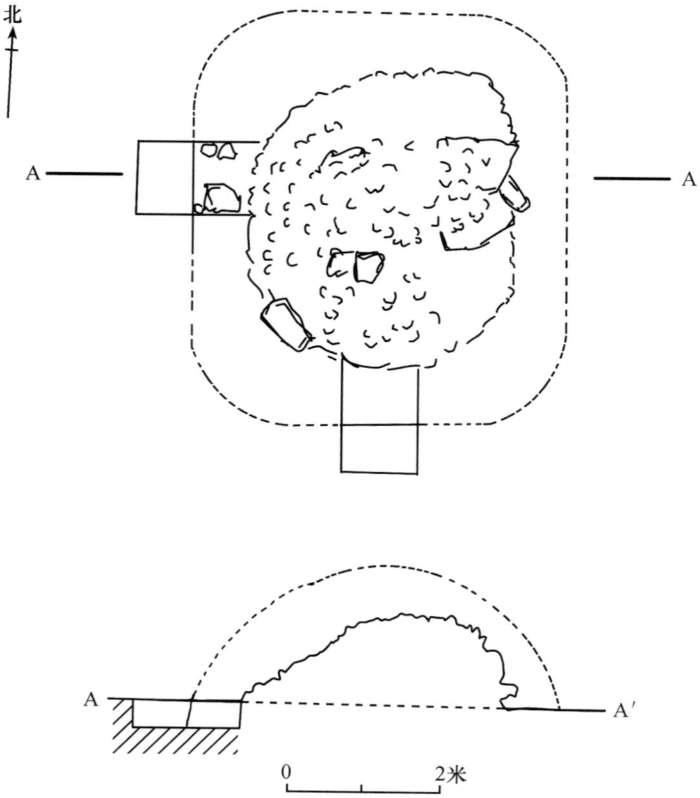


图五八　JSM0682平、剖面图

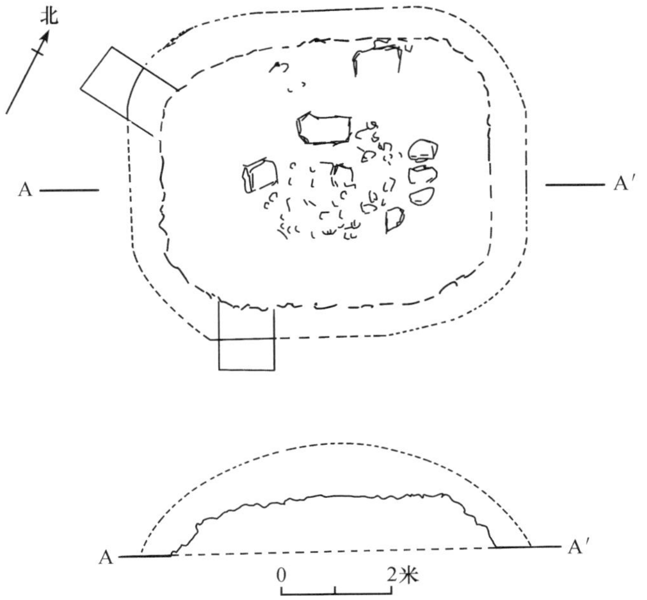


图五九 JSM0684平、剖面图

JSM0685位于Ⅱ-2-2区南侧中部，东侧距JSM0684约2米，北侧距JSM0686约6米。地理坐标为东经126°09′53.2″，北纬41°08′52.1″，海拔220米。墓葬呈丘状，东西长约6.5米，南北宽约6米，现存高度约1.6米。墓葬封土流失严重，东南部封土被破坏，墓上西侧和南侧有几块大石块。墓上有少量碎山石和小河卵石，大小在0.25米左右。在墓葬北侧和西侧各开一条探沟，封土为黄土，封土范围北侧在现北侧边缘外0.5米，西侧在现西侧边缘外0.5米（图六〇；图版二四，7）。

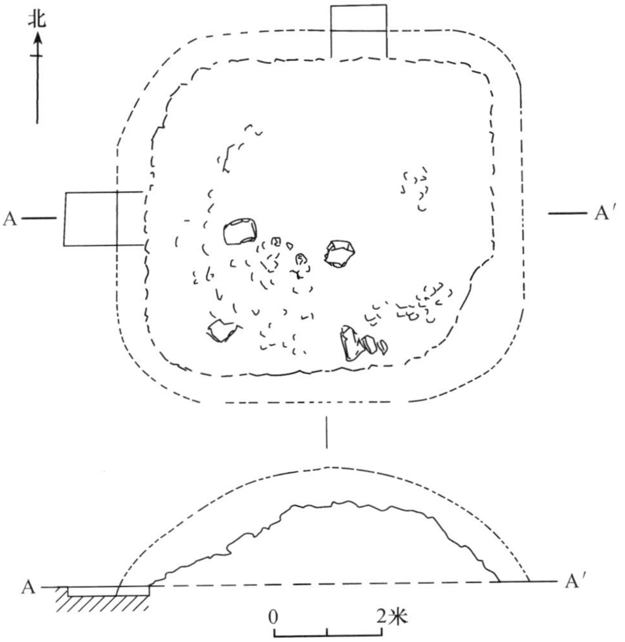


图六〇 JSM0685平、剖面图

JSM0686位于Ⅱ-2-2区南侧中部，东侧距JSM0681约4米，南侧距JSM0685约6米，西北侧距JSM0680约5米。地理坐标为东经126°09′53.0″，北纬41°08′52.4″，海拔220米。墓葬呈丘状，南北长约5.5米，东西宽约5.5米，现存高度约1.6米。墓葬封土流失严重，北、东和西三面可见砌筑墓室的石材，西北角砌筑墓室的石材缺失，有洞口，可见墓室，墓室内部被石块填塞。墓上见大量碎山石和河卵石，大小在0.15～0.3米。在墓葬北侧和西侧各开一条探沟，封土为黄土，封土范围北侧在现北侧边缘外0.35米，西侧在现西侧边缘外0.4米（图六一；图版二四，8）。

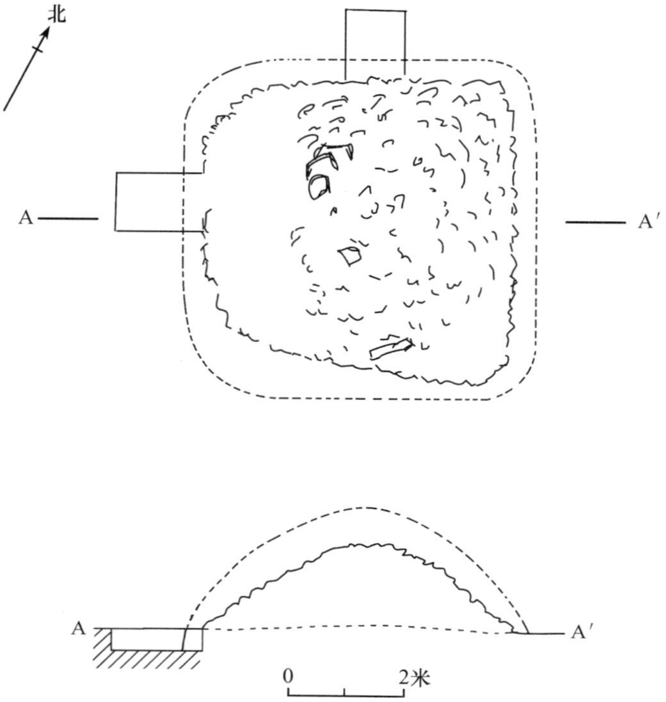

图六一　JSM0686平、剖面图

JSM0687位于Ⅱ-2-2区南侧中部，北侧距JSM0680约7米，西侧距JSM0688约3米。地理坐标为东经126°09′52.4″，北纬41°08′52.2″，海拔220米。墓葬呈丘状，南北长约6.5米，东西宽约6.5米，现存高度约1.3米。该墓为双室墓，墓室东西排列。墓葬封土流失严重，在墓葬南侧中部可见2块东西排列的大石块，应是东、西墓室墓道最外侧的盖顶石。东侧墓室可见东壁和北壁砌筑墓室的石材，从墓道盖顶石所在位置推测墓道应位于南壁西侧，墓室平面形状为刀形，墓道方向为南向。西侧墓室盖顶石部分露出，石材为山石，北面和西面可见砌筑墓室的石材，西南角墓室砌石缺失，有洞口，可见墓室。墓室内有大量土石堆积，可见东壁顶部一层砌石，墓道处被淤土填满。从墓道盖顶石所在位置推测墓道应位于南壁东侧，墓室平面形状为刀形，墓道方向为南向。在墓葬北侧和东侧各开一条探沟，封土为黄土，封土范围北侧在现北侧边缘外0.6米，东侧在现东侧边缘外0.6米（图六二；图版二五，1）。

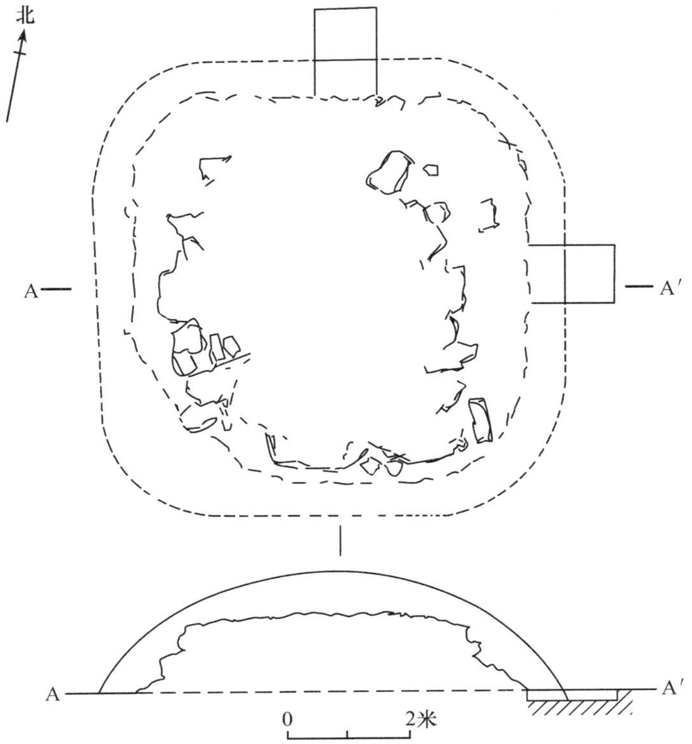


图六二　JSM0687平、剖面图

JSM0688位于Ⅱ-2-2区南侧中部，东侧距JSM0687约3米，南侧距JSM0689约5米。地理坐标为东经126°09′52.5″，北纬41°08′52.0″，海拔221米。墓葬整体呈丘状，东西长约6.1米，南北宽约5.3米，现存高度约1.4米。该墓为双室墓，墓室东西排列。墓葬封土流失严重，在墓葬南侧中部可见2块东西排列的大石块，应是东、西墓室墓道最外侧的盖顶石，西侧墓上有少量河卵石，大小在0.15米左右。东侧墓室盖顶石部分裸露，墓室外部北侧和南侧可见砌筑墓室的石材，石材为山石，东北角石材缺失，有洞口，露出墓室。墓室南北长约3.1米，东西宽约1.7米。西壁顶部可见一层砌石，之上一重抹角，石材外露面多为斜面，局部石材用白灰勾缝。墓道盖顶石位于南壁西侧，墓室平面形状为刀形，墓道方向为南向。西侧墓室盖顶石和北侧砌筑墓室的石材裸露，石材为山石，东北角砌石向墓室内塌落，露出墓室。墓室南北长约3米，东西宽约1.65米。东壁和西壁可见二层砌石，石材均为山石，错缝砌筑，南壁可见一层，东北角见一重抹角，由二层抹角石叠砌，东南角见一层抹角石，抹角石北侧与东壁基本平行，南侧略向内收，形成小抹角。墓道位于南部东侧，墓室平面形状为刀形，墓道方向为南向。在墓葬北侧和西侧各开一条探沟，封土为黄土，封土范围北侧在现北侧边缘外1.2米，西南侧在现西南侧边缘外1米（图六三；图版二五，2）。

JSM0730位于Ⅱ-2-2区南侧中部，东北侧距JSM-0730约3米，西南侧距JSM0740约11米。地理坐标为东经126°09′52.2″，北纬41°08′55.2″，海拔220米。墓葬平面呈不规则长

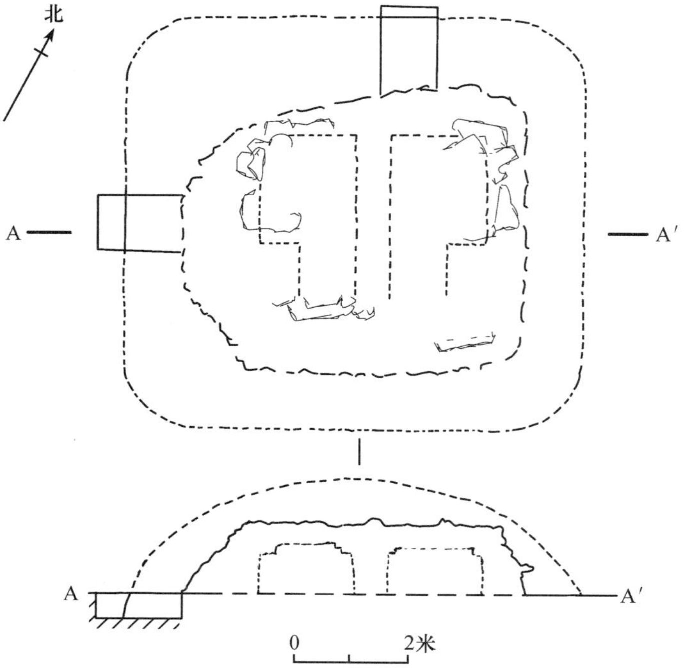


图六三　JSM0688平、剖面图

条形，北部宽南部窄，东西长约8.5米，南北宽约3.8米，现存高度约1.2米。墓葬封土流失严重，墓顶北侧可见盖顶石，墓北侧和东侧砌筑墓室的石材裸露，墓西南有几块大石块。墓上可见大量筑墓石块，石材多为山石，少量为河卵石，尺寸一般为0.2～0.4米。在墓葬北侧和西侧各开一条探沟，封土为黄土，封土范围北侧在现北侧边缘外0.7米，西侧在现西侧边缘外0.5米（图六四；图版二五，3）。

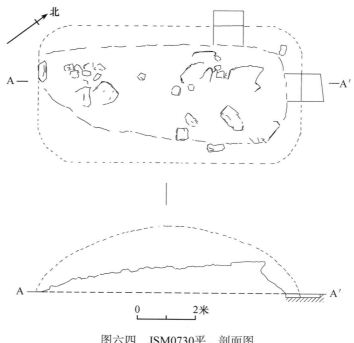

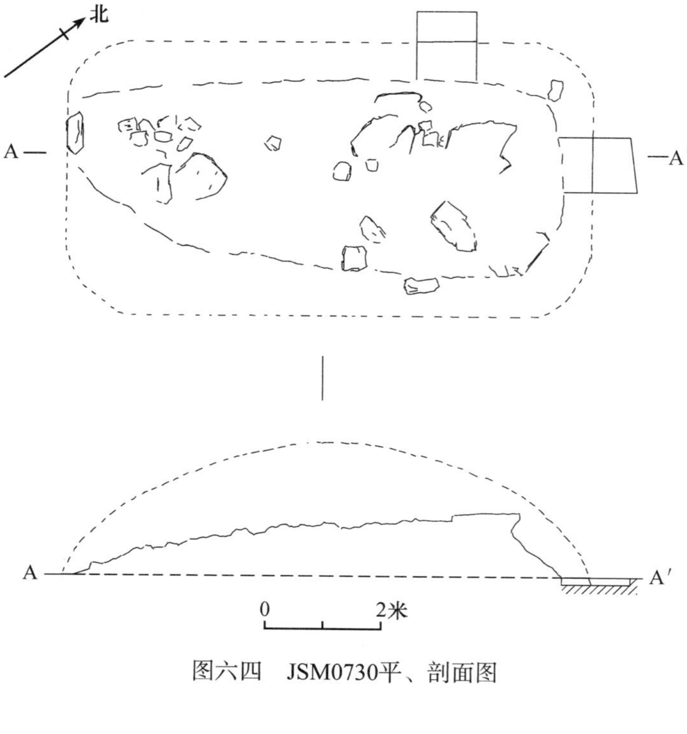


图六四　JSM0730平、剖面图

JSM-0730位于Ⅱ-2-2区南侧中部，东北侧距JSM0731约6米，西南侧距JSM0730约3米。地理坐标为东经126°09′52.3″，北纬41°08′55.6″，海拔220米。墓葬呈丘状，南北长约2.8米，东西宽约2.4米，现存高度约0.15米。墓葬破坏极其严重，地表仅可见3块大石块，在北侧和西侧各开一条探沟，清理北侧探沟时发现2块大石块，未能发现原封土范围。

JSM0731位于Ⅱ-2-2区南侧中部，西北侧距JSM0733约3米，西南侧距JSM-0730约6米。地理坐标为东经126°09′52.7″，北纬41°08′55.8″，海拔220米。墓葬整体呈丘状，南北长约4.5米，东西宽约4米，现存高度约1.5米。墓葬封土流失严重，墓上西侧中部砌筑墓室石材裸露，多为山石，外露面尺寸多为0.6米×0.3米。墓上可见大量筑墓石材，石材为碎山石和河卵石，尺寸在0.2米左右。在墓葬北侧和西侧各开一条探沟，封土为黄土，封土范围北侧在现北侧边缘外0.5米，西侧在现西侧边缘外0.9米（图六五；图版二五，4）。

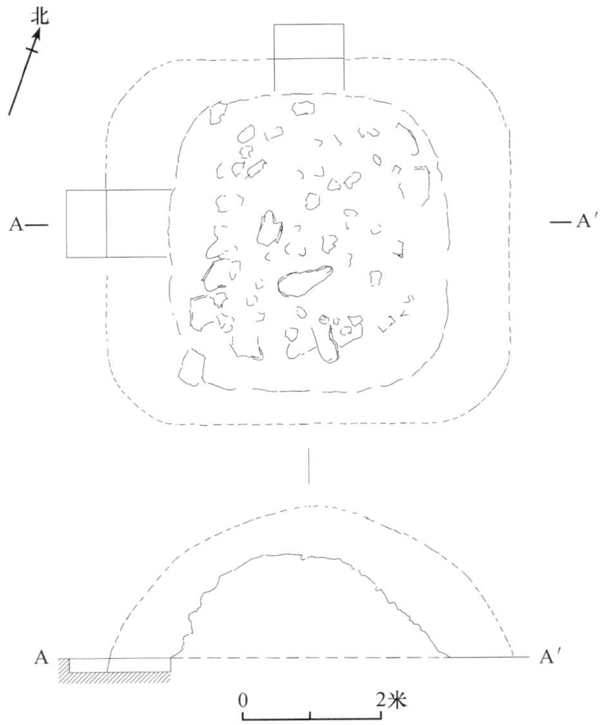

图六五 JSM0731平、剖面图

JSM0732位于Ⅱ-2-2区南侧中部，西北侧距JSM-0735约10米，西南侧距JSM0731约15米。地理坐标为东经126°09′53.3″，北纬41°08′56.3″，海拔220米。墓葬呈丘状，东西长约7米，南北宽约6.4米，现存高度约1.8米。墓葬封土流失严重，墓顶可见盖顶石。墓北侧砌筑墓室的石材完全裸露，大小不一，最大石材外露面的尺寸为1米×0.3米。墓葬北侧边缘散落2块石材。墓上可见一些小河卵石，也有少量碎山石，尺寸为0.2米左右。在墓葬东侧和南侧各开一条探沟，封土为黄土，封土范围东侧在现东侧边缘外0.9米，南侧在现南侧边缘外0.9米（图六六；图版二五，5）。

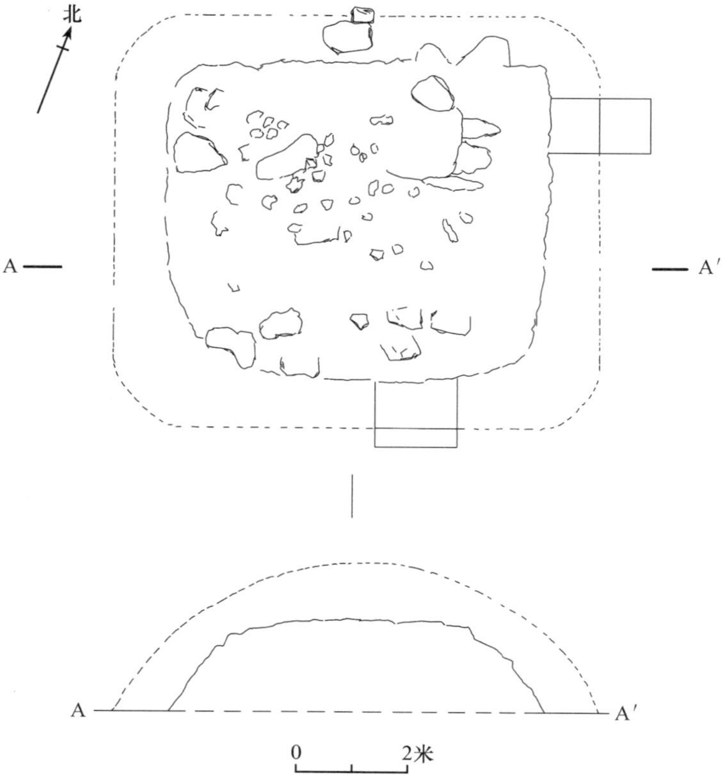


图六六　JSM0732平、剖面图

JSM0733位于Ⅱ-2-2区南侧中部，东侧距JSM0732约20米，东南侧距JSM0731约3米。地理坐标为东经126°09′52.4″，北纬41°08′56.0″，海拔220米。墓葬破坏严重，略高于地表，东西长约4.1米，南北宽约3.8米，现存高度约0.4米。地表现可见十余块石块，材质为山石，尺寸为0.7米左右。在墓葬东侧和南侧各开一条探沟，封土为黄土，封土范围东侧在现东侧边缘外0.8米，南侧在现南侧边缘外1米（图六七；图版二五，6）。

JSM0734位于Ⅱ-2-2区南侧中部，西南侧距JSM0737约7米，东侧距JSM-0734约5米。地理坐标为东经126°09′51.5″，北纬41°08′55.9″，海拔221米。墓葬整体呈丘状，南北长约8.5米，东西宽约7.5米，现存高度约1.8米。墓葬封土流失严重，墓顶可见裸露在外的盖顶石，北侧塌落于墓室内。从塌陷处可见墓室西壁顶层石材，均为山石，局部石材上有白灰。墓上有较多大石块，主要分布在东部。在墓葬西侧和南侧各开一条探沟，封土为黄土，封土范围西侧在现西侧边缘外0.5米，南侧在现南侧边缘外0.5米（图六八；图版二五，7）。

JSM-0734位于Ⅱ-2-2区南侧中部，西侧距JSM0734约5米，南侧距JSM0733约7米。地理坐标为东经126°09′52.0″，北纬41°08′56.2″，海拔221米。墓葬破坏较重，平面近三角形，东西长约4.7米，南北宽约3.8米，现存高度约1.5米。墓葬封土流失严重，墓东侧可见砌筑墓室的石材，南侧有几块较大石块，墓上有大量碎山石，大小为0.2～0.4米。墓葬东南侧和西侧各有一道现代石墙与墓葬相连。

JSM0736位于Ⅱ-2-2区南侧中部，东北侧距JSM0734约8米，西北侧距JSM0737约3

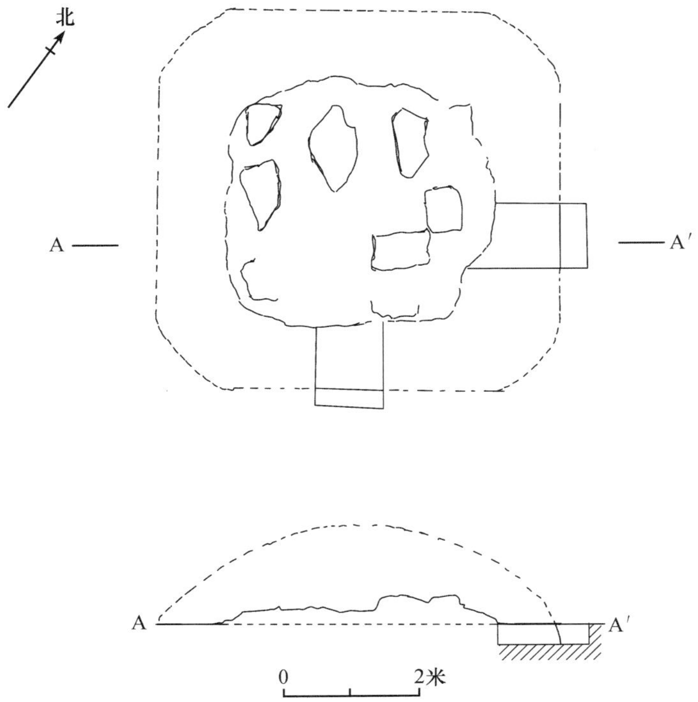


图六七 JSM0733平、剖面图

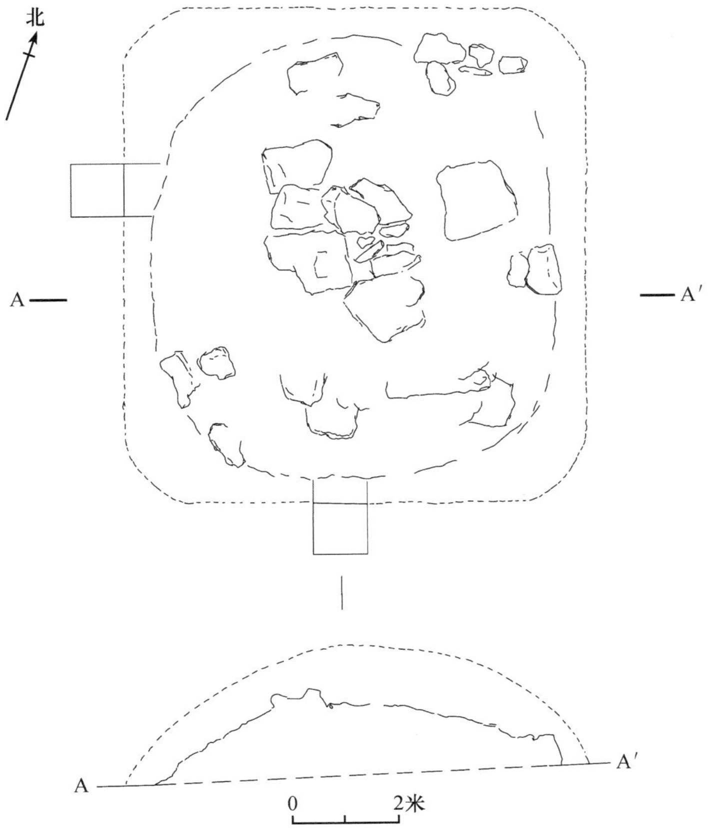


图六八 JSM0734平、剖面图

米。地理坐标为东经126°09′51.4″，北纬41°08′55.5″，海拔220.5米。墓葬整体呈丘状，南北长约4.2米，东西宽约4米，现存高度约1.6米。墓葬封土流失严重，墓顶北侧可见1大石块，石材为山石，尺寸为0.7米×0.5米×0.3米。墓上可见大量碎山石，尺寸在0.1～0.4米，也有少量河卵石。在墓葬西侧和南侧各开一条探沟，封土为黄土，封土范围西侧在现西侧边缘外1米，南侧在现南侧边缘外0.8米（图六九；图版二五，8）。

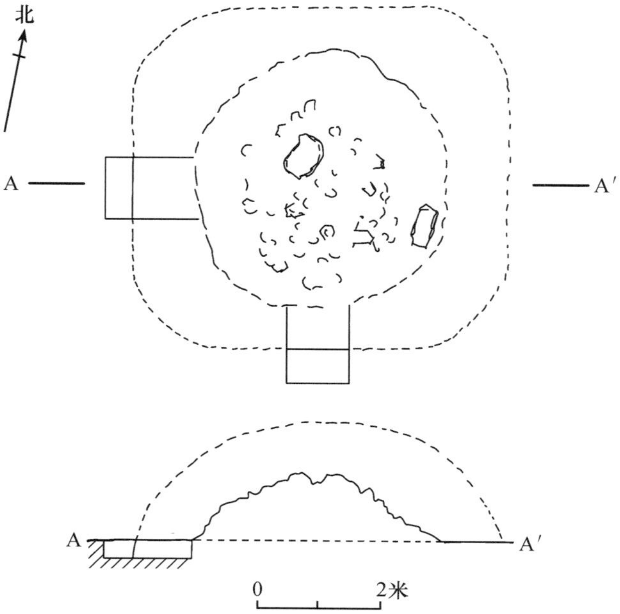


图六九　JSM0736平、剖面图

JSM0737位于Ⅱ-2-2区南侧中部，东侧距JSM0734约7米，南侧距JSM0739约5米。地理坐标为东经126°09′51.1″，北纬41°08′55.6″，海拔221米。墓葬整体呈丘状，南北长约7.5米，东西宽约7米，现存高度约1.6米。墓葬封土流失严重，墓上盖顶石部分裸露，石材为山石，盖顶石部分塌落墓室中，在墓顶形成一个小洞口，可见墓室内淤积大量土石。墓北侧和南侧可见少量筑墓石材，石材多为山石，墓上有少量碎山石。在墓葬西侧和南侧各开一条探沟，封土为黄土，封土范围西侧在现西侧边缘外1米，南侧在现南侧边缘外0.9米（图七〇；图版二六，1）。

JSM0738位于Ⅱ-2-2区南侧中部，西南侧距JSM0746约4米，东南侧距JSM0739约2米。地理坐标为东经126°09′50.7″，北纬41°08′55.3″，海拔220.6米。墓葬整体呈丘状，东西长约8.2米，南北宽约7.4米，现存高度约1.7米。该墓为双室墓，墓室东西排列，两墓室顶部稍高。墓葬封土流失严重，西侧墓室墓顶可见南、北2块盖顶石，北侧盖顶石西边墓室塌陷有一小洞，南侧盖顶石裸露，可能是位于墓道位置或墓室近墓道处。东侧墓室南侧可见2块砌筑墓室石材，南侧偏西有1块墓道盖顶石，从墓道盖顶石位置推测该墓室可能为刀形。在墓葬北侧和东侧各开一条探沟，封土为黄土，封土范围北侧在现北侧边缘外0.6米，东侧在现东侧边缘外0.2米（图七一；图版二六，2）。

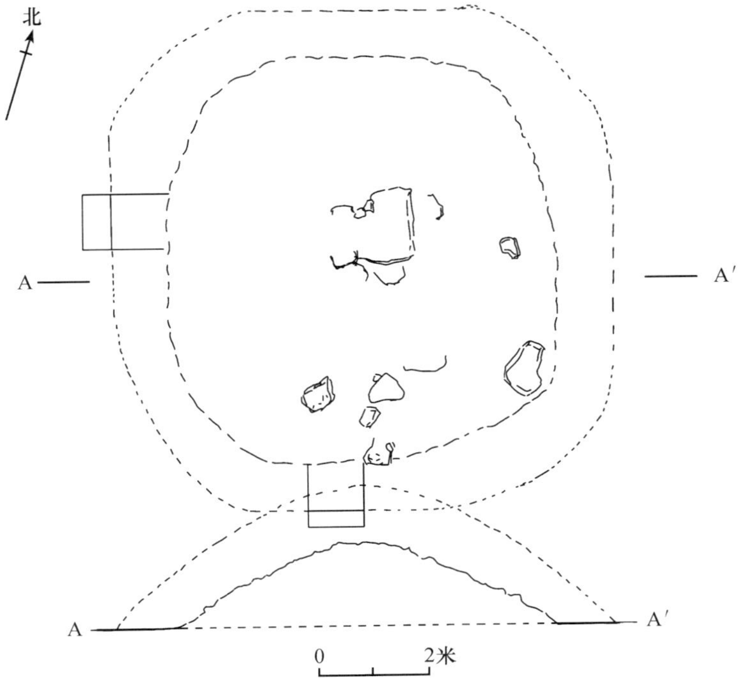


图七〇　JSM0737平、剖面图

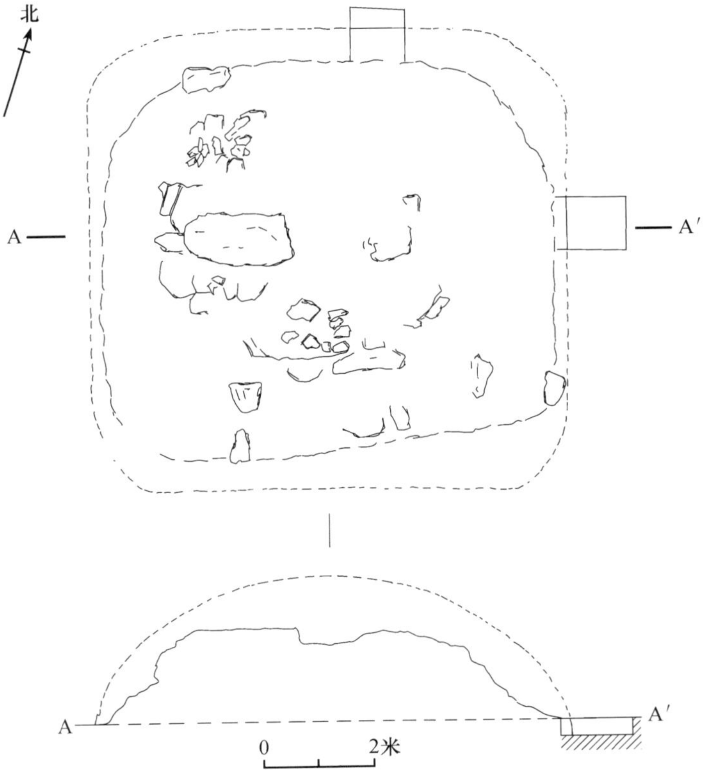


图七一　JSM0738平、剖面图

JSM0740位于Ⅱ-2-2区南侧中部，西南侧距JSM0742约2米，北侧距JSM0739约5米。地理坐标为东经126°09′51.5″，北纬41°08′54.9″，海拔220米。墓葬整体呈丘状，南北长约7米，东西宽约5.1米，现存高度约1.1米。墓葬封土流失严重，墓顶可见盖顶石，墓室东壁石材被破坏移至墓边，盖顶石坍塌于墓室中，墓北侧和东侧可见砌筑墓室石材，墓南侧有少量河卵石，大小为0.15米左右。在墓葬北侧和西侧各开一条探沟，封土为黄土，封土范围北侧在现北侧边缘外0.5米，西侧在现西侧边缘外0.8米（图七二；图版二六，3）。

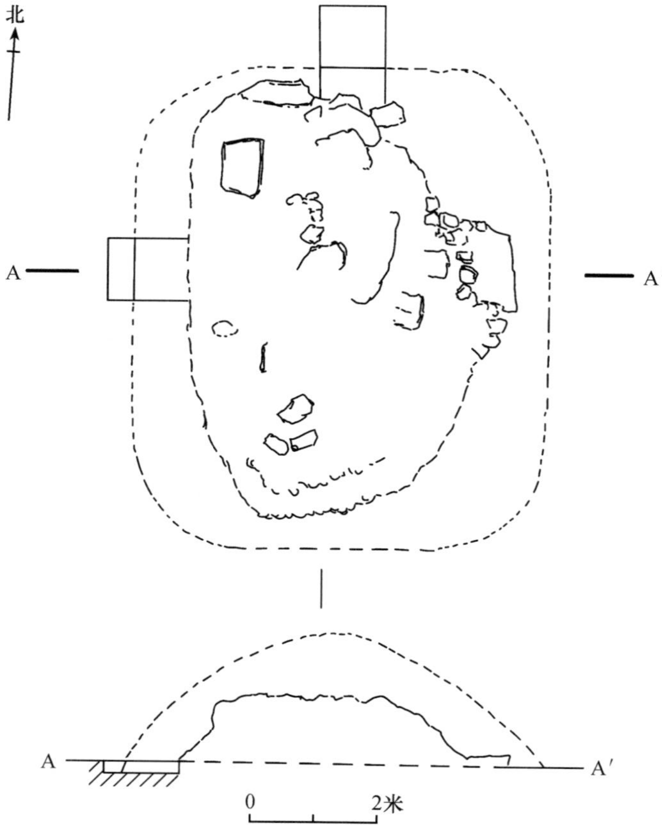

图七二　JSM0740平、剖面图

JSM0741位于Ⅱ-2-2区南侧中部，北侧距JSM0734约8米，西侧距JSM0739约9米。地理坐标为东经126°09′51.8″，北纬41°08′55.4″，海拔220.5米。墓葬整体呈丘状，南北长约5.3米，东西宽约4.5米，现存高度约1.1米。墓葬封土流失严重，墓顶盖顶石裸露，墓四周可见砌筑墓室的石材，石材较大，主要为山石，个别经过加工。墓东南角有1块大石块，可能为被扰动的砌筑墓室石材。在墓葬北侧和西侧各开一条探沟，封土为黄土，封土范围北侧在现北侧边缘外0.9米，南侧在现南侧边缘外0.9米（图七三；图版二六，4）。

JSM0742位于Ⅱ-2-2区南侧中部，北侧距JSM0739约7米，东侧距JSM0740约2米。地理坐标为东经126°09′51.4″，北纬41°08′54.7″，海拔220米。墓葬整体呈丘状，东西长约

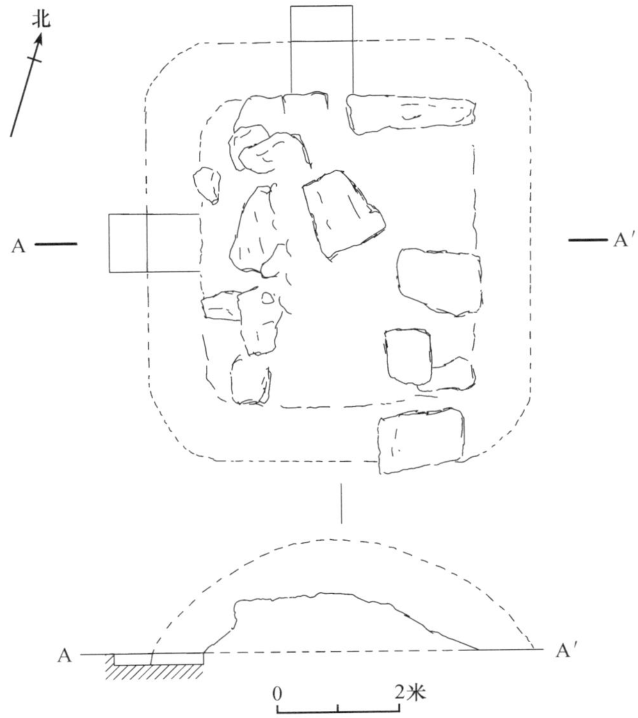


图七三 JSM0741平、剖面图

6.5米，南北宽约4.7米，现存高度约1.3米。墓葬封土流失严重，墓顶有3块相对较大的山石，墓北侧可见砌筑墓室的石材，墓上可见大量河卵石和少量碎山石，在墓葬西南侧堆积有从墓上扰动来的河卵石和碎山石。河卵石和碎山石尺寸在0.15米左右。在墓葬北侧和西侧各开一条探沟，封土为黄土，封土范围北侧在现北侧边缘外0.6米，西侧在现西侧边缘外1米（图七四；图版二六，5）。

JSM-0744位于Ⅱ-2-2区南侧中部，北侧距JSM0739约3米，东侧距JSM0742约2米。地理坐标为东经126°09′51.0″，北纬41°08′54.7″，海拔220米。墓葬呈丘状，东西长约5.6米，南北宽约5.3米，现存高度约1.5米。墓葬封土流失严重，墓顶盖顶石裸露，石材为山石，尺寸为1.5米×1米×0.4米。墓上南、北两侧可见砌筑墓室的石材，石材为山石。墓上可见少量碎山石和河卵石，大小为0.2～0.3米。在墓葬东侧和南侧各开一条探沟，封土为黄土，封土范围东侧在现东侧边缘外0.8米，南侧在现南侧边缘外0.7米（图七五；图版二六，6）。

JSM0746位于Ⅱ-2-2区南侧偏西，南侧距JSM0745约3米，西侧距JSM0748约3米。地理坐标为东经126°09′50.3″，北纬41°08′55.1″，海拔220.5米。墓葬呈丘状，南北长约5米，东西宽约4.5米，现存高度约1.2米。墓葬封土流失严重，墓上可见2块盖顶石裸露，因墓室西壁部分石材缺失，盖顶石向墓室内倾斜。墓室内被土石淤积，墓室东壁保存较好，可见顶部两侧砌石，东北角见一重抹角。墓上东、西、北三面可见砌筑墓室石材，墓上南部有1块大石条，可能为被扰动的盖顶石。在墓葬西侧和南侧各开一条探沟，封土为黄土，封土范围西侧在现西侧边缘外0.7米，南侧在现南侧边缘外0.8米（图七六；图版二六，7）。

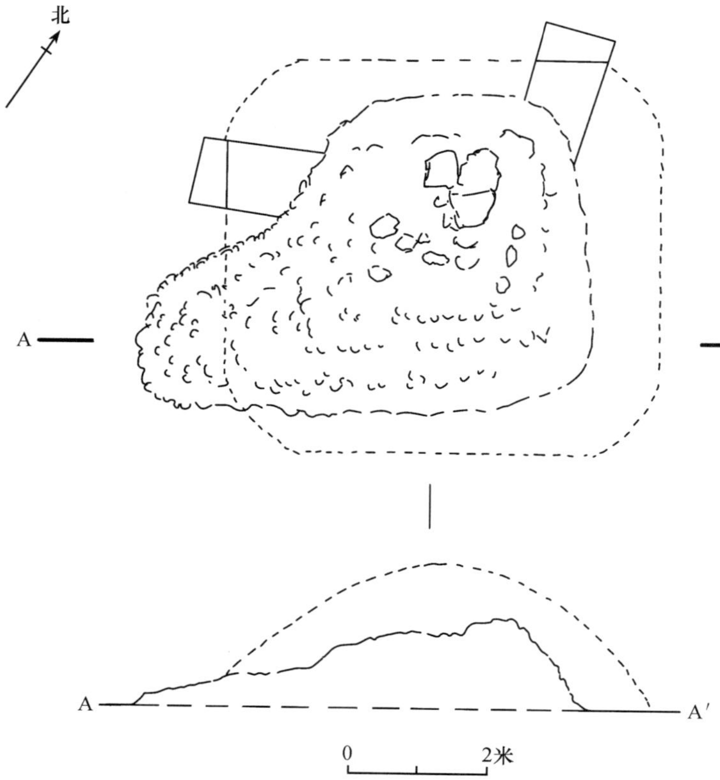


图七四　JSM0742平、剖面图

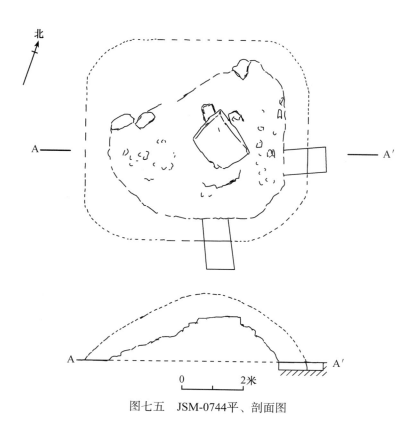

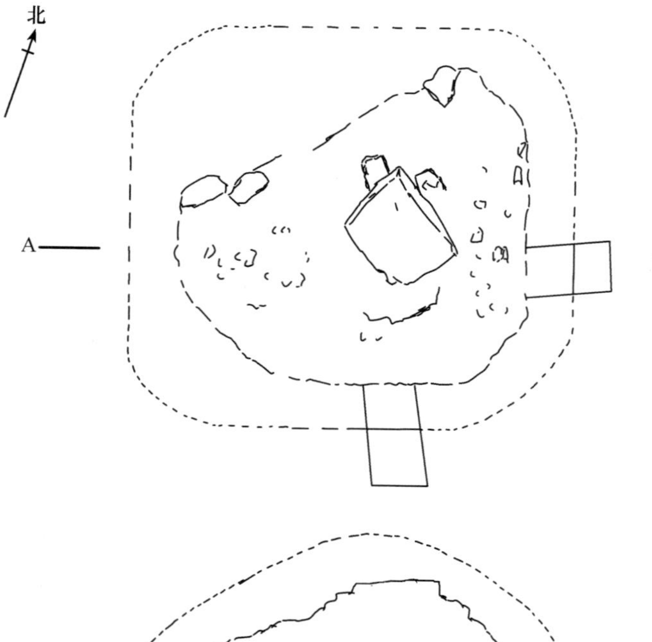


图七五　JSM-0744平、剖面图

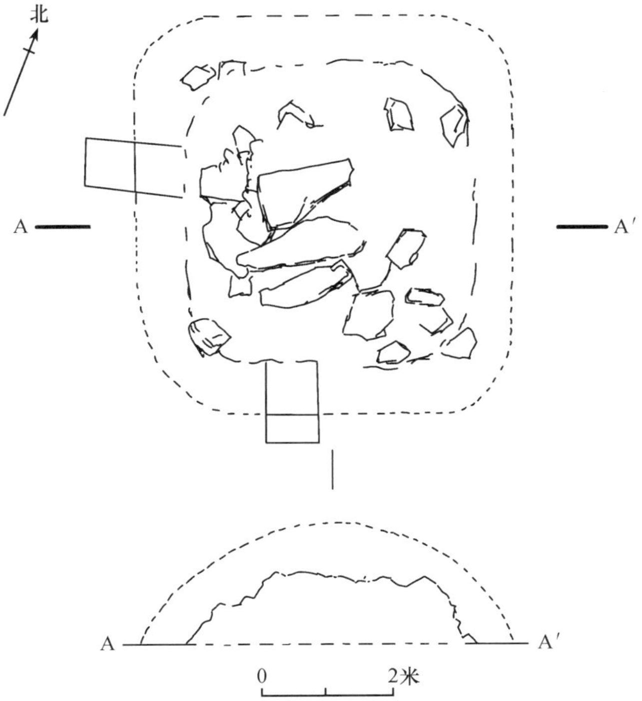


图七六 JSM0746平、剖面图

JSM-0746位于Ⅱ-2-2区南侧偏西，南侧距JSM0746约4米，东南侧距JSM0738约6米。地理坐标为东经126°09′50.2″，北纬41°08′55.4″，海拔221米。墓葬平面近长方形，东西长约4.1米，南北宽约2.3米，现存高度约1.1米。墓葬封土流失严重，墓上可见大量筑墓石材，石材为山石，尺寸为0.2米左右。在墓葬西侧和南侧各开一条探沟，封土为黄土，封土范围西侧在现西侧边缘外0.7米，南侧在现南侧边缘外0.6米（图七七；图版二六，8）。

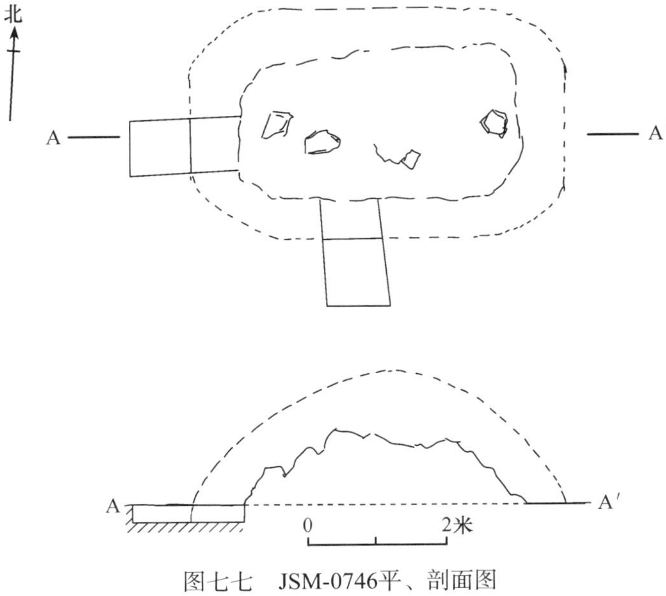


图七七 JSM-0746平、剖面图

JSM0748位于Ⅱ-2-2区南侧西部，东侧距JSM0746约3米，西南侧距JSM0749约5米。地理坐标为东经126°09′50.0″，北纬41°08′55.0″，海拔220米。墓葬整体呈丘状，南北长约3.5米，东西宽约3.3米，现存高度约1.4米。墓葬封土流失严重，墓上东、西、北三面可见砌筑墓室的石材，石材为山石。墓上可见大量碎山石，尺寸为0.15～0.3米。在墓葬北侧和东侧各开一条探沟，封土为黄土，封土范围北侧在现北侧边缘外0.8米，东侧在现东侧边缘外0.7米（图七八；图版二七，1）。

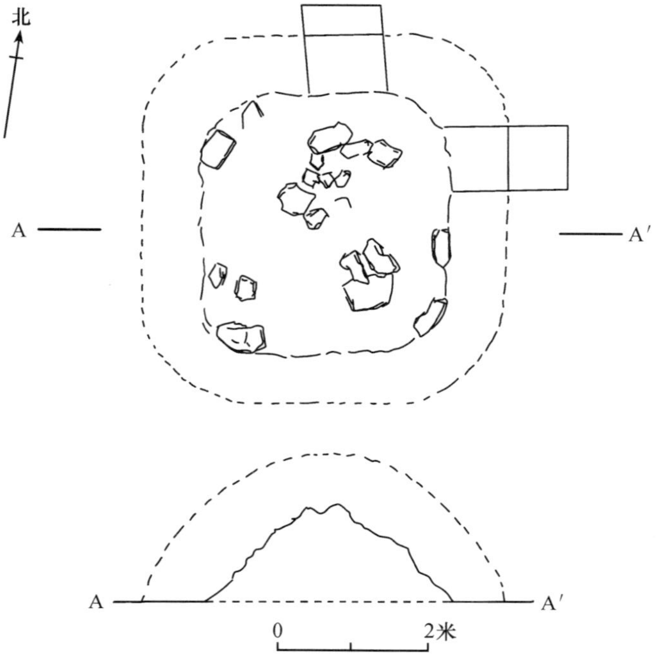


图七八　JSM0748平、剖面图

JSM0749位于Ⅱ-2-2区南侧西部，东北侧距JSM0748约5米，南侧距JSM0750约3米。地理坐标为东经126°09′49.7″，北纬41°08′54.8″，海拔220米。墓葬整体呈丘状，东西长约4.3米，南北宽约3.1米，现存高度约1.3米。墓葬封土流失严重，墓上可见大量筑墓石材，石材主要为山石，尺寸在0.2～0.4米。在墓葬北侧和西侧各开一条探沟，封土为黄土，封土范围北侧在现北侧边缘外0.9米，西侧在现西侧边缘外0.9米（图七九；图版二七，2）。

JSM0750位于Ⅱ-2-2区南侧西部，北侧距JSM0749约3米，东侧距JSM0745约5米。地理坐标为东经126°09′49.6″，北纬41°08′54.9″，海拔220米。墓葬整体呈丘状，东西长约7.2米，南北宽约7.1米，现存高度约1.9米。该墓为双室墓，墓室东西排列。墓葬封土流失严重，东侧墓室墓上可见盖顶石，石材为河卵石。墓顶有少量碎山石和河卵石。墓上北侧、东侧可见砌筑墓室的石材，东南部有十余块大石块，尺寸在0.5米×0.3米左右。墓上南侧近边缘有4块东西向排列的石块，通长约1.7米。西侧墓室西侧和南侧可见砌筑墓室的石材，墓上东北和西侧有少量大石块。南侧中部偏东可见1块大石条，应为墓道盖顶石，另可见2块砌筑墓道西壁的石材，墓道近南向。在墓葬北侧和西侧各开一条探沟，封土为黄土，封土范围北侧在现北侧边缘外1.1米，西侧在现西侧边缘外1米（图八〇；图版二七，3）。

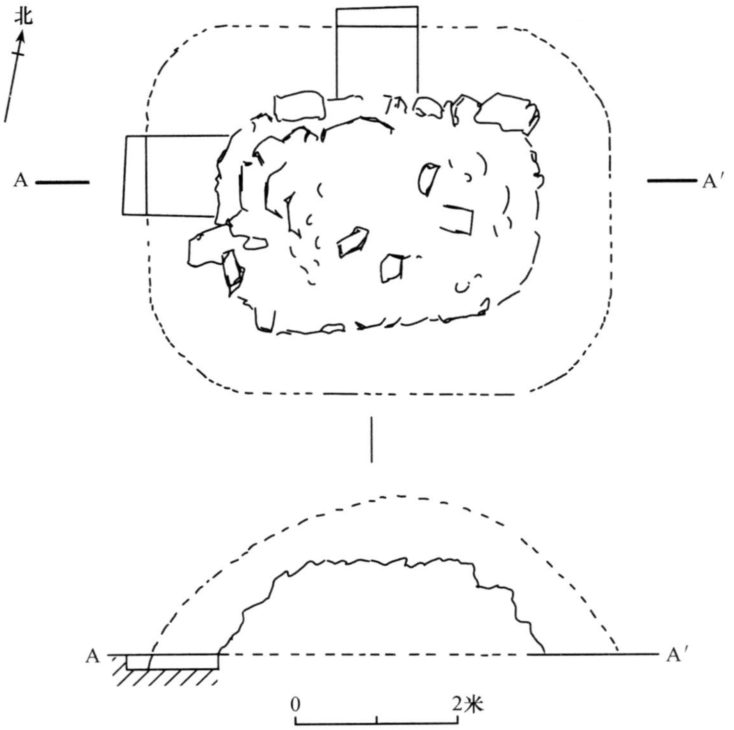


图七九 JSM0749平、剖面图

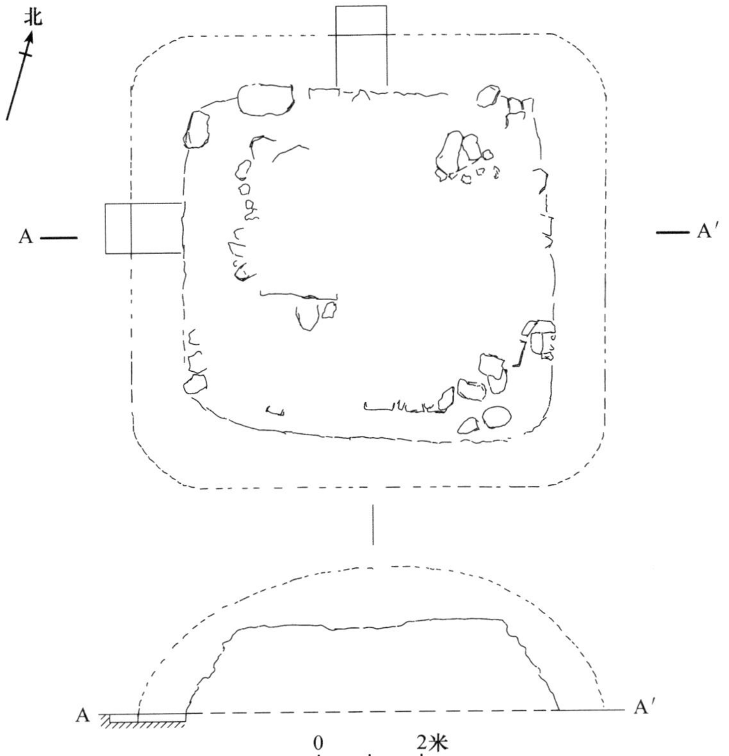


图八〇 JSM0750平、剖面图

JSM0751位于Ⅱ-2-2区南侧西部，南侧距JSM0752约4米，东侧距JSM0744约4米。地理坐标为东经126°09′50.3″，北纬41°08′54.3″，海拔220米。墓葬整体呈丘状，南北长约7米，东西宽约3.9米，现存高度约1.3米。墓葬封土流失严重，墓顶被破坏，墓室被石块填埋。墓上东、西、北三面可见砌筑墓室的石材，南侧可见多块大石，石材多为山石。墓上有少量碎山石和河卵石，尺寸在0.2米左右。在墓葬西侧和南侧各开一条探沟，封土为黄土，封土范围西侧在现西侧边缘外1米，南侧在现南侧边缘外0.7米（图八一；图版二七，4）。

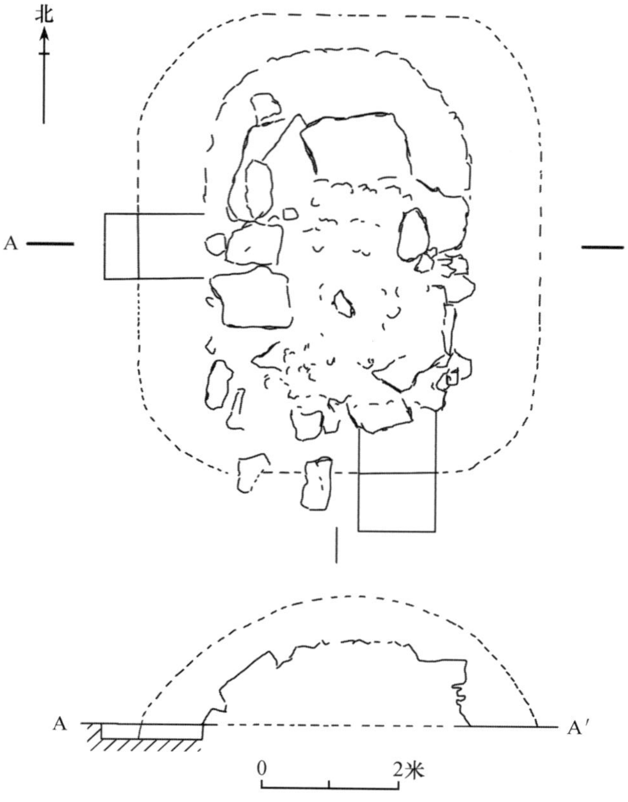

图八一　JSM0751平、剖面图

JSM0752位于Ⅱ-2-2区南侧西部，北侧距JSM0751约4米，西侧距JSM0753约4米。地理坐标为东经126°09′50.4″，北纬41°08′54.0″，海拔220米。墓葬整体呈丘状，南北长约5.5米，东西宽约4.6米，现存高度约1.3米。墓葬封土流失严重，墓上东、西、北三面可见砌筑墓室的石材，每面砌石均有少量缺失，部分石材位移，形成多个小洞，从小洞向墓室内看，可见墓室内有大量淤土。砌筑墓室石材为山石和河卵石。墓上有少量碎山石，尺寸在0.2米左右。在墓葬北侧和西侧各开一条探沟，封土为黄土，封土范围北侧在现北侧边缘外0.5米，西侧在现西侧边缘外0.7米（图八二；图版二七，5）。

JSM0754位于Ⅱ-2-2区南侧西部，北侧距JSM0755约8米，东侧距JSM0751约10米。地理坐标为东经126°09′59.6″，北纬41°08′54.2″，海拔220米。墓葬整体呈丘状，南北长

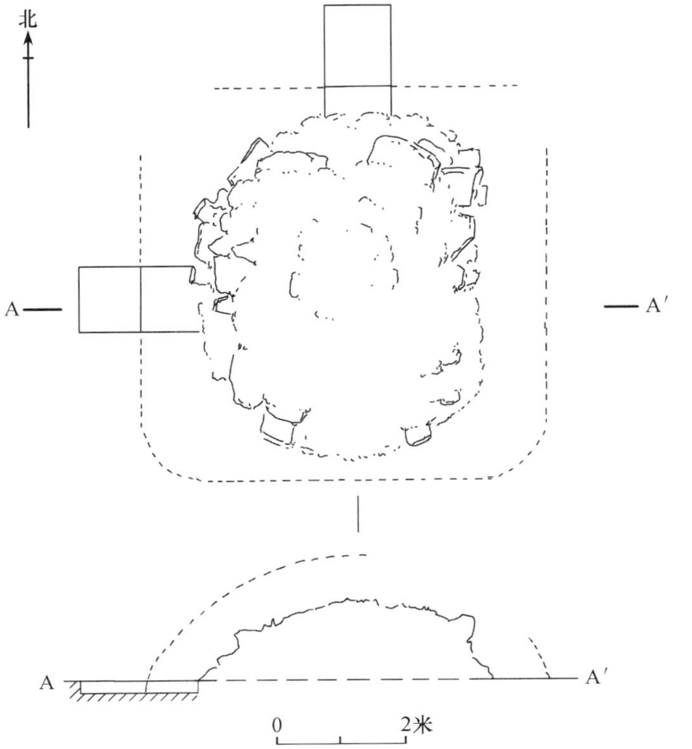

图八二 JSM0752平、剖面图

约5米，东西宽约4.7米，现存高度约1.2米。墓葬封土流失严重，墓上东、西、北三面可见砌筑墓室的石材。墓上可见大量碎山石和河卵石，尺寸为0.4～0.5米。在墓葬西侧和南侧各开一条探沟，封土为黄土，封土范围西侧在现西侧边缘外0.6米，南侧在现南侧边缘外0.5米（图八三；图版二七，6）。

JSM0755位于Ⅱ-2-2区南侧西部，东侧距JSM0749约3米，南侧距JSM0754约8米。地理坐标为东经126°09′49.4″，北纬41°08′54.6″，海拔220.5米。墓葬整体呈丘状，南北长约5米，东西宽约3.4米，现存高度约1.5米。墓葬封土流失严重，墓顶部盖顶石裸露，北侧盖顶石塌陷于墓室中，墓室被土石填埋。墓上四面可见砌筑墓室的石材，石材多为河卵石，西壁南段石材均为河卵石，砌筑较为规整，河卵石尺寸多在0.3米左右。在墓葬东侧和南侧各开一条探沟，封土为黄土，封土范围东侧在现东侧边缘外1米，南侧在现南侧边缘外0.3米（图八四；图版二七，7）。

JSM0756位于Ⅱ-2-2区南侧西部，西侧距JSM0765约8米，南侧距JSM0757约4米。地理坐标为东经126°09′49.1″，北纬41°08′54.7″，海拔220.5米。墓葬整体呈丘状，东西长约5米，南北宽约4.8米，现存高度约1.5米。墓葬封土流失严重，墓东侧和北侧可见砌筑墓室的石材，多为山石，墓西侧有几块较大的山石和河卵石，可能为砌筑墓道石材。墓上有大量碎山石，尺寸为0.2～0.3米。在墓葬东侧和南侧各开一条探沟，封土为黄土，封土范围东侧在现东侧边缘外0.6米，南侧在现南侧边缘外0.7米（图八五；图版二七，8）。

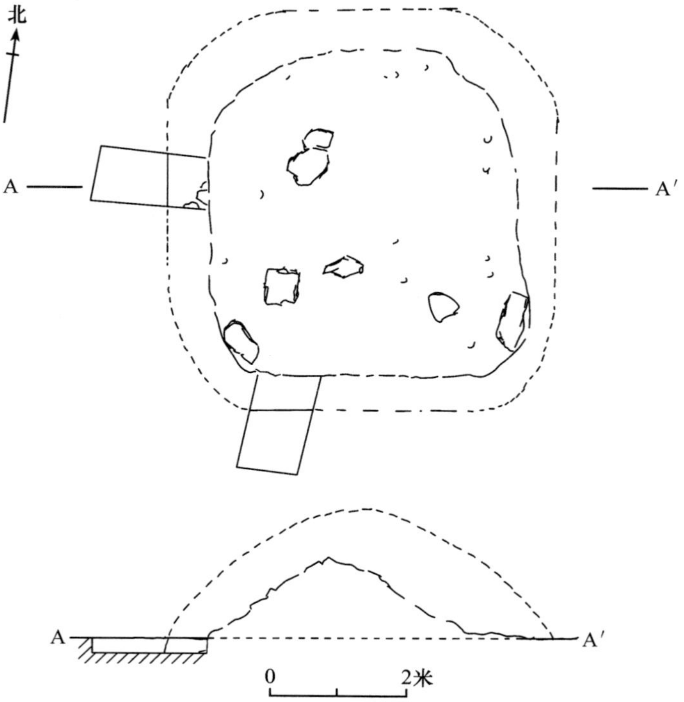


图八三　JSM0754平、剖面图

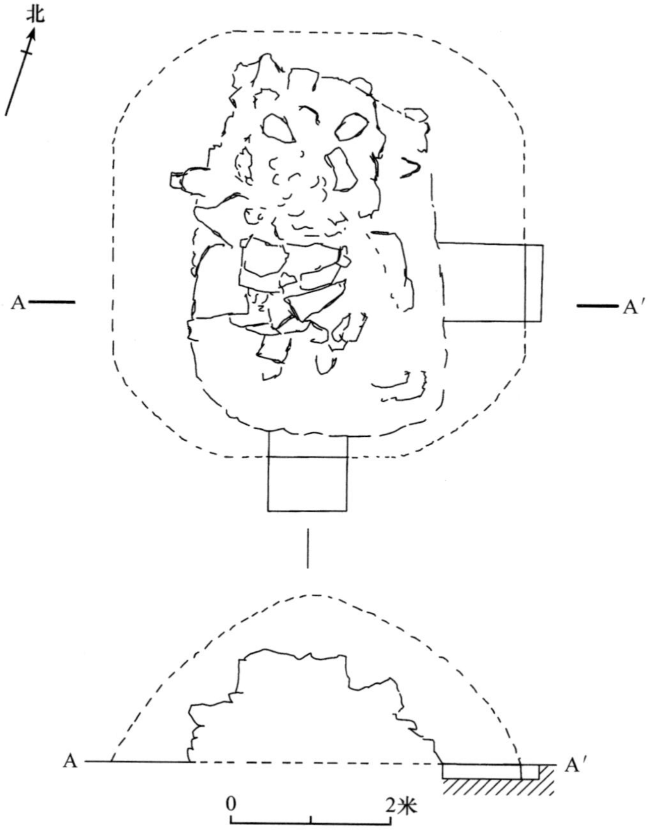


图八四　JSM0755平、剖面图

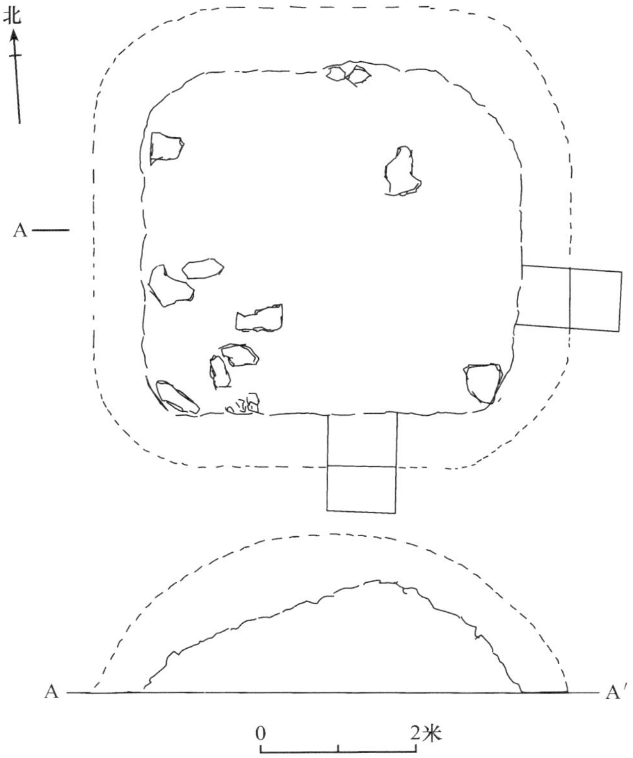


图八五　JSM0756平、剖面图

JSM0757位于Ⅱ-2-2区南侧西部，东侧距JSM0750约8米，北侧距JSM0756约4米。地理坐标为东经126°09′49.2″，北纬41°08′54.4″，海拔220.5米。墓葬整体呈丘状，东西长约6.9米，南北宽约5.5米，现存高度约1.5米。墓葬封土流失严重，墓顶南侧盖顶石裸露，石材为山石，尺寸为1.3米×1.1米×0.25米，北侧盖顶石缺失，砌筑墓顶的大石块向墓内倾斜。墓东、西、北三面可见砌筑墓室的石材。墓室东壁破坏较重，上部石材大部分缺失，东北角有抹角石向墓室内倾斜，墓室内基本被土石填埋。墓道南向，可见2块盖顶石。墓上南侧有少量碎山石和河卵石。在墓葬西侧和南侧各开一条探沟，封土为黄土，封土范围西侧在现西侧边缘外1.6米，南侧在现南侧边缘外0.8米（图八六；图版二八，1）。

JSM0760位于Ⅱ-2-2区南侧西部，东北侧距JSM0754约6米，北侧距JSM0757约5米。地理坐标为东经126°09′49.2″，北纬41°08′53.7″，海拔220米。墓葬呈丘状，南北长约5.8米，东西宽约4.7米，现存高度约1.2米。墓葬封土流失严重，墓西、北两面可见砌筑墓室的石材，石材为山石和河卵石。墓南侧偏西有1块大石条，可能为墓道盖顶石，推测墓道近南向。墓上有少量碎山石和河卵石，尺寸为0.15米左右。在墓葬西侧和西南侧各开一条探沟，封土为黄土，封土范围西侧在现西侧边缘外0.7米，西南侧在现西南侧边缘外0.6米（图八七；图版二八，2）。

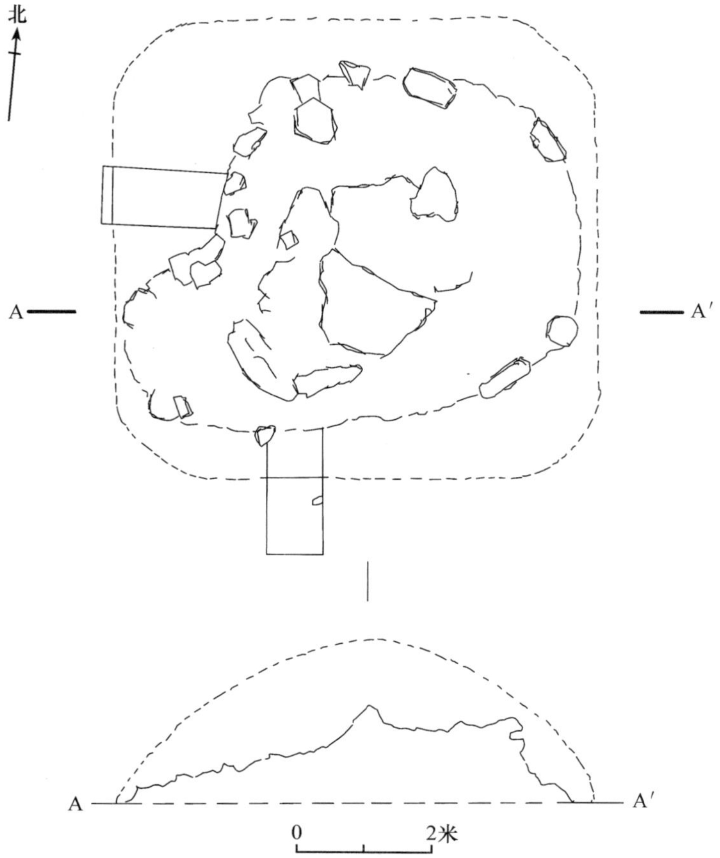


图八六　JSM0757平、剖面图

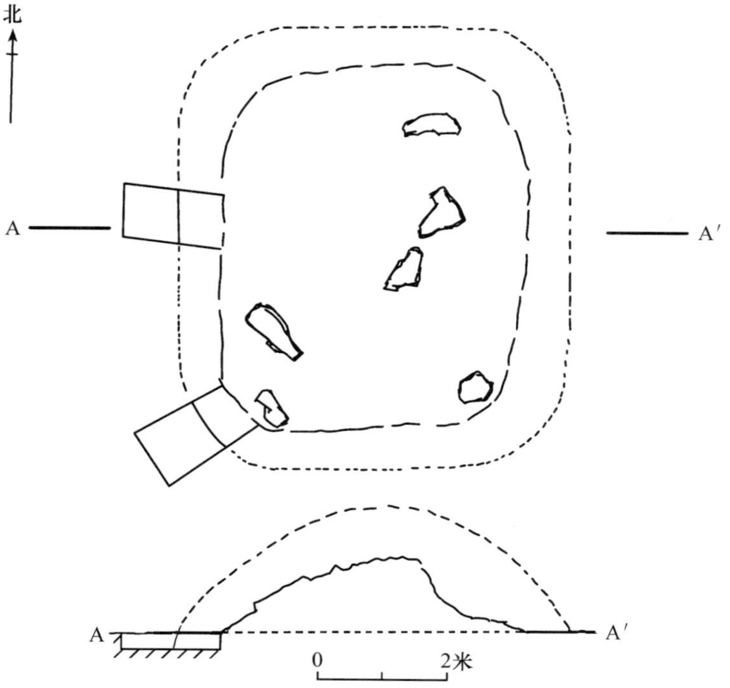


图八七　JSM0760平、剖面图

JSM0761位于Ⅱ-2-2区南侧西部，东侧距JSM0759约2米，北侧距JSM-0763A约3米。地理坐标为东经126°09′48.9″，北纬41°08′53.4″，海拔220米。墓葬整体呈丘状，南北长约5.8米，东西宽约4.8米，现存高度约1.3米。墓葬封土流失严重，盖顶石缺失，墓室洞开。墓室为铲形，墓室顶部仅存东北角和西北角抹角石，东北角抹角石尺寸为1.7米×0.35米×0.25米。墓室内有大量土石，东北角可见东壁北端三层砌石。西壁砌石错缝砌筑，石材多为山石，外露面较平整，缝隙间用小石填缝，石材见明显加工痕迹。墓道位于南壁中部，方向为南向。墓上可见少量碎山石和河卵石，尺寸为0.1米左右。在墓葬西侧和南侧各开一条探沟，封土为黄土，封土范围西侧在现西侧边缘外0.6米，南侧在现南侧边缘外0.5米（图八八；图版二八，3）。

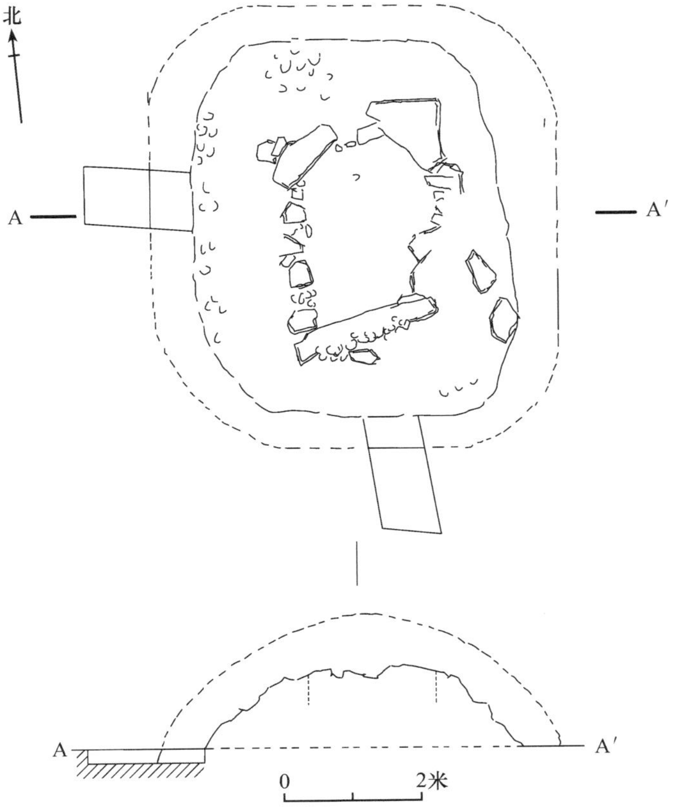

图八八　JSM0761平、剖面图

JSM0762位于Ⅱ-2-2区南侧西部，南侧距JSM0772约3米，东侧距JSM0761约2米。地理坐标为东经126°09′48.7″，北纬41°08′53.4″，海拔220米。墓葬整体呈丘状，南北长约4.5米，东西宽约4.1米，现存高度约1.1米。墓葬封土流失严重，墓上东侧和北侧砌筑墓室石材裸露，石材为山石，南侧可见多块较大石材，墓上有大量碎山石和河卵石，尺寸为0.1米左右。在墓葬西侧和南侧各开一条探沟，封土为黄土，封土范围西侧在现西侧边缘外0.6米，南侧在现南侧边缘外0.5米（图八九；图版二八，4）。

JSM0763位于Ⅱ-2-2区南侧西部，东南侧距JSM-0763A约1米，南侧距JSM0762约3米。地理坐标为东经126°09′48.6″，北纬41°08′53.7″，海拔220米。墓葬整体呈丘状，东

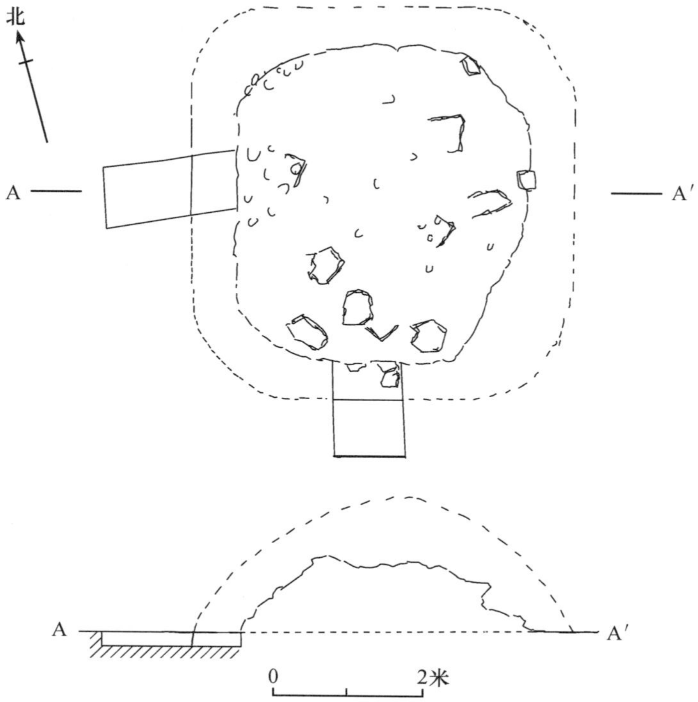


图八九　JSM0762平、剖面图

西长约6.3米，南北宽约6米，现存高度约1.6米。该墓为双室墓，墓室东西排列。墓葬封土流失严重，东侧墓室东部盖顶石裸露，石材为卵石，尺寸为1.2米×0.9米×0.2米，西部盖顶石塌陷，露出墓室，墓室有大量碎石和泥土。墓东、西、北三面可见砌筑墓室石材，多为山石。墓道南向，可见东西两壁砌石和1块盖顶石，墓道被土石淤满。西侧墓室墓上西、北两面砌筑墓室的石材裸露，墓顶有大量碎山石和河卵石。墓道南向，可见1块墓道盖顶石。在墓葬西侧和南侧各开一条探沟，封土为黄土，封土范围西侧在现西侧边缘外0.9米，南侧在现南侧边缘外0.8米（图九〇；图版二八，5）。

JSM-0763A位于Ⅱ-2-2区南侧西部，东侧距JSM-0763B约1.5米，南侧距JSM0761约3米。地理坐标为东经126°09′48.9″，北纬41°08′53.7″，海拔220米。墓葬整体呈丘状，南北长约2.9米，东西宽约2.7米，现存高度约0.7米。墓葬封土流失严重，墓西侧和东侧可见较大的石材，石材为山石，墓上有大量碎山石和河卵石，尺寸为0.1～0.2米。在墓葬东侧和南侧各开一条探沟，封土为黄土，封土范围东侧在现东侧边缘外0.5米，南侧在现南侧边缘外0.4米（图九一；图版二八，6）。

JSM-0763B位于Ⅱ-2-2区南侧西部，东南侧距JSM0759约2米，西侧距JSM-0763A约1.5米，地理坐标为东经126°09′49.1″，北纬41°08′53.7″，海拔220米。墓葬整体呈丘状，东西长约3.5米，南北宽约3.2米，现存高度约0.9米。墓葬封土流失严重，墓上南半部可见较多大块山石和河卵石，墓上有大量的小河卵石和少量小碎山石，尺寸为0.1～0.2米。在墓葬西侧和南侧各开一条探沟，封土为黄土，封土范围西侧在现西侧边缘外0.5米，南侧在现南侧边缘外0.7米（图九一；图版二八，7）。

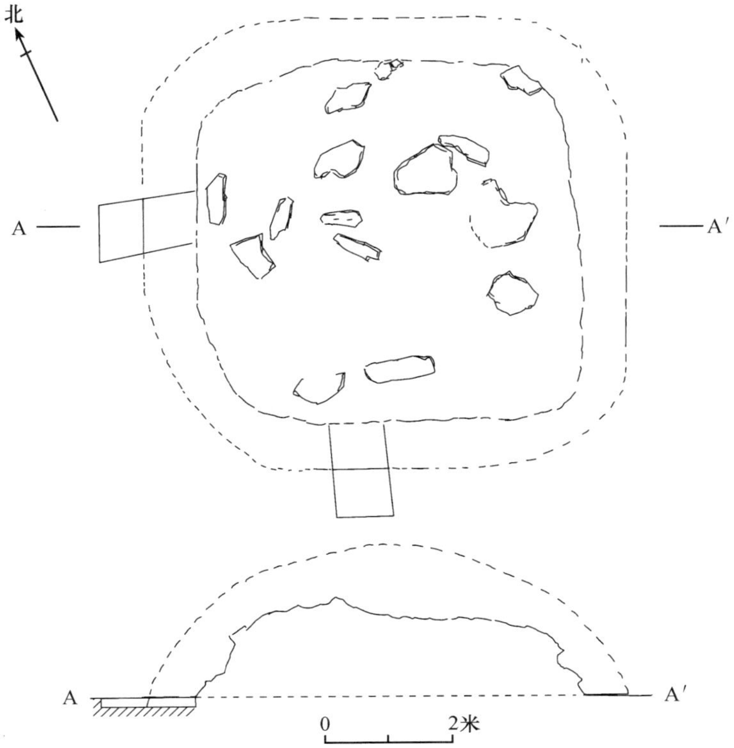


图九〇 JSM0763平、剖面图

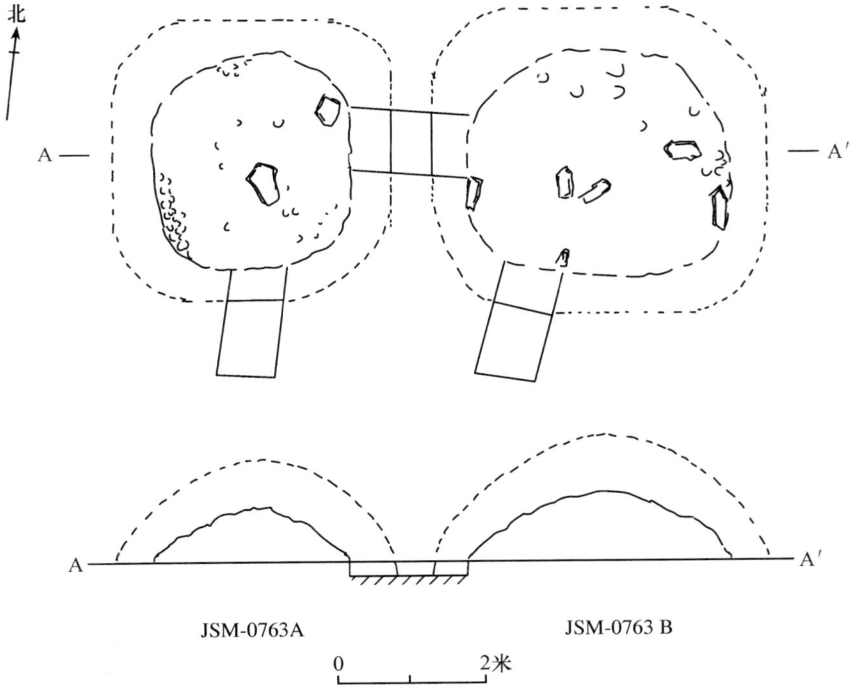


图九一 JSM-0763A、JSM-0763B平、剖面图

JSM0764位于Ⅱ-2-2区南侧西部，北侧距JSM0765约3米，西南侧距JSM0767约6米。地理坐标为东经126°09′48.4″，北纬41°08′54.3″，海拔220.5米。墓葬整体呈丘状，东西长约4.7米，南北宽约4.5米，现存高度约1.3米。墓葬封土流失严重，墓上可见大量筑墓石材，石材为山石和河卵石，墓边东侧可见2块大山石。墓上有大量小河卵石，尺寸为0.1米左右。在墓葬西侧和南侧各开一条探沟，封土为黄土，封土范围西侧在现西侧边缘外0.6米，南侧在现南侧边缘外0.6米（图九二；图版二八，8）。

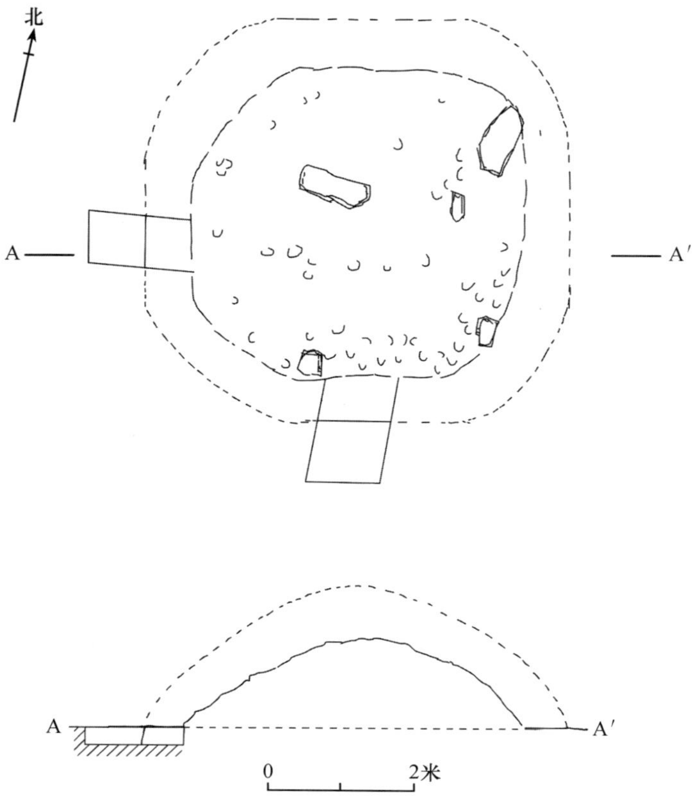


图九二　JSM0764平、剖面图

JSM0765位于Ⅱ-2-2区南侧西部，南侧距JSM0764约3米，东侧距JSM0756约8米。地理坐标为东经126°09′48.4″，北纬41°08′54.6″，海拔220米。墓葬整体呈丘状，东西长约7米，南北宽约6.7米，现存高度约1.8米。该墓为双室墓，墓室南北排列。墓葬封土流失严重。北侧墓室顶部塌陷，墓上东侧砌筑墓室石材裸露，石材均为山石。南侧墓室墓顶塌陷，墓上东侧可见三至四层砌筑墓室的石材，均为山石。墓上可见大量碎山石和少量河卵石，大小在0.2～0.3米。墓东南角有土石堆，疑似人为破坏墓葬堆成。在墓葬西侧和南侧各开一条探沟，封土为黄土，封土范围西侧在现西侧边缘外0.8米，南侧在现南侧边缘外0.5米（图九三；图版二九，1）。

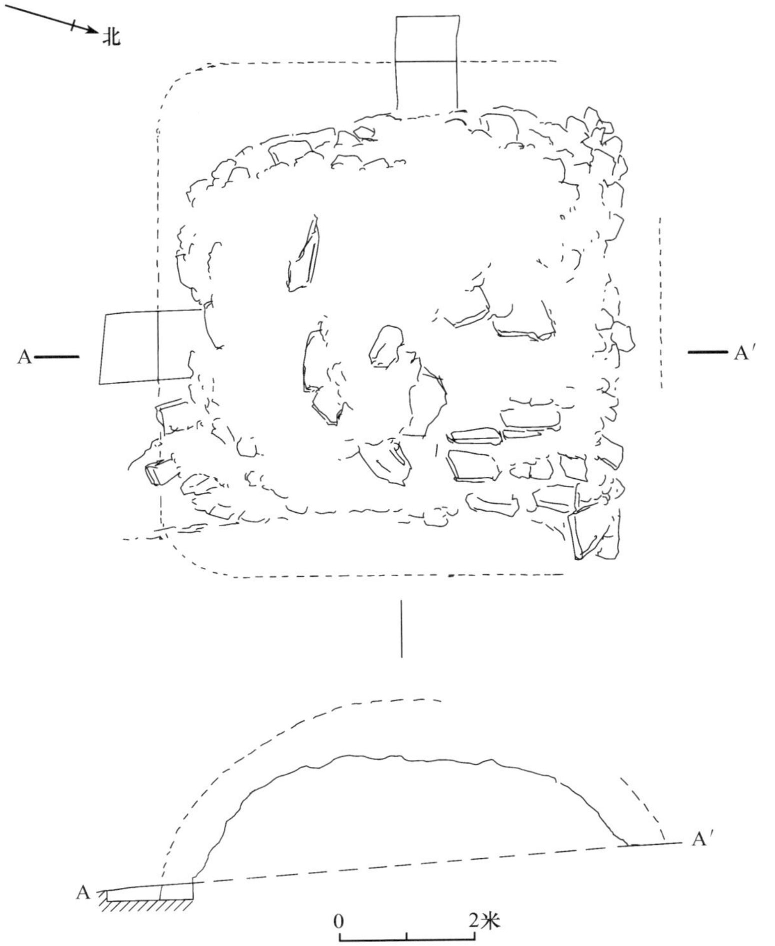


图九三 JSM0765平、剖面图

JSM0767位于Ⅱ-2-2区南侧西部，西南侧距JSM0768约5米，东北侧距JSM0764约6米。地理坐标为东经126°09′47.9″，北纬41°08′54.1″，海拔220.5米。墓葬整体呈丘状，南北长约6.4米，东西宽约5.9米，现存高度约2米。墓葬封土流失严重，墓顶可见盖顶石塌陷于墓室中。墓上东、西、北三面砌筑墓室石材裸露，石材多为山石。墓上可见大量碎山石和少量河卵石，大小为0.2～0.3米。墓边四周有多块大石块。在墓葬西侧和南侧各开一条探沟，封土为黄土，封土范围西侧在现西侧边缘外0.3米，南侧在现南侧边缘外0.5米（图九四；图版二九，2）。

JSM0768位于Ⅱ-2-2区南侧西部，东北侧距JSM0767约5米，西南侧距JSM0777约12米。地理坐标为东经126°09′47.5″，北纬41°08′53.9″，海拔220.5米。墓葬整体呈丘状，南北长约5.5米，东西宽约4.8米，现存高度约1.3米。墓葬封土流失严重，墓顶较平。墓西侧可见砌筑墓室石材。墓上有少量碎山石和河卵石，尺寸在0.2米左右。墓边东侧、南侧和西北部有几块大石块。在墓葬西侧和南侧各开一条探沟，封土为黄土，封土范围西侧在现西侧边缘外0.9米，南侧在现南侧边缘外0.7米（图九五；图版二九，3）。

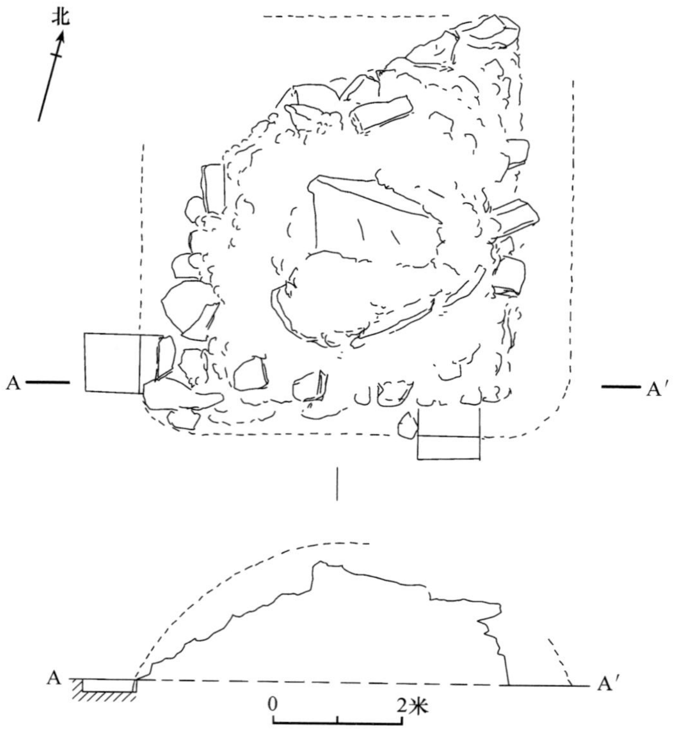


图九四　JSM0767平、剖面图

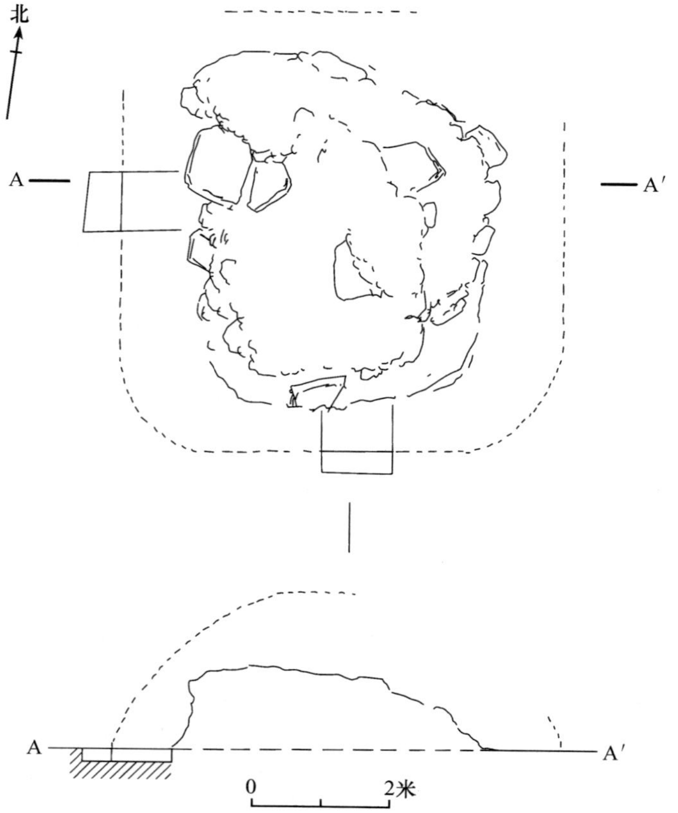


图九五　JSM0768平、剖面图

JSM0769位于Ⅱ-2-2区南侧西部，东南侧距JSM0770约1.5米，南侧距JSM0776约3米。地理坐标为东经126°09′47.6″，北纬41°08′53.3″，海拔220米。墓葬整体呈丘状，南北长约6.5米，东西宽约5.6米，现存高度约1.5米。墓葬封土流失严重，墓上可见大量碎山石和少量河卵石，尺寸为0.3米左右。在墓葬西侧和南侧各开一条探沟，封土为黄土，封土范围西侧在现西侧边缘外0.7米，南侧在现南侧边缘外0.1米（图九六；图版二九，4）。

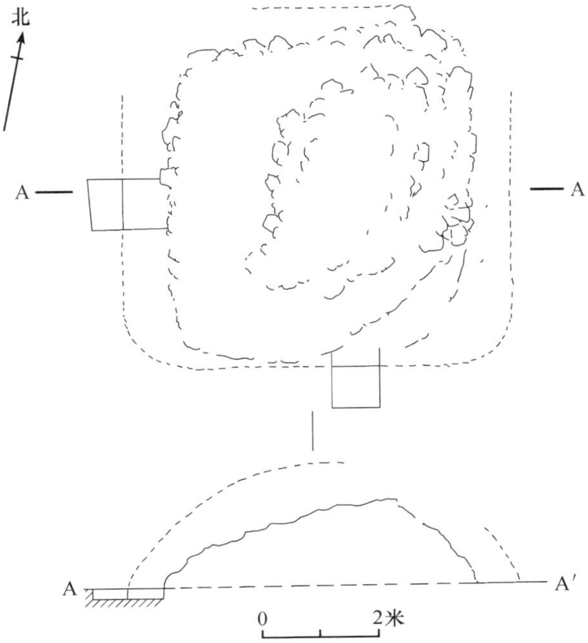


图九六　JSM0769平、剖面图

JSM0770位于Ⅱ-2-2区南侧西部，西南侧距JSM0775约5米，西北侧距JSM0769约1.5米。地理坐标为东经126°09′47.8″，北纬41°08′53.4″，海拔220米。墓葬整体呈丘状，南北长约6米，东西宽约5.2米，现存高度约1.4米。墓葬封土流失严重，墓顶被破坏，盖顶石塌落于墓室内。墓上可见大块筑墓石材，石材主要为山石，尺寸为0.3米左右。墓边四周散落有大石块，其中较扁平的大石块可能为砌筑墓室的石材。在墓葬西侧和南侧各开一条探沟，封土为黄土，封土范围西侧在现西侧边缘外0.7米，南侧在现南侧边缘外0.4米（图九七；图版二九，5）。

JSM0771位于Ⅱ-2-2区南侧西部，东南侧距JSM0762约3米，西侧距JSM0770约2米。地理坐标为东经126°09′48.2″，北纬41°08′53.4″，海拔220米。墓葬整体呈丘状，东西长约6.1米，南北宽约6米，现存高度约1.4米。该墓为双室墓，墓室东西排列。墓葬封土流失严重，西侧墓室可见西南角一层抹角石和南壁西侧的墓道盖顶石，由此推知墓室呈刀形，墓道向南。墓顶有大量碎山石，大小在0.2米左右。东侧墓室墓顶东北角见盖顶石，墓北边和西北部可见砌筑墓室的石材，石材均为山石，东北角处墓室砌石塌落，墓室内有大量土石，形状不明。在墓葬西侧和南侧各开一条探沟，封土为黄土，封土范围西侧在现西侧边缘外0.7米，南侧在现南侧边缘外0.4米（图九八；图版二九，6）。

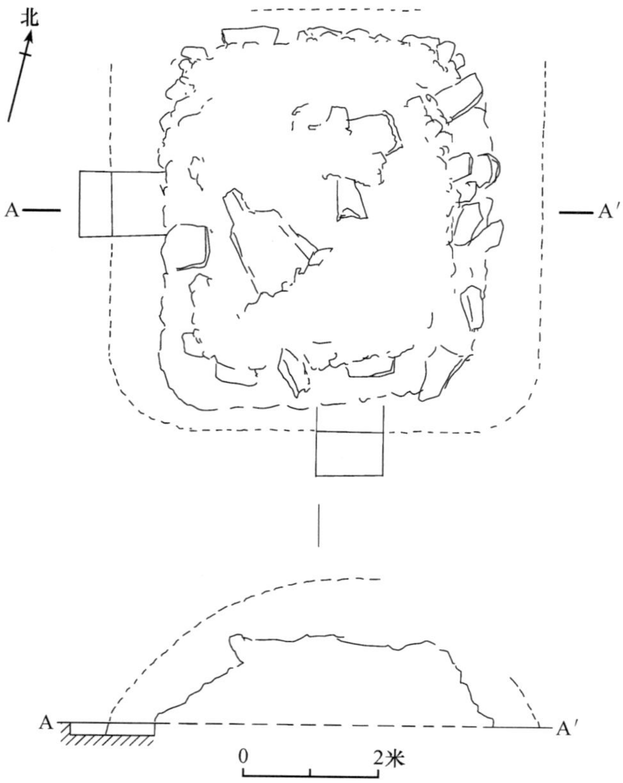


图九七　JSM0770平、剖面图

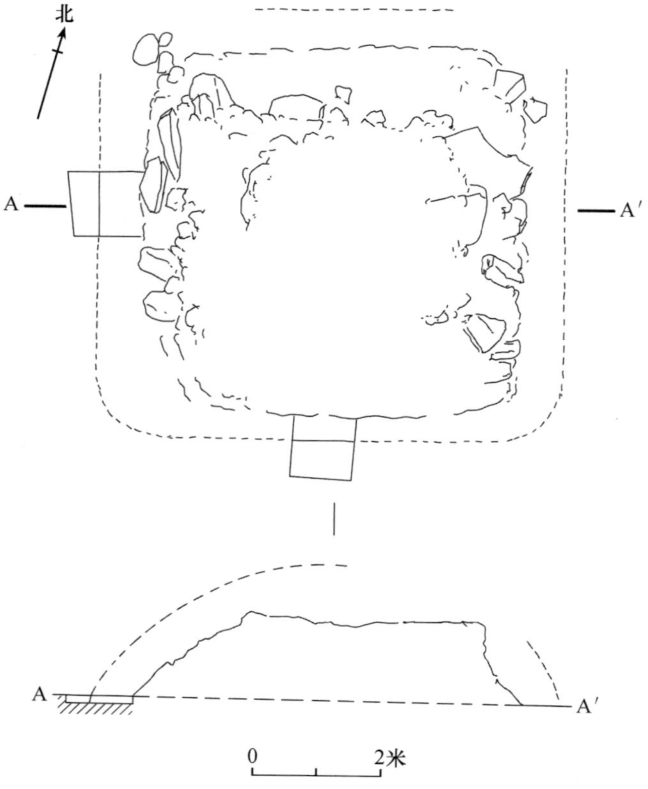


图九八　JSM0771平、剖面图

JSM0772位于Ⅱ-2-2区南侧西部，西南侧距JSM0773约2米，北侧距JSM0762约3米。地理坐标为东经126°09′48.5″，北纬41°08′53.0″，海拔220米。墓葬整体呈丘状，东西长约5.6米，南北宽约4.4米，现存高度约1.4米。墓葬封土流失严重，墓顶2块盖顶石裸露，石材为山石，尺寸分别为1.7米×0.55米×0.27米和0.85米×0.8米×0.25米。墓顶有洞口，露出墓室，墓室内有大量的碎石和泥土。墓西侧有几块大石块，可能为墓道位置。墓上有少量碎山石和河卵石。在墓葬西侧和南侧各开一条探沟，封土为黄土，封土范围西侧在现西侧边缘外0.5米，南侧在现南侧边缘外0.6米（图九九；图版二九，7）。

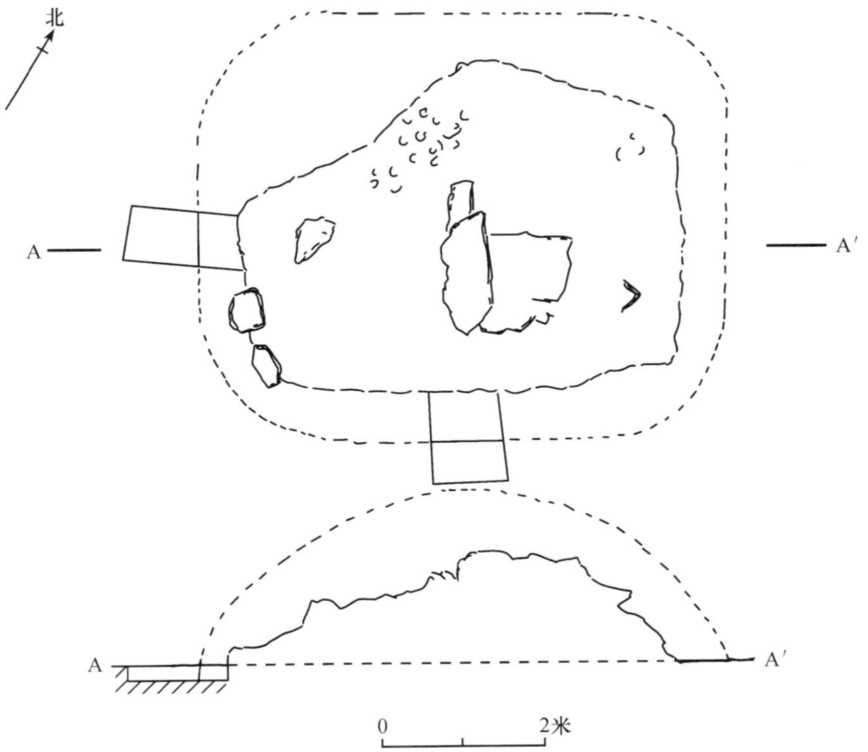


图九九 JSM0772平、剖面图

JSM0773位于Ⅱ-2-2区南侧西部，东北侧距JSM0772约2米，西侧距JSM0775约5米。地理坐标为东经126°09′48.4″，北纬41°08′52.9″，海拔220米。墓葬整体呈丘状，南北长约5.6米，东西宽约4.4米，现存高度约1.3米。墓葬封土流失严重，墓顶盖顶石裸露，石材为山石，尺寸为1.7米×0.95米×0.3米，墓顶有洞口，可见墓室，墓室内有大量碎石和泥土。墓南侧墓道盖顶石裸露，石材为山石，尺寸为1米×0.8米×0.3米。墓上东侧裸露砌筑墓室的石材，石材为山石。墓上可见少量碎山石和河卵石，尺寸为0.1米左右。在墓葬北侧和西侧各开一条探沟，封土为黄土，封土范围北侧在现北侧边缘外0.6米，西侧在现西侧边缘外0.5米（图一〇〇；图版二九，8）。

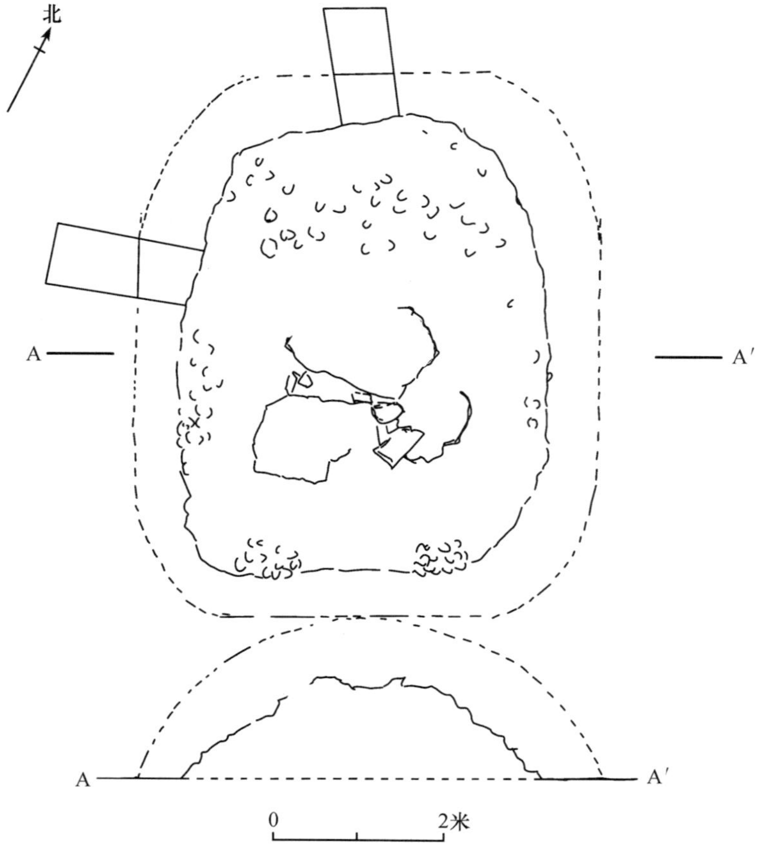


图一〇〇　JSM0773平、剖面图

JSM0775位于Ⅱ-2-2区南侧西部，北侧距JSM0770约5米，东侧距JSM0773约5米。地理坐标为东经126°09′47.9″，北纬41°08′52.9″，海拔220米。墓葬整体呈丘状，南北长约6.5米，东西宽约4.6米，现存高度约1.4米。墓葬封土流失严重，墓顶可见盖顶石塌落于墓室中，墓室内有大量碎石和泥土，西侧可见藻井砌石，多为大石块，形状较扁平，偏南有1块较大的盖顶石，可能为墓道盖顶石。南侧中部有2块大石块，可能为墓道砌石。墓上可见大量筑墓石材，石材为山石和河卵石，还有少量碎山石和小河卵石。在墓葬西侧和南侧各开一条探沟，封土为黄土，封土范围西侧在现西侧边缘外0.7米，南侧与现南侧边缘基本一致（图一〇一；图版三〇，1）。

JSM0776位于Ⅱ-2-2区南侧西部，东南侧距JSM0775约2米，北侧距JSM0769约3米。地理坐标为东经126°09′47.6″，北纬41°08′53.0″，海拔220米。墓葬整体呈丘状，南北长约5.3米，东西宽约4.6米，现存高度约1.2米。墓葬封土流失严重，墓顶南部可见盖顶石部分裸露，东南角砌筑墓室石材缺失，形成洞口，从洞口可见墓室内有大量泥土和石块，西壁见两层砌石。墓上可见筑墓石材，石材为山石和河卵石，还有少量碎山石和河卵石，尺寸在0.1米左右。在墓葬东北侧和西侧各开一条探沟，封土为黄土，封土范围东北侧在现东北侧边缘外0.7米，西侧在现西侧边缘外0.6米（图一〇二；图版三〇，2）。

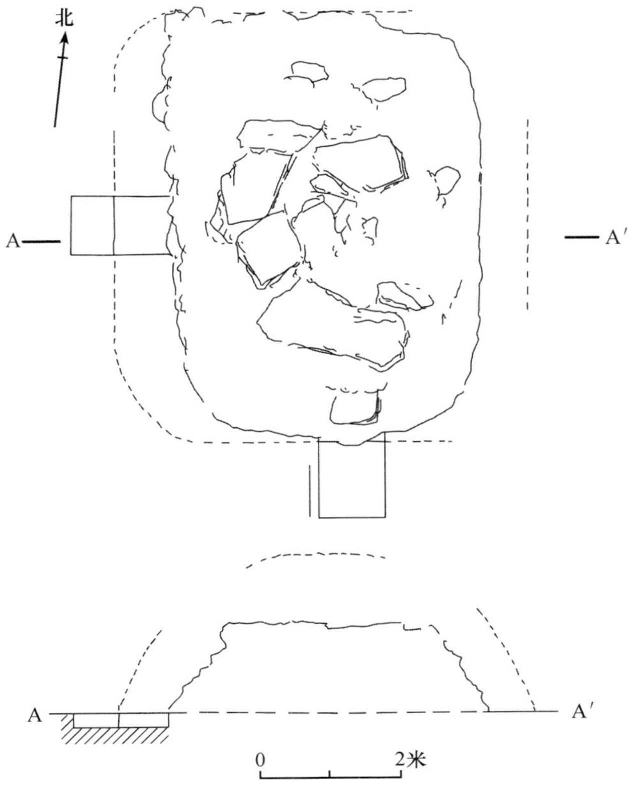


图一〇一　JSM0775平、剖面图

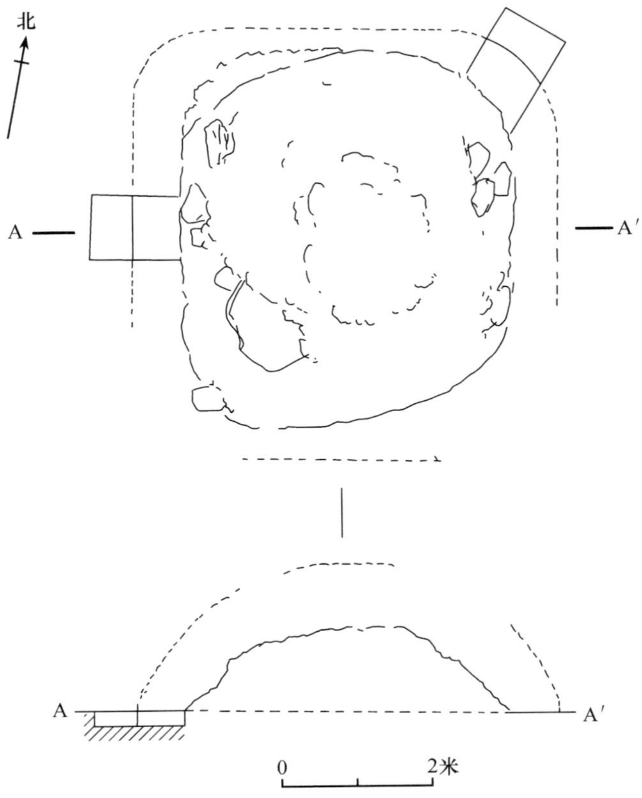


图一〇二　JSM0776平、剖面图

JSM0777位于Ⅱ-2-2区南侧西部，东北侧距JSM0768约12米，西侧距JSM0778约8米。地理坐标为东经126°09′47.0″，北纬41°08′53.5″，海拔220.5米。墓葬整体呈丘状，南北长约7.6米，东西宽约5.5米，现存高度约2.9米。墓葬封土流失严重，墓顶裸露盖顶石，石材为河卵石，尺寸为1米×0.85米×0.25米。墓上东、北、西三面露出砌筑墓室的石材，多为山石。南侧中部见墓道盖顶石和两壁砌石，墓道宽约0.7米，两壁各见顶层的三层石材，石材为山石和河卵石，外露的墓道盖顶石尺寸为1米×0.6米×0.3米，墓道内堆积淤土，方向南向。墓上有少量碎山石，大小为0.2米左右。在墓葬北侧和西侧各开一条探沟，封土为黄土，封土范围北侧与现北侧边缘一致，西侧在现西侧边缘外0.8米（图一〇三；图版三〇，3）。

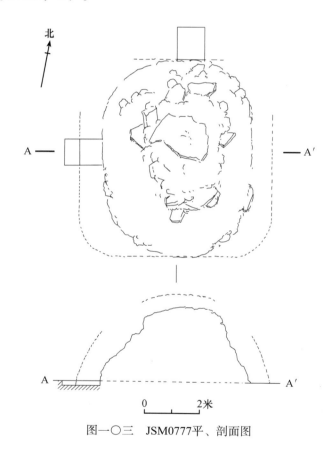

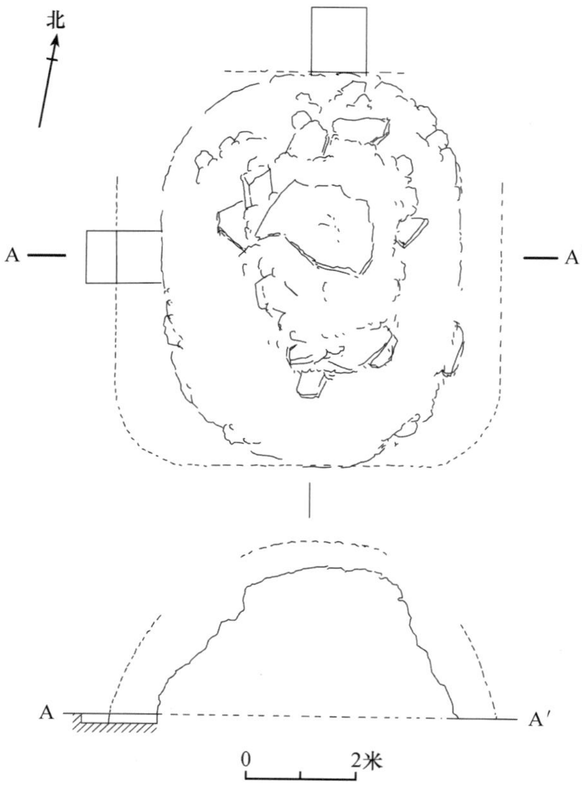

图一〇三　JSM0777平、剖面图

JSM0778位于Ⅱ-2-2区南侧西部，东侧距JSM0777约8米，西侧距JSM0779约2米。地理坐标为东经126°09′46.5″，北纬41°08′53.4″，海拔220.5米。墓葬整体呈丘状，东西长约4.8米，南北宽约4.1米，现存高度约1米。墓葬封土流失严重，墓顶较平，东西两侧可见砌筑墓室的石材，多为山石，东南角石缺失，露出墓室一角，墓室内有大量土石。南侧可见墓道盖顶石，石材为河卵石，墓道向南，宽约0.7米。在墓葬西侧和南侧各开一条探沟，封土为黄土，封土范围西侧在现西侧边缘外0.7米，南侧在现南侧边缘外0.8米（图一〇四；图版三〇，4）。

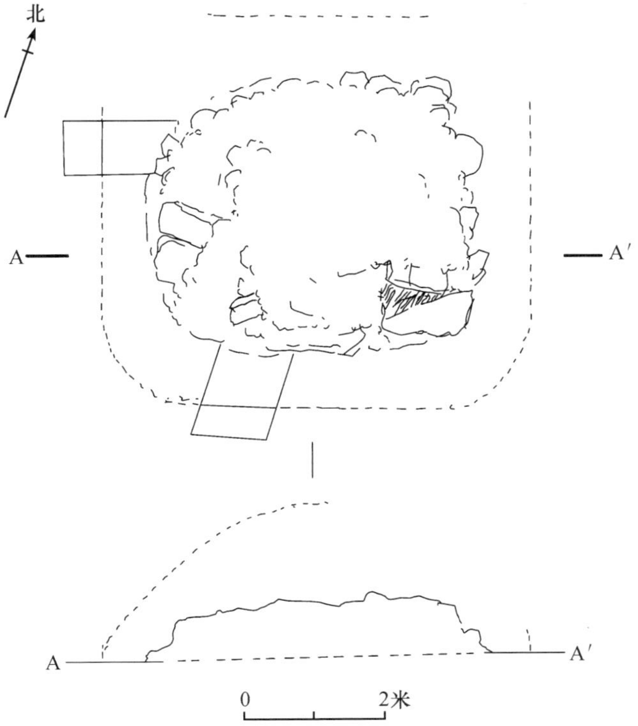


图一〇四　JSM0778平、剖面图

JSM0779位于Ⅱ-2-2区南侧西部，东侧距JSM0778约2米，西南侧距JSM0784约8米。地理坐标为东经126°09′46.2″，北纬41°08′53.4″，海拔220.5米。墓葬整体呈丘状，南北长约4.6米，东西宽约4.6米，现存高度约1.3米。紧邻墓葬北侧边缘有一处人为挖掘的深坑，挖出的土石堆在墓上和墓东侧。墓葬封土流失严重，墓上北侧可见砌筑墓葬的石材，石材为山石，西侧有几块较大的山石。墓表可见少量碎山石，大小在0.2米左右。在墓葬西侧和南侧各开一条探沟，封土为黄土，封土范围西侧在现西侧边缘外0.8米，南侧在现南侧边缘外0.6米（图一〇五；图版三〇，5）。

JSM-0779位于Ⅱ-2-2区南侧西部，东南侧距JSM0779约5米，西南侧距JSM0789约10米。地理坐标为东经126°09′45.8″，北纬41°08′53.5″，海拔220.5米。墓葬整体呈丘状，南北长约6.1米，东西宽约5.3米，现存高度约1.6米。墓葬封土流失严重，墓顶可见盖顶石塌落于墓室内。墓上东南见砌筑墓室的石材，为山石和河卵石。墓上有大量碎山石和河卵石，尺寸在0.15～0.2米。在墓葬西侧和南侧各开一条探沟，封土为黄土，封土范围西侧在现西侧边缘外0.8米，南侧在现南侧边缘外0.5米（图一〇六；图版三〇，6）。

JSM0781位于Ⅱ-2-2区南侧西部，东北侧距JSM0777约13米，东侧距JSM0776约11米。地理坐标为东经126°09′46.9″，北纬41°08′52.8″，海拔220米。墓葬整体呈丘状，南北长约5.8米，东西宽约4.8米，现存高度约1.3米。墓葬封土流失严重，墓顶部缺失，现可见北壁上部三层、西壁北部二层和东壁北部三层砌石，石材错缝砌筑，每层略向内收，之上东北角和西北角可见一层抹角，东北角抹角石尺寸为0.7米×0.7米×0.4米。砌

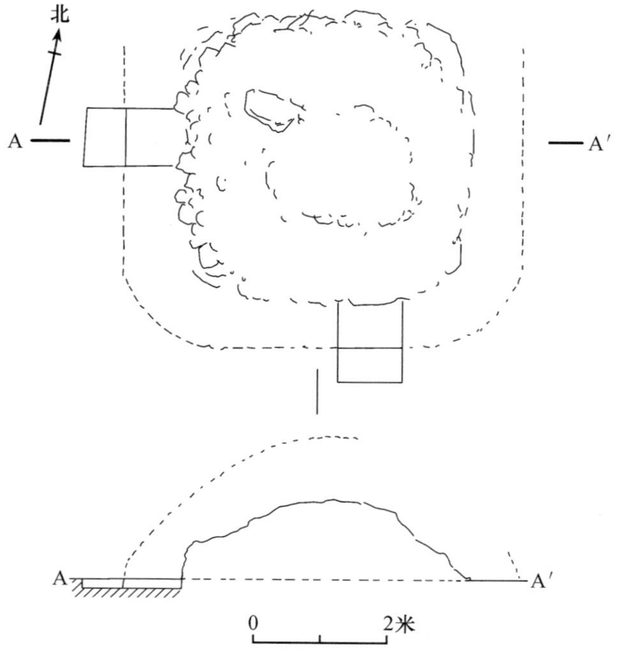


图一〇五　JSM0779平、剖面图

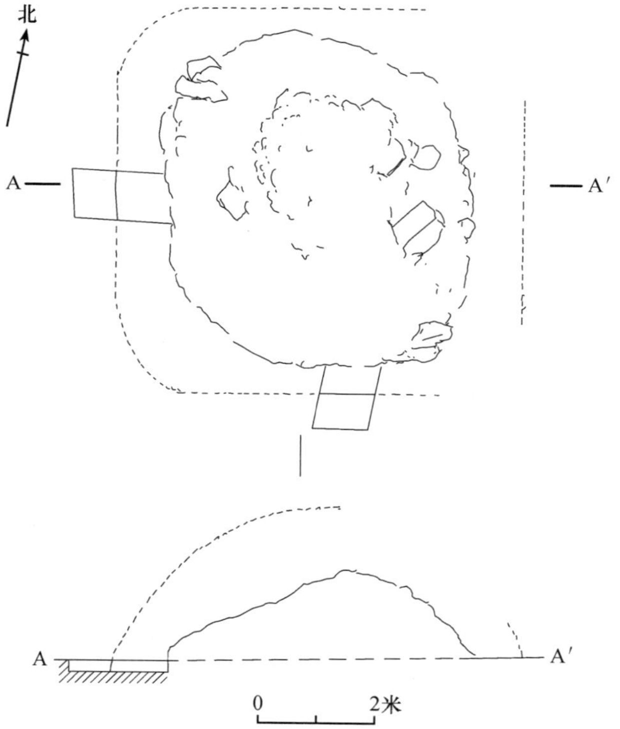


图一〇六　JSM-0779平、剖面图

筑墓室石材多为山石，有少量河卵石，个别石材略经加工。墓南可见墓道盖顶石，墓道南向。墓南部有大量河卵石，大小为0.1米左右。墓东侧有2块塌落的砌筑墓室的石材。在墓葬西侧和北侧各开一条探沟，封土为黄土，封土范围西侧在现西侧边缘外1米，北侧在现北侧边缘外0.8米（图一〇七；图版三〇，7）。

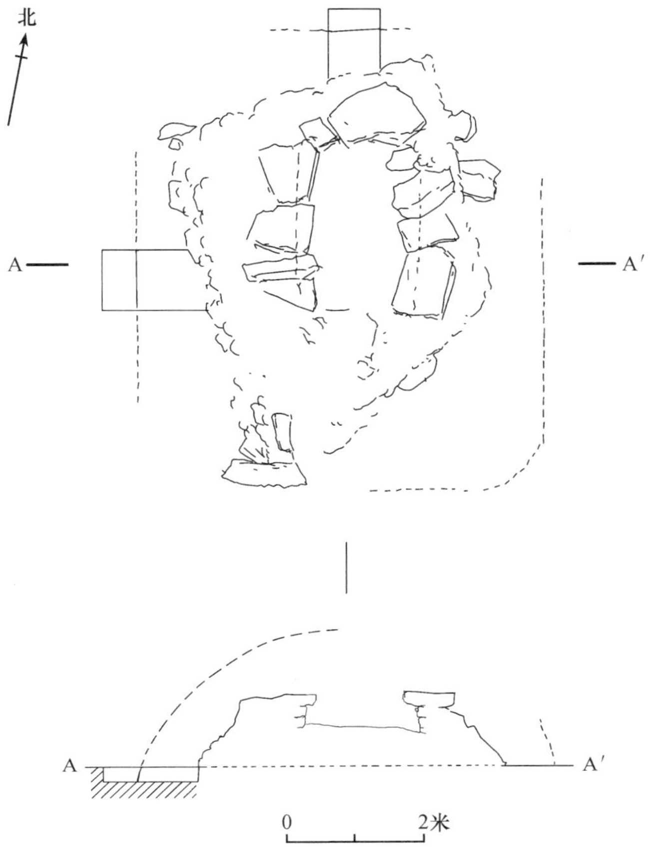

图一〇七　JSM0781平、剖面图

JSM0784位于Ⅱ-2-2区南侧西部，东南侧距JSM0790约3米，西南侧距JSM0786约3米。地理坐标为东经126°09′46.1″，北纬41°08′52.9″，海拔220米。墓葬整体呈丘状，东西长约4.1米，南北宽约3.3米，现存高度约1.3米。墓葬封土流失严重，墓上南侧裸露1块砌筑墓室的石材。墓上可见大量筑墓石材，石材主要为山石，有少量河卵石，尺寸为0.4～0.6米。在墓葬西侧和南侧各开一条探沟，封土为黄土，封土范围西侧在现西侧边缘外0.6米，南侧在现南侧边缘外0.8米（图一〇八；图版三〇，8）。

JSM0785位于Ⅱ-2-2区南侧西部，东南侧距JSM0786约6米，东北侧距JSM-0779约6米。地理坐标为东经126°09′45.6″，北纬41°08′53.1″，海拔220.3米。墓葬整体呈丘状，南北长约5.7米，东西宽约5.6米，现存高度约1.4米。该墓葬为双室墓，东西排列，整体呈鞍形。墓葬封土流失严重，西侧墓室盖顶石塌落于墓室中，西侧和北侧可见筑墓石材，多为大块山石。东侧墓室盖顶石裸露，石材为山石，尺寸为0.85米×0.7米×0.2米，东侧和北侧砌筑墓室石材裸露，主要为大块山石，也有大块河卵石，墓东南角可见三层石材叠砌。墓南部破坏较重，两个墓室墓道可能被破坏。墓上可见少量山石，尺寸为0.3米左右。在墓葬西侧和南侧各开一条探沟，封土为黄土，封土范围西侧在现西侧边缘外0.7米，南侧在现南侧边缘外0.6米（图一〇九；图版三一，1）。

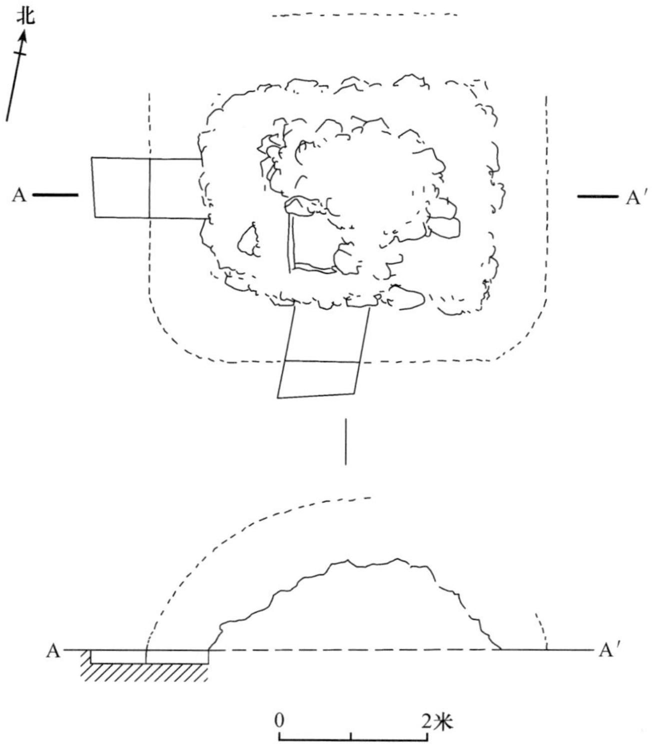


图一〇八　JSM0784平、剖面图

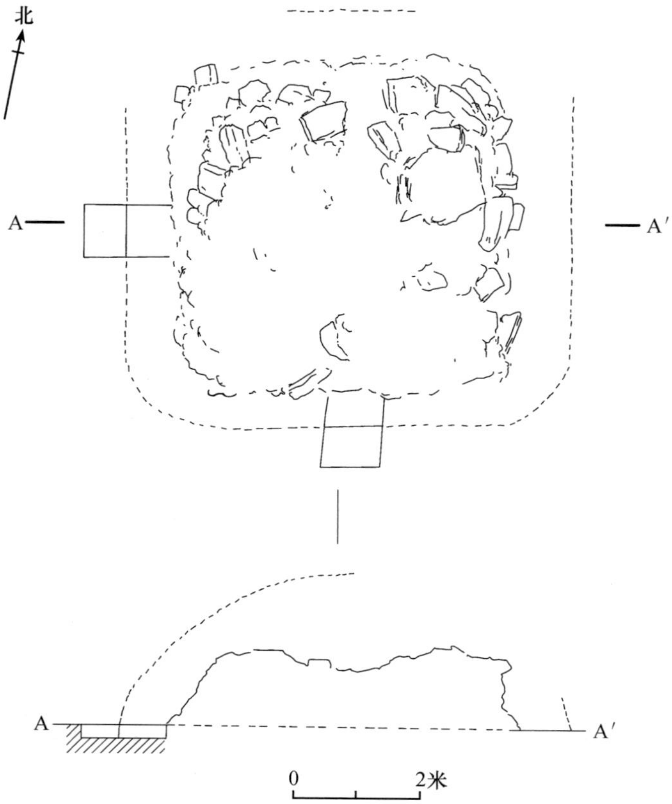


图一〇九　JSM0785平、剖面图

JSM0786位于Ⅱ-2-2区南侧西部，东南侧距JSM0790约4米，西南侧距JSM0787约3米。地理坐标为东经126°09′45.9″，北纬41°08′52.8″，海拔220米。墓葬整体呈丘状，东西长约5.2米，南北宽约5米，现存高度约1.3米。墓葬封土流失严重，墓上可见大量碎山石和河卵石，尺寸为0.2～0.4米，也有少量小碎山石和河卵石。在墓葬西侧和南侧各开一条探沟，封土为黄土，封土范围西侧在现西侧边缘外0.7米，南侧在现南侧边缘外0.7米（图一一〇；图版三一，2）。

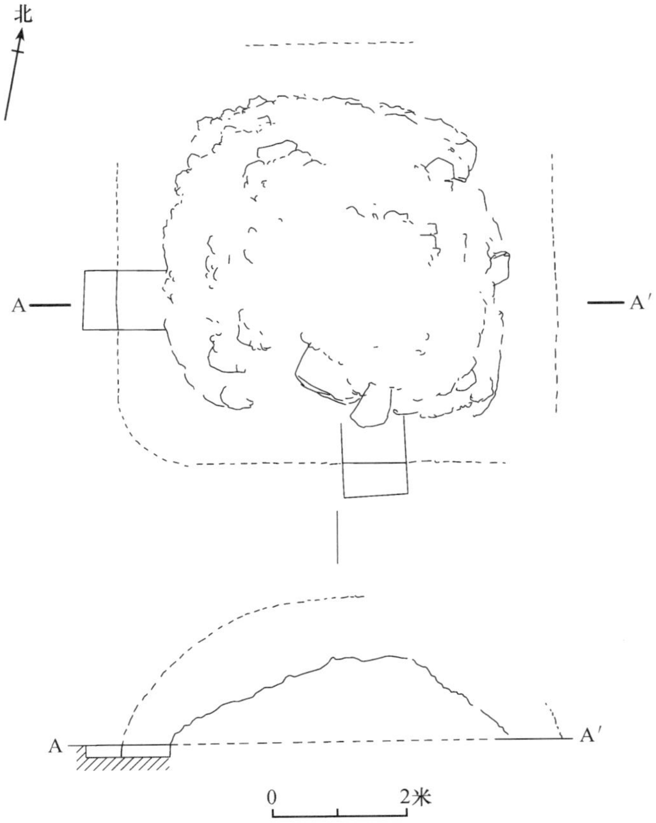

图一一〇　JSM0786平、剖面图

JSM0787位于Ⅱ-2-2区南侧西部，东北侧距JSM0790约9米，西北侧距JSM0788约2米。地理坐标为东经126°09′45.8″，北纬41°08′52.4″，海拔220米。墓葬整体呈丘状，东西长约7.6米，南北宽约7.2米，现存高度约1.7米。该墓葬为双室墓，墓室东西排列。墓葬封土流失严重，墓顶较平整。西侧墓室盖顶石和砌筑墓室石材裸露，石材多为河卵石，部分石材位移，于墓顶形成大缝隙，可见墓室，墓室内有大量土石。墓南侧中部偏西见1块大石条，疑似该墓室的墓道盖顶石，墓道向南。东侧墓室可见盖顶石和砌筑墓室石材，主要是山石。墓上有大量小河卵石，尺寸在0.1米左右。在墓葬西侧和南侧各开一条探沟，封土为黄土，封土范围西侧在现西侧边缘外0.5米，南侧在现南侧边缘外0.5米（图一一一；图版三一，3）。

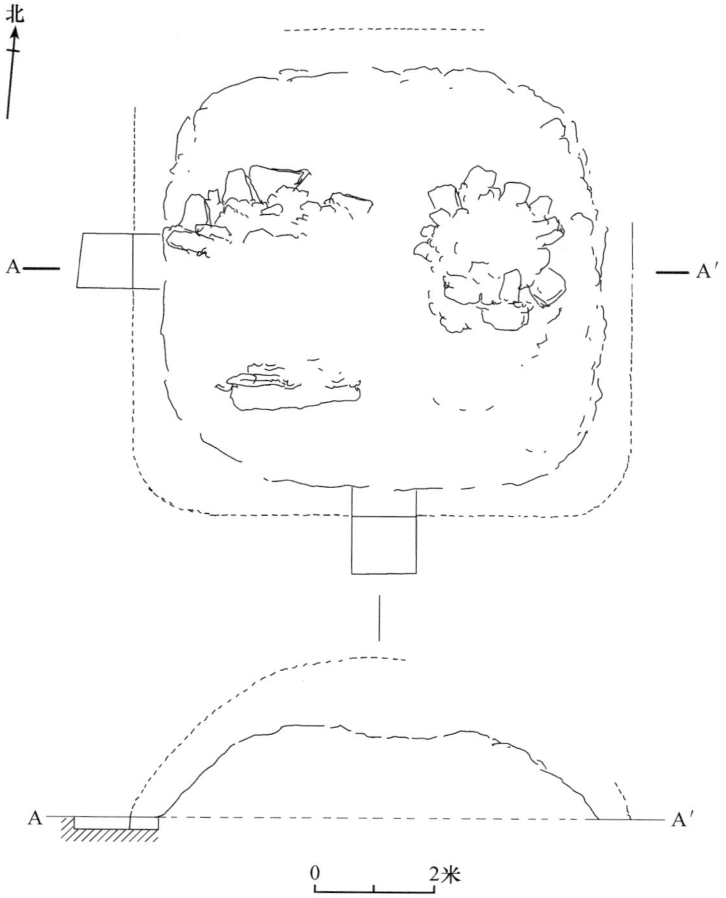


图一一一　JSM0787平、剖面图

JSM0788位于Ⅱ-2-2区南侧西部，东侧距JSM0786约8米，西南侧距JSM0797约5米。地理坐标为东经126°09′45.4″，北纬41°08′52.7″，海拔220米。墓葬整体呈丘状，南北长约3.6米，东西宽约3.4米，现存高度约1米。墓葬封土流失严重，墓葬较低矮，墓上可见砌筑墓葬的石材，石材为山石和河卵石。墓上有少量小河卵石，尺寸为0.05～0.1米。在墓葬东侧和南侧各开一条探沟，封土为黄土，封土范围东侧在现东侧边缘外0.7米，南侧在现南侧边缘外0.6米（图一一二；图版三一，4）。

JSM0789位于Ⅱ-2-2区南侧西部，东侧距JSM-0779约10米，西南侧距JSM0791约7米。地理坐标为东经126°09′45.1″，北纬41°08′53.3″，海拔220.5米。墓葬整体呈丘状，南北长约6.2米，东西宽约5.2米，现存高度约1.3米。墓葬封土流失严重，墓顶可见盖顶石部分露出，石材为山石。西侧露出砌筑墓室石材，石材为山石。南侧可见墓道盖顶石，墓道口被碎石填满，墓道向南。墓南部有大量小河卵石，尺寸为0.08～0.15米。在墓葬东侧和南侧各开一条探沟，封土为黄土，封土范围东侧在现东侧边缘外0.8米，南侧在现南侧边缘外0.5米（图一一三；图版三一，5）。

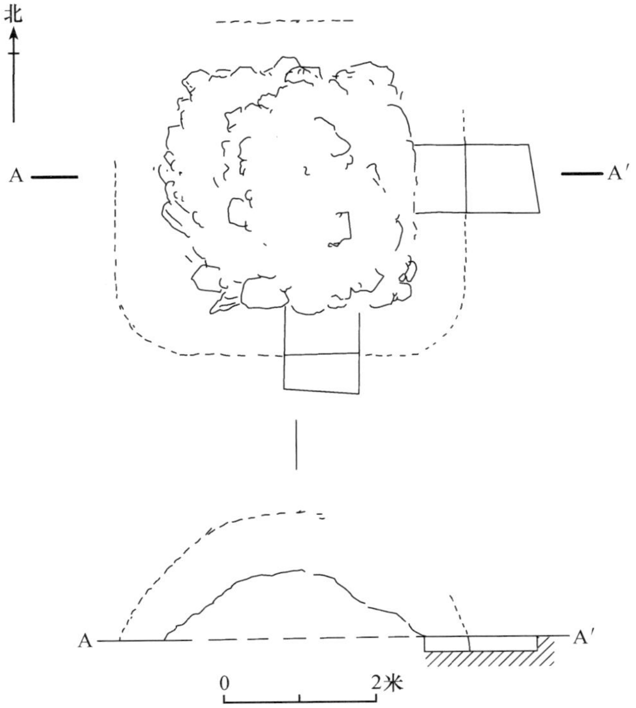


图一一二 JSM0788平、剖面图

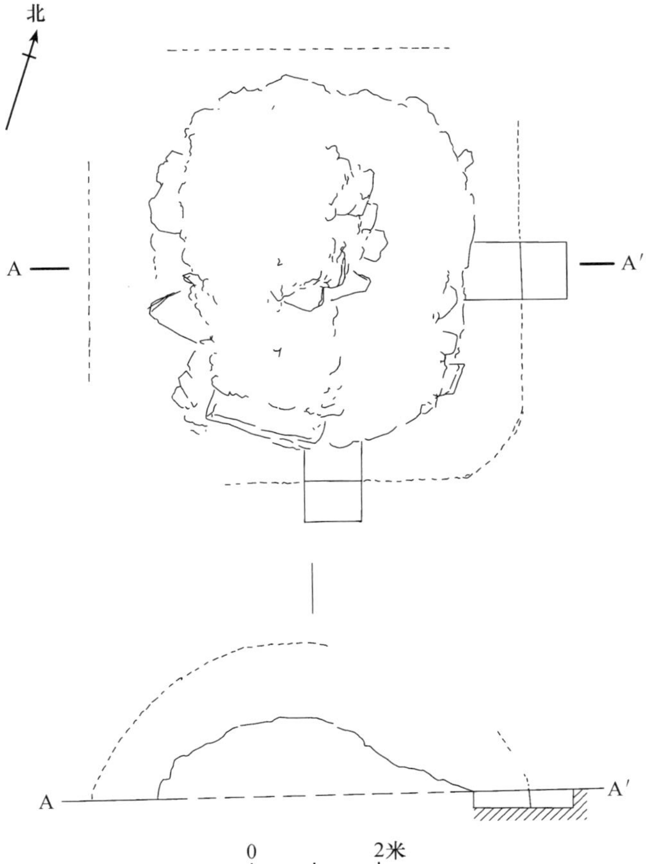


图一一三 JSM0789平、剖面图

JSM-0789位于Ⅱ-2-2区南侧西部，东南侧距JSM-0779约7米，南侧距JSM0789约4米。地理坐标为东经126°09′54.2″，北纬41°08′53.5″，海拔220.5米。墓葬整体呈丘状，东西长约4.8米，南北宽约3.6米，现存高度约1.2米。墓葬封土流失严重，墓上可见砌筑墓室的石材，石材基本为山石。墓室坍塌，破坏严重。南侧可见墓道盖顶石，石材为山石，尺寸为1.3米×0.5米×0.25米，盖顶石向南塌落，墓道向南。墓上东部有少量碎山石和河卵石。在墓葬东侧和南侧各开一条探沟，封土为黄土，封土范围东侧在现东侧边缘外0.6米，南侧在现南侧边缘外0.7米（图一一四；图版三一，6）。

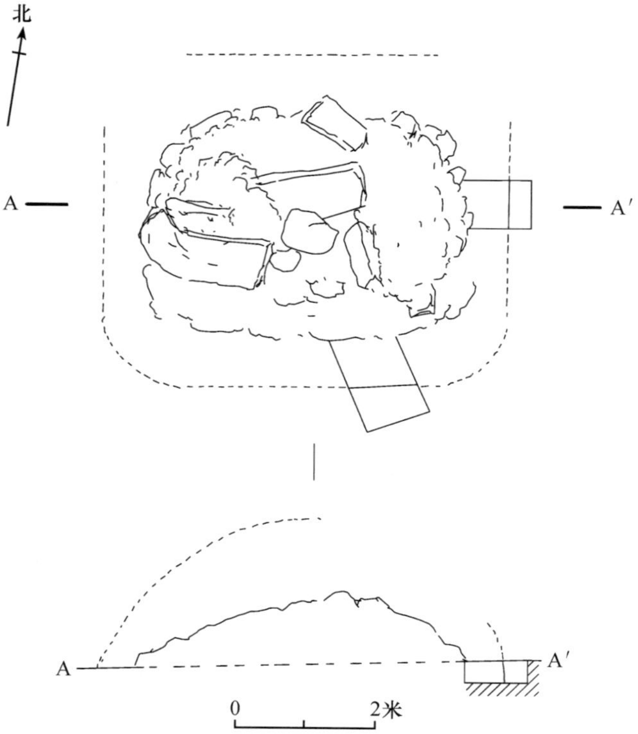

图一一四　JSM-0789平、剖面图

JSM0790位于Ⅱ-2-2区南侧西部，东侧距JSM0781约7米，西北侧距JSM0784约3米。地理坐标为东经126°09′46.2″，北纬41°08′52.7″，海拔220米。墓葬整体呈丘状，南北长约10.6米，东西宽约7.3米，现存高度约2.8米。墓葬上半部封土流失严重，墓顶盖顶石缺失，墓室洞开，可见墓室内部四壁，砌筑墓室的石材为山石和河卵石，墓室底被泥土覆盖，另有几块塌落的碎山石。墓室内北壁可见四层，东壁可见三层，西壁可见四层，南壁可见一层，石材经简单加工，错缝砌筑，石缝间以白灰勾缝，部分缝隙间用碎石填塞，石材表面用白灰涂抹。四壁之上用大块石材垒砌墓顶，四隅可见一层抹角石，东南角抹角石上可见二层小抹角，抹角石砌筑无明显规律，逐层向内收缩。另由墓室内观察，墓道位于南壁东部，墓道向南。墓上东南侧倾斜1块近似长方形的山石，长1.15米，宽0.61米，疑似盖顶石。在墓葬北侧和西侧各开一条探沟，封土为黄土，封土范围北侧在现北侧边缘外0.6米，西侧在现西侧边缘外0.8米（图一一五；图版三一，7）。

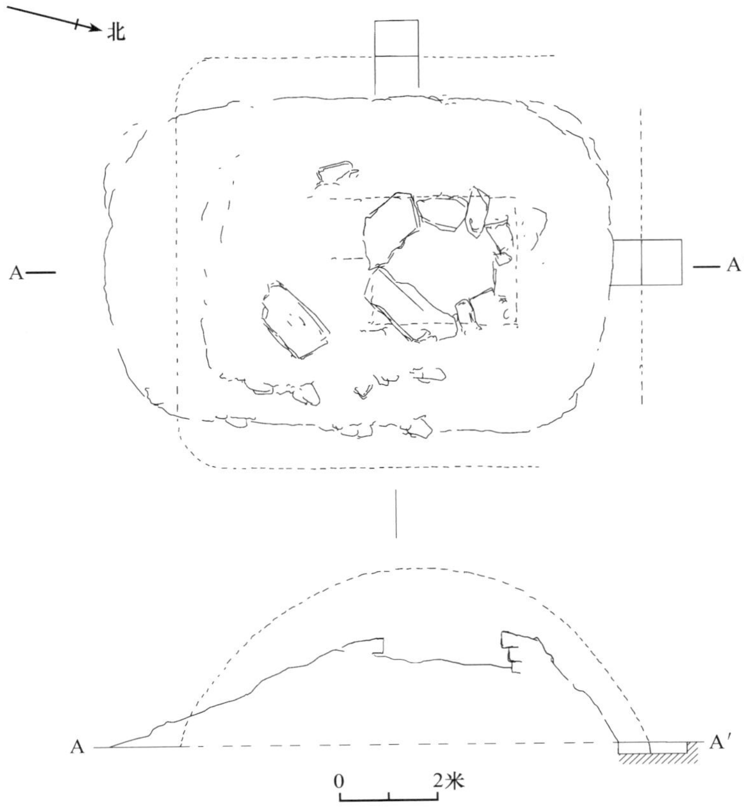


图一一五 JSM0790平、剖面图

JSM0792位于Ⅱ-2-2区南侧西部，西南侧距JSM0793约2米，西北侧距JSM1323约3米。地理坐标为东经126°09′44.0″，北纬41°08′52.6″，海拔220.5米。墓葬整体呈丘状，南北长约7.4米，东西宽约6.2米，现存高度约1.4米。该墓为双室墓，墓室东西排列。墓葬封土流失严重，东侧墓室墓顶盖顶石裸露，北、东两侧可见砌筑墓室的石材。墓室呈刀形，内部有大量石块。墓上南侧可见墓道盖顶石，长约1米，宽0.35米，厚0.3米。墓道宽约1米，朝向西南。墓道两壁由山石砌筑，下部淤积土石。在墓南略偏西处有1块大石块，材质与墓道盖顶石相同。西侧墓室破坏较为严重，筑墓石材裸露在外，西北角筑墓石材缺失，墓室北端洞开。从开口处观察，墓室呈刀形，长约1.5米，宽1.1米，墓道口位于南壁西侧。墓室西、北两壁可见顶部一层砌石，东壁顶部可见两层砌石，石材错缝砌筑，缝隙处填塞石块，石材稍经加工，石面较平整。三壁之上各有一层顶石与壁面平行，顶石外露面为由下向上渐内收的斜面。东北角可见1块抹角石，外露面亦为斜面。墓顶尚存1块盖顶石。墓上可见大量河卵石与碎山石，尺寸为0.2米左右。在墓葬西侧和东侧各开一条探沟，封土为黄土，封土范围西侧在现西侧边缘外0.7米，东侧在现东侧边缘外0.5米（图一一六；图版三一，8）。

JSM0794位于Ⅱ-2-2区南侧西部，南侧距JSM0795约4米，西侧距JSM1319约4米。地理坐标为东经126°09′44.8″，北纬41°08′51.9″，海拔220米。墓葬整体呈丘状，南北长

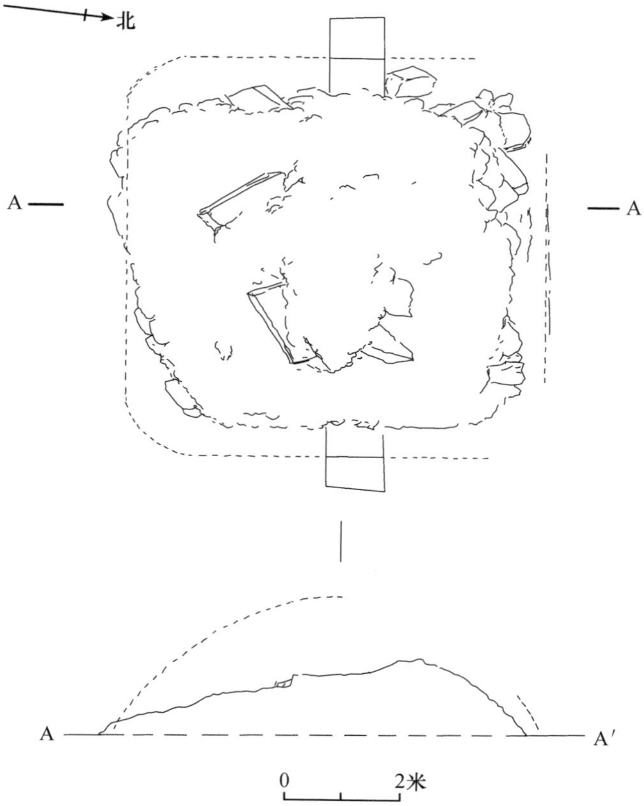


图一一六　JSM0792平、剖面图

约9.4米，东西宽约7.2米，现存高度约2.1米。该墓为双室墓，墓室近南北排列。墓葬封土流失严重，北侧墓室可见墓顶盖顶石和砌筑墓室石材，墓上中部略偏西可见墓道盖顶石，方向偏西，墓道宽约0.8米，基本被土石淤满，根据墓顶墓道盖顶石位置推测墓室为刀形，墓道位于西壁南侧。南侧墓室南侧盖顶石缺失，北侧盖顶石塌落，西侧藻井向墓室内倾斜，露出墓室，墓室北壁、东壁和南壁可见一层石材，之上有一重抹角，个别石材略经加工。墓上见少量河卵石，尺寸为0.3～0.5米。在墓葬西侧和南侧各开一条探沟，封土为黄土，封土范围西侧在现西侧边缘外1米，南侧在现南侧边缘外0.4米（图一一七；图版三二，1）。

JSM0795位于Ⅱ-2-2区南侧西部，西侧距JSM1318约4米，北侧距JSM0794约4米。地理坐标为东经126°09′54.0″，北纬41°08′51.9″，海拔220米。墓葬整体呈丘状，南北长约4.4米，东西宽约3.9米，现存高度约1米。墓葬封土流失严重，墓上东北角可见盖顶石和砌筑墓室石材，石材有花岗岩和石灰岩，墓顶局部塌落，有洞口可见墓室，因洞口太小，墓室内部观察不清。墓室西北角已被破坏，形成凹坑，坑内堆积大量河卵石。墓西侧和南侧有少量碎山石和河卵石，尺寸为0.3～0.4米。墓上有大量小河卵石，规格为0.05～0.1米。在墓葬西侧和南侧各开一条探沟，封土为黄土，封土范围西侧在现西侧边缘外0.7米，南侧在现南侧边缘外0.4米（图一一八；图版三二，2）。

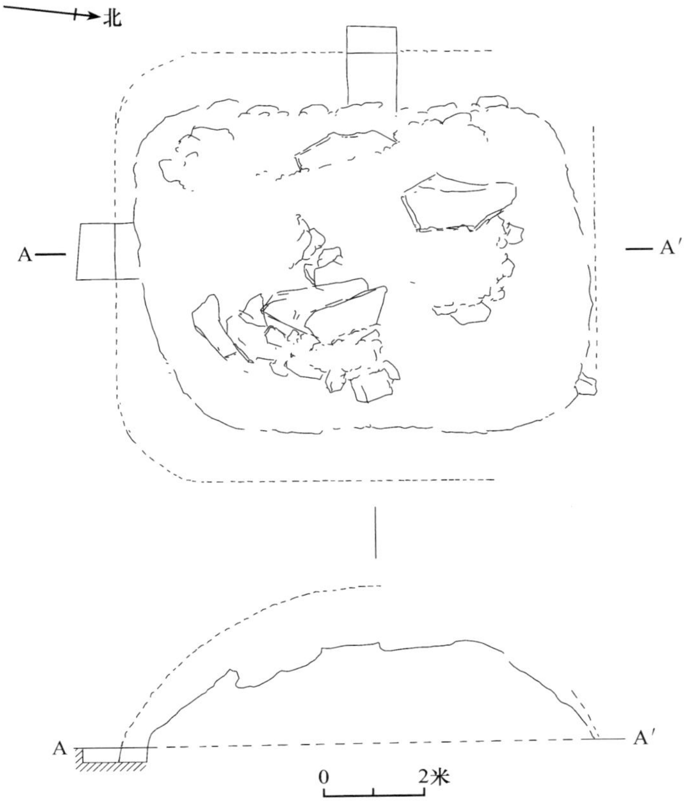

图一一七 JSM0794平、剖面图

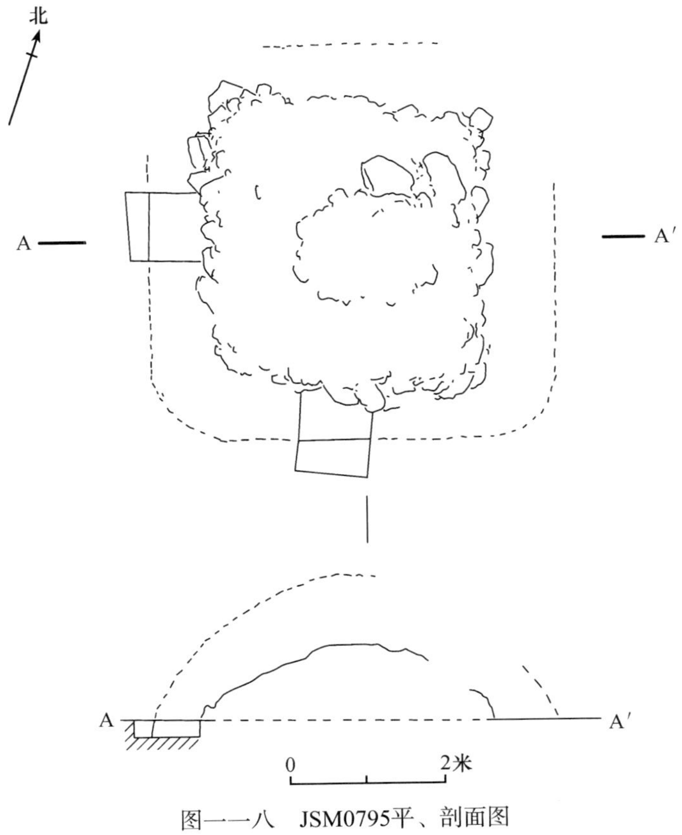

图一一八 JSM0795平、剖面图

JSM0796位于Ⅱ-2-2区南侧西部，西南侧距JSM0795约4米，东北侧距JSM0797约5米。地理坐标为东经126°09′45.2″，北纬41°08′51.8″，海拔220米。墓葬整体呈丘状，南北长约5.4米，东西宽约5.1米，现存高度约1.3米。墓葬封土流失严重，墓东北部砌筑墓室石材裸露，可见三层砌石，石材为河卵石和山石。墓西南部可见几块大石块，可能为砌筑墓室或墓道的石材。墓上遍布小河卵石，大小在0.05米左右，还有少量大河卵石，尺寸为0.2米左右。在墓葬西侧和南侧各开一条探沟，封土为黄土夹小河卵石，封土范围西侧在现西侧边缘外0.5米，南侧在现南侧边缘外0.6米（图一一九；图版三二，3）。

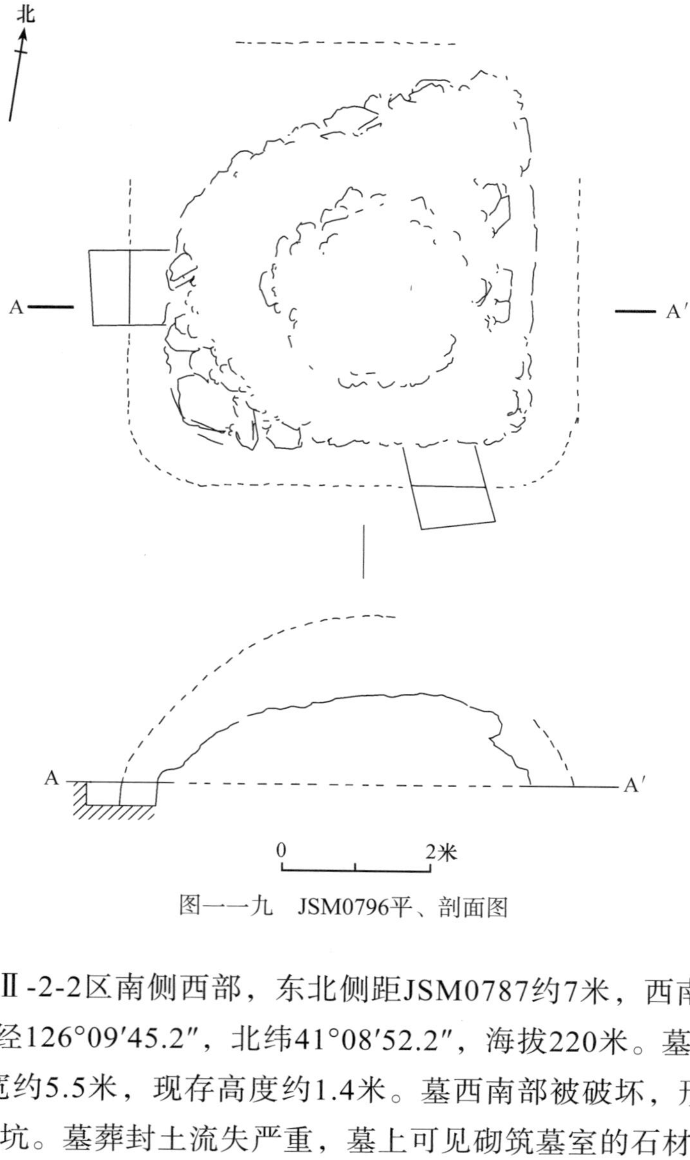


图一一九　JSM0796平、剖面图

JSM0797位于Ⅱ-2-2区南侧西部，东北侧距JSM0787约7米，西南侧距JSM0796约5米。地理坐标为东经126°09′45.2″，北纬41°08′52.2″，海拔220米。墓葬整体呈丘状，南北长约6米，东西宽约5.5米，现存高度约1.4米。墓西南部被破坏，形成一个直径约1.5米，深约0.2米的凹坑。墓葬封土流失严重，墓上可见砌筑墓室的石材，石材为山石和河卵石。墓上有大量大小不一的河卵石和碎山石，尺寸为0.1～0.4米。在墓葬西侧和南侧各开一条探沟，封土为黄土夹小河卵石，封土范围西侧在现西侧边缘外0.7米，南侧在现南侧边缘外0.5米（图一二〇；图版三二，4）。

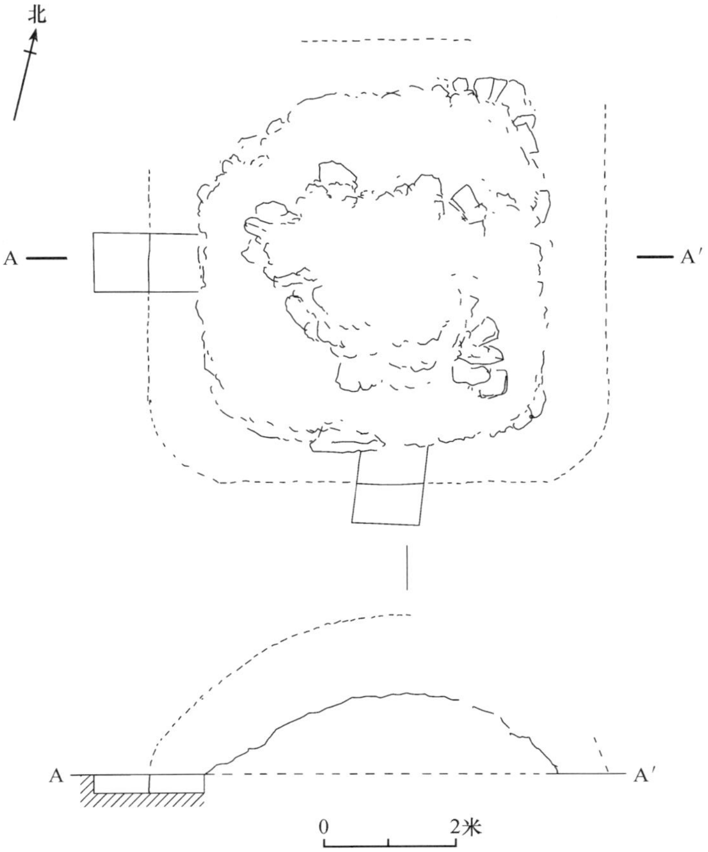


图一二〇　JSM0797平、剖面图

JSM1260位于Ⅱ-2-2区南侧中部，东南侧距JSM0670约5米，西南侧距JSM1267约8米。地理坐标为东经126°09′51.4″，北纬41°08′53.8″，海拔220米。墓葬整体呈丘状，南北长约5.7米，东西宽约4.5米，现存高度约1米。墓葬封土流失严重，墓顶较平整，中部偏东北可见1块大石块，石材为山石，尺寸为1.3米×0.7米×0.15米，可能为盖顶石。墓上四面有多块大石块，可能是砌筑墓室的石材。墓南侧中部可见1块大河卵石，可能是墓道盖顶石。墓上南部可见大量碎山石和少量小河卵石，大小在0.2米左右。在墓葬东侧和南侧各开一条探沟，封土为黄土，封土范围东侧在现东侧边缘外0.6米，南侧在现南侧边缘外0.6米（图一二一；图版三二，5）。

JSM1262位于Ⅱ-2-2区南侧中部，西南侧距JSM1263约3米，西北侧距JSM1266约8米。地理坐标为东经126°09′51.9″，北纬41°08′52.7″，海拔220米。墓葬整体呈丘状，东西长约5米，南北宽约3.5米，现存高度约1.3米。墓葬封土流失严重，墓顶可见盖顶石，墓上东、南、北三面可见砌筑墓室的石材，东面砌筑墓室石材向外倾斜，石材主要为山石。墓上东部可见少量小河卵石，大小在0.2米左右。在墓葬北侧和西侧各开一条探沟，封土为黄土，封土范围北侧在现北侧边缘外1米，西侧在现西侧边缘外0.5米（图一二二；图版三二，6）。

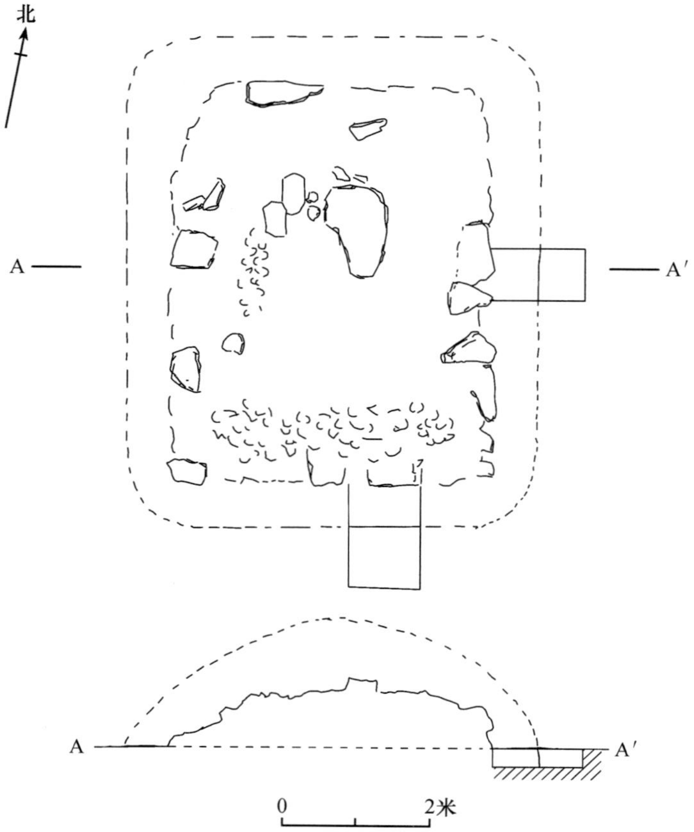


图一二一　JSM1260平、剖面图

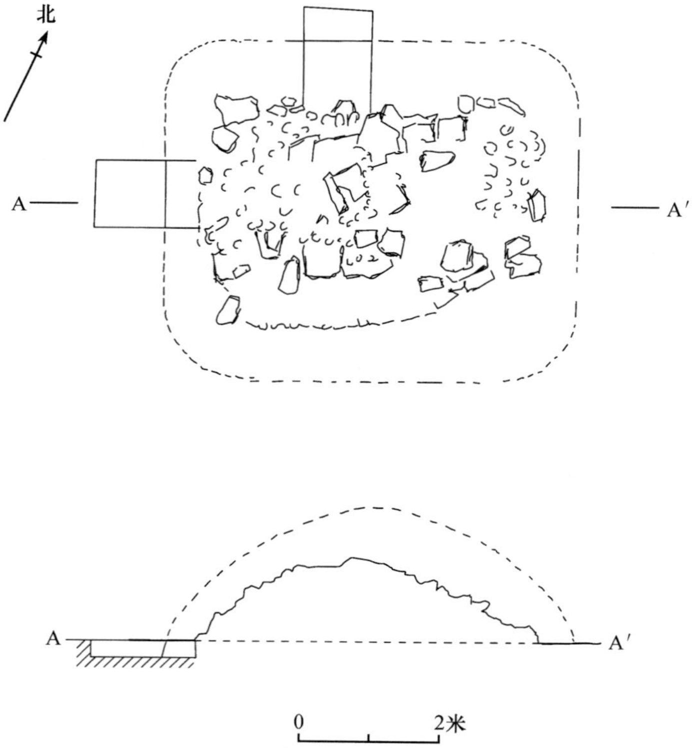


图一二二　JSM1262平、剖面图

JSM1263位于Ⅱ-2-2区南侧中部，东北距JSM1262约3米，南距JSM1264约4米。地理坐标为东经126°09′51.6″，北纬41°08′52.4″，海拔220米。墓葬整体呈丘状，南北长约7米，东西宽约6米，现存高度约1.8米。墓葬封土流失，墓南偏西可见墓道盖顶石，石材为山石，墓道向南，墓道口处基本被土石淤满。墓东侧和西南部有少量河卵石，尺寸为0.2～0.3米。在墓葬东侧和南侧各开一条探沟，封土为黄土，封土范围东侧在现东侧边缘外0.7米，南侧在现南侧边缘外0.6米（图一二三；图版三二，7）。

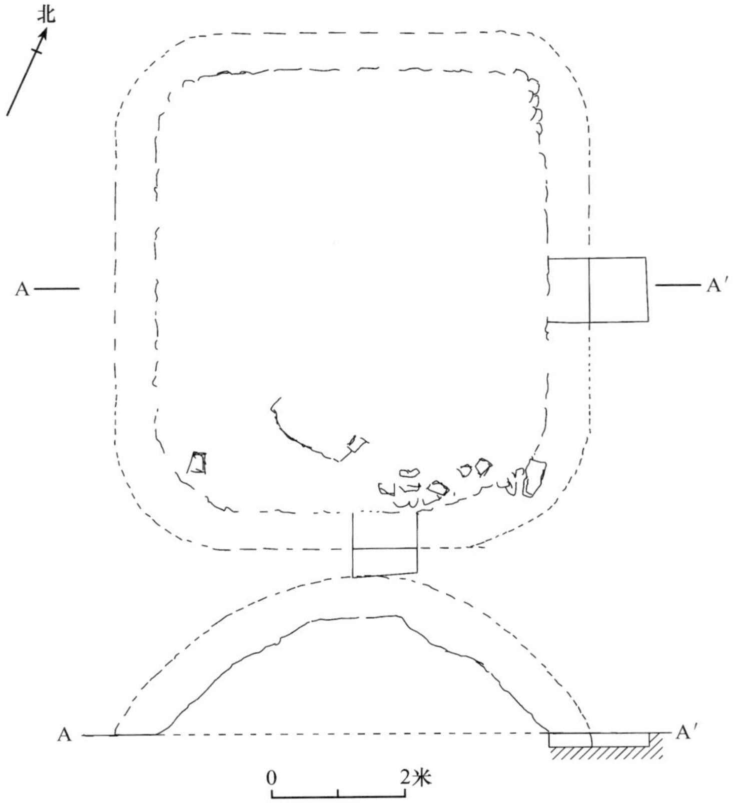

图一二三　JSM1263平、剖面图

JSM1264位于Ⅱ-2-2区南侧中部，南侧距JSM0709约5米，西北侧距JSM1265约2米。地理坐标为东经126°09′51.8″，北纬41°08′52.1″，海拔220米。墓葬整体呈丘状，东西长约8米，南北宽约3.2米，现存高度约1.2米。墓葬封土流失严重，墓顶部破坏严重，盖顶石缺失，露出墓室，墓室内有大量土石。墓室南壁缺失，东壁可见二层，北壁西端可见一层，西壁南端可见一层，之上西北角有1块大石块，可能为抹角石。砌筑墓室的石材较大，均为山石。墓西北角有1块大山石，尺寸为1米×0.7米×0.3米。墓上可见少量河卵石，大小在0.15米左右。在墓葬北侧和西侧各开一条探沟，封土为黄土，封土范围北侧在现北侧边缘外0.6米，西侧与现西侧边缘一致（图一二四；图版三二，8）。

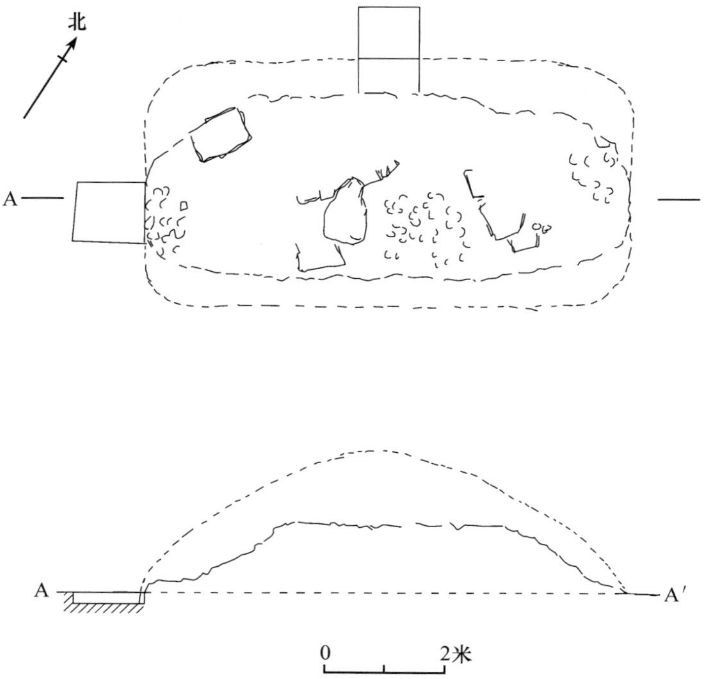


图一二四　JSM1264平、剖面图

JSM1265位于Ⅱ-2-2区南侧中部，西南侧距JSM1269约1米，东南侧距JSM1264约2米。地理坐标为东经126°09′51.3″，北纬41°08′52.2″，海拔220米。墓葬整体呈丘状，南北长约9.7米，东西宽约9米，现存高度约1.4米。墓葬封土流失严重，墓顶部被完全破坏，露出墓室，墓室呈刀形，南北长约2.8米，东西宽约2.25米，西壁北部保存较好，可见四层砌石，高约0.8米，南壁可见二层，北壁和东壁可见三层。墓室内塌落十余块砌筑墓室的石材。墓道位于南壁西侧，方向南偏西8°，长约1.7米，宽约0.87米，墓道东壁砌石向墓道内塌落。墓西侧塌落1块山石，墓东北角有3块山石，可能是砌筑墓室的石材。墓上有少量碎山石和河卵石，大小在0.25米左右。在墓葬北侧和西侧各开一条探沟，封土为黄土，封土范围北侧在现北侧边缘外0.4米，西侧在现西侧边缘外0.4米（图一二五；图版三三，1）。

JSM1266位于Ⅱ-2-2区南侧中部，东北侧距JSM0670约7米，西北侧距JSM1267约8米。地理坐标为东经126°09′51.6″，北纬41°08′53.0″，海拔220米。墓葬整体呈丘状，东西长约7米，南北宽约4.5米，现存高度约1.7米。墓葬封土流失严重，墓顶可见盖顶石，石材为山石，尺寸为1.15米×0.9米×0.3米。墓上可见砌筑墓室的石材，石材较大，均为山石。墓北部被破坏，墓室北壁向外坍塌，盖顶石向北侧倾斜，墓南侧砌筑墓室石材较整齐。在墓葬北侧和东侧各开一条探沟，封土为黄土，封土范围北侧在现北侧边缘外0.5米，东侧在现东侧边缘外0.6米（图一二六；图版三三，2）。

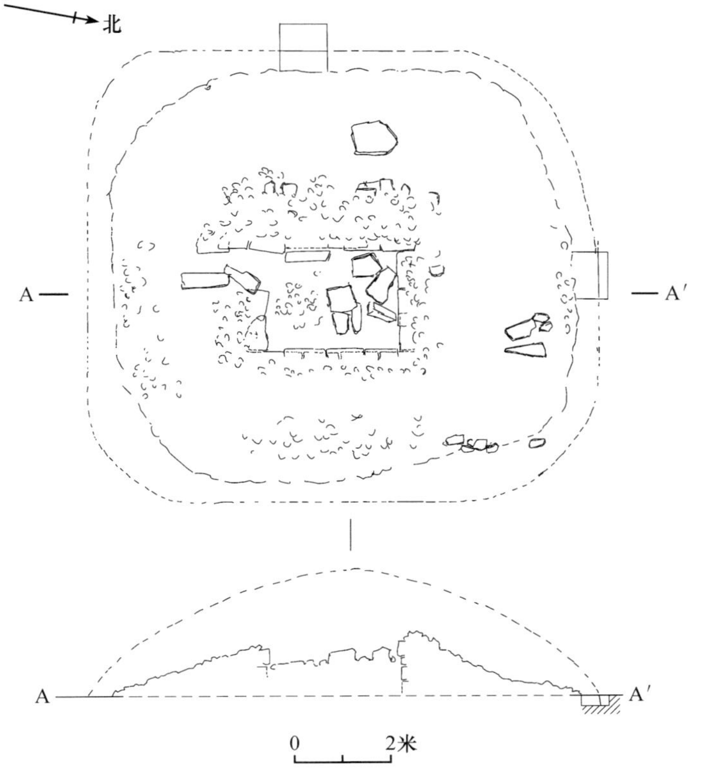


图一二五 JSM1265平、剖面图

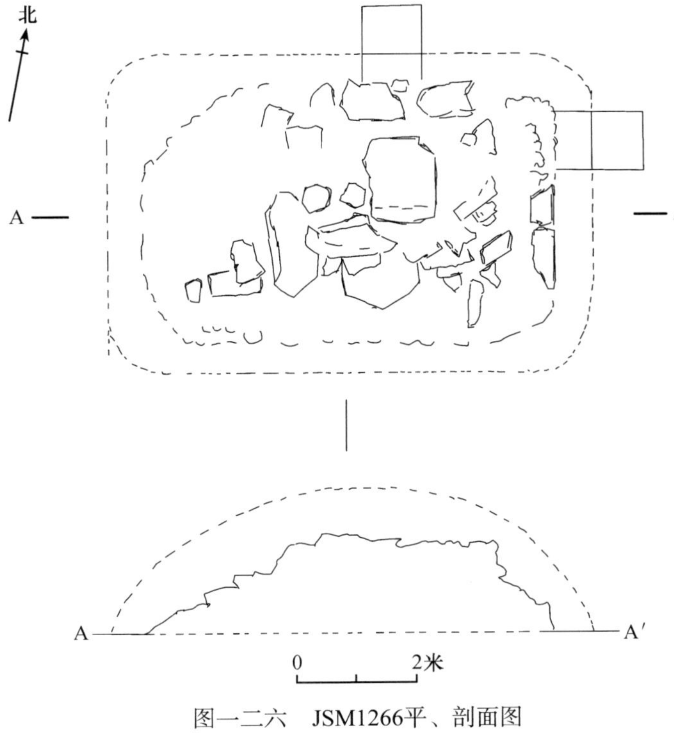


图一二六 JSM1266平、剖面图

JSM1267位于Ⅱ-2-2区南侧中部，东北侧距JSM1260约8米，东南侧距JSM1266约8米。地理坐标为东经126°09′51.1″，北纬41°08′53.2″，海拔220米。墓葬整体呈丘状，东西长约8.5米，南北宽约5米，现存高度约1.5米。墓葬封土流失严重，墓顶东高西低，墓顶东部可见盖顶石向墓室内倾斜，石材为山石。墓东侧和南侧东部可见砌筑墓室的石材，墓南侧砌筑墓室石材塌落于墓室内，塌落处可见墓室，墓室内有大量土石。墓西部比东部略低，较平整，墓上西部可见大量小河卵石，墓室顶部有少量小河卵石，河卵石大小在0.1～0.2米，推测西部大量的河卵石可能是后期人为破坏由墓上堆至西部而形成。在墓葬东侧和南侧各开一条探沟，封土为黄土，封土范围东侧在现东侧边缘外0.8米，南侧在现南侧边缘外0.8米（图一二七；图版三三，3）。

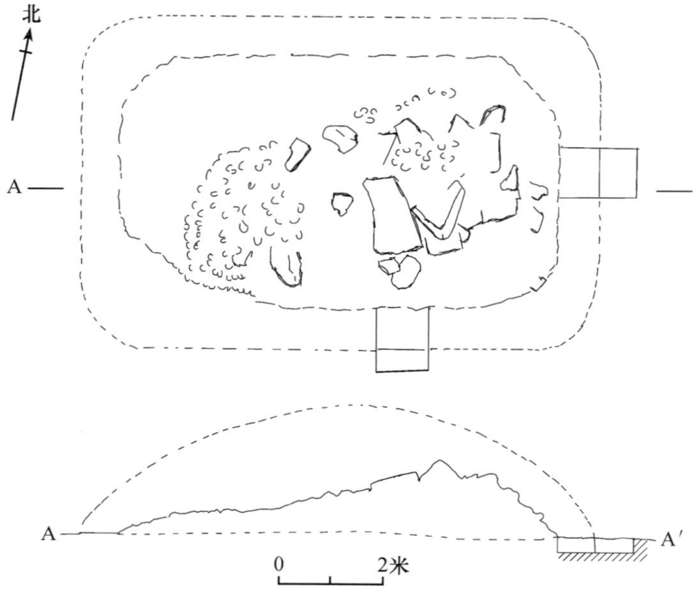

图一二七　JSM1267平、剖面图

JSM1268位于Ⅱ-2-2区南侧西部，东侧距JSM1263约10米，南侧距JSM1270约12米。地理坐标为东经126°09′50.6″，北纬41°08′52.4″，海拔220米。墓葬整体呈丘状，东西长约8.1米，南北宽约7.5米，现存高度约1.8米。墓葬封土流失严重，墓顶露出，顶部被破坏，盖顶石缺失，墓室被淤土和碎石填满。墓室北壁可见二层，东壁可见一层，石材为山石和河卵石，部分石材缝隙和表面有白灰。墓上东、西和北三面可见砌筑墓室的石材。墓南侧中部有几块较大的山石和河卵石，疑是墓道盖顶石和砌筑墓道的石材，推测墓道向南。墓西北部与一处土石堆相连，该土石堆东西长约5.4米，南北宽约3.4米，现高约1.2米，石材主要为小河卵石。距墓东北约3米处也有一处土石堆，与西侧土石堆情况基本相同，这两个土石堆可能是破坏墓葬时形成。在墓葬东侧和南侧各开一条探沟，封土为黄土，封土范围东侧在现东侧边缘外1米，南侧在现南侧边缘外0.8米（图一二八；图版三三，4）。

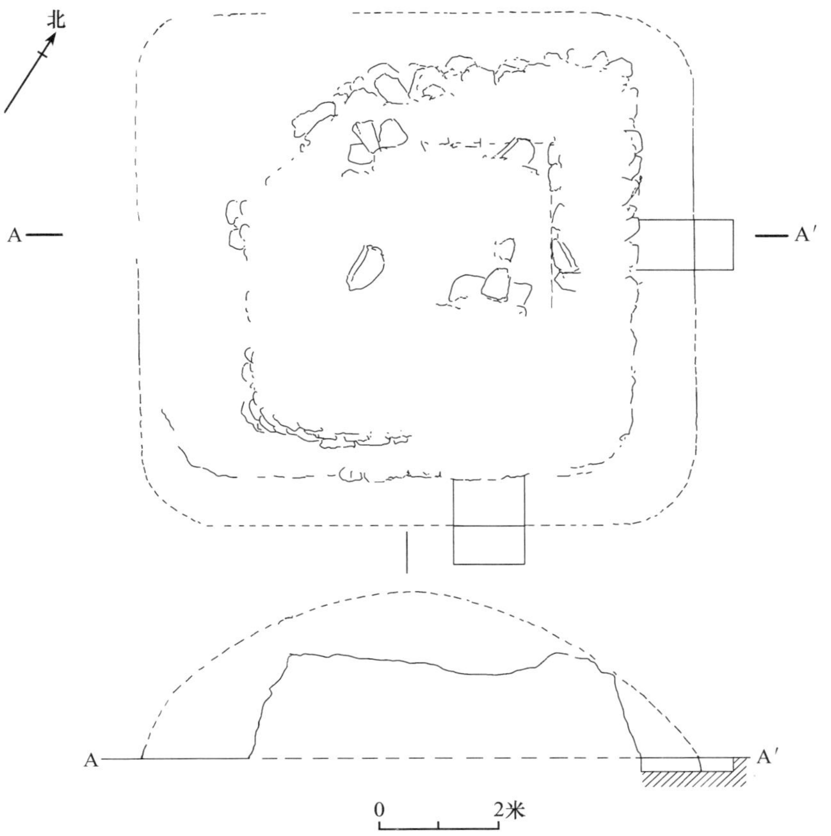


图一二八　JSM1268平、剖面图

JSM1269位于Ⅱ-2-2区南侧中部，西南侧距JSM1270约3米，东北侧距JSM1265约1米。地理坐标为东经126°09′51.2″，北纬41°08′51.9″，海拔220米。墓葬整体呈丘状，南北长约7米，东西宽约7米，现存高度约1米。墓葬破坏严重，顶部缺失，墓室露出，被淤土和碎石填满。墓室南壁可见二层，墓室内可见5块较大的山石。墓上可见砌筑墓室的石材，石材向外侧塌落，石材为山石，经过人为加工。墓北侧有少量河卵石，尺寸一般为0.2米。在墓葬西侧和南侧各开一条探沟，封土为黄土，封土范围西侧在现西侧边缘外0.4米，南侧在现南侧边缘外0.3米（图一二九；图版三三，5）。

JSM1272位于Ⅱ-2-2区南侧西部，东北侧距JSM1268约14米，东南侧距JSM1271约4米。地理坐标为东经126°09′49.7″，北纬41°08′51.9″，海拔220米。墓葬整体呈丘状，东西长约5.9米，南北宽约4米，现存高度约0.5米。墓葬被严重破坏，封土流失严重，墓上可见大量碎山石和河卵石，尺寸一般为0.1～0.2米。在墓葬北侧和东侧各开一条探沟，封土为黄土，封土范围北侧在现北侧边缘外1米，东侧在现东侧边缘外0.9米（图一三〇；图版三三，6）。

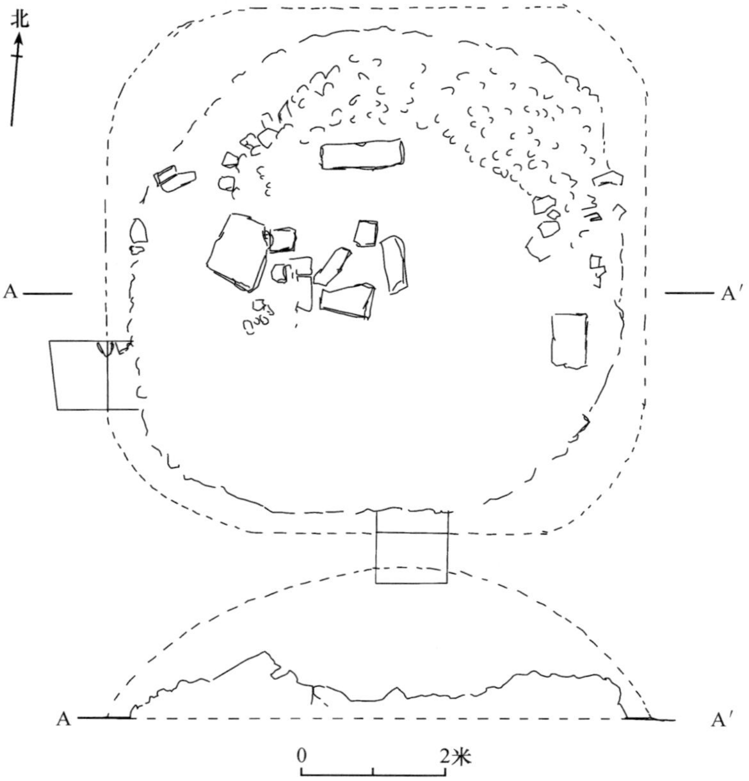


图一二九　JSM1269平、剖面图

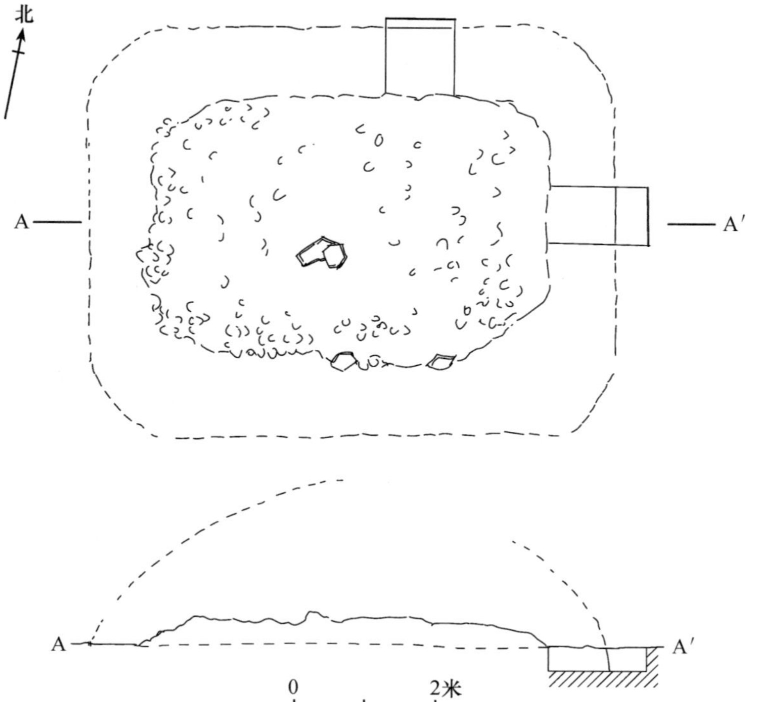


图一三〇　JSM1272平、剖面图

JSM1318位于Ⅱ-2-2区西南部，北侧距JSM1319约2米，东北侧距JSM0794约5米。地理坐标为东经126°09′44.6″，北纬41°08′51.6″，海拔220米。墓葬整体呈丘状，南北长约6.8米，东西宽约5.1米，现存高度约1.4米。墓葬封土流失严重，墓上西侧可见砌筑墓室的石材，石材缝隙之间有孔洞，但无法观察到墓室内情况。墓上有大量河卵石，尺寸一般为0.2～0.3米，小的尺寸在0.1米左右。在墓葬西侧和南侧各开一条探沟，封土为黄土夹小河卵石，封土范围西侧在现西侧边缘外0.7米，南侧在现南侧边缘外0.3米（图一三一；图版三三，7）。

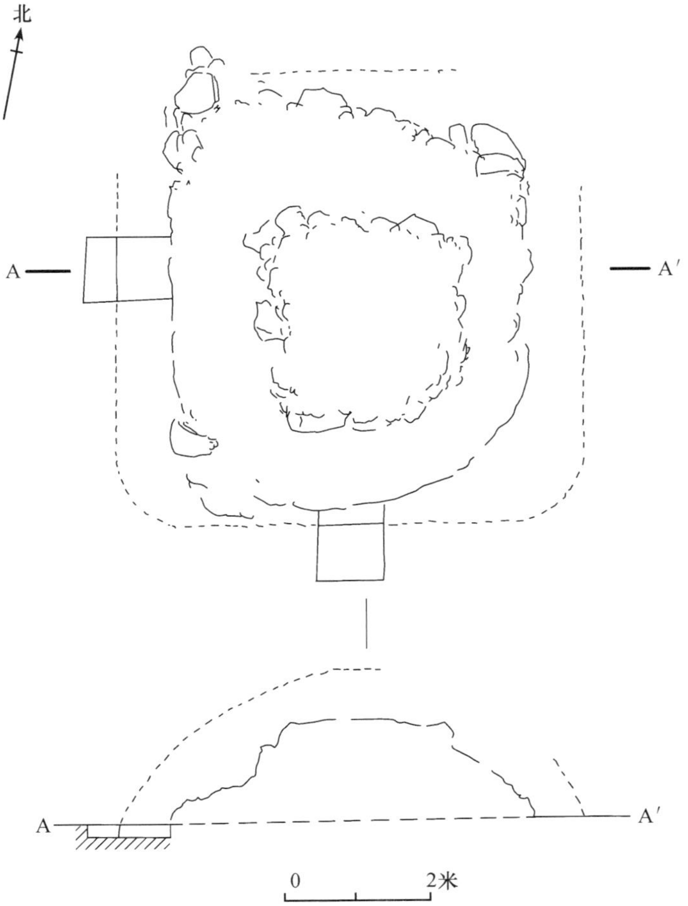

图一三一　JSM1318平、剖面图

JSM1319位于Ⅱ-2-2区西南部，西北侧距JSM1320约2米，东侧距JSM0794约4米。地理坐标为东经126°09′44.4″，北纬41°08′51.9″，海拔220米。墓葬整体呈丘状，南北长约5.4米，东西宽约5米，现存高度约1.4米。墓葬封土流失严重，墓北侧可见砌筑墓室的石材。墓上有较多大小不一的河卵石，尺寸一般在0.1～0.4米。在墓葬西侧和南侧各开一条探沟，封土为黄土，封土范围西侧在现西侧边缘外0.7米，南侧在现南侧边缘外0.5米（图一三二；图版三三，8）。

JSM1320位于Ⅱ-2-2区西南部，西南侧距JSM1328约3米，东南侧距JSM1319约2米。

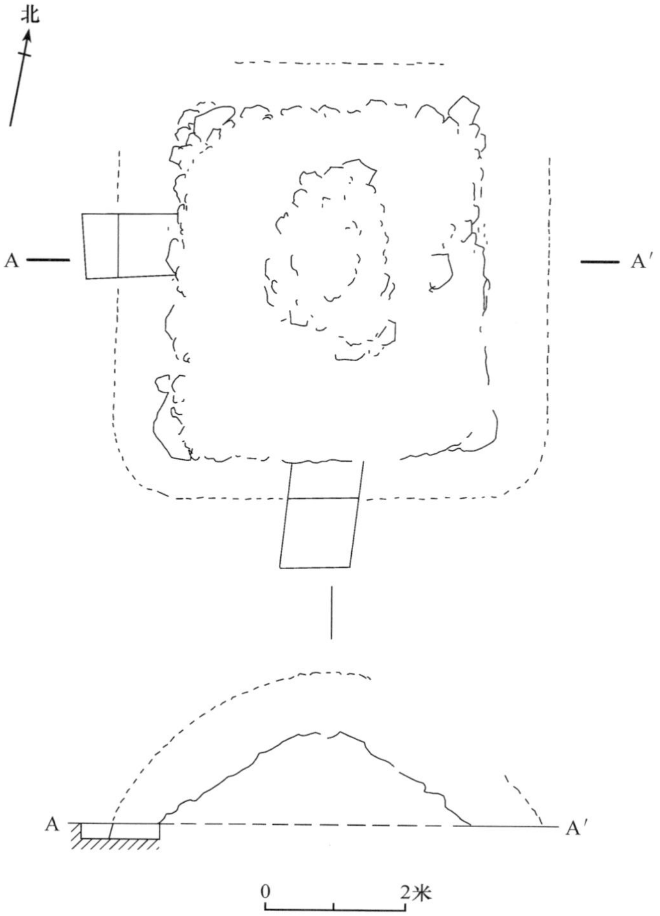


图一三二　JSM1319平、剖面图

地理坐标为东经126°09′44.0″，北纬41°08′52.2″，海拔220.5米。墓葬整体呈方丘状。东西长约7.8米，南北宽约5.5米，现存高度约2米。墓葬封土流失严重，墓室顶端四周可见部分砌筑墓室的石材，墓上有大量河卵石，尺寸为0.1～0.2米。在墓葬西侧和南侧各开一条探沟，封土为黄土，封土范围西侧在现西侧边缘外0.1米，南侧在现南侧边缘外0.5米（图一三三；图版三四，1）。

JSM1322位于Ⅱ-2-2区西南部，西南侧距JSM0792约3米，东南侧距JSM0791约3米。地理坐标为东经126°09′44.1″，北纬41°08′52.9″，海拔221米。墓葬整体呈丘状，南北长约5.5米，东西宽约4.2米，现存高度约1.7米。墓葬封土流失严重，墓上北、东、西三面可见砌筑墓室的石材，南侧可见墓道盖顶石，盖顶石下墓道洞开，从开口处可观察墓室。墓室呈刀形，墓室内堆积大量淤土，仅可见到北壁和西壁一层砌石，筑墓石材未见明显加工痕迹。墓道位于南壁西侧，方向为南向，宽约0.8米，两壁采用大块山石砌筑，壁面较平整。墓上可见大量碎山石与河卵石，较大的尺寸为0.2～0.3米，小的尺寸为0.02～0.05米。在墓葬西侧和南侧各开一条探沟，封土为黄土，封土范围西侧在现西侧边缘外0.7米，南侧在现南侧边缘外0.3米（图一三四；图版三四，2）。

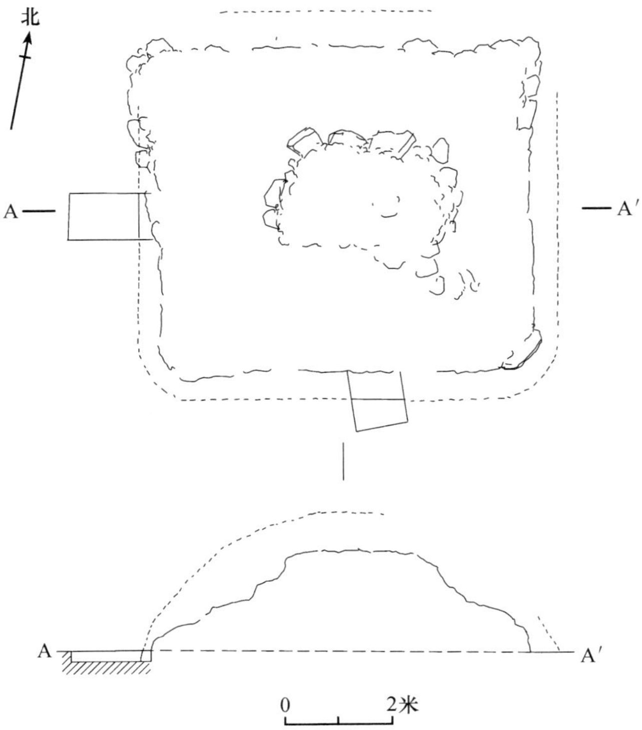


图一三三 JSM1320平、剖面图

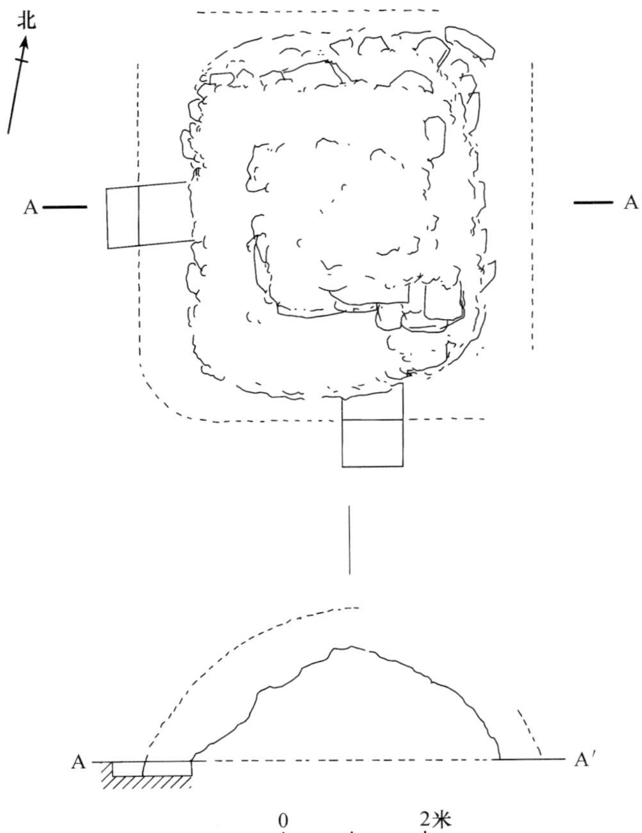


图一三四 JSM1322平、剖面图

## （二）Ⅱ-2-4区

JSM0669位于Ⅱ-2-4区北侧中部，西南侧距JSM0662约3米，北侧距JSM0720约4米。地理坐标为东经126°09′53.1″，北纬41°08′48.7″，海拔220米。墓葬整体呈丘状，东西长约3.5米，南北宽约2.5米，现存高度约0.8米。墓葬封土流失严重，墓上西部可见2块筑墓石材，石材为山石，南侧1块较大，尺寸为1.05米×0.31米×0.29米，北侧1块扁平，近正方形，经人为加工，边长约0.8米。墓表有少量河卵石。在墓葬北侧和东侧各开一条探沟，封土为黄土，封土范围北侧在现北侧边缘外0.6米，东侧在现东侧边缘外0.5米（图一三五；图版三四，3）。

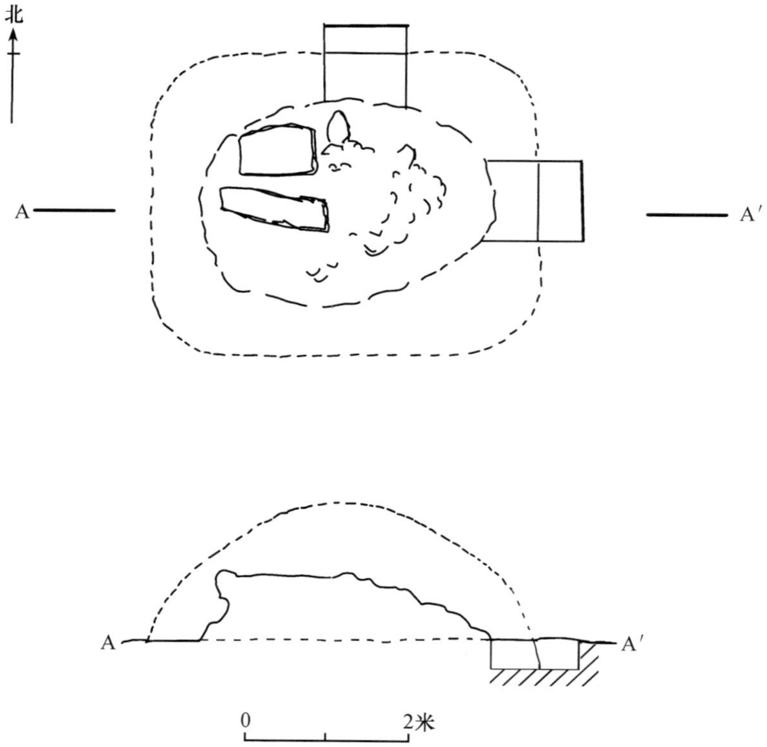

图一三五　JSM0669平、剖面图

JSM0691位于Ⅱ-2-4区北侧中部，东南侧距JSM0693约5米，西侧距JSM0700约9米。地理坐标为东经126°09′53.9″，北纬41°08′51.5″，海拔220米。墓葬呈丘状，南北长约4米，东西宽约3.3米，现存高度约1米。墓葬封土流失严重，墓顶可见盖顶石部分裸露。墓上西侧、南侧和东侧可见砌筑墓室的石块，石材为山石。墓上有大量河卵石，大小在0.2～0.35米。在墓葬北侧和东侧各开一条探沟，封土为黄土，封土范围北侧在现北侧边缘外1米，东侧在现东侧边缘外1.8米（图一三六；图版三四，4）。

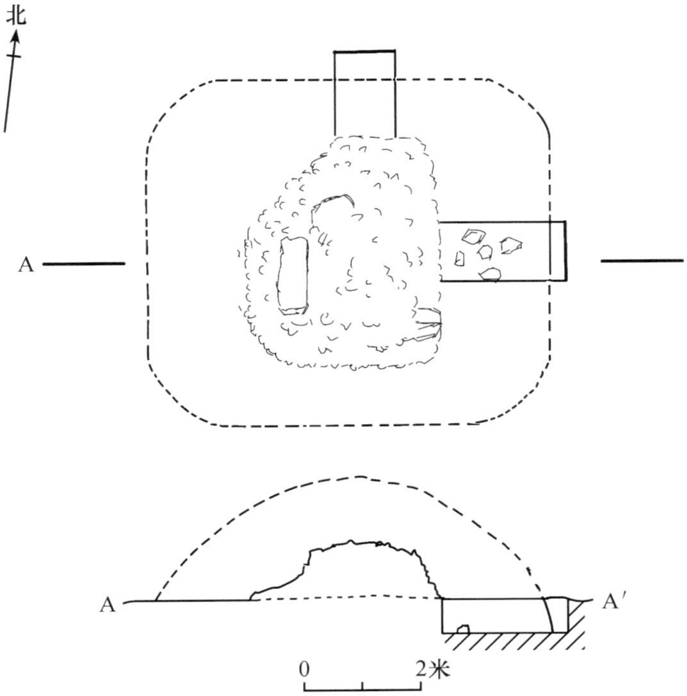


图一三六　JSM0691平、剖面图

JSM0692位于Ⅱ-2-4区北侧中部，西南侧距JSM0691约4米，西北侧距JSM0690约5米。地理坐标为东经126°09′54.2″，北纬41°08′51.7″，海拔220米。墓葬呈丘状，南北长约5.5米，东西宽约5.5米，现存高度约1.7米。墓葬封土流失严重，墓顶部较平，墓上北侧、东侧、南侧可见砌筑墓室的石材，均为山石。墓上可见大量河卵石，大小为0.15～0.25米。墓西南角有1块石条部分露出，露出面经加工较平整。在墓葬北侧和东侧各开一条探沟，封土为黄土，封土范围北侧在现北侧边缘外0.6米，东侧在现东侧边缘外0.6米（图一三七；图版三四，5）。

JSM0699位于Ⅱ-2-4区北侧中部，东北侧临近JSM0695，东南侧距JSM0718约3米。地理坐标为东经126°09′52.9″，北纬41°08′50.1″，海拔220米。墓葬呈丘状，东西长约7.4米，南北宽约6.7米，现存高度约1.2米。墓葬封土流失严重，墓顶盖顶石缺失，墓室洞开，墓室被碎山石和河卵石填塞。墓室为铲形，墓室南北长约2.3米，东西宽约1.8米，墓道位于南壁中部，方向近南向。北壁可见上部三层砌石，西壁见上部两层砌石，错缝砌筑，石材外露面较平整，略经加工。北壁之上可见一层平行叠涩，高约0.25米，其上西北角和东南角各有1块抹角石。墓顶石材多为条石，经过加工，朝向墓室面较平整。墓南可见2块墓道盖顶石，石材为山石，其中1块尺寸为1米×0.43米×0.25米。墓南边有少量河卵石，大小在0.1米左右。在墓葬西侧和南侧各开一条探沟，封土为黄土，封土范围西侧在现西侧边缘外0.3米，南侧在现南侧边缘外0.8米（图一三八；图版三四，6）。

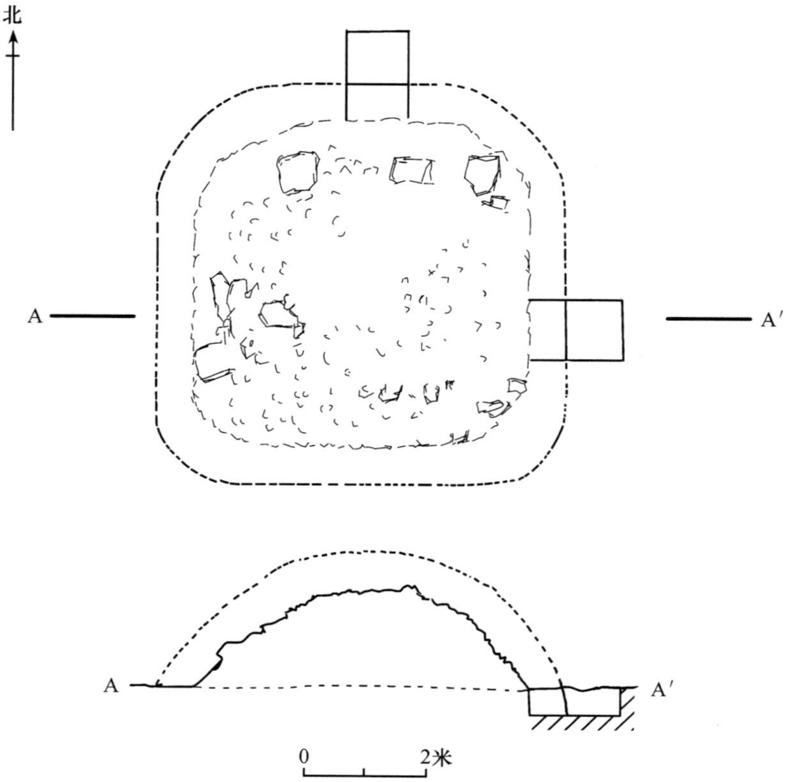


图一三七　JSM0692平、剖面图

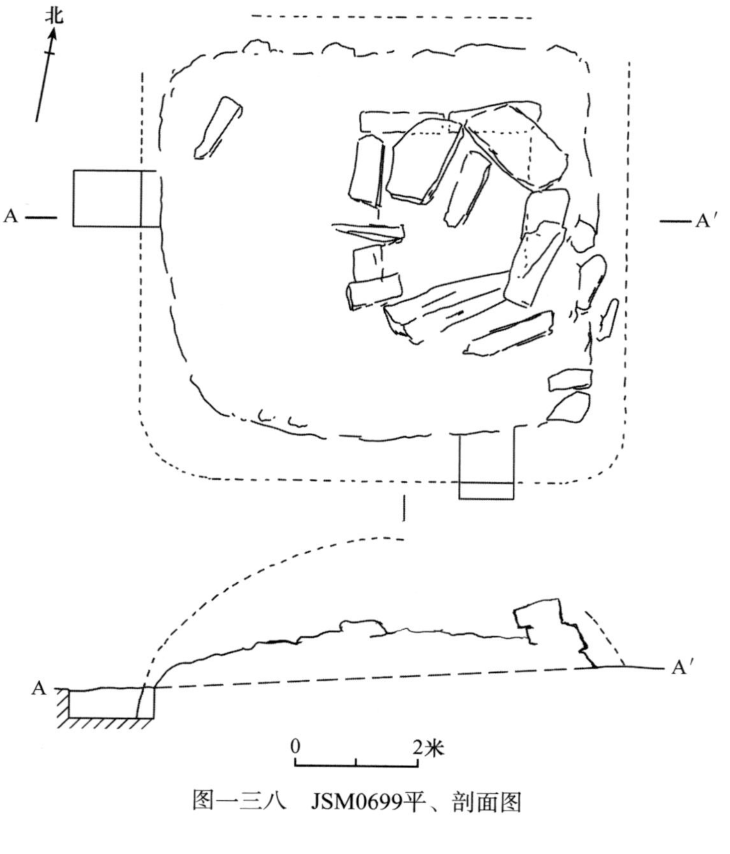


图一三八　JSM0699平、剖面图

JSM0701位于Ⅱ-2-4区北侧中部，南侧距JSM0695约2米，西侧距JSM0702约3米，东北侧距JSM0700约6米。地理坐标为东经126°09′52.8″，北纬41°08′50.7″，海拔220米。墓葬呈丘状，南北长约5.5米，东西宽约4米，现存高度约1.6米。墓顶封土完全流失，墓上四面可见砌筑墓室石材。墓顶北侧可见2块盖顶石，石材为山石，较大1块尺寸为1.86米×0.62米×0.29米，南侧盖顶石缺失，墓室露出，内部被淤泥和碎石填埋。墓室北壁和东壁顶部可见两层砌石，均为山石，东北角和西南角可见两重抹角，南壁可见一层，为一整块山石，尺寸为1.9米×0.7米×0.2米。墓南侧可见墓道盖顶石，石材为河卵石，墓道近南向。墓表有少量碎山石和河卵石。在墓葬北侧和西侧各开一条探沟，封土为黄土，封土范围北侧在现北侧边缘外0.5米，西侧在现西侧边缘外1米（图一三九；图版三四，7）。

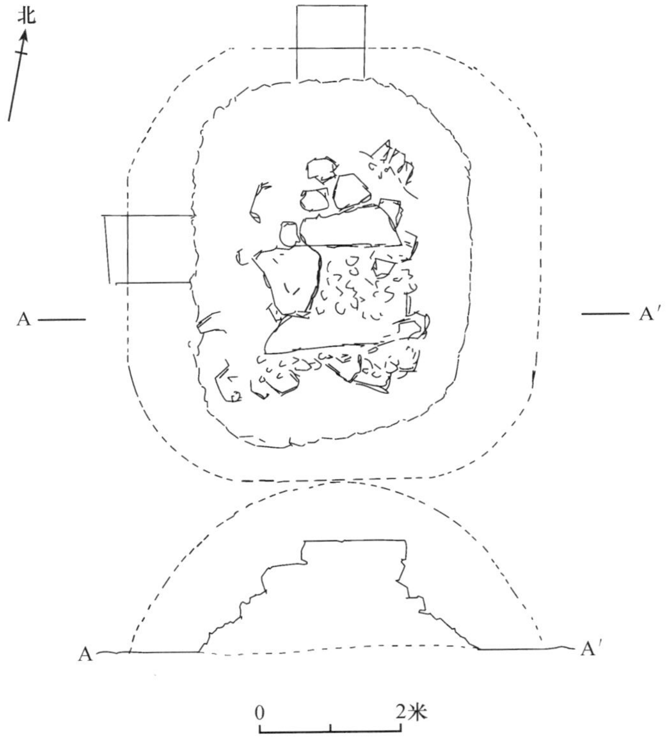


图一三九　JSM0701平、剖面图

JSM0705位于Ⅱ-2-4区北侧中部，东侧距JSM0706约6米，东南侧距JSM0704约3米。地理坐标为东经126°09′51.7″，北纬41°08′51.0″，海拔220米。墓葬呈丘状，南北长约5米，东西宽约5米，现存高度约1.4米。墓葬封土流失严重，墓四周可见部分砌筑墓室的石材，均为山石。墓上有大量河卵石，大小在0.2米左右。在墓葬北侧和西侧各开一条探沟，封土为黄土，封土范围北侧在现北侧边缘外0.5米，西侧在现西侧边缘外0.6米（图一四〇；图版三四，8）。

JSM0711位于Ⅱ-2-4区北侧西部，东北侧临近JSM-0711，南侧距JSM0713约3米。地理坐标为东经126°09′51.1″，北纬41°08′51.2″，海拔220米。墓葬呈丘状，东西长约4.9

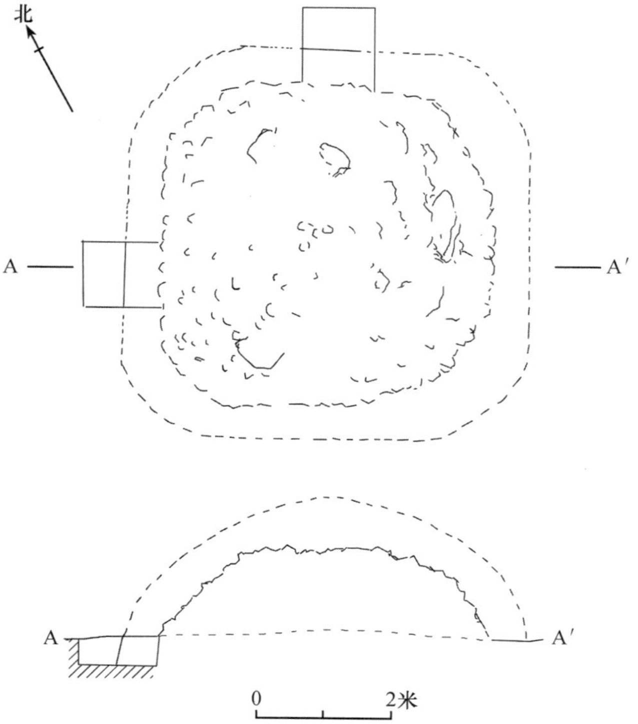


图一四〇　JSM0705平、剖面图

米，南北宽约3.9米，现存高度约0.7米。墓葬封土流失严重，墓顶可见盖顶石坍塌在墓室内，石材为山石，墓北侧墓室外壁裸露，可见两层砌石。墓上见少量筑墓石块，石材为河卵石，大小为0.2米左右。在墓葬西侧和北侧各开一条探沟，封土为黄土，封土范围西侧在现西侧边缘外0.2米，北侧在现北侧边缘外0.5米（图一四一；图版三五，1）。

JSM-0711位于Ⅱ-2-4区北侧西部，东北侧距JSM0709约4米，东南侧距JSM0707约2米。地理坐标为东经126°09′51.2″，北纬41°08′51.4″，海拔220米。墓葬呈丘状，东西长约6.3米，南北宽约2.7米，现存高度约0.7米。墓葬封土流失严重。墓顶部可见2块大石块，可能为盖顶石或砌筑墓室的石材。墓上北侧和东侧可见少量砌筑墓室的石材，石材为山石和河卵石。墓西北角和南侧边缘有少量碎山石和小河卵石。在墓葬东南侧和西南侧各开一条探沟，封土为黄土，封土范围东南侧在现东南侧边缘外0.5米，西南侧在现西南侧边缘外0.4米（图一四二；图版三五，2）。

JSM0712位于Ⅱ-2-4区北侧西部，西侧距JSM0713约3米，东北侧距JSM0707约6米。地理坐标为东经126°09′51.4″，北纬41°08′51.0″，海拔220米。墓葬呈丘状，南北长约5米，东西宽约4米，现存高度约1.2米。墓葬封土流失严重，墓顶可见2块盖顶石，石材为山石，墓上四面可见砌筑墓室的石材，基本为山石。东侧砌石向外倾斜，露出墓室。墓室西壁可见三层，西北角可见1块抹角石。墓南侧可见墓道盖顶石，墓道向南。墓上有大量河卵石，尺寸为0.1～0.2米。在墓葬北侧和西侧各开一条探沟，封土为黄土，封土范围北侧在现北侧边缘外0.5米，西侧在现西侧边缘外0.7米（图一四三；图版三五，3）。

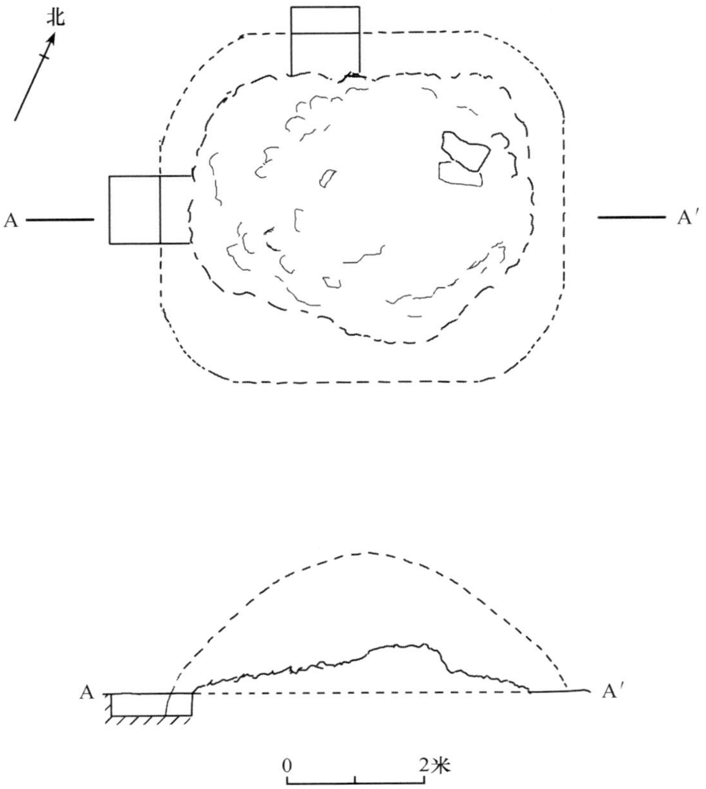


图一四一 JSM0711平、剖面图

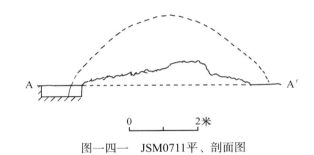

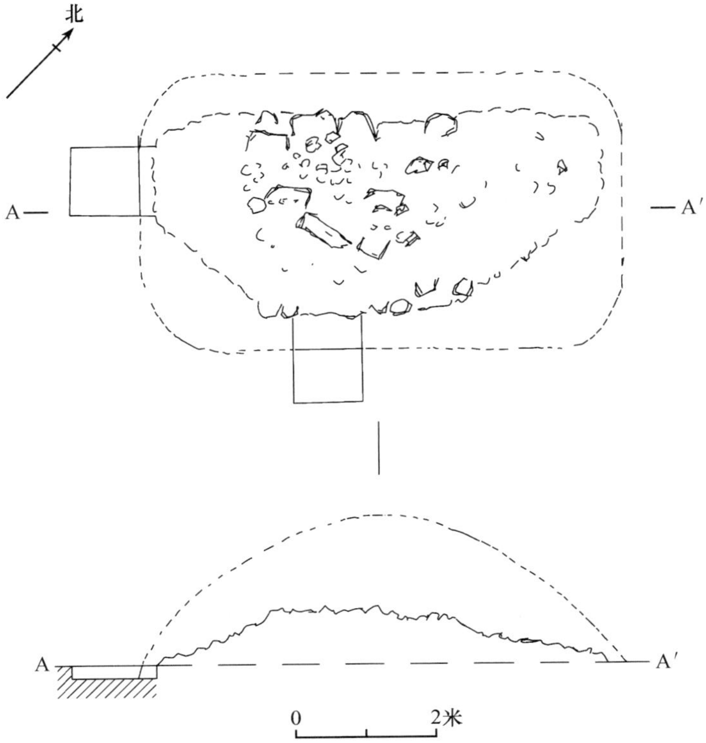


图一四二 JSM-0711平、剖面图

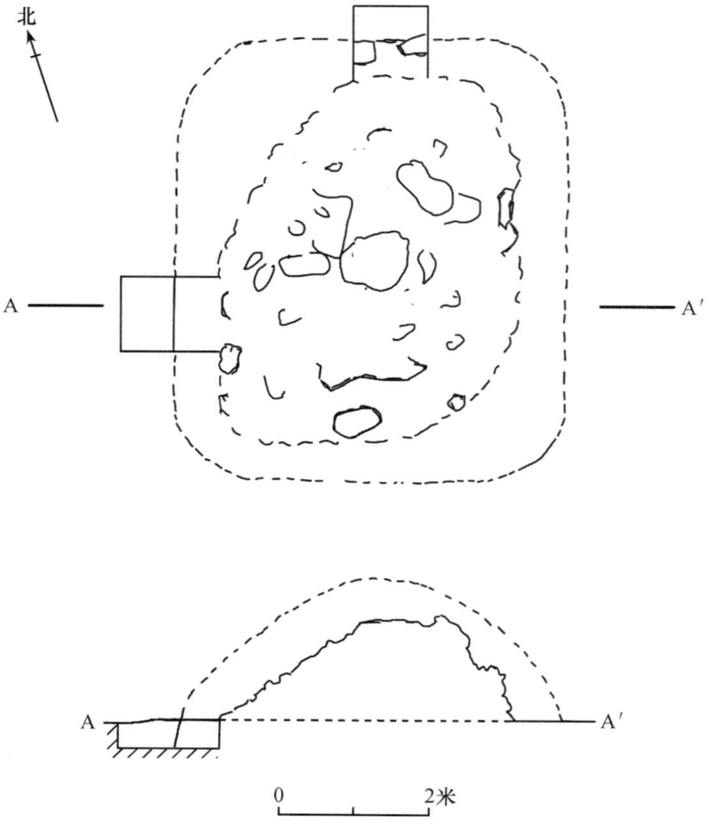


图一四三　JSM0712平、剖面图

JSM0713位于Ⅱ-2-4区北侧西部，北侧距JSM0711约3米，东侧距JSM0712约3米。地理坐标为东经126°09′51.0″，北纬41°08′50.9″，海拔220米。墓葬呈丘状，南北长约6米，东西宽约5米，现存高度约1.5米。墓葬封土流失严重，墓顶可见大量碎山石和河卵石，尺寸在0.2米左右，墓上西侧、东侧和南侧可见砌筑墓室石材，东南角砌石向墓室内倾斜。在墓葬北侧和东侧各开一条探沟，封土为黄土，封土范围北侧在现北侧边缘外0.3米，东侧在现东侧边缘外0.6米（图一四四；图版三五，4）。

JSM0714位于Ⅱ-2-4区北侧西部，东侧距JSM0704约2米，西南侧距JSM0716约2米。地理坐标为东经126°09′51.5″，北纬41°08′50.7″，海拔220米。墓葬呈丘状，南北长约5米，东西宽约3.5米，现存高度约1.3米。墓葬封土流失严重，墓顶可见盖顶石塌落于墓室内，墓室被淤泥和河卵石填塞。墓上东、西、北三面可见砌筑墓室的石材，多为河卵石。北侧可见两层砌石，错缝砌筑。南侧可见墓道盖顶石，石材为河卵石，墓道向南。墓上可见大量筑墓石材，主要为河卵石，尺寸为0.1～0.25米。在墓葬北侧和东侧各开一条探沟，封土为黄土，封土范围北侧在现北侧边缘外0.8米，东侧在现东侧边缘外0.7米（图一四五；图版三五，5）。

JSM0715位于Ⅱ-2-4区北侧西部，东侧距JSM0714约6米，南侧距JSM0717A约6米。地理坐标为东经126°09′50.9″，北纬41°08′50.6″，海拔220米。墓葬呈丘状，东西长约5.8米，

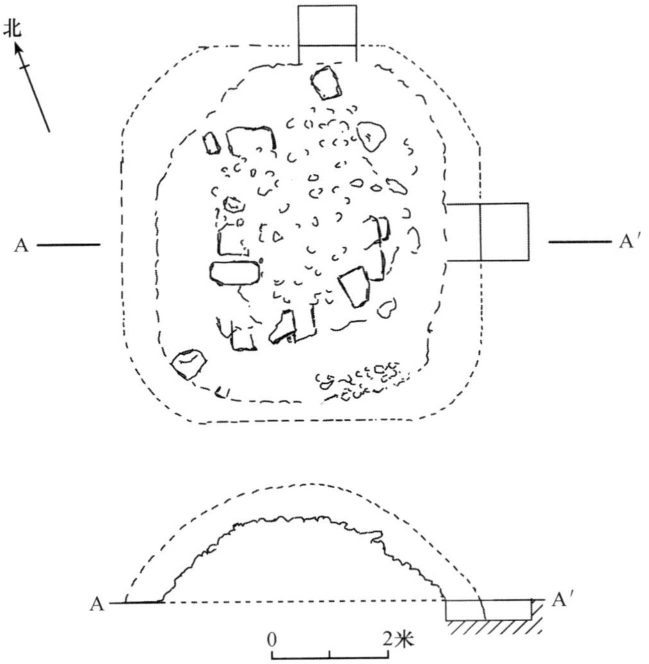


图一四四 JSM0713平、剖面图

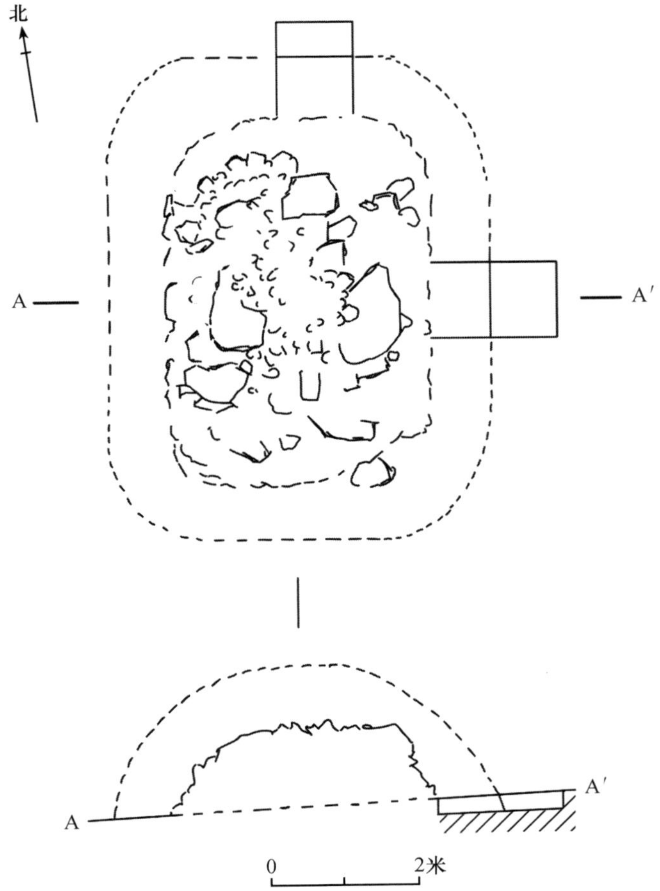


图一四五 JSM0714平、剖面图

南北宽约5.5米，现存高度约1.3米。墓葬封土流失严重，从裸露在外的东、西两处墓顶盖顶石推测墓葬可能为双室墓，墓室东西排列。东侧墓室墓顶2块盖顶石裸露，北侧和东侧可见砌筑墓室石材，东侧砌石向墓室内倾斜，南侧可见墓道盖顶石，墓道向南，石材主要为山石。西侧墓室墓顶盖顶石部分可见，北侧和西侧可见砌筑墓室石材，主要为山石，北侧砌石被破坏，向外塌落。墓上有少量河卵石，大小在0.2米左右。在墓葬北侧和西侧各开一条探沟，封土为黄土，封土范围北侧在现北侧边缘外0.6米，西侧在现西侧边缘外0.6米（图一四六；图版三五，6）。

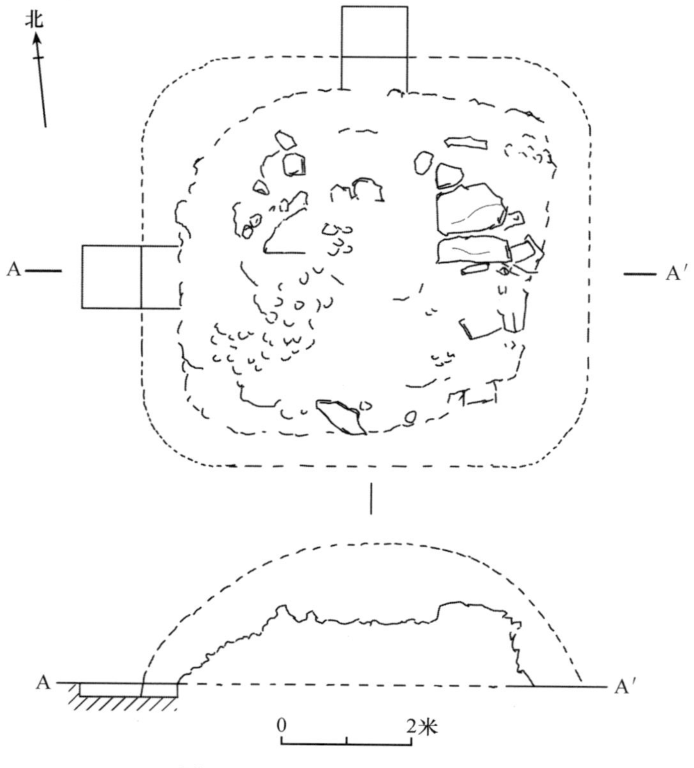


图一四六　JSM0715平、剖面图

JSM0717A位于Ⅱ-2-4区北侧西部，西侧距JSM0726约3米，北侧距JSM0715约6米。地理坐标为东经126°09′51.0″，北纬41°08′50.1″，海拔220米。墓葬呈丘状，南北长约7.5米，东西宽约4.5米，现存高度约1.8米。墓葬封土流失严重，盖顶石部分露出，塌落于墓室内。墓上西、北、东三面可见砌筑墓室石材，西北砌筑墓室石块塌落，石材为山石和河卵石，河卵石较扁平。墓室西侧北部被破坏，可见墓室，墓室内被土石填塞，可见北壁顶部一层砌石。墓上有少量碎山石和河卵石，尺寸为0.2～0.4米。北侧墓边有几块较大的河卵石。在墓葬东侧和南侧各开一条探沟，封土为黄土，封土范围东侧在现东侧边缘外0.9米。南侧探沟内距离现墓边约0.45米处有4块与现墓边方向基本相同的河卵石，其中东西两侧的河卵石大部分位于探沟外，河卵石间距0.05米左右，长径在0.4米左右，河卵石外侧边缘在现南侧边缘外0.8米（图一四七；图版三五，7）。

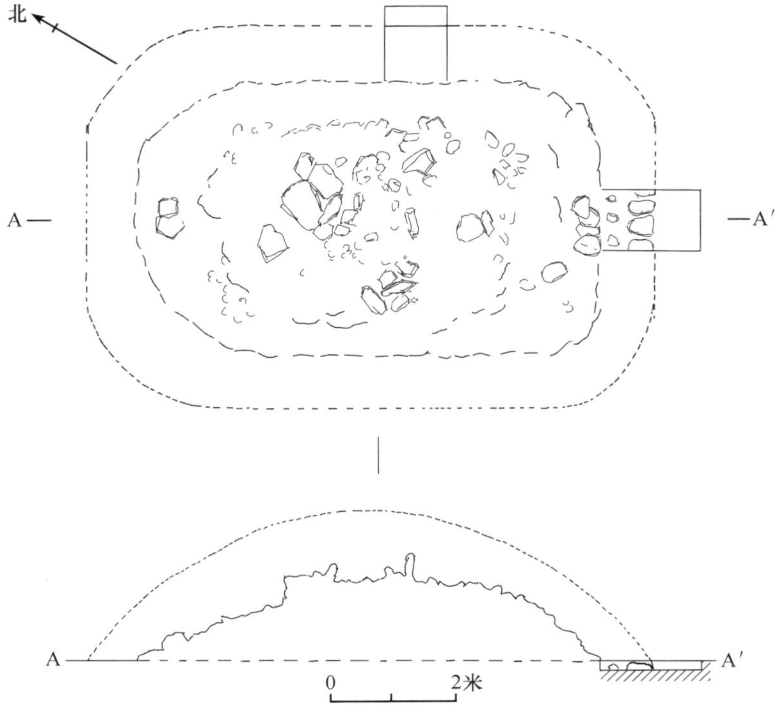


图一四七　JSM0717A平、剖面图

JSM0717B位于Ⅱ-2-4区北侧中部，北侧距JSM0703约6米，西北侧距JSM0717A约11米。地理坐标为东经126°09′51.8″，北纬41°08′50.1″，海拔220米。墓葬平面呈不规则形，东西长约7米，南北宽约4米，现存高度约1.7米。墓葬封土流失严重，墓顶东北高西南低，高处为所在墓室位置，顶部可见盖顶石，石材为河卵石。墓上北侧和东侧可见砌筑墓室的石材，石材主要为山石。西南部墓顶可见2块石条，应为墓道盖顶石，推测墓道西南向。墓上有少量河卵石，大小在0.15米左右。在墓葬北侧和东侧各开一条探沟，封土为黄土，封土范围北侧在现北侧边缘外0.6米，东侧在现东侧边缘外0.9米（图一四八；图版三五，8）。

JSM0722位于Ⅱ-2-4区北侧西部，东南侧距JSM0721约3米，西北侧紧邻JSM0723。地理坐标为东经126°09′51.7″，北纬41°08′49.5″，海拔220米。墓葬整体呈丘状，南北长约7米，东西宽约5.5米，现存高度约1.5米。墓葬封土流失严重，墓室顶部洞开，墓室内被石块填塞。墓室北壁可见一层砌石，其中有1块石材表面加工精细，顶面可见明显排列密集的凿痕。东壁可见两层砌石，每层向内收缩，最上层收缩度较大，石材为石灰岩，侧面经加工较平整。西壁砌石塌落于墓室内。南壁可见两层砌石。南侧可见墓道盖顶石，石材为山石，尺寸为1.44米×0.36米×0.33米，墓道向南，宽约0.6米，墓道西壁可见两层砌石，石材为略经加工的河卵石。墓表有少量碎石和河卵石。在墓葬北侧和西侧各开一条探沟，封土为黄土，封土范围北侧在现北侧边缘外0.7米，西侧在现西侧边缘外0.8米，西侧探沟内北部近墓葬边缘处有2块石块（图一四九；图版三六，1）。

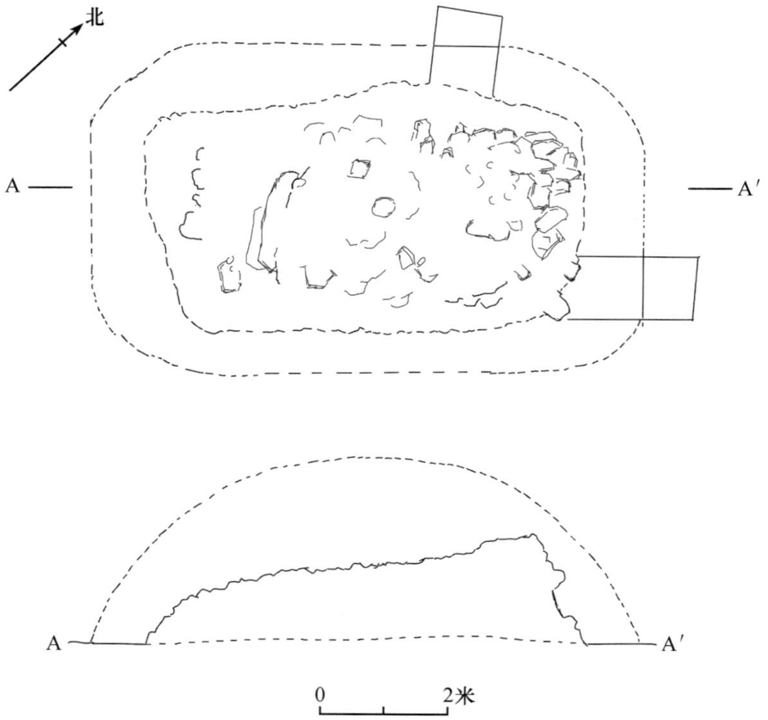


图一四八　JSM0717B平、剖面图

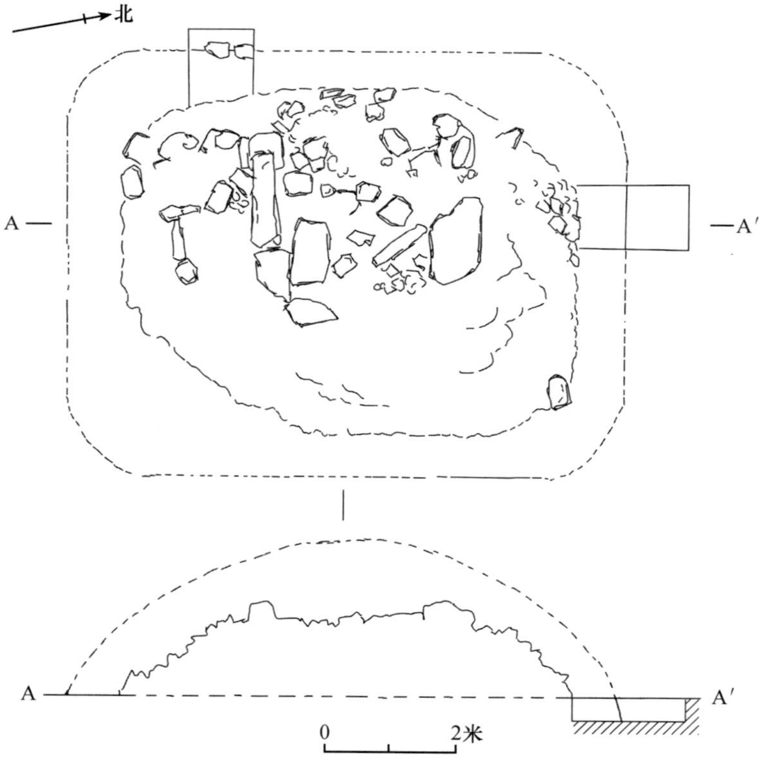


图一四九　JSM0722平、剖面图

JSM0723位于Ⅱ-2-4区北侧西部，西南侧距JSM0724约3米，东南侧紧邻JSM0722。地理坐标为东经126°09′51.4″，北纬41°08′49.6″，海拔220米。墓葬呈丘状，东西长约7.8

米，南北宽约7米，现存高度约2.1米。墓葬封土流失严重，墓顶部较平，盖顶石部分裸露，盖顶石侧面经人为加工较平整。墓顶南侧砌筑墓室的石材位移，使顶部露出缝隙，由于缝隙较小，仅能见到东、西两壁局部，两壁砌石缝隙填塞小石块，用白灰勾缝。墓南可见墓道盖顶石，墓道南向，盖顶石石材为山石，规格1.25米×0.37米×0.2米。墓表有少量碎山石和小河卵石。在墓葬北侧和东侧各开一条探沟，封土为黄土，封土范围北侧在现北侧边缘外0.8米，东侧在现东侧边缘外0.8米（图一五〇；图版三六，2）。

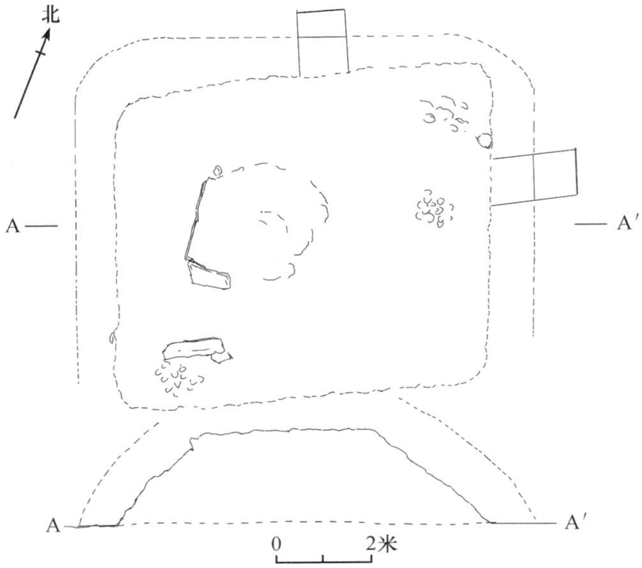

图一五〇　JSM0723平、剖面图

JSM0799位于Ⅱ-2-4区西北部，西北侧距JSM0795约5米，东侧距JSM0798约13米。地理坐标为东经126°09′45.2″，北纬41°08′51.3″，海拔220米。墓葬整体呈丘状，南北长约6.8米，东西宽约4.5米，现存高度约1.5米。墓葬封土流失严重，墓葬东北角和西南角砌筑墓室石材裸露在外，石材为山石和河卵石。墓上可见大量河卵石和少量山石，尺寸为0.2～0.3米，墓上东北部和西南角可见大量规格为0.05～0.08米的小河卵石。在墓葬西侧和南侧各开一条探沟，封土为黄土夹小河卵石，封土范围西侧在现西侧边缘外0.9米，南侧在现南侧边缘外0.4米（图一五一；图版三六，3）。

JSM1273位于Ⅱ-2-4区北侧西部，西北侧临近JSM1271，西南侧临近JSM1274。地理坐标为东经126°09′50.5″，北纬41°08′51.3″，海拔220米。墓葬整体呈丘状，东西长约6.5米，南北宽约5.9米，现存高度约1.1米。墓葬封土流失严重，墓顶部被破坏，墓室露出，墓室内被泥土和石块填满。墓室南半部破坏较重，南壁和东西两壁的南端完全缺失，北壁可见三层砌石，东壁和西壁现存部分可见两层砌石。东西两壁间距约1.8米。砌筑墓室的石材为山石和河卵石，经人为加工，表面较平整。墓上有大量河卵石和少量碎山石，大小在0.2米左右。在墓葬南侧开一条探沟，封土为黄土，封土范围南侧在现南侧边缘外0.8米（图一五二；图版三六，4）。

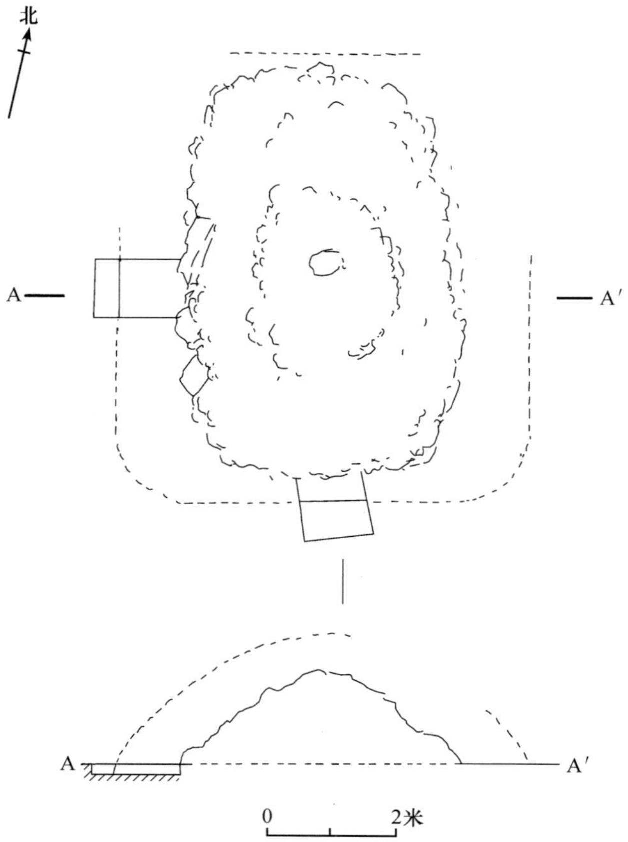


图一五一　JSM0799平、剖面图

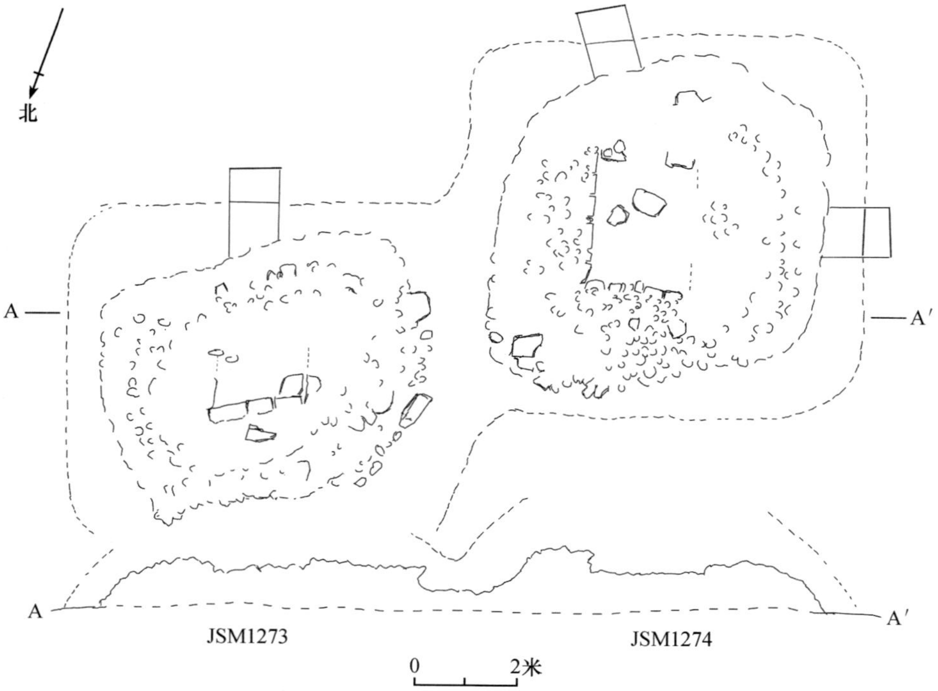


图一五二　JSM1273、JSM1274平、剖面图

JSM1274位于Ⅱ-2-4区北侧西部，北侧距JSM1271约2米，东北侧紧邻JSM1273。地理坐标为东经126°09′50.3″，北纬41°08′51.1″，海拔220米。墓葬整体呈丘状，南北长约6.8米，东西宽约6.6米，现存高度约1.2米。墓葬封土流失严重，墓顶部被破坏，墓室露出，墓室内被泥土和石块填满。墓室四壁破坏严重，西壁完全缺失，北壁、东壁可见两层砌石，南壁可见一层砌石。砌筑墓室的石材为山石，石材经简单加工，表面较为平整。南壁可见墓道，墓道宽0.85米，墓道东、西两侧各有1块砌石，据此判定墓室为铲形。墓上北侧可见少量河卵石，大小在0.2米左右，西侧有大量碎山石，尺寸在0.4～0.6米。在墓葬西侧和南侧各开一条探沟，封土为黄土，封土范围西侧在现西侧边缘外0.7米，南侧在现南侧边缘外0.6米（图一五二；图版三六，5）。

JSM1277位于Ⅱ-2-4区北侧西部，北侧距JSM1276约3米，西南侧距JSM1284约4米。地理坐标为东经126°09′50.0″，北纬41°08′50.7″，海拔220米。墓葬整体呈丘状，东西长约8米，南北宽约4米，现存高度约1.3米。墓葬破坏严重，南半部缺失，仅存北半部。墓葬封土流失严重，顶部可见盖顶石，石材为山石。墓室裸露，墓室内有大量土石。墓室东西长约0.8米。砌筑墓室的石材均为山石，错缝砌筑，缝隙用碎石填充。墓上可见大量碎山石和河卵石，大小在0.3米左右。在墓葬北侧和西侧各开一条探沟，封土为黄土，封土范围北侧在现北侧边缘外1米，西侧在现西侧边缘外0.9米（图一五三；图版三六，6）。

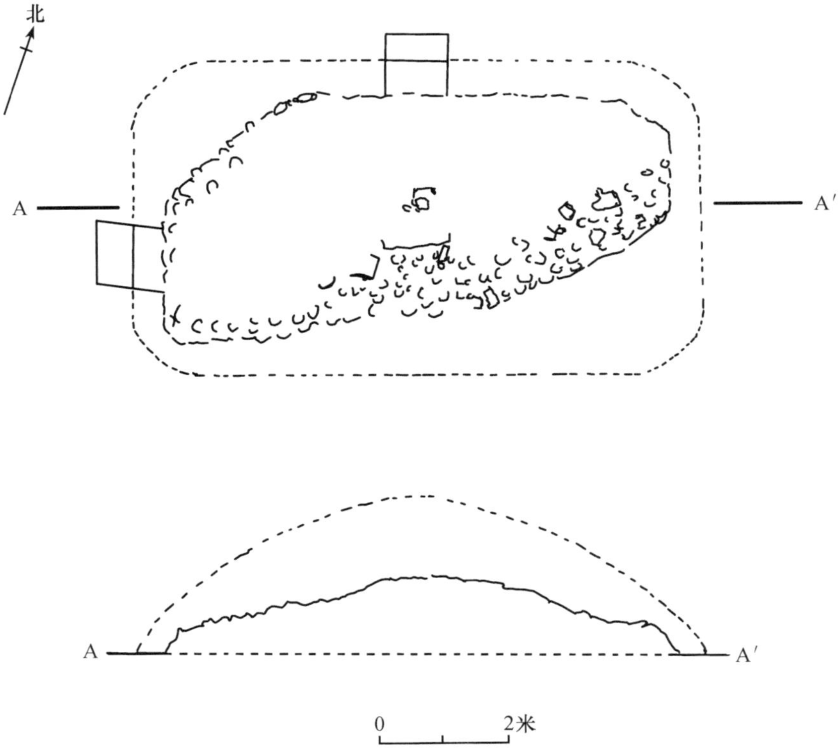


图一五三　JSM1277平、剖面图

JSM1278位于Ⅱ-2-4区北侧西部，南侧距JSM1284约4米，西北侧与JSM1279相连，北侧距JSM1280约5米。地理坐标为东经126°09′49.6″，北纬41°08′50.7″，海拔220米。墓葬整体呈丘状，南北长约6米，东西宽约5.6米，现存高度约1.7米。墓葬封土流失严重，墓顶可见盖顶石，石材为山石，经简单加工。因盖顶石缺失1块，在顶部形成一处洞口，从洞口观察墓室，墓室内有大量淤泥和碎石，可见北壁、东壁和西壁各两层砌石，石材均为山石，错缝砌筑，个别石材略经加工，西北角和东南角各见1块抹角石。墓南可见墓道盖顶石，墓道西南向。墓上可见少量河卵石，大小在0.2米左右。在墓葬北侧和东侧各开一条探沟，封土为黄土，封土范围北侧在现北侧边缘外0.6米，东侧在现东侧边缘外0.6米（图一五四；图版三六，7）。

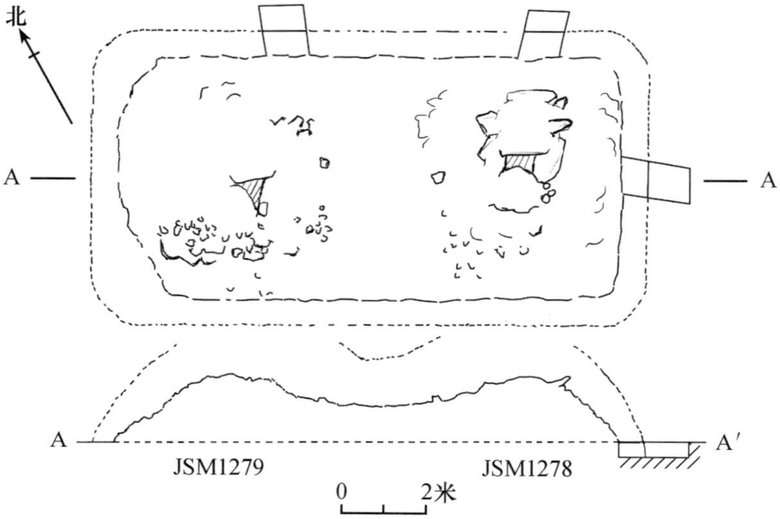

图一五四　JSM1279、JSM1278平、剖面图

JSM1279位于Ⅱ-2-4区北侧西部，西侧距JSM1282约2米，北侧距JSM1280约3米，东南侧与JSM1278相连。地理坐标为东经126°09′49.3″，北纬41°08′50.8″，海拔220米。墓葬整体呈丘状，东西长约6.3米，南北宽约6米，现存高度约1.7米。墓葬封土流失严重，墓顶可见盖顶石，石材为山石，盖顶石侧面较平整，经人为加工，墓顶有洞口露出墓室，墓室内有大量淤泥和碎石，可见北壁局部，是用略经加工的石条错缝砌筑，石材为山石。墓南侧中部可见墓道盖顶石，石材为山石，墓道向南。墓上有少量河卵石，大小在0.2米左右。在墓葬北侧开一条探沟，封土为黄土，封土范围北侧在现北侧边缘外0.6米（图一五四；图版三六，8）。

JSM1282位于Ⅱ-2-4区北侧西部，东侧距JSM1279约2米，南侧距JSM1283约2米。地理坐标为东经126°09′49.0″，北纬41°08′50.8″，海拔220米。墓葬整体呈丘状，南北长约4.5米，东西宽约3.5米，现存高度约1.2米。墓葬封土流失严重，墓上可见大量砌筑墓葬的石材，石材基本为河卵石，尺寸为0.2～0.4米，还有少量小河卵石，尺寸为0.1～0.2米。在墓葬西侧和东南侧各开一条探沟，封土为黄土，封土范围西侧在现西侧边缘外0.7米，东南侧在现东南侧边缘外0.4米（图一五五；图版三七，1）。

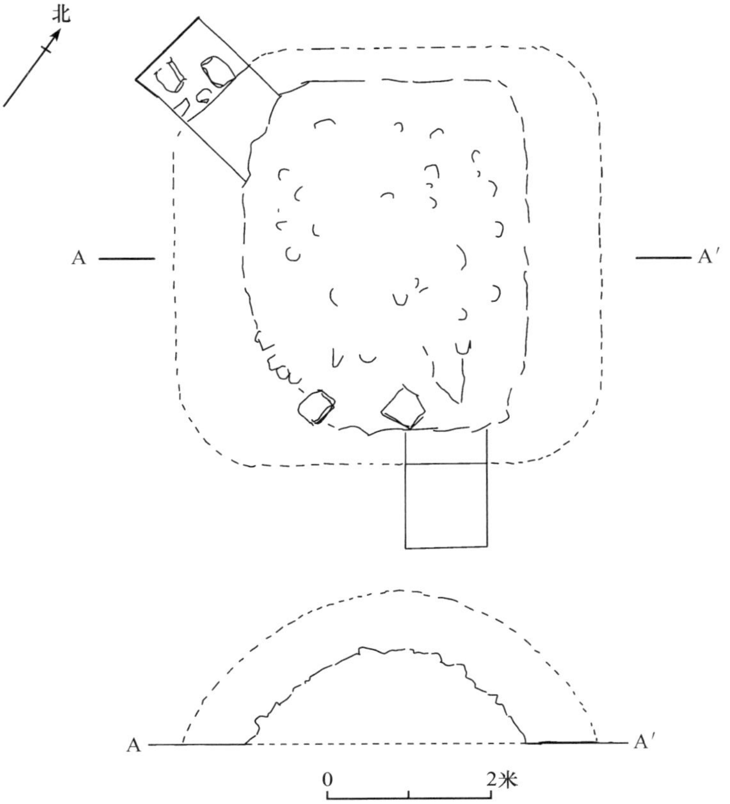


图一五五　JSM1282平、剖面图

JSM1285位于Ⅱ-2-4区北侧西部，东侧距JSM0726约15米，东北侧距JSM1284约5米。地理坐标为东经126°09′49.3″，北纬41°08′49.9″，海拔220米。墓葬整体呈丘状，东西长约9米，南北宽约5米，现存高度约1.3米。墓葬封土流失严重，墓上大量小河卵石，大小为0.1米左右。墓顶部较平，中部有一个凹坑。在墓葬北侧和东侧各开一条探沟，封土为黄土，封土范围北侧在现北侧边缘外1米，东侧与现墓葬东侧边缘一致（图一五六；图版三七，2）。

JSM1286位于Ⅱ-2-4区北侧西部，东侧距JSM1288约4米，东南侧距JSM1289约2米。地理坐标为东经126°09′48.0″，北纬41°08′50.5″，海拔220米。墓葬整体呈丘状，南北长约7.5米，东西宽约7米，现存高度约1.3米。墓葬封土流失严重，墓顶被破坏，墓室露出，墓室内被石块填埋，墓室呈刀形，东西长约1.35米。墓室北壁被破坏，东壁现可见两层，西壁可见两层，砌筑墓室的石材为山石，经过人为加工，其中东壁砌石朝向墓室的一面遍布有排列规整的竖向凿痕，凿痕间距在0.05米左右。南壁可见墓道，宽0.78米，墓道向南，墓道盖顶石规格为1.25米×0.5米×0.3米，墓道西壁可见三层砌石，东壁可见一层砌石。墓上可见少量河卵石，尺寸在0.2～0.3米。在墓葬北侧和东侧各开一条探沟，封土为黄土夹小河卵石，封土范围北侧在现北侧边缘外0.7米，东侧在现东侧边缘外0.6米（图一五七；图版三七，3）。

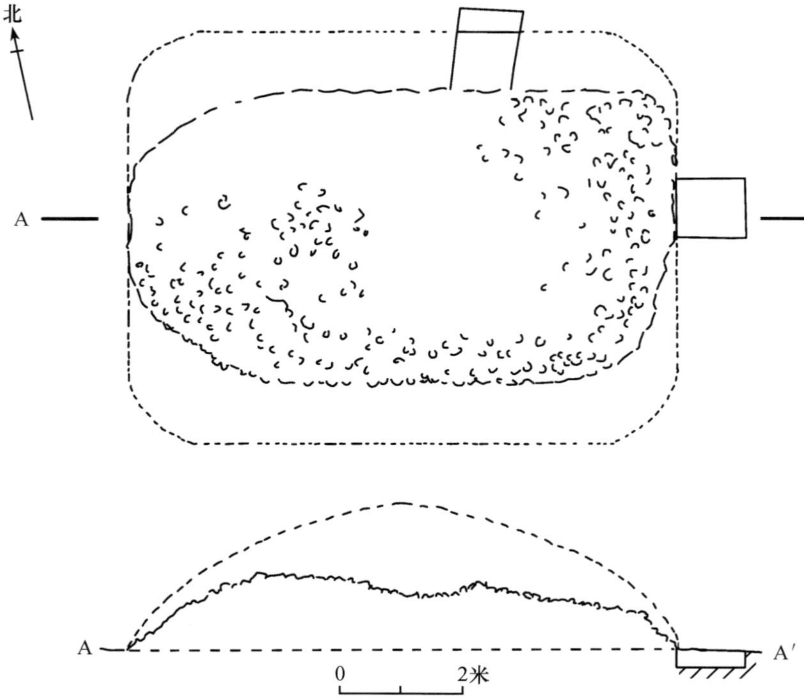


图一五六　JSM1285平、剖面图

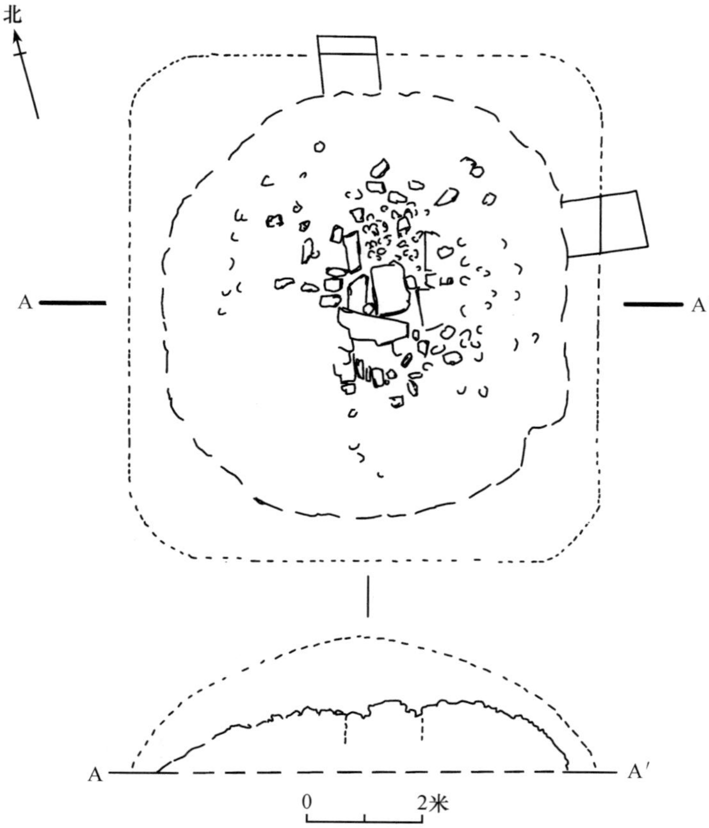


图一五七　JSM1286平、剖面图

JSM1287位于Ⅱ-2-4区北侧西部，东侧距JSM1283约4米，北侧距JSM1288约5米，西侧与JSM1289相连。地理坐标为东经126°09′48.6″，北纬41°08′50.3″，海拔220米。墓葬呈丘状，南北长约5米，东西宽约4米，现存高度约0.5米。墓葬破坏严重，中心形成凹坑，可能为原墓室所在。墓葬封土流失严重，墓上可见大量河卵石，河卵石较扁平，大小在0.4～0.6米，另有少量山石。墓北侧可见大量小河卵石，大小在0.1米左右。在墓葬南侧开一条探沟，封土为黄土夹小河卵石，封土范围南侧在现南侧边缘外1米（图一五八；图版三七，4）。

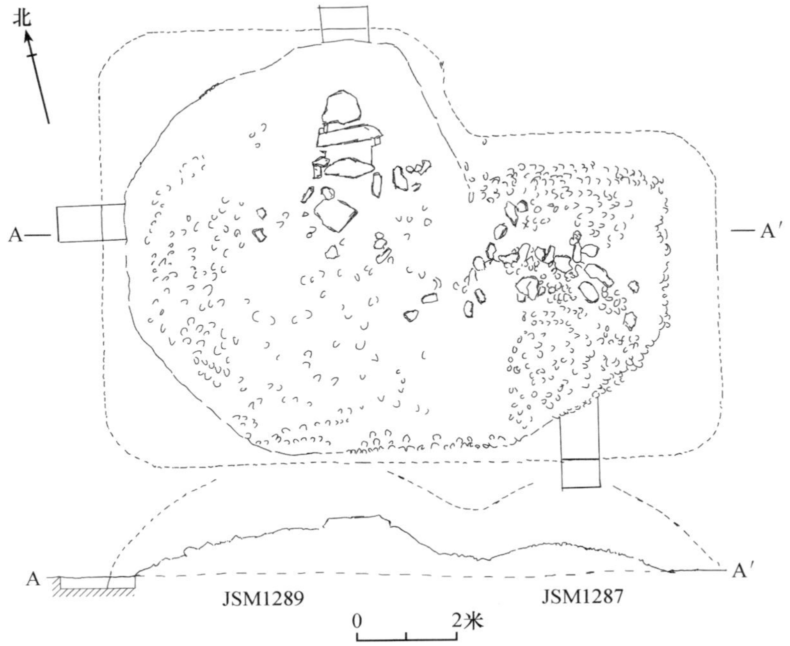


图一五八　JSM1289、JSM1287平、剖面图

JSM1288位于Ⅱ-2-4区北侧西部，南侧距JSM1287约5米，西侧距JSM1286约4米。地理坐标为东经126°09′48.5″，北纬41°08′50.6″，海拔220米。墓葬呈丘状，南北长约5米，东西宽约4米，现存高度约1.1米。墓葬封土流失严重，顶部东高西低，墓西北有2块长条形状的山石，表面较平整，经人为加工。墓上有大量砌筑墓葬的山石和河卵石，尺寸在0.5米左右。墓上可见少量碎山石和小河卵石，尺寸为0.2～0.4米。在墓葬东侧和南侧各开一条探沟，封土为黄土，封土范围东侧在现东侧边缘外0.5米，南侧在现南侧边缘外1米（图一五九；图版三七，5）。

JSM1289位于Ⅱ-2-4区北侧西部，东北侧距JSM1288约4米，西北侧距JSM1286约2米，东侧与JSM1287相连。地理坐标为东经126°09′48.3″，北纬41°08′50.3″，海拔220米。墓葬整体呈丘状，南北长约8.5米，东西宽约7米，现存高度约1米。墓葬封土流失严重，墓顶可见3块盖顶石，石材为山石和河卵石。南侧盖顶石向墓室倾斜，墓室露出，墓室内有大量土石。墓室东西长1米，北壁、东壁和西壁均可见两层砌石，西北角可见抹

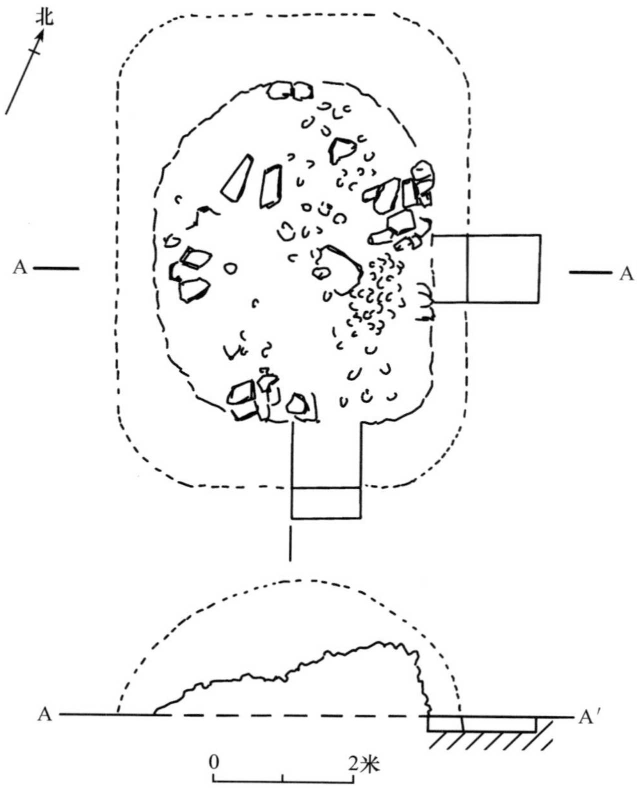


图一五九　JSM1288平、剖面图

角石，砌筑墓室的石材主要为河卵石。墓南可见墓道盖顶石坍塌，石材为山石。墓上有少量碎山石和河卵石，尺寸为0.1米左右。在墓葬北侧和西侧各开一条探沟，封土为黄土夹小河卵石，封土范围北侧在现北侧边缘外0.3米，西侧在现西侧边缘外0.5米（图一五八；图版三七，6）。

JSM1329位于Ⅱ-2-4区西北部，西侧距JSM1331约2米，北侧距JSM1326约8米。地理坐标为东经126°09′44.2″，北纬41°08′50.8″，海拔220米。墓葬整体呈丘状，南北长约9.3米，东西宽约9米，现存高度约2.3米。墓葬封土流失严重，墓上东边和西南部、西北部有大量石块，多为河卵石，尺寸为0.1～0.3米。在墓葬东北侧和东南侧各开一条探沟，封土为黄土夹小河卵石，封土范围东北侧在现东北侧边缘外0.4米，东南侧在现东南侧边缘外0.3米（图一六〇；图版三七，7）。

JSM1330位于Ⅱ-2-4区西北部，北侧距JSM1329约11米，西南距JSM1358约12米。地理坐标为东经126°09′44.2″，北纬41°08′49.6″，海拔220米。墓葬整体呈丘状，东西长约7.3米，南北宽约7米，现存高度约1.7米。墓葬封土流失严重，顶部稍平，可见数块较大石材，可能为砌筑墓室的石材，石材主要为山石。墓上有大量河卵石，尺寸在0.1米左右。在墓西侧有1块大石块，疑为墓道盖顶石，长约1.5米，厚约0.2米。疑似墓道口处基本被黄土填满。在墓葬东侧和南侧各开一条探沟，封土为黄土，封土范围东侧在现东侧边缘外0.6米，南侧在现南侧边缘外0.6米（图一六一；图版三七，8）。

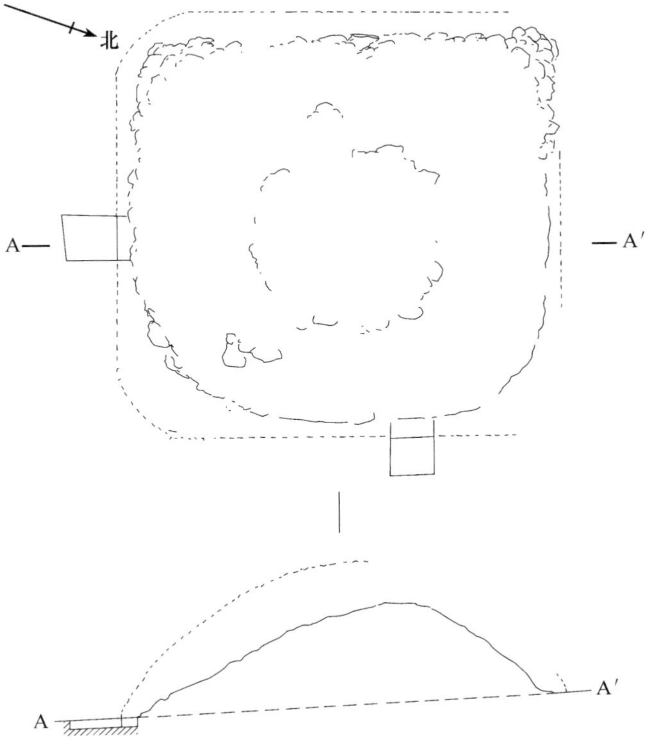


图一六〇 JSM1329平、剖面图

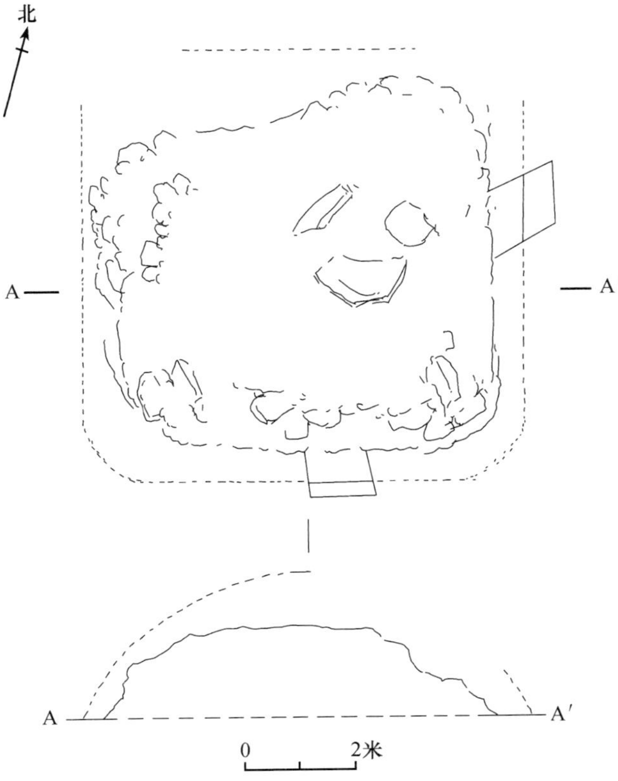


图一六一 JSM1330平、剖面图

## （三）Ⅱ-5-1区

JSM0793位于Ⅱ-5-1区东南部，东北侧距JSM0792约2米，南侧距JSM1328约4米。地理坐标为东经126°09′43.7″，北纬41°08′52.4″，海拔220.5米。墓葬呈丘状，南北长约6.2米，东西宽约6.2米，现存高度约1.7米。墓葬封土流失严重，墓顶盖顶石及墓室顶部砌石裸露在外。盖顶石尺寸为2米×1.2米×0.2米。墓道洞开，方向为南向。在墓道外侧有1块长石条，尺寸为1.3米×0.3米×0.3米。从墓道口向内观察，墓室呈刀形，墓道位于南壁西侧，宽0.95米，其上可见2块盖顶石。室内堆积大量淤土及少量石块，可见四至七层墓壁砌石及一层抹角石，墓壁砌筑较为规整。墓上东南部有大量河卵石，尺寸一般为0.4米。西北部有大量碎山石堆积，尺寸在0.03～0.05米。在墓葬东侧和南侧各开一条探沟，封土为黄土，封土范围东侧在现东侧边缘外0.6米，南侧在现南侧边缘外0.5米（图一六二；图版三八，1）。

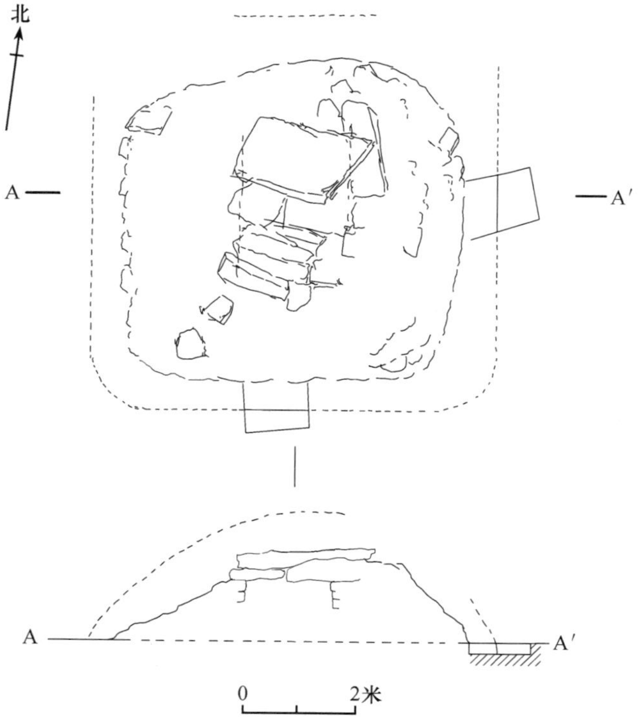


图一六二　JSM0793平、剖面图

JSM1321位于Ⅱ-5-1区东南部，西侧距JSM1338约4米，东南侧距JSM1325约4米。地理坐标为东经126°09′42.8″，北纬41°08′52.8″，海拔221米。该处地势北高南低。墓葬整体呈丘状，东西长约4.5米，南北宽约3.1米，现存高度约0.9米。墓葬破坏严重，封土大部分流失，墓上未见较大石块，可见大量碎山石，尺寸一般在0.1～0.3米。在墓葬东侧和南侧各开一条探沟，封土为黄土，封土范围东侧在现东侧边缘外0.5米，南侧在现南侧边缘外0.7米（图一六三；图版三八，2）。

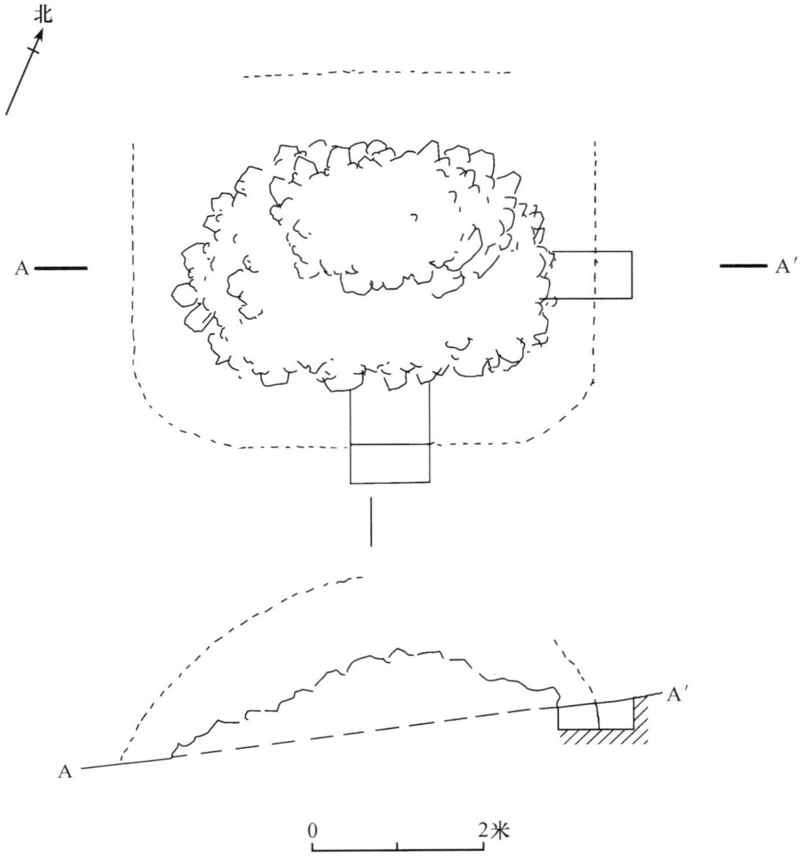


图一六三　JSM1321平、剖面图

JSM1324位于Ⅱ-5-1区东南部，东北侧距JSM0793约6米，北侧距JSM1325约6米。地理坐标为东经126°09′43.2″，北纬41°08′52.1″，海拔220.5米。墓葬整体呈丘状，东西长约4.5米，南北宽约4.3米，现存高度约1.2米。墓葬封土流失严重，墓北侧中部和南侧偏西各有2块较为规整的石块，可能是砌筑墓室的石材。墓上可见大量碎山石和河卵石，主要分布在墓葬西半部，石材大小不一，尺寸多在0.2～0.4米，小的尺寸在0.05米左右。在墓葬西侧和南侧各开一条探沟，封土为黄土，封土范围西侧在现西侧边缘外0.6米，南侧在现南侧边缘外0.7米（图一六四；图版三八，3）。

JSM1325位于Ⅱ-5-1区东南部，西侧距JSM1336约4米，南侧距JSM1324约6米。地理坐标为东经126°09′43.1″，北纬41°08′52.5″，海拔220.5米。墓葬整体呈丘状，东西长约7.4米，南北宽约6米，现存高度约1.6米。墓葬封土流失严重，墓顶塌陷，在墓顶东侧还保留1块石灰岩盖顶石，西侧因盖顶石缺失有一处开口，从开口处可观察墓室情况。墓室内堆满石块，可见两层墓壁砌石，墓壁上方有两层平行叠涩，墓室石材为加工规整的石灰岩石条。墓上有大量碎山石和河卵石，尺寸有大小两种，大的在0.2～0.3米，小的为0.05米左右。在墓葬西侧和南侧各开一条探沟，封土为黄土，封土范围西侧在现西侧边缘外0.2米，南侧在现南侧边缘外0.7米（图一六五；图版三八，4）。

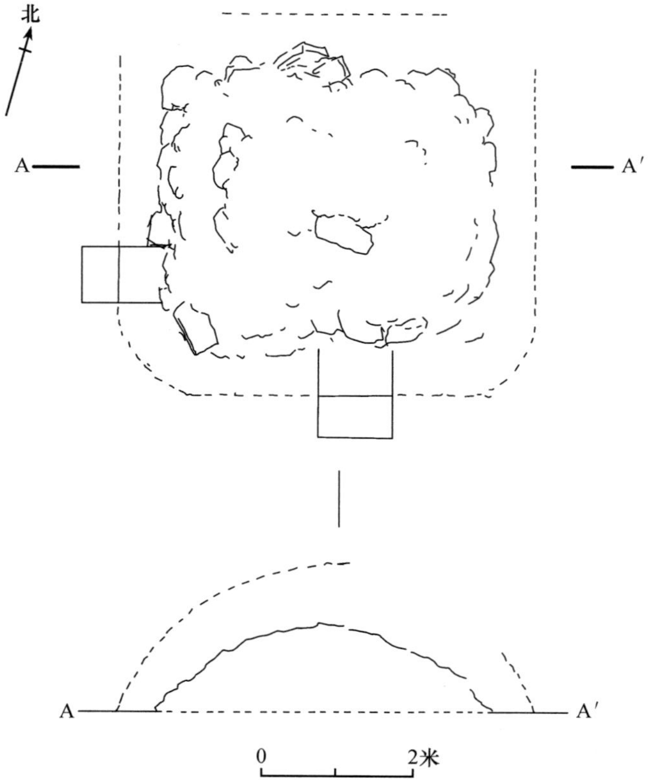


图一六四　JSM1324平、剖面图

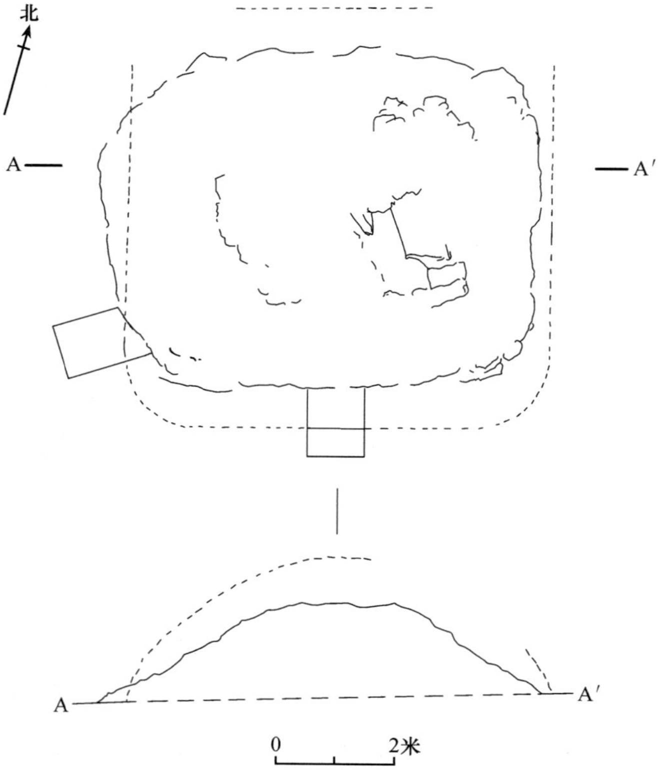


图一六五　JSM1325平、剖面图

JSM1326位于Ⅱ-5-1区东南部，西南侧距JSM1333约8米，北侧距JSM1328约4米。地理坐标为东经126°09′43.8″，北纬41°08′51.5″，海拔220米。墓葬整体呈丘状，南北长约7.5米，东西宽约7.3米，现存高度约3.4米。墓葬封土流失严重，墓顶裸露，盖顶石缺失，墓室洞开。从开口处观察，墓室内堆积大量淤土，有部分砌筑墓室顶部的石材塌落在墓室内。墓顶藻井部分可见五层砌石，最下层的东北角和西北角处可见抹角石，每层砌石由下至上逐渐内收，壁面可见白灰痕迹。石材多为河卵石与山石。墓葬四面可见砌筑墓室的石材。墓上可见大量碎山石和河卵石，主要分布在西部，尺寸多在0.1米左右。在墓葬西侧和南侧各开一条探沟，封土为黄土，封土范围西侧在现西侧边缘外0.7米，南侧在现南侧边缘外0.7米（图一六六；图版三八，5）。

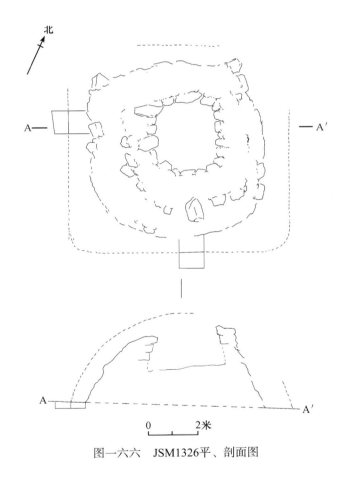

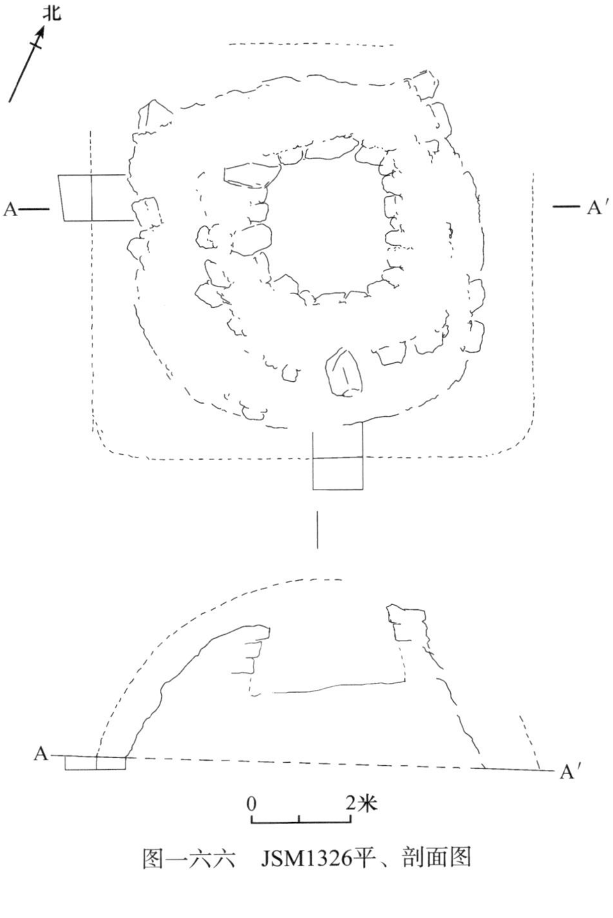


图一六六 JSM1326平、剖面图

JSM1328位于Ⅱ-5-1区南侧东部，南侧距JSM1326约4米，东北侧距JSM1320约3米。地理坐标为东经126°09′43.6″，北纬41°08′51.9″，海拔220米。该墓整体呈马鞍状，东西两侧较高，中间凹陷，可能为东西并列的两座墓葬。墓葬东西长约15.1米，南北宽6.5～8.5米，现存高度1.5～3.3米。西侧墓葬为双室墓，墓室东西排列。封土流失严重，东侧墓室顶部偏东处有一洞口，从洞口处观察，墓室内有大量泥土与石块。墓上在东侧墓室的南面有1块大石块和大量的河卵石、碎山石。西侧墓室西面可见砌筑墓室石材，墓上有大量的河卵石和碎山石。东侧墓葬为双室墓，墓室东西排列。封土流失严重，墓顶偏北东西两个墓室各有一洞口。从东侧洞口处观察，墓室呈刀形，墓室内堆积石块，墓道朝南。从西侧洞口处观察，墓室内堆积石块，观察不到墓道情况。墓上洞口北侧有1块大石块，可能为砌筑墓室石块，怀疑洞口可能为盗掘所致。墓上东部有大量的小河卵石和碎山石。在墓葬西侧和南侧各开一条探沟，封土为黄土，封土范围西侧在现西侧边缘外0.5米，南侧在现南侧边缘外0.2米（图一六七；图版三八，6）。

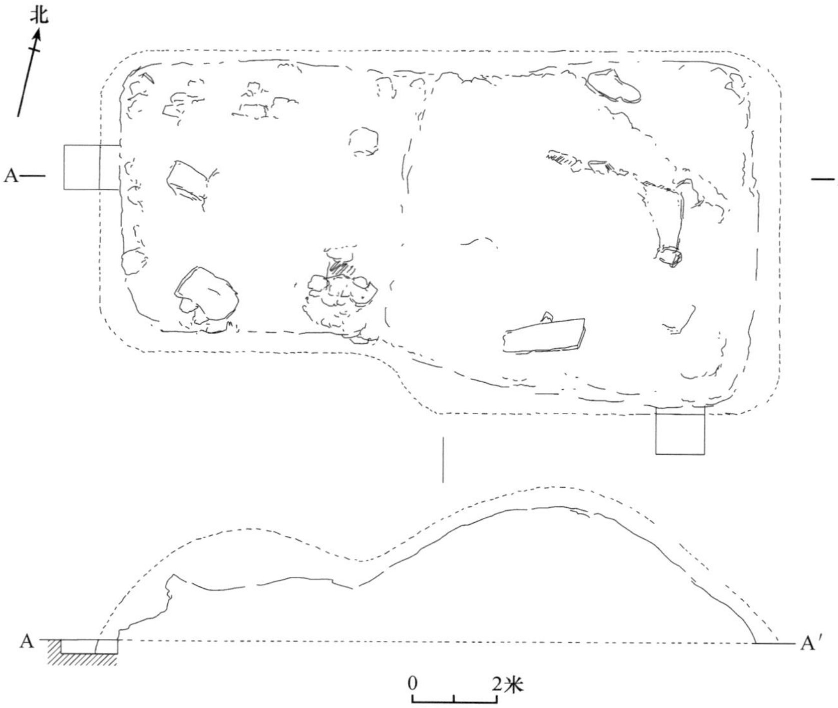


图一六七　JSM1328平、剖面图

JSM1336位于Ⅱ-5-1区东南部，西北侧距JSM1338约5米，东侧距JSM1325约4米。地理坐标为东经126°09′42.6″，北纬41°08′52.5″，海拔220.5米。墓葬整体呈丘状，东西长约3.4米，南北宽约2.6米，现存高度约0.6米。墓葬破坏严重，封土大量流失，墓上有4块较大的石块，推测应为砌筑墓室的石材。墓上还有少量小碎石块，尺寸在0.05米左右。在墓葬东侧和南侧各开一条探沟，封土为黄土，封土范围东侧在现东侧边缘外0.6米，南侧在现南侧边缘外0.6米（图一六八；图版三八，7）。

JSM1337位于Ⅱ-5-1区东南部，西北侧距JSM1336约4米，东侧距JSM1324约5米。地理坐标为东经126°09′42.8″，北纬41°08′52.1″，海拔220.5米。墓葬整体呈丘状，南北长约5.8米，东西宽约4.5米，现存高度约1.8米。墓葬封土流失严重，墓上布满石块，主要为山石，河卵石数量较少，尺寸为0.2～0.3米。在墓葬东侧和南侧各开一条探沟，封土为黄土，封土范围东侧在现东侧边缘外0.7米，南侧在现南侧边缘外0.3米（图一六九；图版三八，8）。

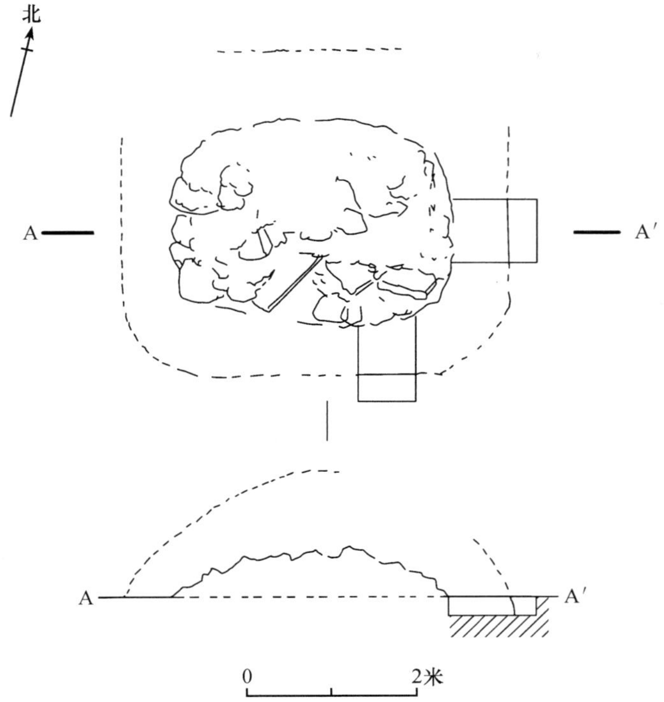


图一六八 JSM1336平、剖面图

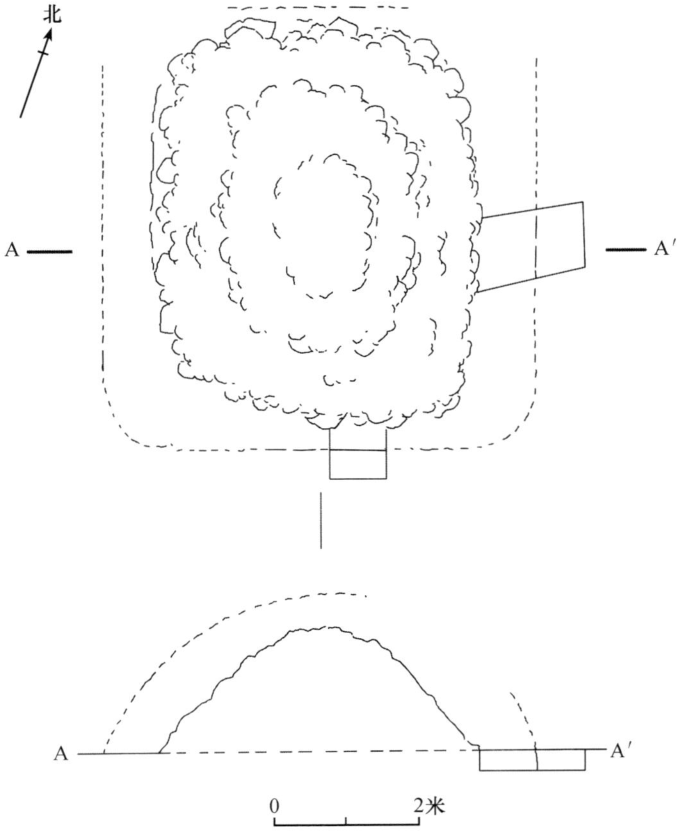


图一六九 JSM1337平、剖面图

JSM1338位于Ⅱ-5-1区东南部，东南侧距JSM1336约5米，东侧距JSM1321约4米。地理坐标为东经126°09′42.6″，北纬41°08′52.9″，海拔221米。墓葬整体呈丘状，东西长约5.1米，南北宽约3.2米，现存高度约1米。该墓破坏严重，封土大部分流失，墓表可见大量石块，以山石为主，墓上偏南侧有1块大石块，长约0.9米，厚0.1米，疑为盖顶石。在墓葬东侧和南侧各开一条探沟，封土为黄土，封土范围东北侧在现东北侧边缘外0.5米，西南侧在现西南侧边缘外0.7米（图一七〇；图版三九，1）。

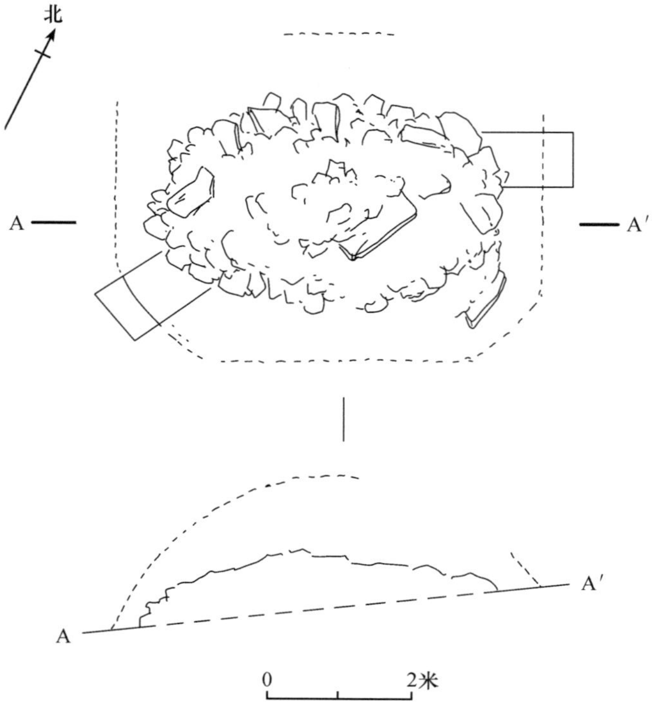


图一七〇　JSM1338平、剖面图

JSM1340位于Ⅱ-5-1区东南部，东北侧距JSM1338约7米，东南侧距JSM1341约2米。地理坐标为东经126°09′41.5″，北纬41°08′52.4″，海拔221米。墓葬整体呈丘状，东西长约8米，南北宽约4.7米，现存高度约0.9米。墓葬破坏严重，整体东高西低，疑为双室墓。东侧墓室的西端石条缺失，墓室洞开，盖顶石尚存，长约0.9米，厚0.2米。从开口处观察，墓室内堆积淤土，可见一层墓壁及一层抹角石，墓道朝南。西侧墓室完全被破坏。在墓葬西侧和南侧各开一条探沟，封土为黄土，封土范围西侧在现西侧边缘外0.5米，南侧在现南侧边缘外0.6米（图一七一；图版三九，2）。

JSM1341位于Ⅱ-5-1区东南部，西北侧距JSM1340约2米，西南侧距JSM1348约5米。地理坐标为东经126°09′41.7″，北纬41°08′52.1″，海拔221米。墓葬整体呈丘状，南北狭长，南北长约6.9米，东西宽约4.8米，现存高度约1.2米。墓葬封土流失严重，墓表布满石块，多为河卵石。墓上北、东两侧可见砌筑墓室的石材，所用石材均为花岗岩，两侧墓边各有散落的大石块。在墓葬东侧和南侧各开一条探沟，封土为黄土，封土范围东侧在现东侧边缘外0.6米，南侧在现南侧边缘内0.3米（图一七二；图版三九，3）。

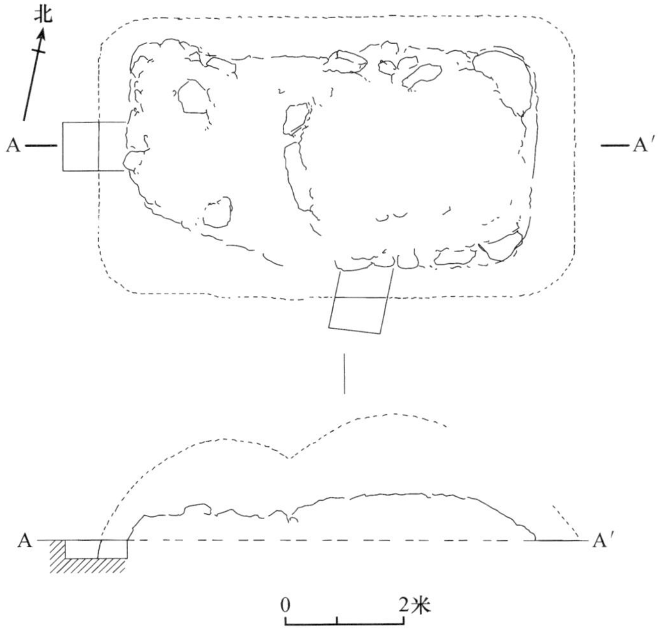


图一七一　JSM1340平、剖面图

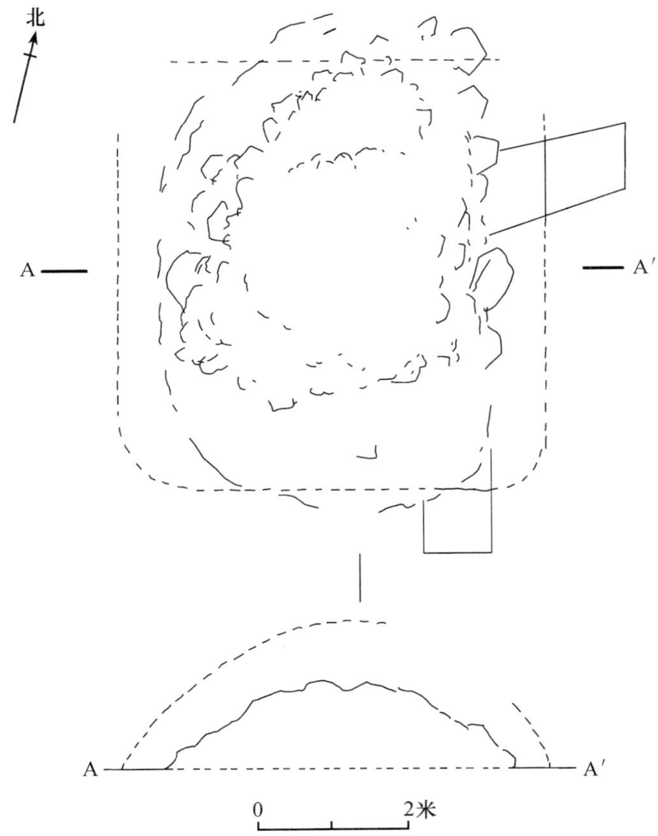


图一七二　JSM1341平、剖面图

JSM1344位于Ⅱ-5-1区东南部，东南侧距JSM1333约5米，西北侧距JSM1349约5米。地理坐标为东经126°09′42.1″，北纬41°08′51.2″，海拔220米。墓葬整体呈丘状，东西长约6.6米，南北宽约6.3米，现存高度约2米。墓葬封土流失严重，墓顶石块裸露，多为山石，大小不一。在墓的南侧可见部分砌筑墓室的石材。在墓葬西侧和南侧各开一条探沟，封土为黄土，封土范围西侧在现西侧边缘外0.5米，南侧在现南侧边缘外0.6米（图一七三；图版三九，4）。

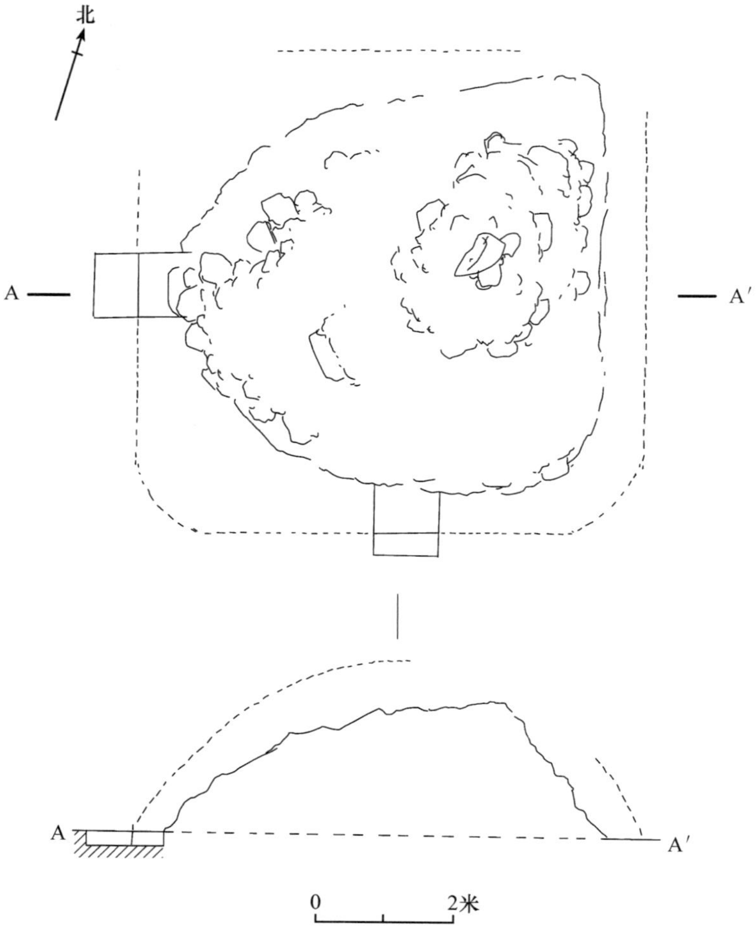

图一七三　JSM1344平、剖面图

JSM1345位于Ⅱ-5-1区东南部，东南侧距JSM1365约10米，西南侧距JSM-1345约5米。地理坐标为东经126°09′40.1″，北纬41°08′51.8″，海拔221米。墓葬整体呈丘状，东西长约7.1米，南北宽约6米，现存高度约1.5米。墓葬封土流失严重，墓顶石块裸露，墓顶盖顶石缺失，墓室洞开，可见墓室内北壁顶部一层砌石，西北角可见一层抹角石。墓上有大量小河卵石，尺寸为0.15米左右。在墓葬西侧和南侧各开一条探沟，封土为黄土，封土范围西侧在现西侧边缘外0.6米，南侧在现南侧边缘外0.6米（图一七四；图版三九，5）。

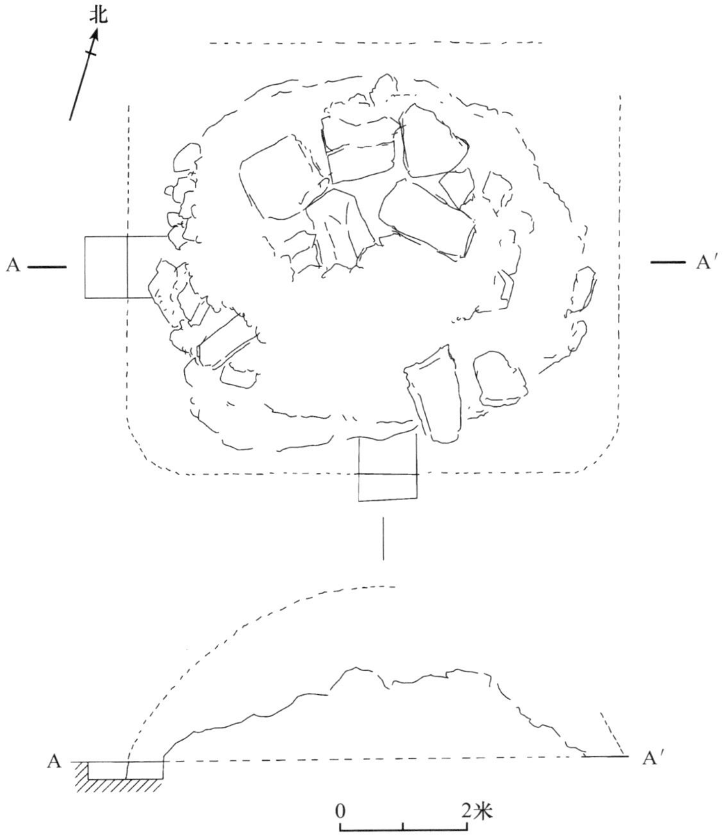


图一七四 JSM1345平、剖面图

JSM-1345位于Ⅱ-5-1区东南部，东北侧距JSM1345约5米，南侧距JSM1364约2米。地理坐标为东经126°09′39.8″，北纬41°08′51.9″，海拔221米。墓葬整体呈丘状，南北长约5.4米，东西宽约5.1米，现存高度约1.2米。墓葬封土流失严重，墓上可见大量大块山石和小河卵石。在墓南侧有1块长石条，疑为墓道盖顶石。在墓道盖顶石的东侧可见1块较大的石块，疑为墓室抹角石。在抹角石下方有一孔洞，从洞口观察墓室，墓室内堆积淤土，其余情况不明。根据墓道盖顶石位置推测，该墓应为刀形墓室。在墓葬北侧和东侧各开一条探沟，封土为黄土，封土范围北侧在现北侧边缘外0.6米，东侧在现东侧边缘外0.6米（图一七五；图版三九，6）。

JSM1349位于Ⅱ-5-1区东南部，东南侧距JSM1344约5米，西北侧距JSM1348约2米。地理坐标为东经126°09′41.8″，北纬41°08′51.6″，海拔220.5米。墓葬整体呈丘状，东西长约6.8米，南北宽约6.5米，现存高度约2米。墓葬封土流失严重，墓上南侧可见砌筑墓室的石材裸露在外，石材位移形成一个洞口，从洞口处观察墓室，墓室内堆积淤土与石块，可见两层墓室壁砌石及一层抹角石。墓上有大量小河卵石，尺寸在0.1米左右。在墓葬西侧和南侧各开一条探沟，封土为黄土，封土范围西侧在现西侧边缘外0.3米，南侧在现南侧边缘外0.5米（图一七六；图版三九，7）。

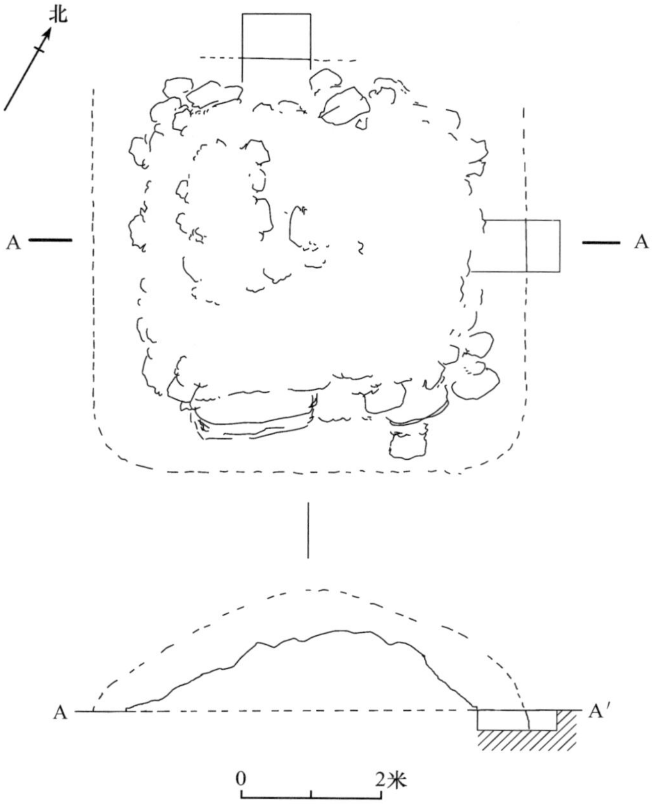


图一七五　JSM-1345平、剖面图

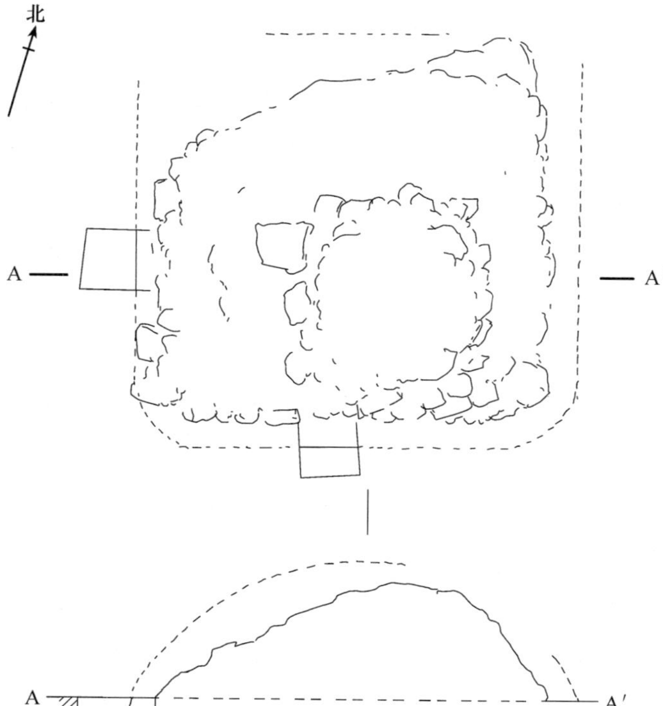


图一七六　JSM1349平、剖面图

JSM1364位于Ⅱ-5-1区东南部，北侧距JSM-1345约2米，西南侧距JSM1366约2米。地理坐标为东经126°09′39.8″，北纬41°08′51.6″，海拔220.5米。墓葬整体呈丘状，东西长约6.8米，南北宽约5.5米，现存高度约1.5米。墓葬封土流失严重，墓上可见大量石材，规格不等，多为较大的山石和小河卵石。在墓近顶部的西北处可见2块叠放的长石条，长度在1米以上，厚约0.2米，上面的1块疑为盖顶石。在墓的西南角也有2块较大的河卵石。在墓葬东侧和南侧各开一条探沟，封土为黄土，封土范围东侧在现东侧边缘外0.2米，南侧在现南侧边缘外0.8米（图一七七；图版三九，8）。

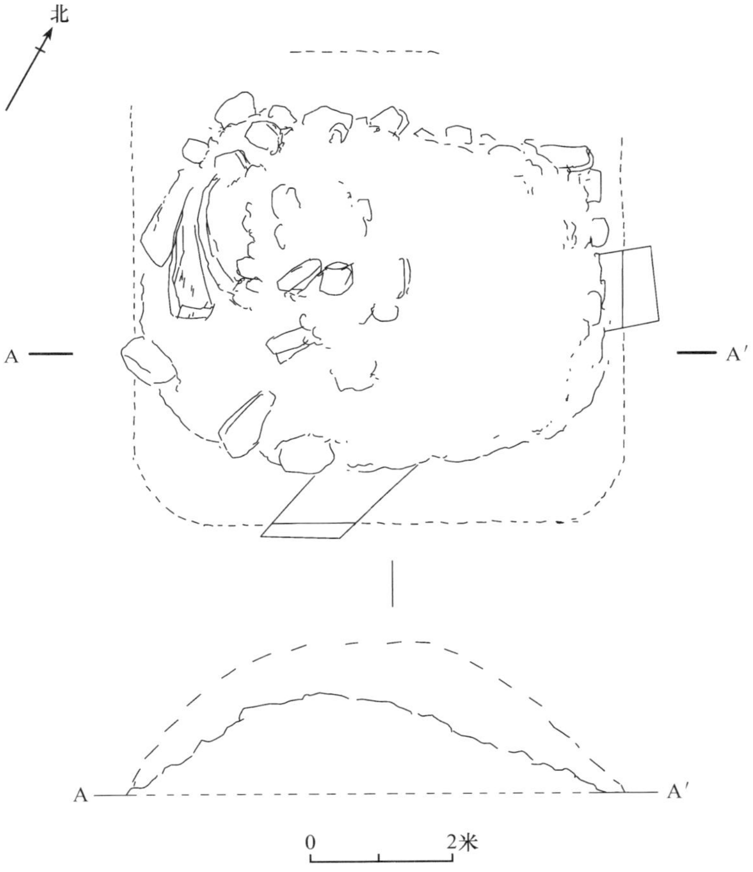

图一七七 JSM1364平、剖面图

JSM1365位于Ⅱ-5-1区东南部，南侧距JSM1347约1米，西北侧距JSM1345约10米。地理坐标为东经126°09′40.7″，北纬41°08′51.5″，海拔220.5米。墓葬整体呈丘状，东西长约4.9米，南北宽约3.3米，现存高度约0.9米。墓葬封土流失严重，墓上可见大量石块，多为河卵石。大的尺寸为0.3米，小的尺寸为0.05米。在墓葬东侧和南侧各开一条探沟，封土为黄土，封土范围东侧在现东侧边缘外0.7米，南侧在现南侧边缘外0.8米（图一七八；图版四〇，1）。

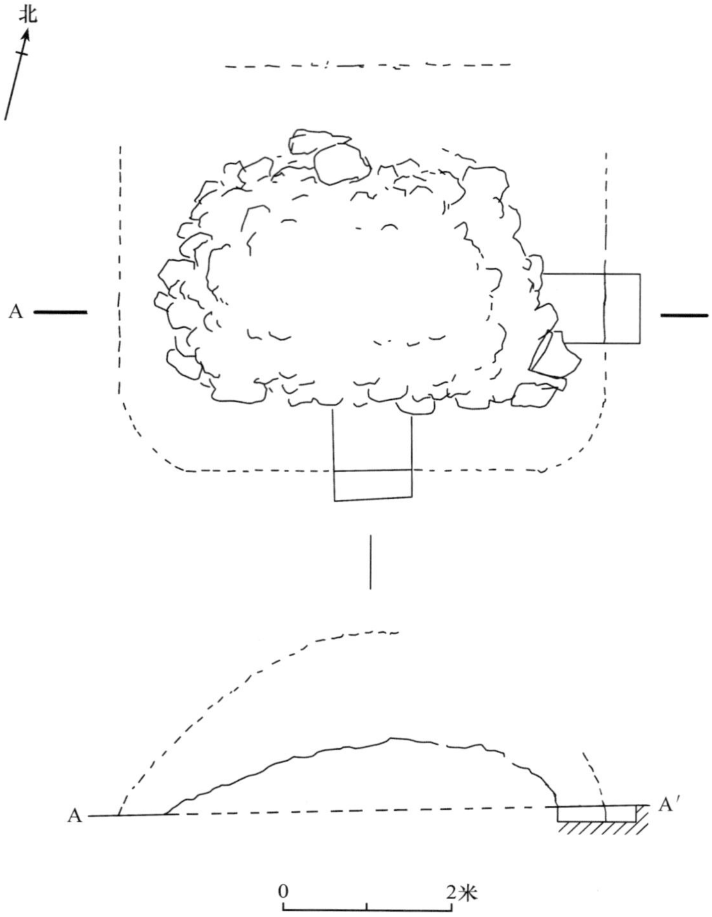


图一七八　JSM1365平、剖面图

JSM1366位于Ⅱ-5-1区东南部，南侧距JSM1371约4米，西南侧距JSM1369约3米。地理坐标为东经126°09′39.5″，北纬41°08′51.1″，海拔220.5米。墓葬整体呈丘状，东西长约5.6米，南北宽约5.4米，现存高度约1.6米。墓葬封土流失严重，墓上可见大量碎山石与河卵石。在墓上南侧中间位置可见2块叠放的大石块，可能为砌筑墓室石材。在墓葬东侧和南侧各开一条探沟，封土为黄土，封土范围东侧在现东侧边缘外0.7米，南侧在现南侧边缘外0.7米（图一七九；图版四〇，2）。

JSM1367位于Ⅱ-5-1区东南部，南侧距JSM1369约1米，东南侧距JSM1366约6米。地理坐标为东经126°09′38.9″，北纬41°08′51.2″，海拔220.5米。墓葬整体呈丘状，南北长约6.2米，东西宽约5.4米，现存高度约1.7米。墓葬封土流失严重，墓顶石材裸露，多为山石。在墓北侧有一洞口，但洞口较小难以观测墓室内部情况。在墓葬东侧和南侧各开一条探沟，封土为黄土，封土范围东侧在现东侧边缘外0.9米，南侧在现南侧边缘外0.4米（图一八〇；图版四〇，3）。

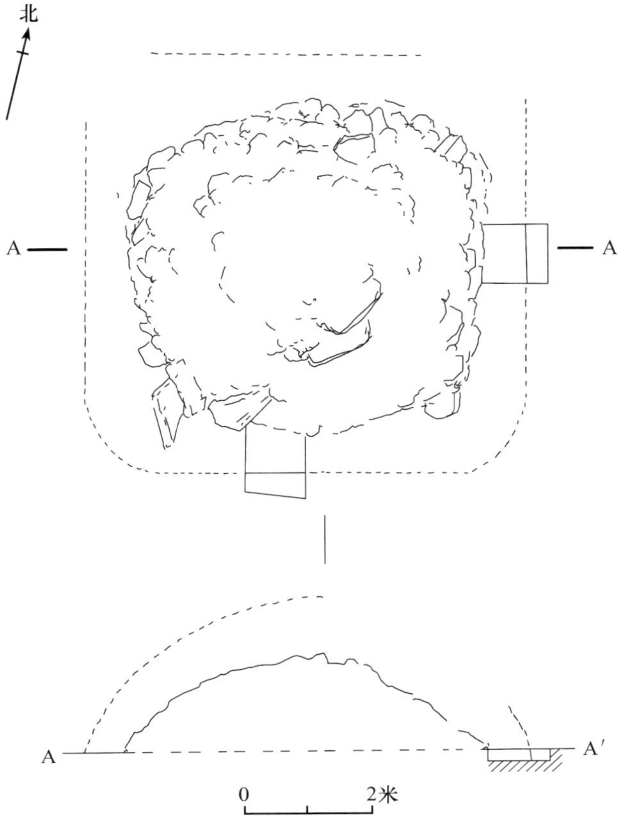


图一七九　JSM1366平、剖面图

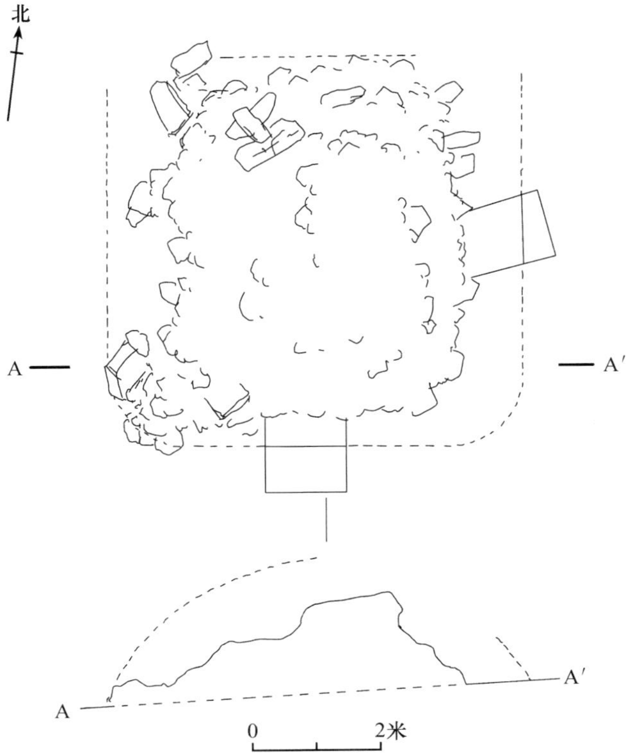


图一八〇　JSM1367平、剖面图

### （四）Ⅱ-5-3区

JSM1332位于Ⅱ-5-3区东北部，北侧距JSM1333约4米，东侧距JSM1331约2米。地理坐标为东经126°09′43.1″，北纬41°08′50.8″，海拔220米。墓葬整体呈丘状，南北长约8.1米，东西宽约7米，现存高度约2.1米。墓葬封土流失严重，墓顶可见盖顶石裸露，墓上东侧可见部分砌筑墓室的石材。墓上有大量河卵石和少量碎山石，主要分布在南半部，尺寸在0.2米左右。在墓葬东侧和南侧各开一条探沟，封土为黄土，封土范围东侧在现东侧边缘外0.6米，南侧与现南侧边缘基本一致（图一八一；图版四〇，4）。

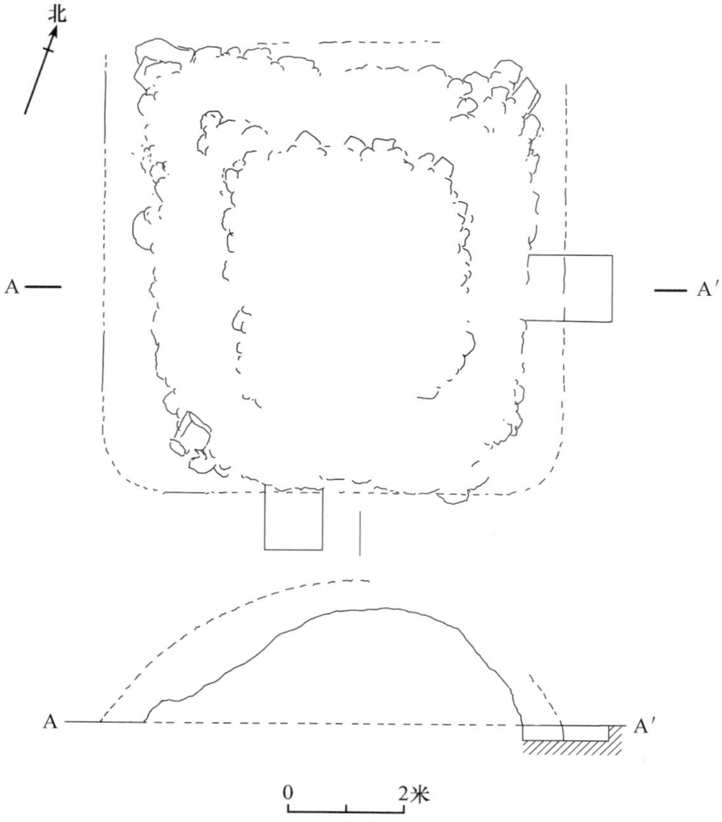


图一八一　JSM1332平、剖面图

JSM1350位于Ⅱ-5-3区东北部，西北侧距JSM1351约3米，西南侧距JSM1363约8米。地理坐标为东经126°09′41.8″，北纬41°08′50.6″，海拔220米。墓葬整体呈丘状，东西长约5.5米，南北宽约5.2米，现存高度约1.6米。墓葬封土流失严重，墓上北侧和东侧可见部分砌筑墓室的石材裸露在外，在墓上靠近北侧和西南部边缘各斜置1块较大的石块。墓上可见少量河卵石，尺寸在0.2米左右。在墓葬西侧和南侧各开一条探沟，封土为黄土，封土范围西侧在现西侧边缘外0.5米，南侧在现南侧边缘外0.9米（图一八二；图版四〇，5）。

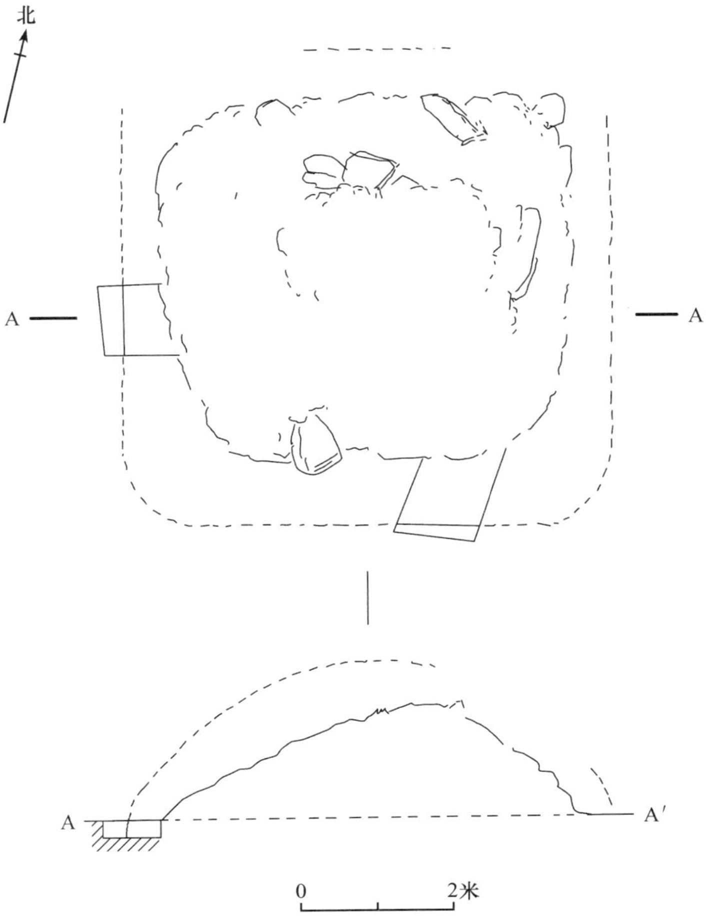


图一八二　JSM1350平、剖面图

JSM1352位于Ⅱ-5-3区东北部，东北侧距JSM1334约4米，东南侧距JSM1355约5米。地理坐标为东经126°09′42.4″，北纬41°08′50.8″，海拔220米。墓葬整体呈丘状，南北长约5.5米，东西宽约4.4米，现存高度约2米。墓葬封土流失严重，墓上石材裸露在外，多为未经加工的山石。墓道盖顶石尚可见1块，从盖顶石目前位置推测，墓道方向可能为南偏东。南侧墓边有1块长条形石材，疑为砌筑墓室的石材或墓道盖顶石。在墓葬东侧和南侧各开一条探沟，封土为黄土，封土范围东侧在现东侧边缘外0.8米，南侧在现南侧边缘外0.4米（图一八三；图版四〇，6）。

JSM1353位于Ⅱ-5-3区东北部，南侧距JSM1357约6米，西北侧距JSM1355约4米。地理坐标为东经126°09′43.1″，北纬41°08′50.3″，海拔220米。墓葬整体呈丘状，南北长约9.2米，东西宽约7米，现存高度约2.2米。墓葬封土流失严重，墓上西侧有1块大山石，部分裸露在外，可能为砌筑墓室的石材，墓上可见大量河卵石，尺寸为0.1～0.3米。在墓葬东侧和南侧各开一条探沟，封土为黄土，封土范围东侧在现东侧边缘外1米，南侧在现南侧边缘外1米（图一八四；图版四〇，7）。

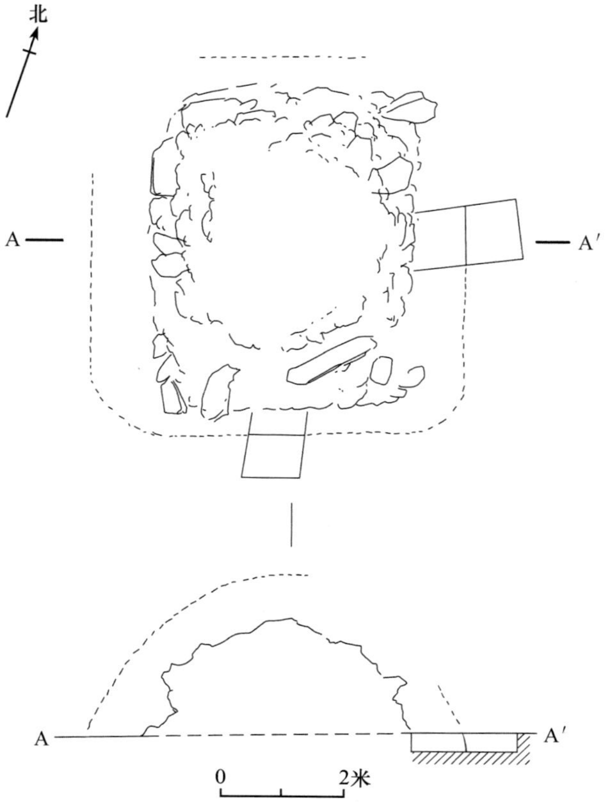


图一八三　JSM1352平、剖面图

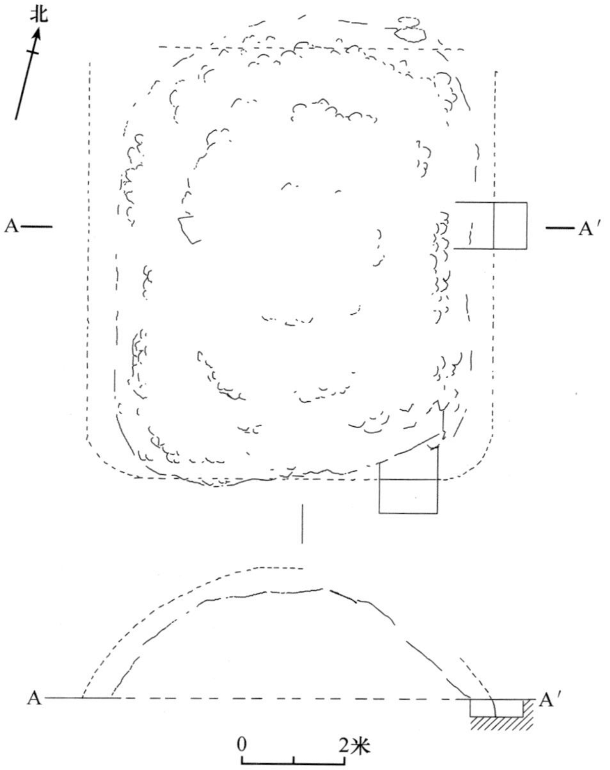


图一八四　JSM1353平、剖面图

在东侧探沟内出土1件铁棺环。2016JSM1353：1，铁棺环。锈蚀，完整。锻制。圆形铁环，铁环上连一分钉，分钉为一根对折的铁条，钉脚向两侧弯折，连接铁环处较宽，钉身略细，钉脚前端略弯折。靠近铁环处有一圆形大挡片，靠近钉脚处有一圆形小挡片。铁环外径7.5、内径5.5、断面直径1厘米。分钉钉身长8.3、宽0.6～0.8、厚0.5厘米，钉脚长2、宽0.5厘米，大挡片直径6.5厘米，小挡片直径2.5厘米（图一八五；图版五八，8）。

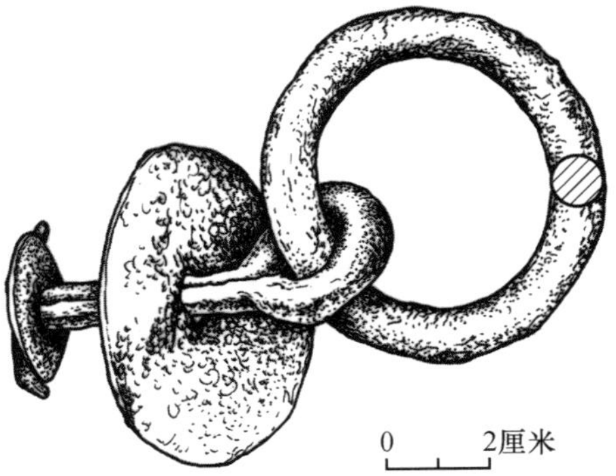

图一八五　铁棺环（2016JSM1353：1）

JSM1355位于Ⅱ-5-3区东北部，东南侧距JSM1353约4米，西北侧距JSM1352约5米。地理坐标为东经126°09′42.6″，北纬41°08′50.4″，海拔220米。墓葬整体呈丘状，南北长约5.5米，东西宽约5.5米，现存高度约2.2米。墓葬封土流失严重，砌筑墓室的石材裸露在外，北、东、西三面可见逐层垒砌的墓室石材。墓上可见大量山石和河卵石，河卵石较小，尺寸多在0.1～0.2米，山石稍大，尺寸为0.3～0.4米。在墓葬西侧和南侧各开一条探沟，封土为黄土，封土范围西侧在现西侧边缘外0.5米，南侧在现南侧边缘外0.5米（图一八六；图版四〇，8）。

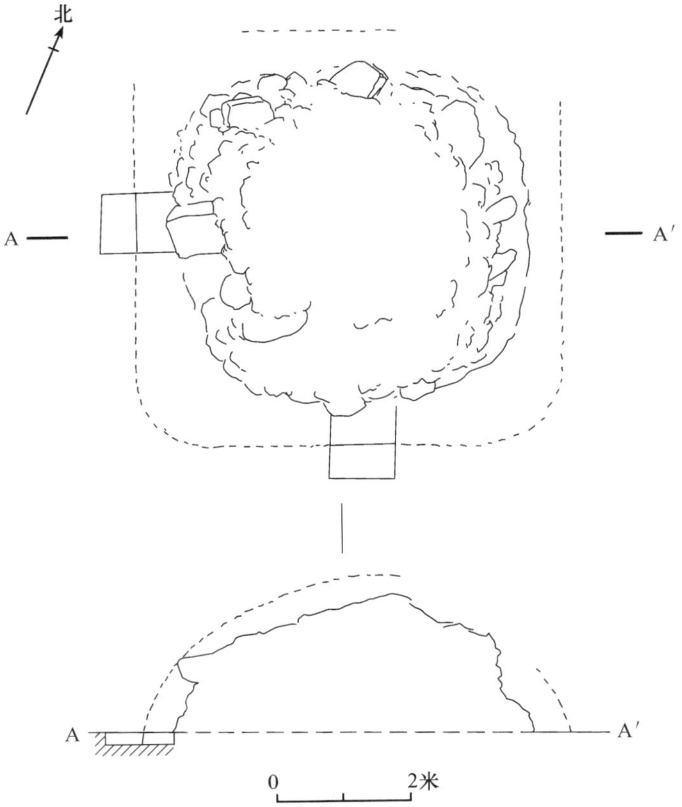

图一八六　JSM1355平、剖面图

JSM1356位于Ⅱ-5-3区东北部，西侧距JSM1360约1米，东南侧距JSM1357约4米。地理坐标为东经126°09′43.5″，北纬41°08′49.6″，海拔220米。墓葬整体呈丘状，东西长约7.6米，南北宽约7.5米，现存高度约3.1米。该墓为双室墓，墓室南北排列。墓葬封土流失严重，南、北墓室均裸露在外。北侧墓室破坏较为严重，墓室洞开，墓顶残存1块盖顶石，尺寸为1.5米×0.9米×0.4米。盖顶石下可见抹角石。从开口处可以观察到墓室内堆积大量淤土和石块，仅可看见墓室壁上部一层砌石，砌筑墓室的石材多为未经加工的山石。墓道西向，墓道盖顶石尚存。南侧墓室的顶部残留1块盖顶石，尺寸为1.7米×1.3米×0.3米。墓上南侧可见砌筑墓室的石材。墓道西向，可见砌筑墓道的石材，石材多为未经加工的山石。在墓葬东侧和南侧各开一条探沟，封土为黄土，封土范围东侧在现东侧边缘外0.4米，南侧在现南侧边缘外0.4米（图一八七；图版四一，1）。

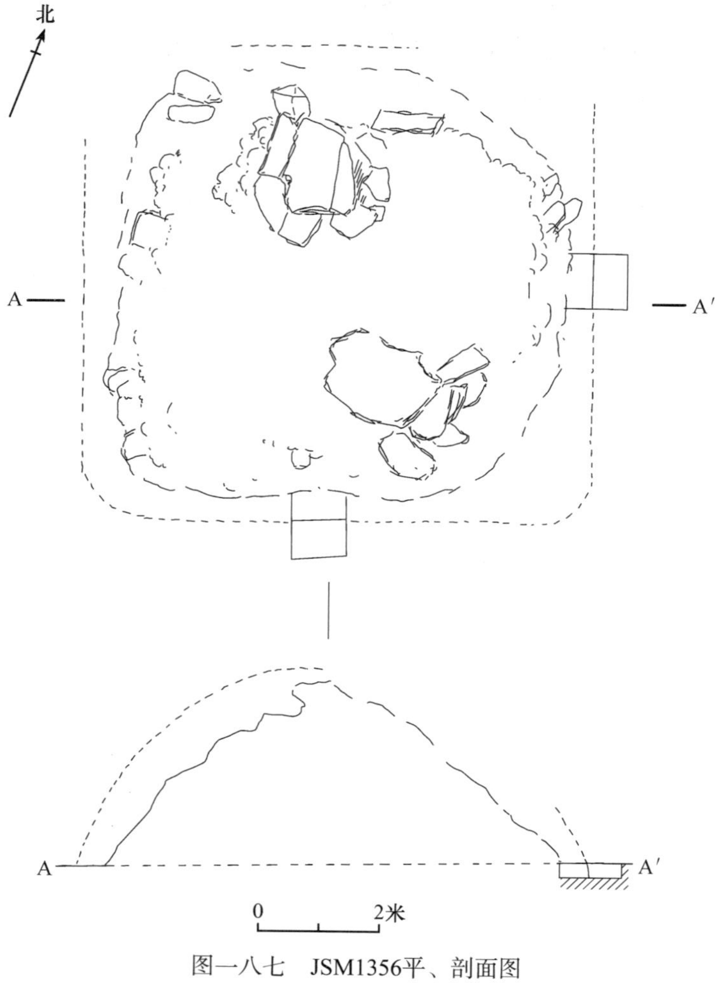


图一八七　JSM1356平、剖面图

JSM1357位于Ⅱ-5-3区东北部，西北侧距JSM1356约4米，南侧距JSM1359约5米。地理坐标为东经126°09′43.4″，北纬41°08′49.8″，海拔220米。墓葬整体呈丘状，南北长约6.7米，东西宽约6.4米，现存高度约1.4米。该墓为双室墓，墓室东西排列。墓葬封土流失严重，墓上遍布河卵石。东侧墓室破坏严重，盖顶石坍塌，墓室洞开。尚残存1块盖顶石，长1.7米，厚0.3米。从开口处观察，墓室内堆积淤土及石块，可见墓室东壁顶部三层砌石，西壁和北壁顶部各一层砌石，石材错缝砌筑，多为稍经加工的山石。墓室东西长约1.5米。西侧墓室残存2块盖顶石，从石块间的缝隙处可以观察到墓室内堆积淤土，其余情况不明。墓葬西南角边缘有1块长条形石材，推测可能为西侧墓室的墓道盖顶石。在墓葬西侧和南侧各开一条探沟，封土为黄土夹小河卵石，封土范围西侧在现西侧边缘外0.3米，南侧在现南侧边缘外0.5米（图一八八；图版四一，2）。

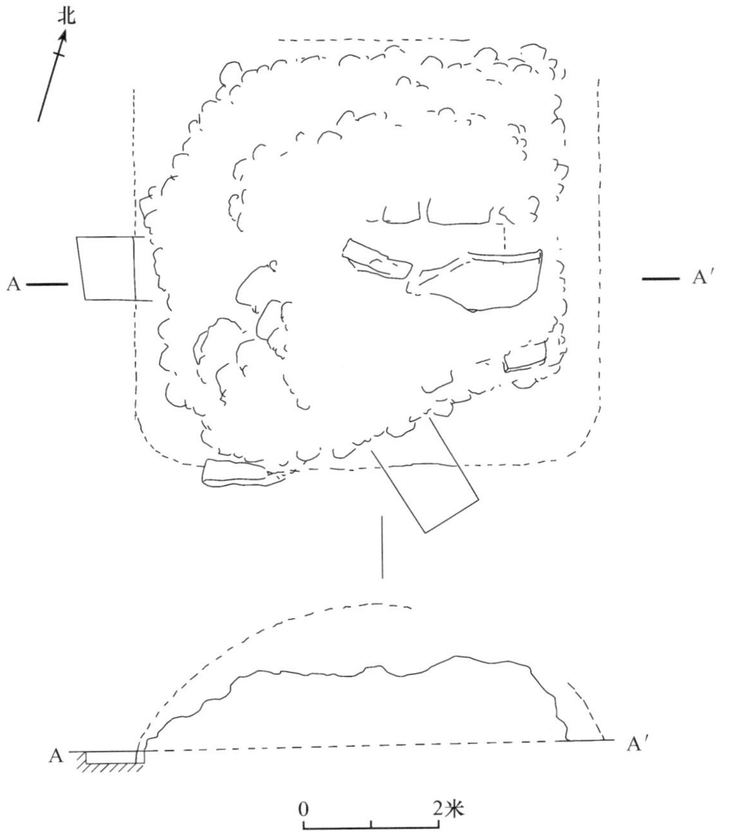

图一八八　JSM1357平、剖面图

JSM1360位于Ⅱ-5-3区东北部，西南侧距JSM1361约1米，东侧距JSM1356约1米。地理坐标为东经126°09′42.5″，北纬41°08′49.8″，海拔220米。墓葬整体呈方台状，南北长约6.8米，东西宽约5.3米，现存高度约0.7米。墓葬封土流失严重，墓顶部较平，石材裸露，多为河卵石。在墓南侧边缘有3块较大的石块。在墓葬东侧和南侧各开一条探沟，封土为黄土，封土范围东侧在现东侧边缘外0.8米，南侧在现南侧边缘外0.1米。南侧探沟内有4块石块，其中西侧3块南北呈一行排列，通长约0.8米（图一八九；图版四一，3）。

JSM1361位于Ⅱ-5-3区东北部，西北侧距JSM1362约5米，西南侧距JSM1383约2米。

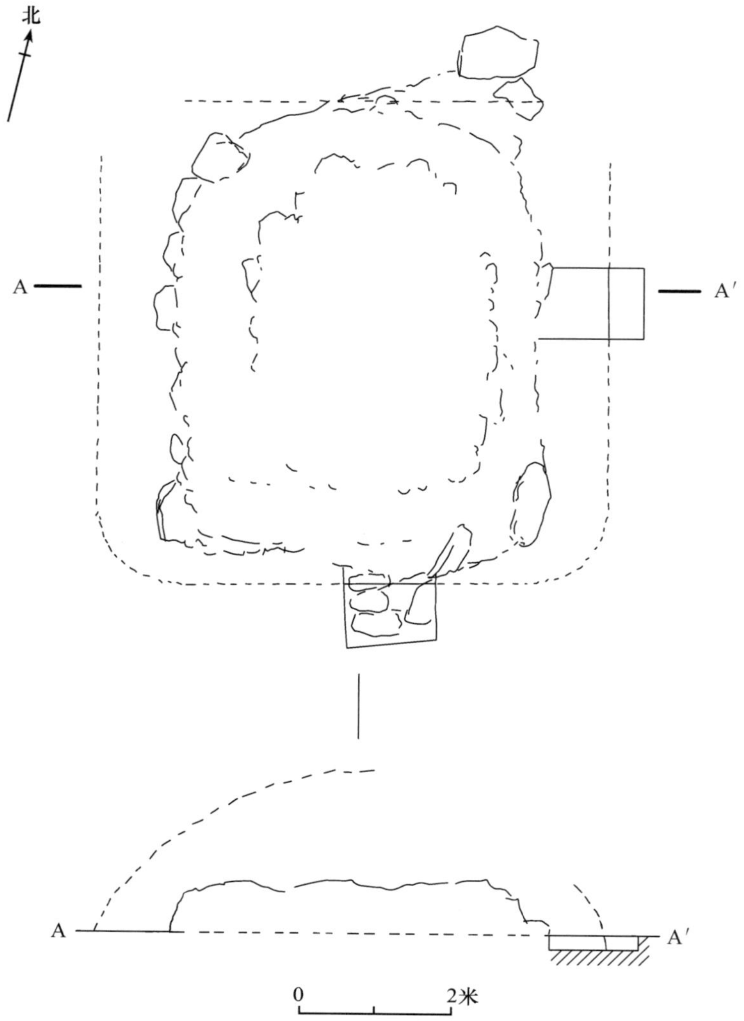


图一八九　JSM1360平、剖面图

地理坐标为东经126°09′42.3″，北纬41°08′49.5″，海拔220米。墓葬整体呈丘状，南北长约5.7米，东西宽约5.6米，现存高度约1.9米。墓葬封土流失严重，墓上石块大量裸露，多为河卵石。墓北侧可见部分砌筑墓室的石材。墓南侧偏西有1块石条，疑为墓道盖顶石，长1.3米，厚0.3米。若该石条为墓道盖顶石，根据其位置推测，墓室可能为刀形。在墓葬北侧和东侧各开一条探沟，封土为黄土，封土范围北侧在现北侧边缘外0.6米，东侧在现东侧边缘外0.4米（图一九〇；图版四一，4）。

JSM1362位于Ⅱ-5-3区东北部，西北侧距JSM1363约10米，东南侧距JSM1361约5米。地理坐标为东经126°09′42.2″，北纬41°08′49.6″，海拔220米。墓葬整体呈丘状，东西长约6.8米，南北宽约5.6米，现存高度约1.7米。墓葬封土流失严重，墓上大量石块裸露，多为河卵石。墓南、北两侧可见部分砌筑墓室的石材。在墓葬西侧和南侧各开一条探沟，封土为黄土，封土范围西侧在现西侧边缘外0.3米，南侧在现南侧边缘外0.8米（图一九一；图版四一，5）。

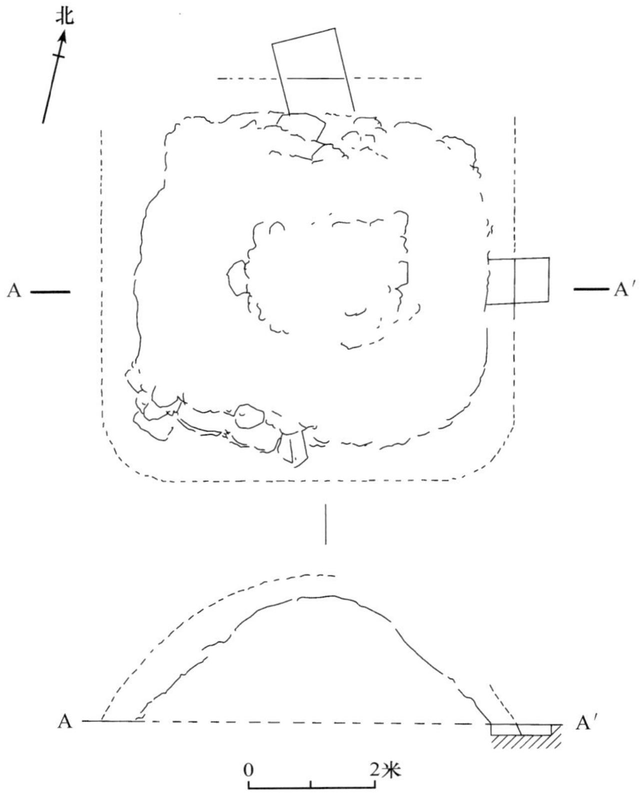


图一九〇 JSM1361平、剖面图

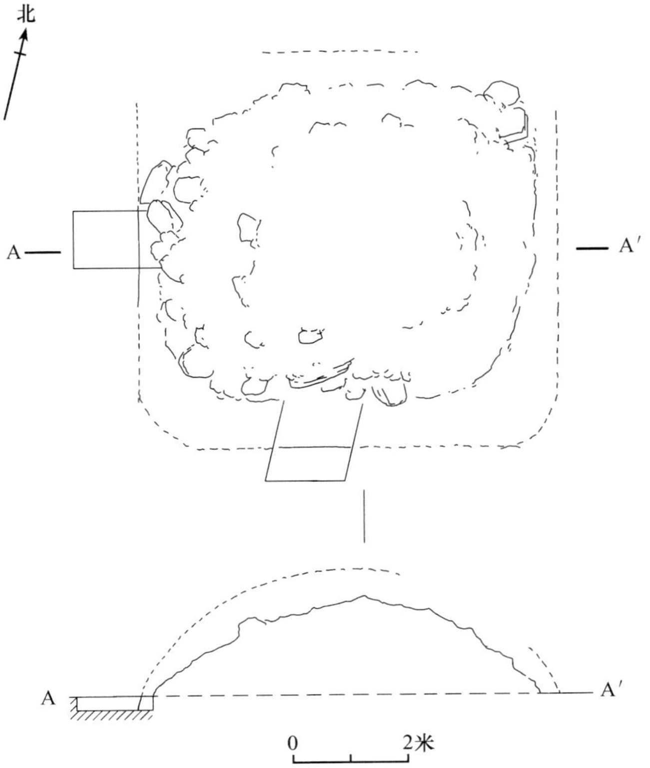


图一九一 JSM1362平、剖面图

JSM1363位于Ⅱ-5-3区东北部，东北侧距JSM1350约8米，东南侧距JSM1362约10米。地理坐标为东经126°09′41.5″，北纬41°08′50.1″，海拔220米。墓葬东西长约2.7米，南北宽约2.2米，现存高度约0.6米。墓葬破坏严重，仅保留由石块堆积而成的丘状石堆。在石堆西侧有1块较大的石块，尺寸为1.3米×0.5米×0.2米。在墓葬北侧和东侧各开一条探沟，封土为黄土，封土范围北侧在现北侧边缘外1米，东侧在现东侧边缘外1米（图一九二；图版四一，6）。

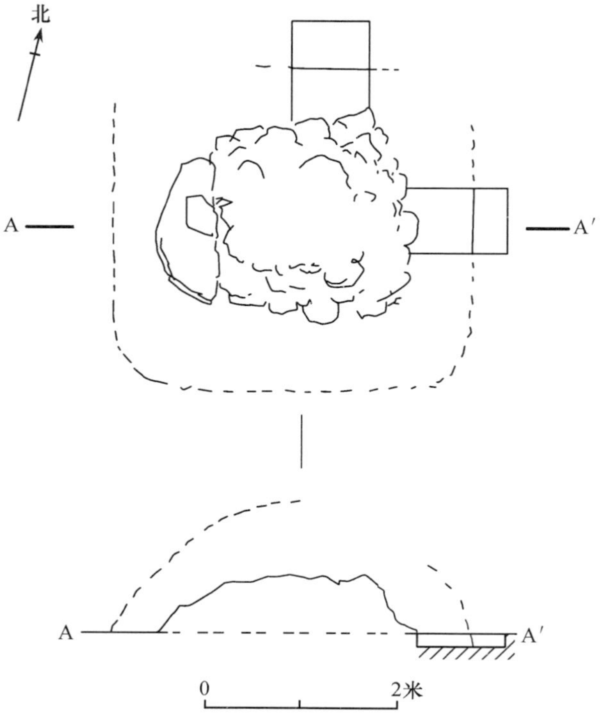

图一九二　JSM1363平、剖面图

JSM1368位于Ⅱ-5-3区东北部，东北侧距JSM1378约2米，西北侧距JSM-1389约3米。地理坐标为东经126°09′39.0″，北纬41°08′49.4″，海拔220米。墓葬整体呈丘状，东西长约5.5米，南北宽约5米，现存高度约1.3米。墓葬封土流失严重，墓顶石材裸露。在墓南侧有1块扁长的大石块。在墓葬北侧和西侧各开一条探沟，封土为黄土，封土范围北侧在现北侧边缘外0.7米，西侧在现西侧边缘外0.4米（图一九三；图版四一，7）。

JSM1368A位于Ⅱ-5-3区东北部，北侧距JSM-1389约1.5米，西南侧距JSM1401约2米。地理坐标为东经126°09′38.7″，北纬41°08′49.4″，海拔220米。墓葬整体呈丘状，南北长约6米，东西宽约3.7米，现存高度约0.9米。墓葬封土流失严重，墓上可见大量河卵石。在墓顶北侧可见2块较大的石块，厚约0.25米，可能为砌筑墓室的石材。在墓葬东侧和南侧各开一条探沟，封土为黄土夹小河卵石，封土范围东侧在现东侧边缘外0.7米，南侧在现南侧边缘位置（图一九四；图版四一，8）。

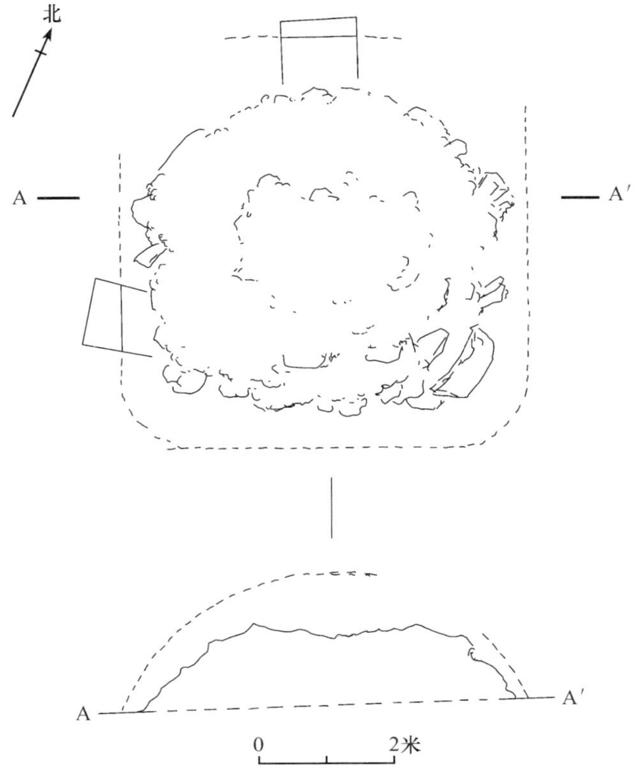


图一九三 JSM1368平、剖面图

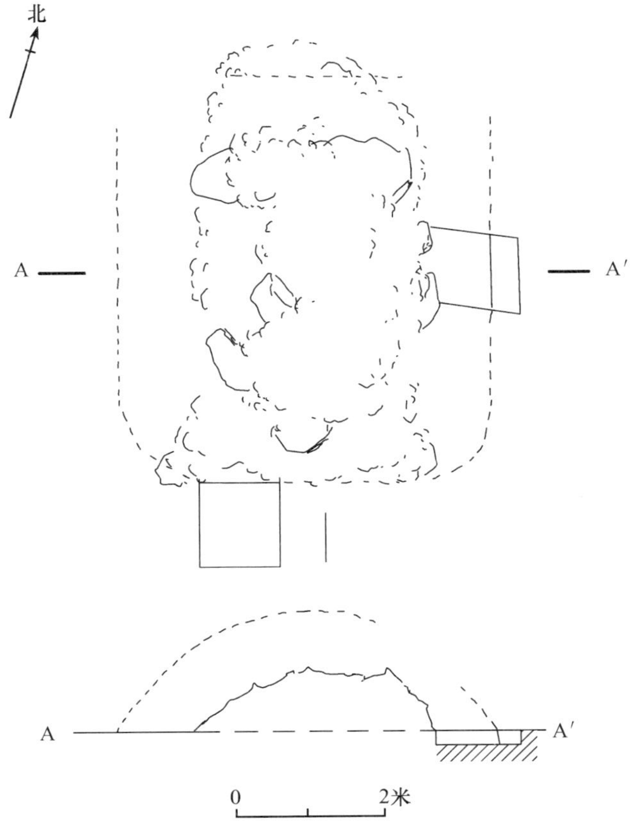


图一九四 JSM1368A平、剖面图

JSM1369位于Ⅱ-5-3区东北部，东北侧距JSM1366约3米，北侧距JSM1367约1米。地理坐标为东经126°09′39.0″，北纬41°08′50.9″，海拔220.5米。墓葬整体呈丘状，东西长约7.2米，南北宽约5.2米，现存高度约1.5米。墓葬封土流失严重，墓顶石块裸露，多为山石，石材尺寸为0.3米左右。在墓上东北角可见砌筑墓室的石材。在墓葬北侧和东侧各开一条探沟，封土为黄土，封土范围北侧在现北侧边缘外0.6米，东侧在现东侧边缘外0.4米（图一九五；图版四二，1）。

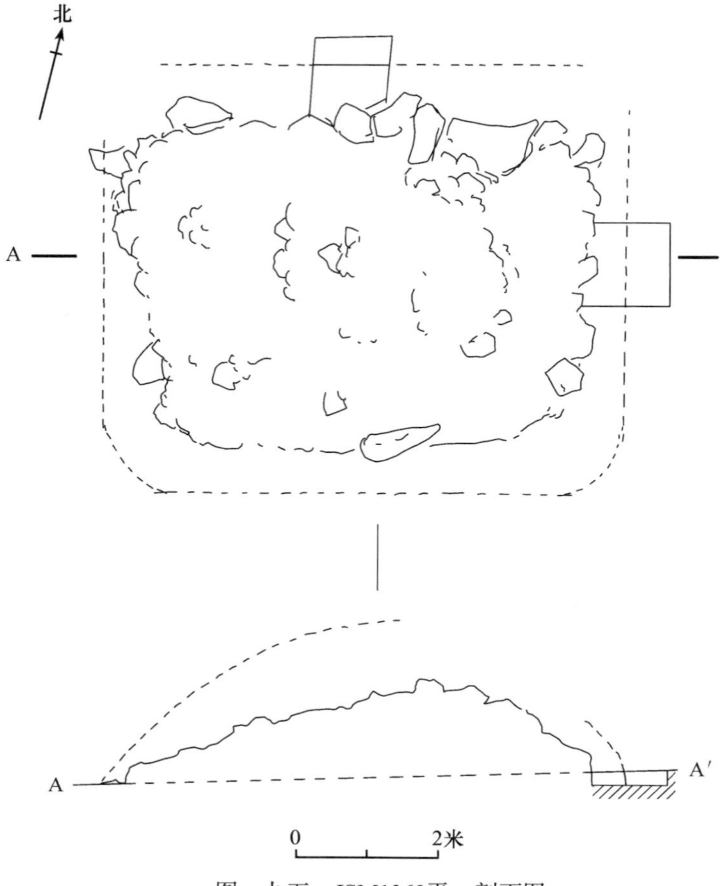


图一九五　JSM1369平、剖面图

JSM1370位于Ⅱ-5-3区东北部，西侧距JSM1389约3米，东北侧距JSM1371约3米。地理坐标为东经126°09′39.4″，北纬41°08′50.4″，海拔220米。墓葬整体呈丘状，南北长约7米，东西宽约5.2米，现存高度约1.5米。墓葬封土流失严重，墓上可见大量河卵石。墓顶盖顶石缺失，墓室洞开。从开口处可以观察到墓室内堆积淤土及大石条，墓室平面为刀形，墓道朝南。墓室长约2.2米，宽约1.5米，深约1米。墓室壁砌筑得较为规整，可见四层墓壁砌石及一层抹角石，石材为石灰岩与花岗岩，砌筑墓壁的石条经过精细加工，朝向墓室一面的尺寸长约1.2米，厚0.2米。墓道内堆积淤土及石块，宽约0.8米。墓西侧砌筑墓室的石材裸露在外，石材垒砌整齐。在墓葬西侧和南侧各开一条探沟，封土为黄土，封土范围西侧在现西侧边缘外1米，南侧在现南侧边缘外0.6米（图一九六；图版四二，2）。

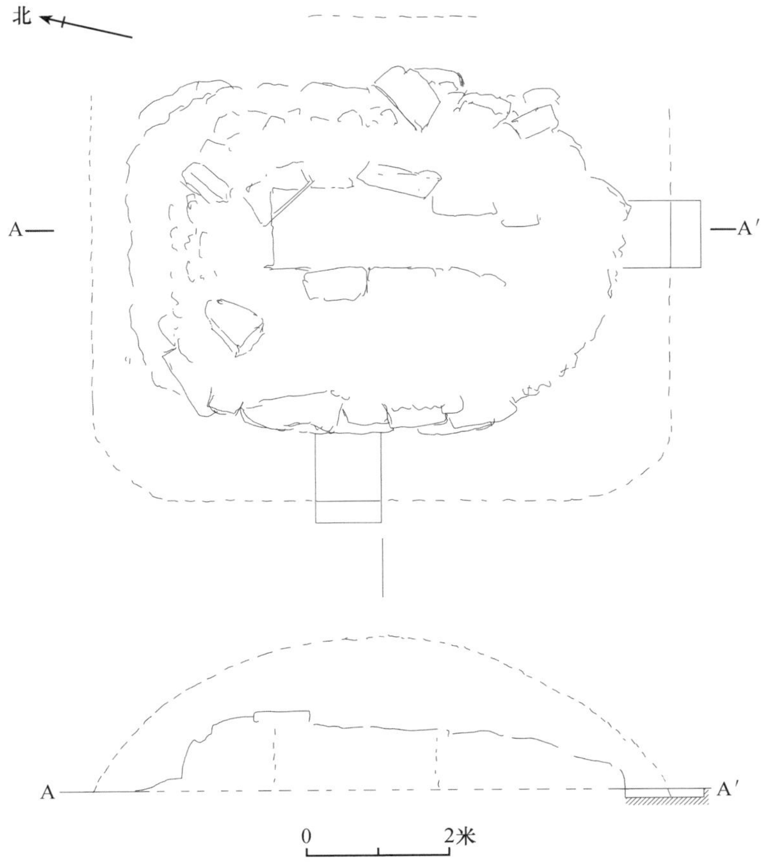


图一九六 JSM1370平、剖面图

JSM1371位于Ⅱ-5-3区东北部，西南侧距JSM1370约3米，东南侧距JSM1372约3米。地理坐标为东经126°09′39.5″，北纬41°08′50.7″，海拔220米。墓葬整体呈丘状，东西长约7.4米，南北宽约6.7米，现存高度约2米。墓葬封土流失严重，墓上可见少量石材，石材为河卵石和碎山石。墓顶裸露，已遭破坏，盖顶石塌落，可以观察到墓室内堆积淤土与石块，可见盖顶石及抹角石，北壁可见三至四层砌石，东壁可见三至四层砌石，东壁以白灰勾缝，砌筑墓室石材多为山石。盖顶石为不规则形，长约2米，宽1.4～1.5米，厚0.12～0.13米。在墓葬东侧和南侧各开一条探沟，封土为黄土，封土范围东侧在现东侧边缘外0.6米，南侧在现南侧边缘外0.6米（图一九七；图版四二，3）。

JSM1372位于Ⅱ-5-3区东北部，西侧距JSM1370约3米，西北侧距JSM1371约3米。地理坐标为东经126°09′39.7″，北纬41°08′50.4″，海拔220米。墓葬整体呈丘状，东西长约5.5米，南北宽约5米，现存高度约1.7米。墓葬封土流失严重，墓顶石块裸露。墓顶东侧还保留着1块盖顶石，长约1.8米，厚0.2米。从墓顶开口处可以观察到墓室内堆积淤土与石块，墓室为铲形，可见四层墓室壁砌石及一层抹角石。墓道为西向，墓道盖顶石尚存。在墓葬北侧和西侧各开一条探沟，封土为黄土，封土范围北侧在现北侧边缘外0.6米，西侧在现西侧边缘外0.4米（图一九八；图版四二，4）。

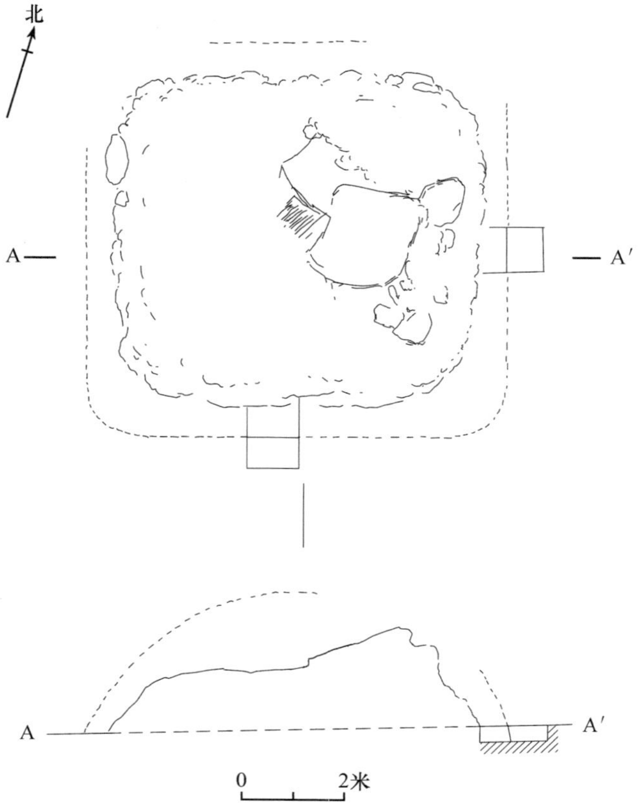


图一九七　JSM1371平、剖面图

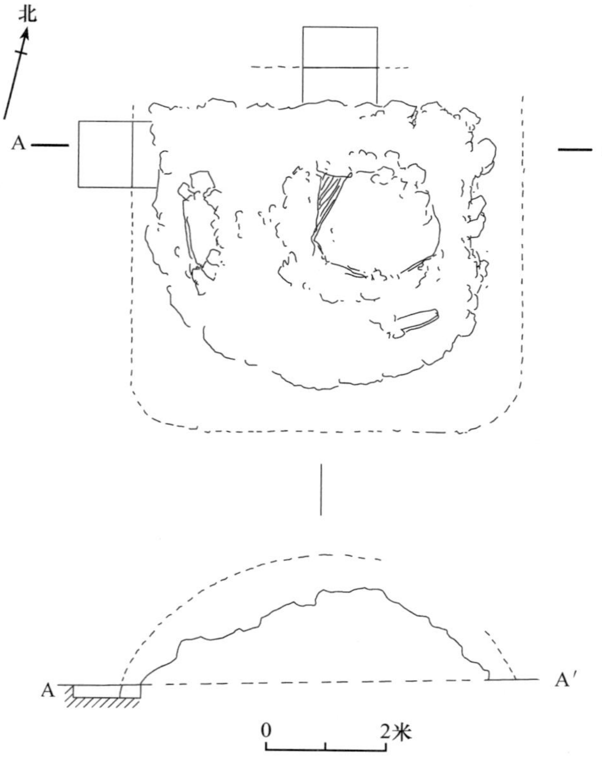


图一九八　JSM1372平、剖面图

JSM1373位于Ⅱ-5-3区东北部，西侧距JSM1372约2米，东南侧距JSM1374约1米。地理坐标为东经126°09′40.0″，北纬41°08′50.5″，海拔220米。墓葬整体呈丘状，东西长约6.2米，南北宽约5.8米，现存高度约1.5米。墓葬封土流失严重，墓上可见大量石材，有碎山石和河卵石。墓顶盖顶石部分裸露在外，石材为石灰岩。在墓葬西侧和南侧各开一条探沟，封土为黄土，封土范围西侧在现西侧边缘外0.3米，南侧在现南侧边缘外0.5米（图一九九；图版四二，5）。

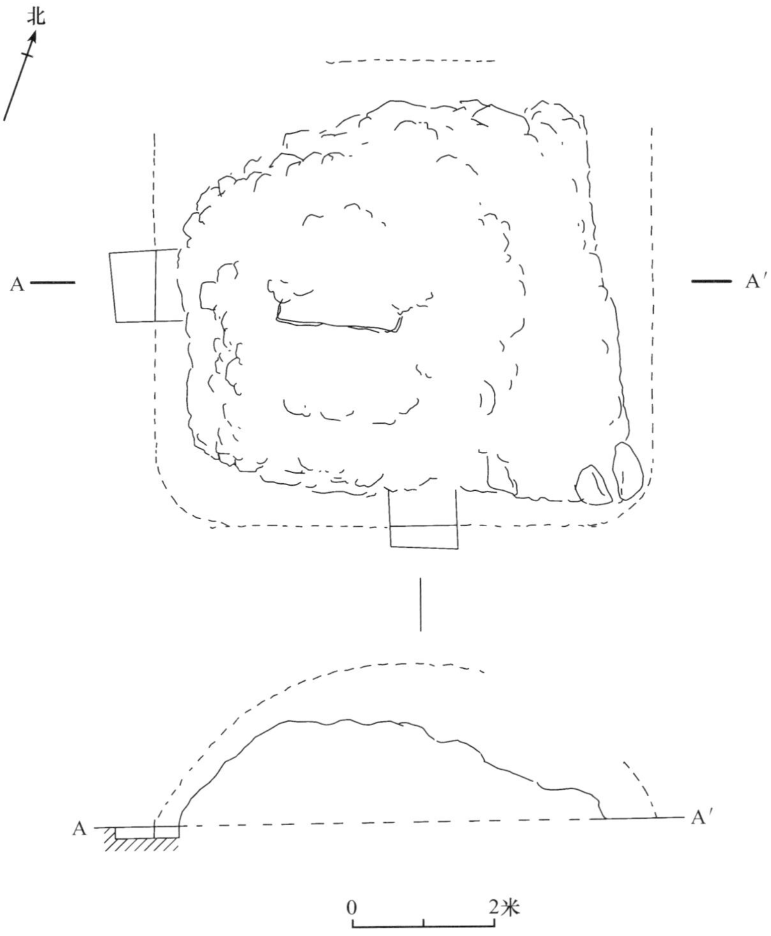

图一九九　JSM1373平、剖面图

JSM1374位于Ⅱ-5-3区东北部，西北侧距JSM1373约1米，东南侧与JSM1375相连接。地理坐标为东经126°09′40.3″，北纬41°08′50.5″，海拔220米。该墓与JSM1375整体呈马鞍状，两墓墓室位置较高，中间连接处较低。该墓葬呈丘状，东西长约7.3米，南北宽约5.8米，现存高度约2米。墓葬封土流失严重，墓顶石块裸露，石块大小不一，多为河卵石。表面可见砌筑墓室的石材。南侧可见大石条，疑为墓道盖顶石。在墓葬西侧和南侧各开一条探沟，封土为黄土，封土范围西侧在现西侧边缘外0.6米，南侧在现南侧边缘外0.7米（图二〇〇；图版四二，6）。

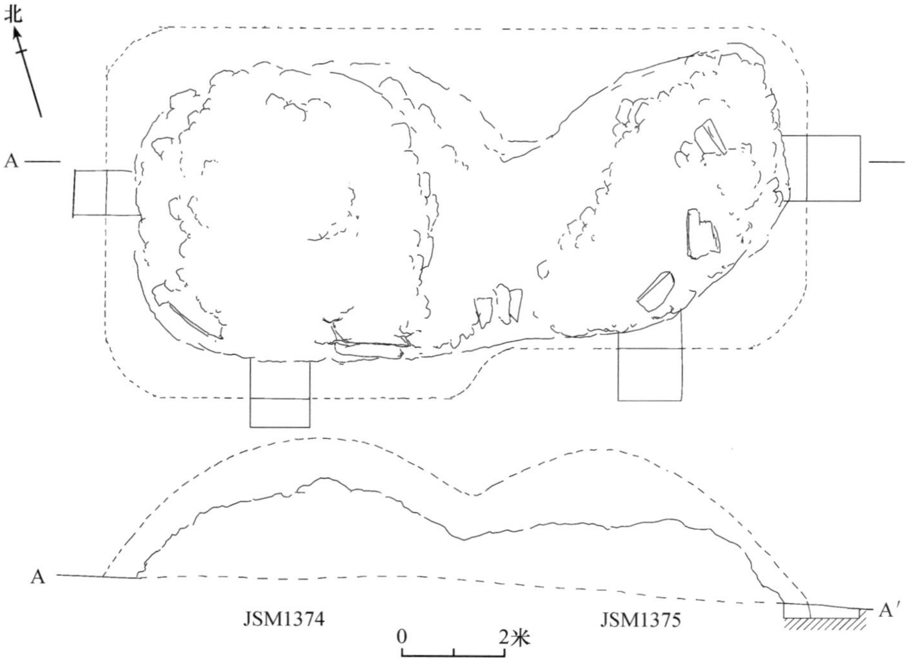


图二〇〇　JSM1374、JSM1375平、剖面图

JSM1375位于Ⅱ-5-3区东北部，西北侧与JSM1374相连接，东北侧距JSM1347约3米。地理坐标为东经126°09′40.7″，北纬41°08′50.4″，海拔220米。该墓与JSM1374整体呈马鞍状，两墓墓室位置较高，中间连接处较低。墓葬呈丘状，南北长约5.1米，东西宽约5.1米，现存高度约1.5米。墓葬封土流失严重，墓顶石块裸露，石块大小不一，多为河卵石。表面可见砌筑墓室的石材。南侧可见大石条，疑为墓道盖顶石。在墓葬东侧和南侧各开一条探沟，封土为黄土，封土范围东侧在现东侧边缘外0.3米，南侧在现南侧边缘外0.6米（图二〇〇；图版四二，6）。

JSM1376位于Ⅱ-5-3区东北部，西北侧距JSM1379约5米，北侧距JSM1374约3米。地理坐标为东经126°09′40.3″，北纬41°08′49.9″，海拔220米。墓葬整体呈丘状，东西长约5.7米，南北宽约5.4米，现存高度约1.7米。墓葬封土流失严重，墓上可见大量河卵石。墓上东侧可见砌筑墓室的石材。在墓南侧尚保存1块大长石条，疑为墓道盖顶石。在墓葬东侧和南侧各开一条探沟，封土为黄土，封土范围东侧在现东侧边缘外0.6米，南侧在现南侧边缘外0.5米（图二〇一；图版四二，7）。

JSM1377位于Ⅱ-5-3区东北部，北侧距JSM1379约5米，东南侧距JSM1380约1.5米。地理坐标为东经126°09′39.8″，北纬41°08′49.6″，海拔220米。墓葬整体呈丘状，东西长约6.6米，南北宽约4.3米，现存高度约1.5米。墓葬封土流失严重，砌筑墓室的石材裸露在外。在墓西南侧偏西处有1块长石条，尺寸为1米×0.4米×0.2米，疑为墓道盖顶石。在墓葬北侧和东侧各开一条探沟，封土为黄土，封土范围北侧在现北侧边缘外0.5米，东侧在现东侧边缘外0.5米（图二〇二；图版四二，8）。

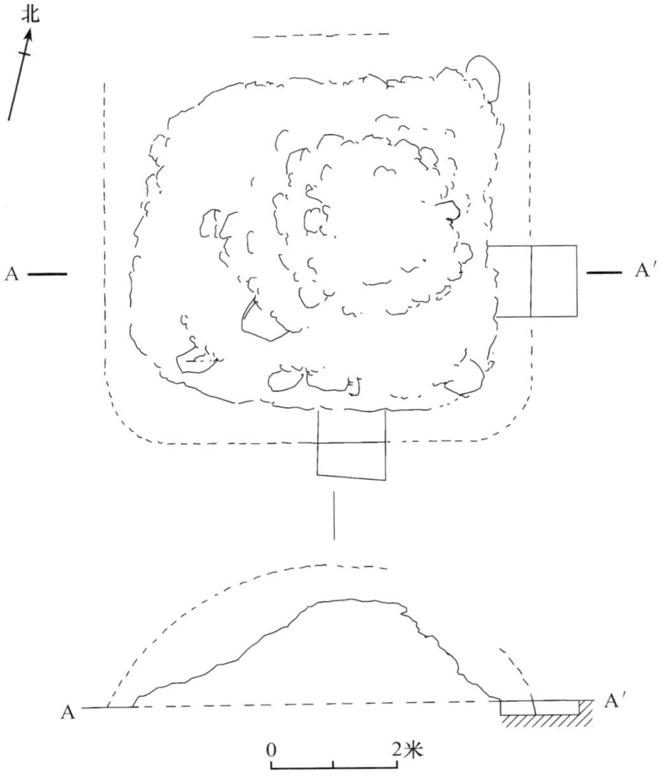


图二〇一　JSM1376平、剖面图

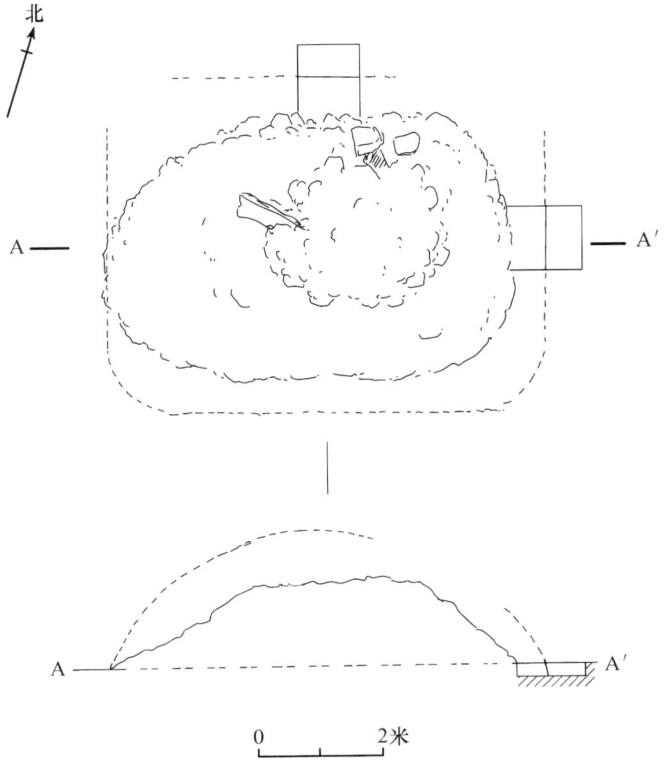


图二〇二　JSM1377平、剖面图

JSM1378位于Ⅱ-5-3区东北部，东北侧距JSM1379约5米，西南侧距JSM1368约2米。地理坐标为东经126°09′39.4″，北纬41°08′49.6″，海拔220米。墓葬整体呈丘状，东西长约5.5米，南北宽约5.4米，现存高度约1米。该墓为双室墓，墓室东西排列。墓葬封土流失严重，墓上可见大量小河卵石。东侧墓室盖顶石裸露，尺寸为1.5米×1米×0.2米，墓上东侧可见砌筑墓室石材，砌筑较为整齐。西侧墓室的西、北两侧的筑墓石材裸露。在墓葬东侧和南侧各开一条探沟，封土为黄土，封土范围东侧在现东侧边缘外0.4米，南侧在现南侧边缘外0.5米（图二〇三；图版四三，1）。

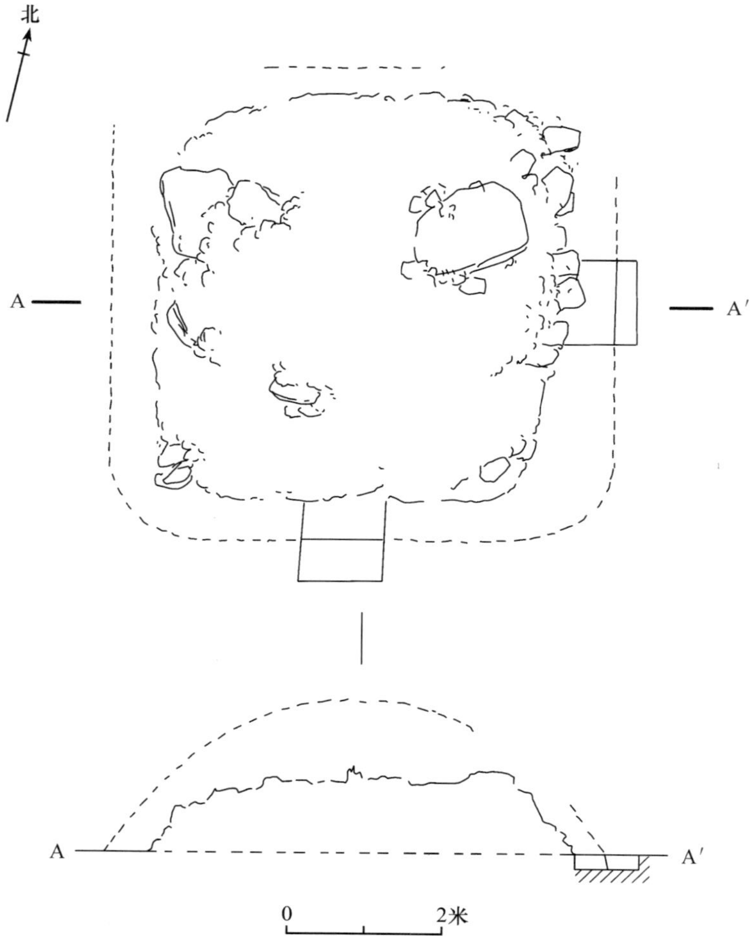


图二〇三　JSM1378平、剖面图

JSM1379位于Ⅱ-5-3区东北部，西南侧距JSM1378约5米，南侧距JSM1377约5米。地理坐标为东经126°09′39.7″，北纬41°08′49.9″，海拔220米。墓葬整体呈丘状，南北长约8米，东西宽约5.8米，现存高度约1.8米。墓葬封土流失严重，墓上可见大量石块，多为山石。在墓边缘西侧偏南有一段由石块垒砌而成的石墙，现可见三层，石材大小不一，较平整的一面向外。在墓葬西侧开一条探沟，封土为黄土，封土范围西侧在现西侧边缘外0.6米（图二〇四；图版四三，2）。

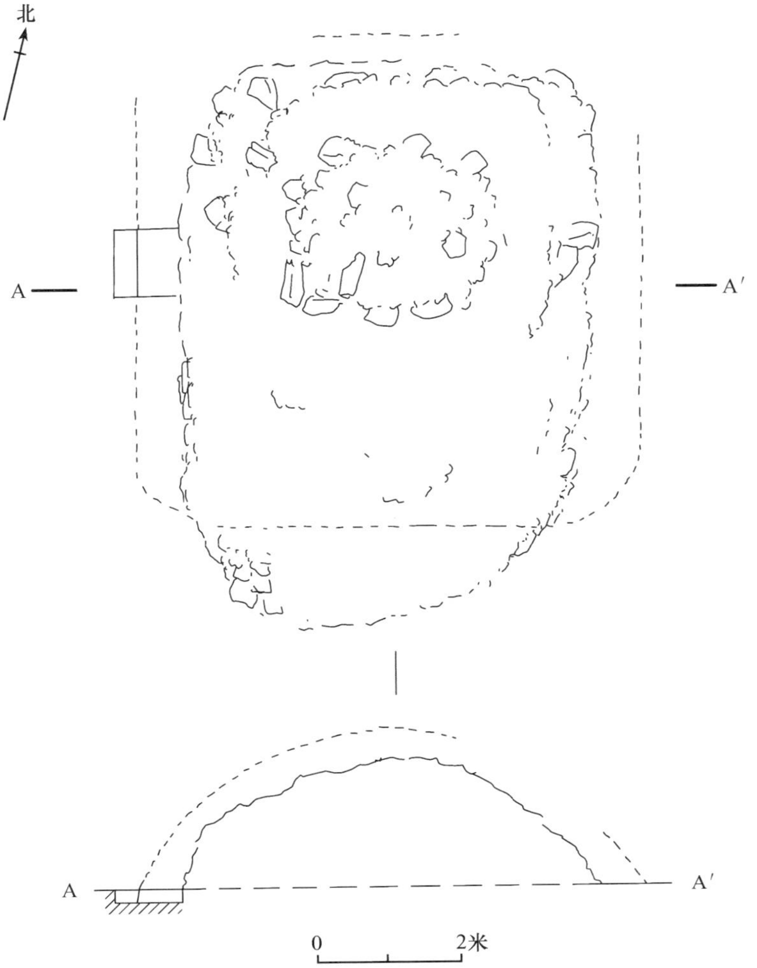


图二〇四　JSM1379平、剖面图

JSM1380位于Ⅱ-5-3区东北部，东北侧距JSM1376约5米，西北侧距JSM1377约1.5米。地理坐标为东经126°09′39.9″，北纬41°08′49.6″，海拔220米。墓葬整体呈丘状，东西长约6.2米，南北宽约4.3米，现存高度约1.8米。墓葬封土流失严重，墓上可见大量石块，多为河卵石，尺寸为0.1～0.2米。在墓西侧有1块大石条，厚约0.3米，疑为墓道盖顶石。在墓的东、北两侧可见大石块，可能为砌筑墓室的石材。在墓葬北侧和东侧各开一条探沟，封土为黄土，封土范围北侧在现北侧边缘外1米，东侧在现东侧边缘外0.3米（图二〇五；图版四三，3）。

JSM1381位于Ⅱ-5-3区东北部，东北侧距JSM1363约11米，西北侧距JSM1376约10米。地理坐标为东经126°09′41.0″，北纬41°08′49.6″，海拔220米。墓葬整体呈丘状，东西长约6米，南北宽约5.7米，现存高度约1.8米。墓葬封土流失严重，砌筑墓室的石材裸露在外。墓顶北侧可见盖顶石，石材为花岗岩。墓南侧偏西处有1块长石条，疑为墓道盖顶石。在墓葬东侧和南侧各开一条探沟，封土为黄土，封土范围东侧在现东侧边缘外0.4米，南侧在现南侧边缘外0.6米（图二〇六；图版四三，4）。

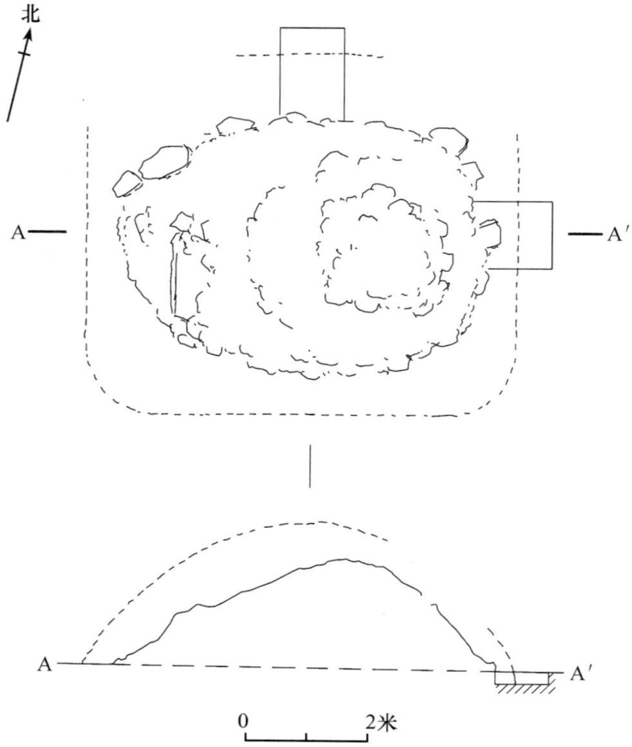


图二〇五　JSM1380平、剖面图

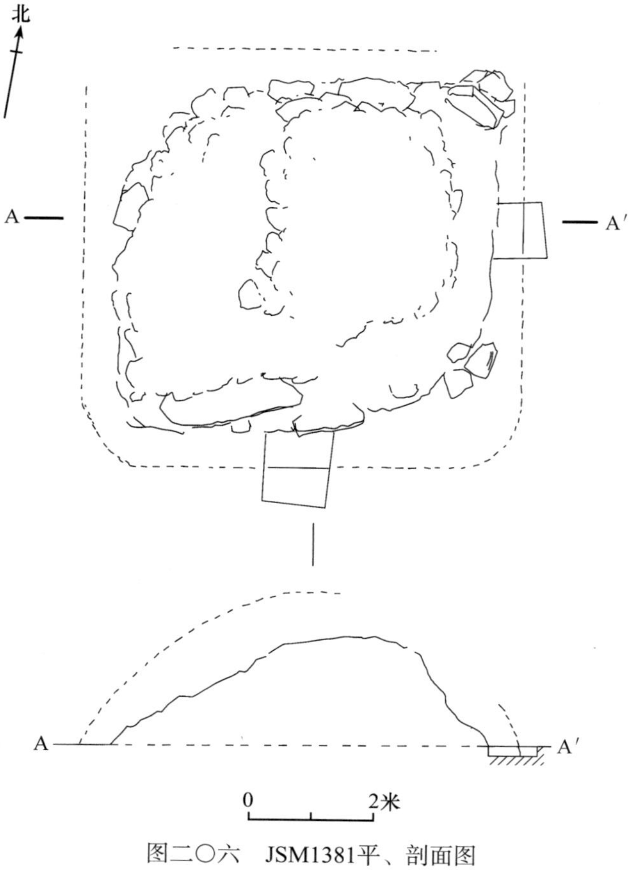


图二〇六　JSM1381平、剖面图

JSM1382位于Ⅱ-5-3区东北部，东南侧距JSM1383约7米，西北侧距JSM1381约14米。地理坐标为东经126°09′41.6″，北纬41°08′49.4″，海拔220米。墓葬平面呈长条形，东西长约7.5米，南北宽约3.5米，现存高度约1.5米。墓葬南、北两侧封土流失严重，墓上可见大量小河卵石。墓南、北两侧可见砌筑墓室的石材。在墓葬东侧和南侧各开一条探沟，封土为黄土，封土范围东侧在现东侧边缘外0.6米，南侧在现南侧边缘外0.7米（图二〇七；图版四三，5）。

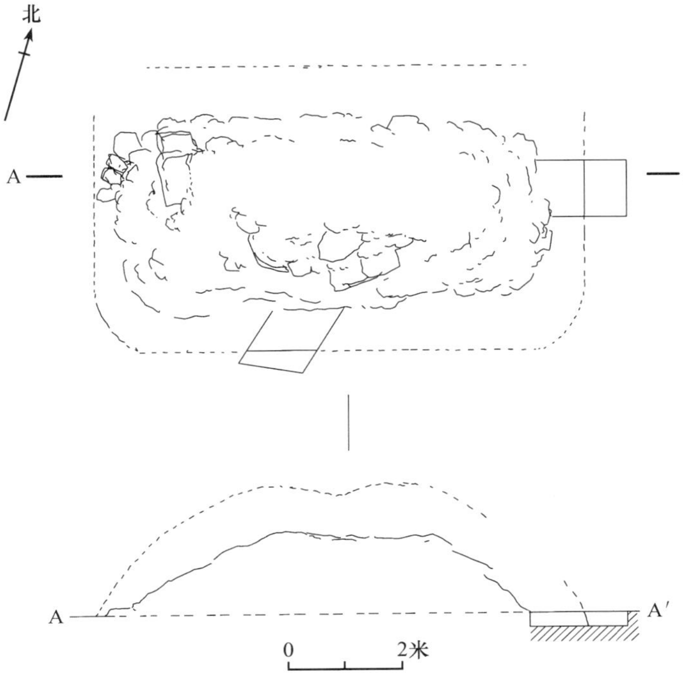


图二〇七　JSM1382平、剖面图

JSM1385位于Ⅱ-5-3区东北部，南侧距JSM1386约8米，东侧距JSM1384约2米。地理坐标为东经126°09′40.7″，北纬41°08′48.6″，海拔220米。墓葬整体呈丘状，东西长约6.8米、南北宽约5米，现存高度约1.6米。墓葬封土流失严重，墓上可见大量石块，以河卵石为主，尺寸在0.2米左右。墓顶西北部有1块较大的河卵石。墓南侧塌陷。在墓葬东侧和南侧各开一条探沟，封土为黄土，封土范围东侧在现东侧边缘外0.3米，南侧在现南侧边缘外0.6米（图二〇八；图版四三，6）。

JSM1386位于Ⅱ-5-3区东北部，北侧距JSM1385约8米，东北侧距JSM1384约2米。地理坐标为东经126°09′41.3″，北纬41°08′48.6″，海拔220米。墓葬平面近长方形，东西长约10米，南北宽约7.7米，现存高度约1.6米。该墓为双室墓，墓室东西排列。墓葬封土流失严重，墓顶可见大量河卵石。西侧墓室墓顶上方可见1块盖顶石。东侧墓室盖顶石塌落，墓室洞开。盖顶石长1.6米，厚0.3米。从开口处观察，墓室内堆积淤土及石块，可见一至两层墓室壁砌石及一层抹角石，墓道南向。墓上南侧可见1块较大石块，疑为砌筑墓室的石材。在墓葬东侧和南侧各开一条探沟，封土为黄土，封土范围东侧在现东侧边缘外0.6米，南侧在现南侧边缘外0.5米（图二〇九；图版四三，7）。

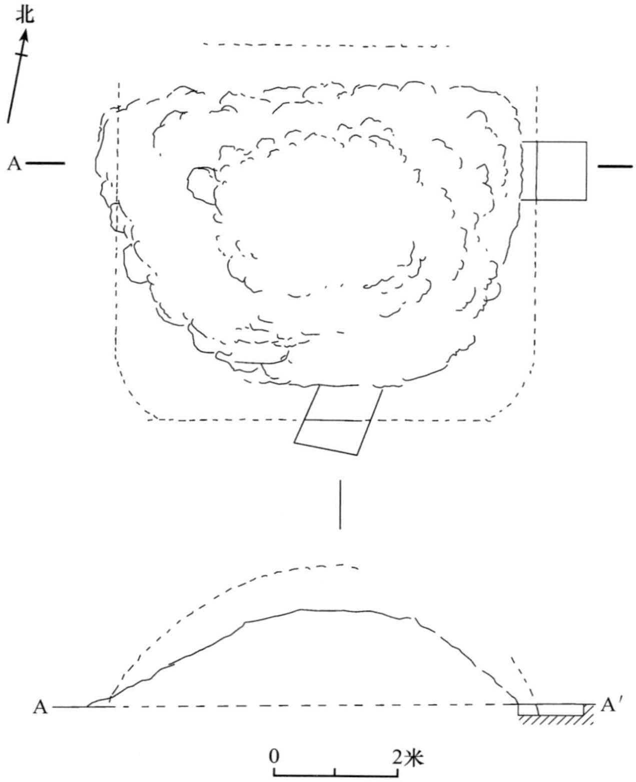


图二〇八　JSM1385平、剖面图

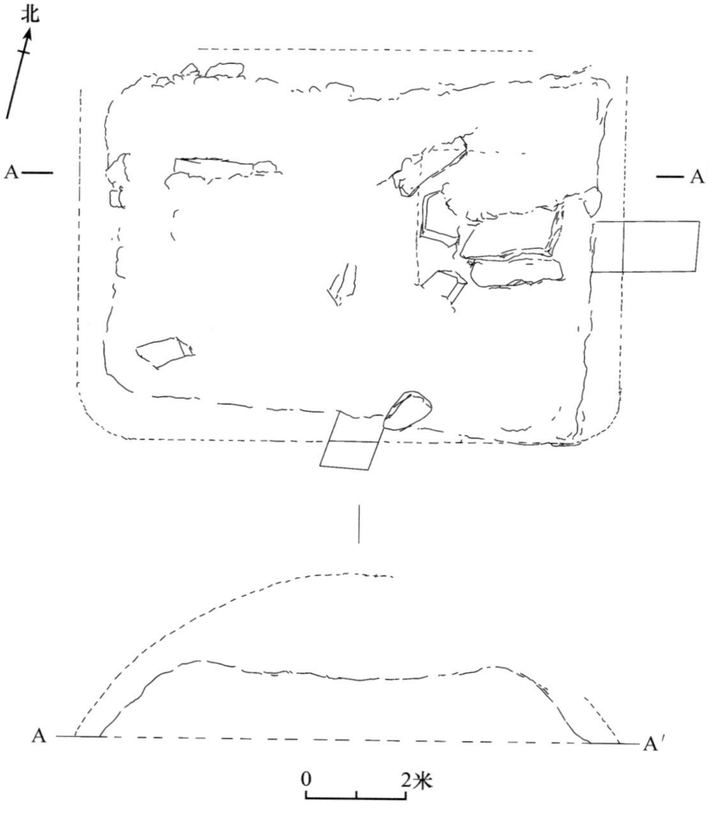


图二〇九　JSM1386平、剖面图

JSM1388位于Ⅱ-5-3区东北部，西北侧距JSM1366约5米，东侧距JSM1347约1.5米。地理坐标为东经126°09′39.9″，北纬41°08′51.0″，海拔220米。墓葬整体呈丘状，东西长约5.3米，南北宽约5.1米，现存高度约1.2米。墓葬封土流失严重，墓上可见大量小河卵石，墓北侧和西南侧有多块大石块，可能是砌筑墓室的石材。在墓葬东侧和南侧各开一条探沟，封土为黄土，封土范围东侧在现东侧边缘外0.7米，南侧在现南侧边缘外0.6米（图二一〇；图版四三，8）。

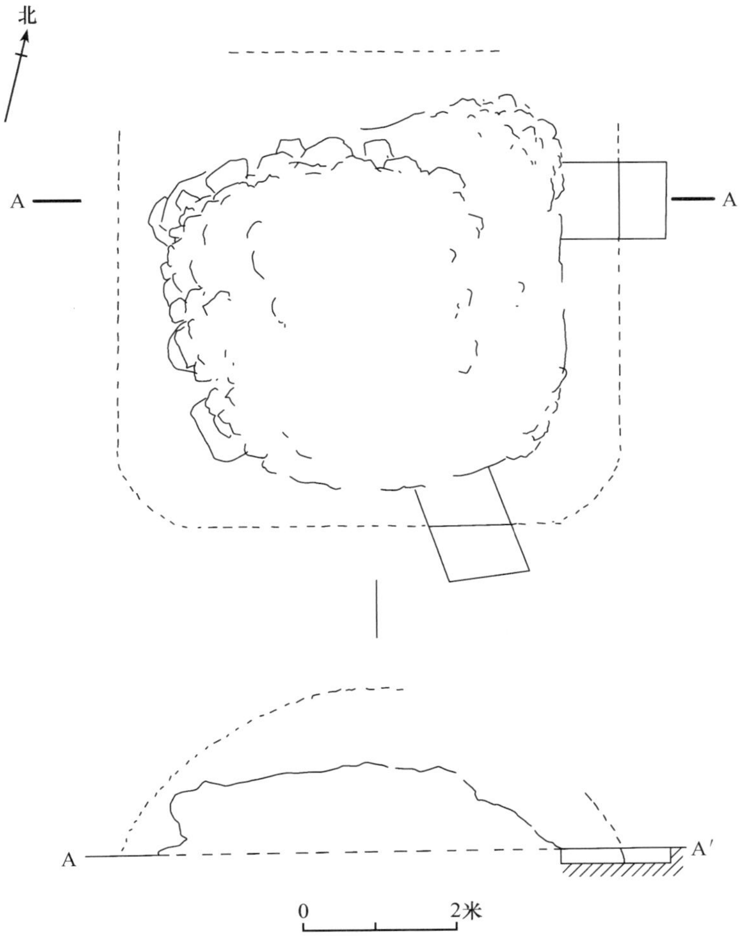

图二一〇　JSM1388平、剖面图

JSM-1389位于Ⅱ-5-3区东北部，东南侧距JSM1368约3米，东北侧距JSM1389约3米。地理坐标为东经126°09′38.8″，北纬41°08′49.6″，海拔220米。墓葬整体呈丘状，南北长约5.7米，东西宽约3.7米，现存高度约1米。墓葬封土流失严重，墓上布满大小不一的河卵石，大的尺寸在0.2米，小的尺寸0.03～0.05米（图二一一；图版四四，1）。

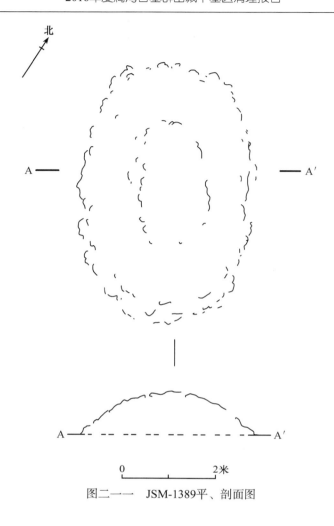

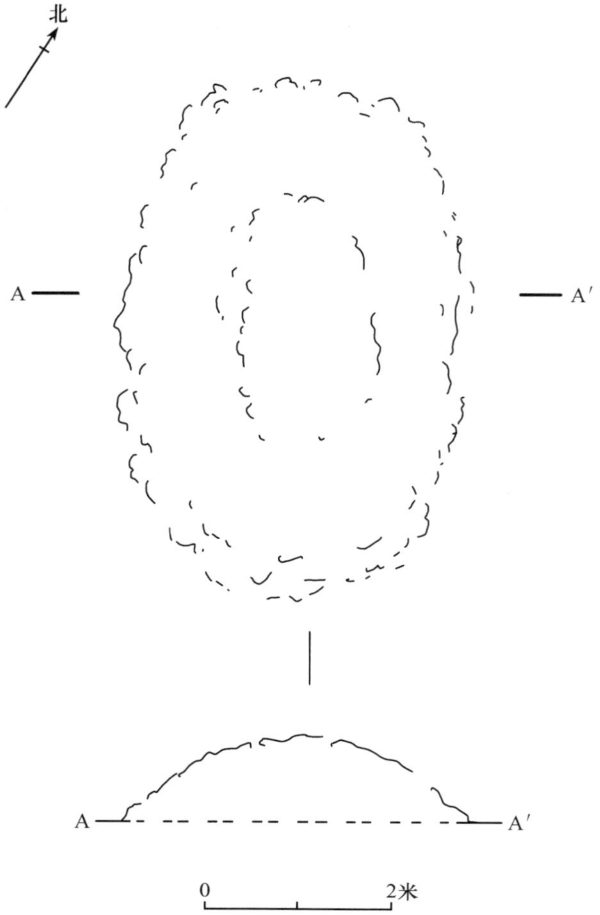


图二一一　JSM-1389平、剖面图

JSM1393位于Ⅱ-5-3区北侧东部，西南侧距JSM1395约2米，东侧距JSM1400约5米。地理坐标为东经126°09′37.3″，北纬41°08′49.7″，海拔220.5米。墓葬整体呈丘状，南北长约6.7米，东西宽约6.2米，现存高度约2.4米。墓葬封土流失严重，墓顶盖顶石部分裸露。墓上可见大量石块，多为碎山石，大小不一。墓上南侧有3块较大石块排成一列，可能为砌筑墓室石材。在墓葬北侧和西侧各开一条探沟，封土为黄土，封土范围北侧在现北侧边缘外0.4米，西侧在现西侧边缘外0.4米（图二一二；图版四四，2）。

JSM1395位于Ⅱ-5-3区北侧偏东，东北侧距JSM1393约2米，东南侧距JSM1396约8米。地理坐标为东经126°09′37.0″，北纬41°08′49.6″，海拔220.5米。墓葬整体呈丘状，东西长约6.8米，南北宽约5.6米，现存高度约1.9米。墓葬封土流失严重，墓顶有碎山石，尺寸为0.4～0.6米。盖顶石裸露于外，已坍塌，西南端塌落于墓室内，东北端斜靠墓壁。砌筑墓室石材裸露于外，可见抹角石。在墓葬东侧和南侧各开一条探沟，封土为黄土，封土范围东侧在现东侧边缘外0.6米，南侧在现南侧边缘外0.4米（图二一三；图版四四，3）。

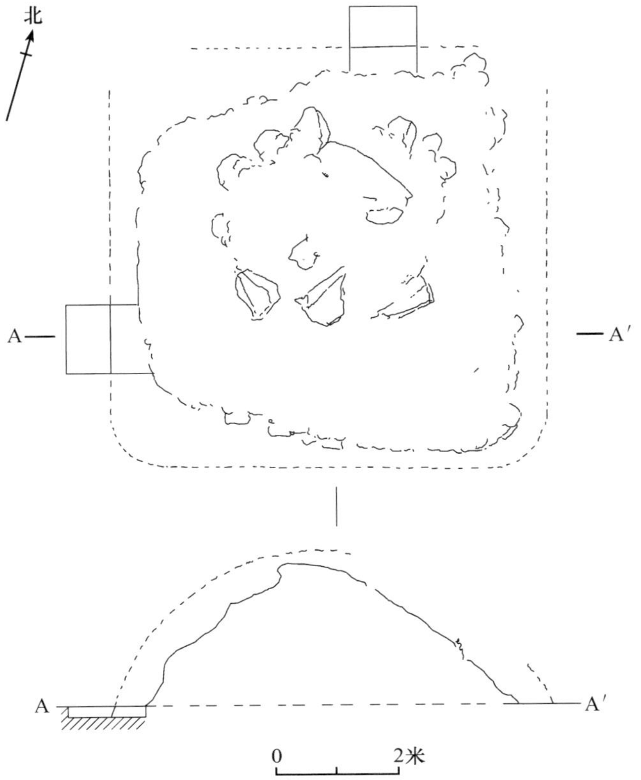


图二一二　JSM1393平、剖面图

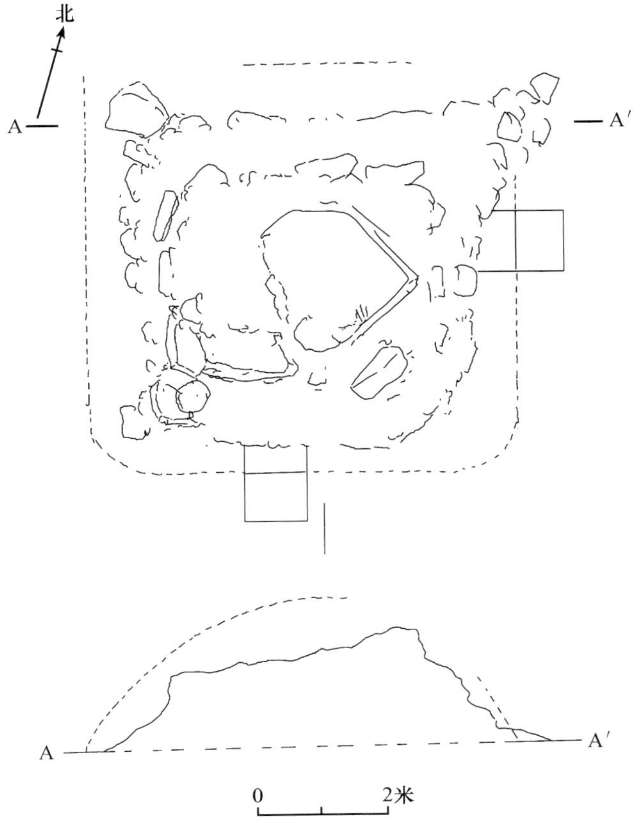


图二一三　JSM1395平、剖面图

JSM1396位于Ⅱ-5-3区北侧偏东，南侧距JSM1397约1.5米，东南侧距JSM1398约3米。地理坐标为东经126°09′37.4″，北纬41°08′49.1″，海拔220米。墓葬整体呈丘状，南北长约6.6米，东西宽约5.3米，现存高度约1.7米。墓葬封土流失严重，墓上可见大量河卵石与碎山石，石材尺寸为0.2米左右。在墓葬东侧和南侧各开一条探沟，封土为黄土，封土范围东侧在现东侧边缘外0.6米，南侧在现南侧边缘位置（图二一四；图版四四，4）。

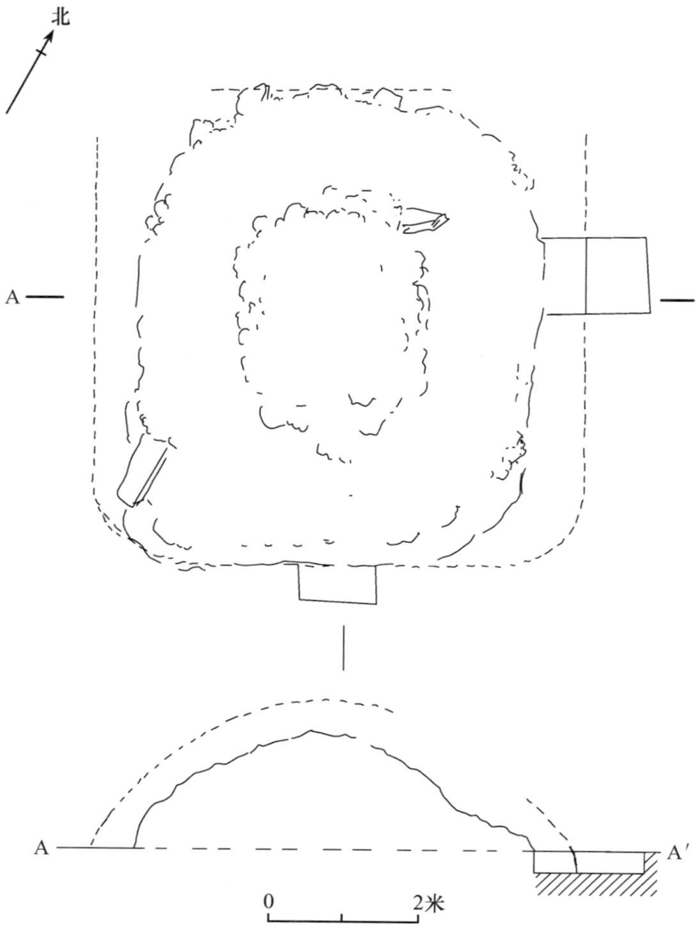

图二一四　JSM1396平、剖面图

JSM1397位于Ⅱ-5-3区北侧偏东，北侧距JSM1396约1.5米，西南侧距JSM1406约2米。地理坐标为东经126°09′37.5″，北纬41°08′48.8″，海拔220米。墓葬整体呈丘状，南北长约5.7米，东西宽约5.1米，现存高度约1.4米。墓葬封土流失严重，盖顶石裸露在外。墓上北侧可见几块大石块，应为砌筑墓室的石材。在墓葬西侧和南侧各开一条探沟，封土为黄土，封土范围西侧在现西侧边缘外0.5米，南侧在现南侧边缘外0.1米（图二一五；图版四四，5）。

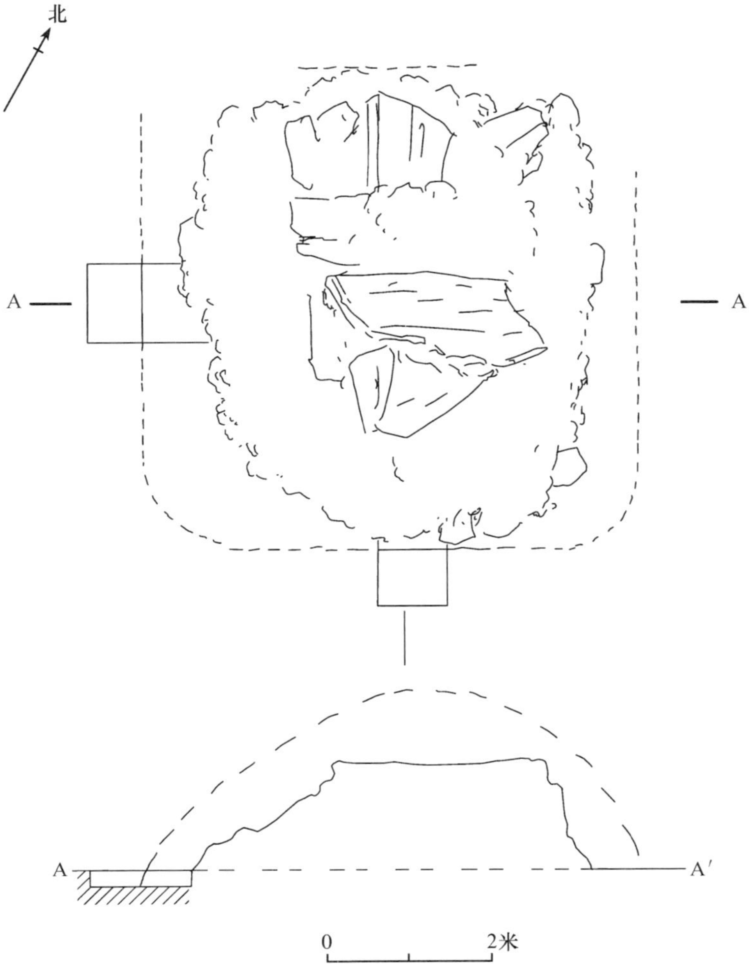

图二一五 JSM1397平、剖面图

JSM1398位于Ⅱ-5-3区北侧偏东，西南侧距JSM1397约3米，西北侧距JSM1396约3米。地理坐标为东经126°09′37.9″，北纬41°08′49.0″，海拔220米。墓葬整体呈丘状，南北长约7.4米，东西宽约5.7米，现存高度约1.9米。墓葬封土流失严重，墓顶西侧盖顶石部分裸露于外，墓上可见大量石块，多为河卵石。在墓葬西侧和南侧各开一条探沟，封土为黄土，封土范围西侧在现西侧边缘外0.6米，南侧在现南侧边缘外0.2米（图二一六；图版四四，6）。

JSM1401位于Ⅱ-5-3区北侧东部，西北侧距JSM1399约8米，西南侧距JSM1398约8米。地理坐标为东经126°09′38.5″，北纬41°08′49.3″，海拔220米。墓葬整体呈丘状，南北长约7米，东西宽约5.9米，现存高度约1.9米。墓葬封土流失严重，墓顶东北部盖顶石部分裸露，西南部有较多的小河卵石与碎山石，墓上东南可见砌筑墓室石材，并有个别筑墓石材滑落，长0.6～0.8米。在墓葬北侧和西侧各开一条探沟，封土为黄土，封土范围北侧在现北侧边缘外0.1米，西侧在现西侧边缘外1米（图二一七；图版四四，7）。

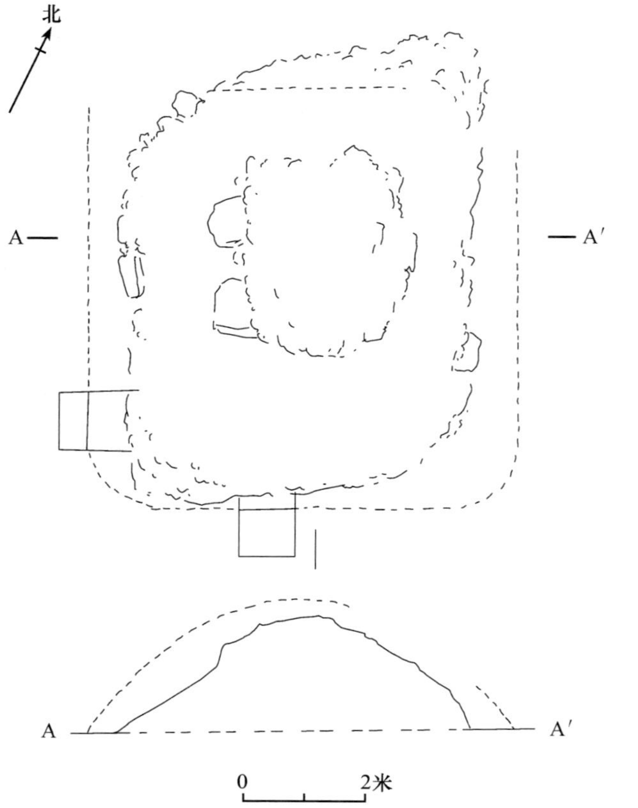


图二一六　JSM1398平、剖面图

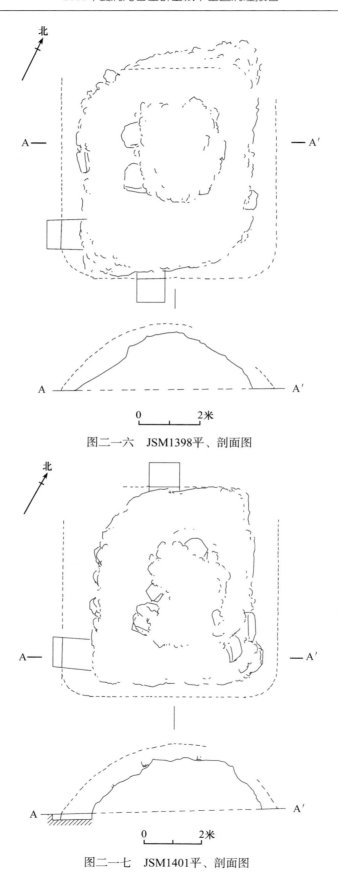

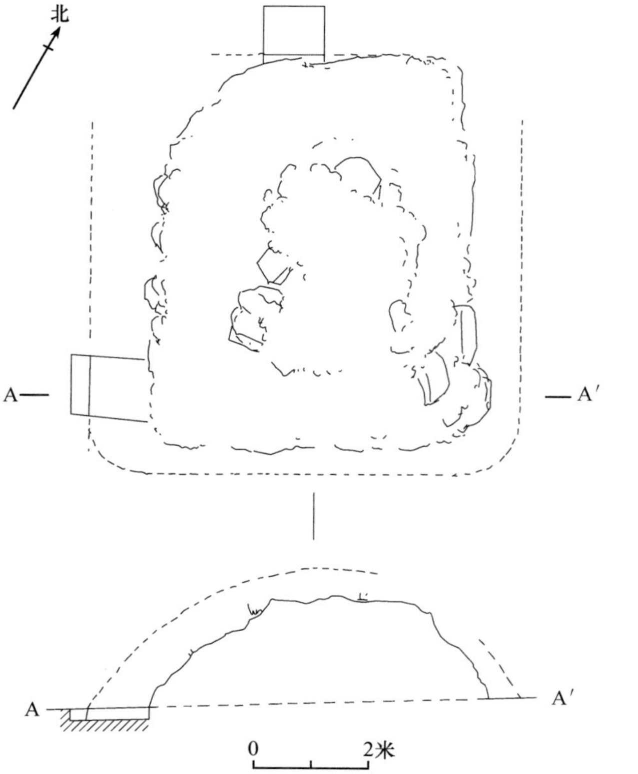


图二一七　JSM1401平、剖面图

JSM1402位于Ⅱ-5-3区北侧中部，东南侧距JSM1403约5米，西南侧距JSM1415约2米。地理坐标为东经126°09′36.6″，北纬41°08′49.2″，海拔220.5米。墓葬整体呈丘状，东西长约5.1米，南北宽约3.5米，现存高度约0.9米。墓葬封土流失严重，墓顶可见碎山石与河卵石，夹杂几块较大石块，疑似砌筑墓室石材，尺寸长0.7米左右。在墓葬东侧和南侧各开一条探沟，封土为黄土，封土范围东侧在现东侧边缘外0.5米，南侧在现南侧边缘外1米（图二一八；图版四四，8）。

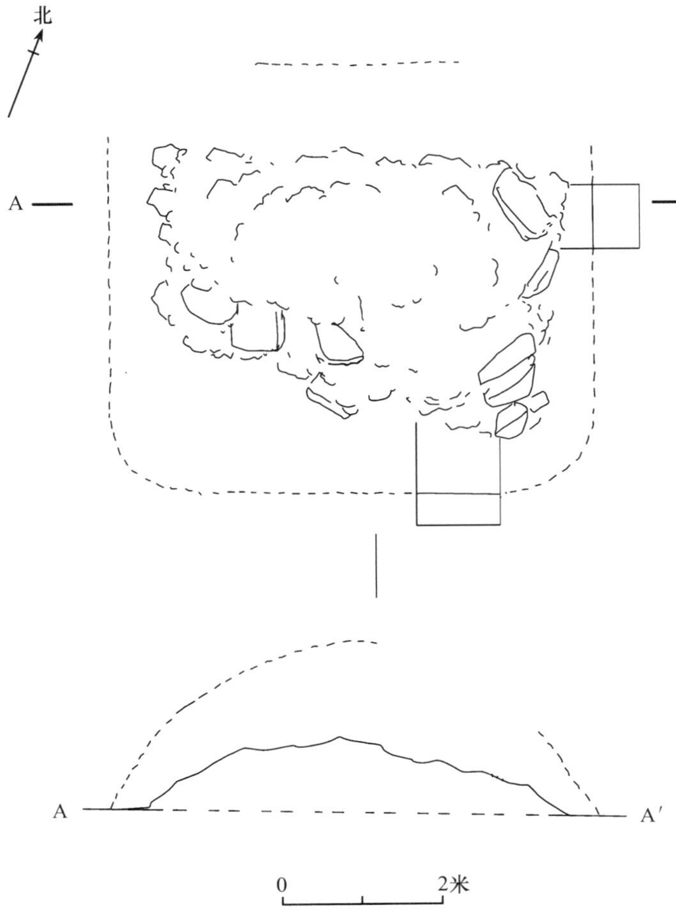


图二一八　JSM1402平、剖面图

JSM1403位于Ⅱ-5-3区北侧中部，西南侧距JSM1419约4米，西北侧距JSM1402约5米。地理坐标为东经126°09′36.8″，北纬41°08′48.9″，海拔220米。墓葬整体呈丘状，南北长约6.2米，东西宽约5.9米，现存高度约1.5米。墓葬封土流失严重，墓顶盖顶石裸露，盖顶石塌落于墓室内，东北角有1块抹角石。墓顶西侧有2块叠放的长石条，可能为墓道盖顶石。在墓葬东侧和北侧各开一条探沟，封土为黄土，封土范围东侧在现东侧边缘外0.1米，北侧在现北侧边缘外0.5米（图二一九；图版四五，1）。

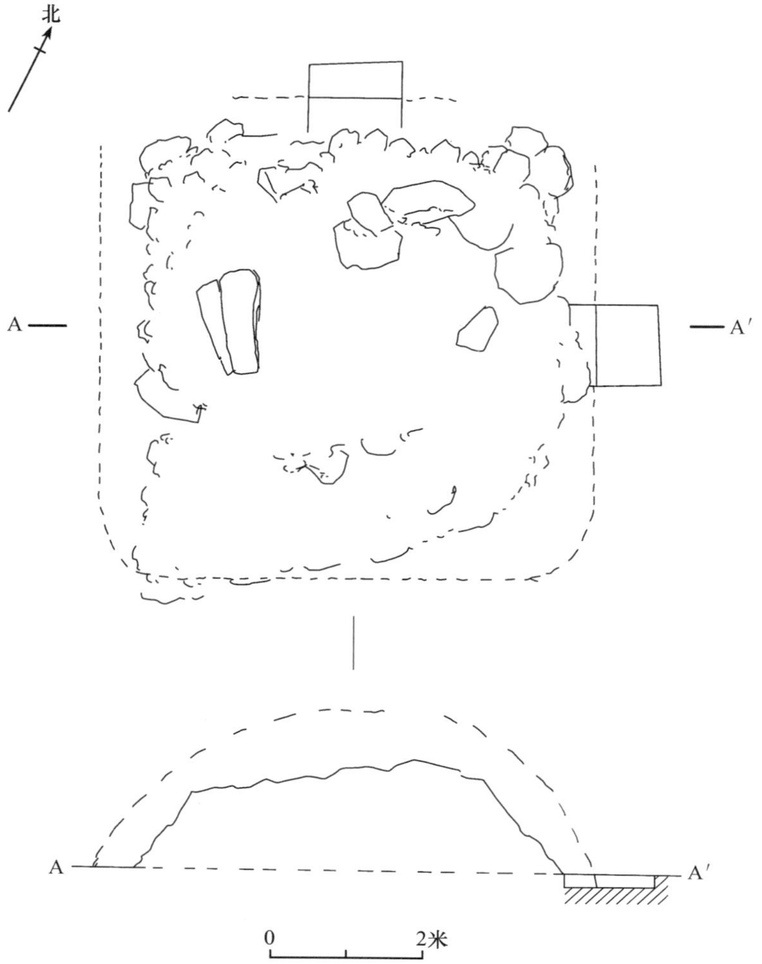


图二一九　JSM1403平、剖面图

JSM1404位于Ⅱ-5-3区北侧中部，西侧距JSM1419约1米，东北侧距JSM1406约0.5米。地理坐标为东经126°09′37.0″，北纬41°08′48.5″，海拔220米。墓葬整体呈丘状，南北长约4.6米，东西宽约3.9米，现存高度约1.1米。墓葬封土流失严重，墓表可见碎山石与河卵石。墓上西北侧靠近墓葬边缘有1块长石条。在墓葬东侧和南侧各开一条探沟，封土为黄土，封土范围东侧在现东侧边缘外0.7米，南侧在现南侧边缘外0.5米（图二二〇；图版四五，2）。

JSM1406位于Ⅱ-5-3区北侧中部，西南侧距JSM1404约0.5米，东侧距JSM1397约2米。地理坐标为东经126°09′37.2″，北纬41°08′48.7″，海拔220米。墓葬整体呈丘状，南北长约6.2米，东西宽约6.1米，现存高度约1.5米。墓葬封土流失严重，墓顶盖顶石裸露，墓上可见大量河卵石。在墓葬西侧和南侧各开一条探沟，封土为黄土，封土范围西侧在现西侧边缘外0.4米，南侧在现南侧边缘外0.9米（图二二一；图版四五，3）。

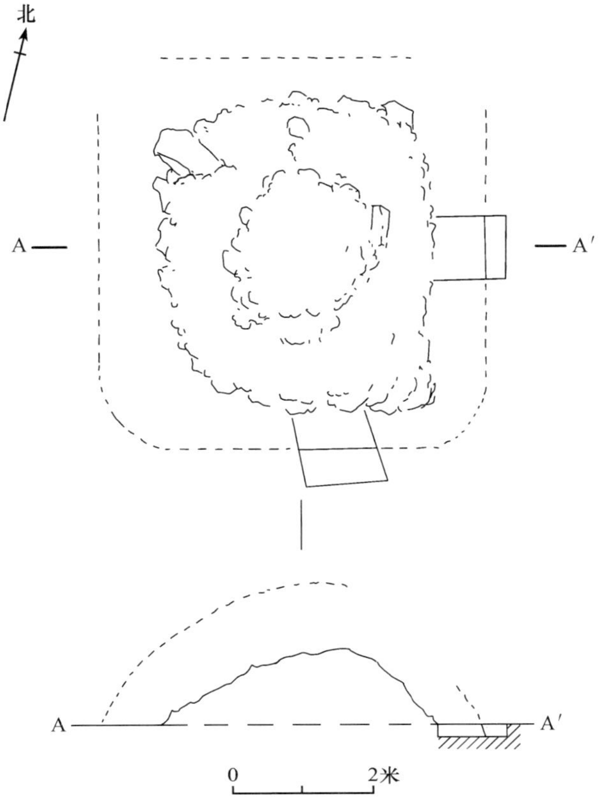


图二二○ JSM1404平、剖面图

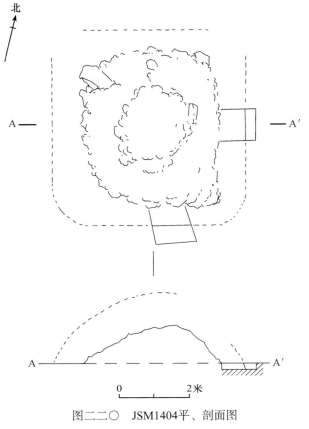

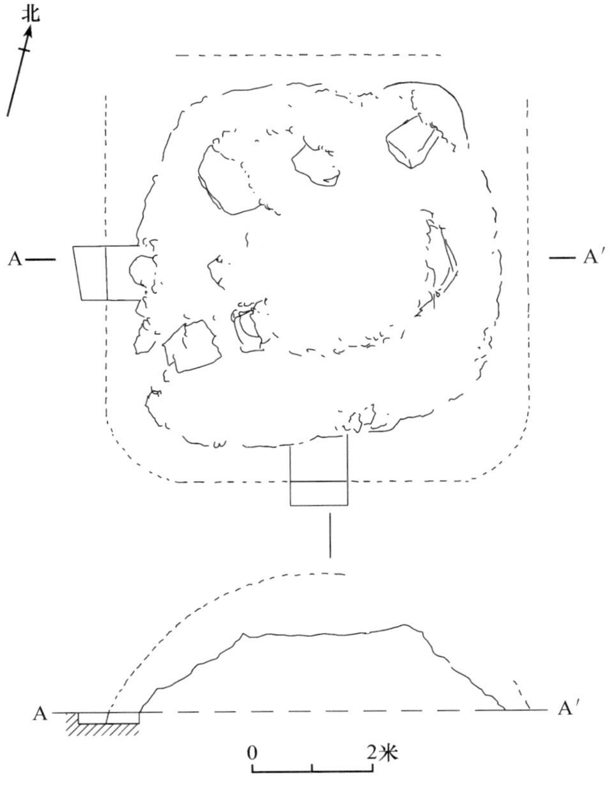


图二二一 JSM1406平、剖面图

JSM1415位于Ⅱ-5-3区北侧中部，东北侧距JSM1402约2米，西南侧距JSM1416约6米。地理坐标为东经126°09′36.3″，北纬41°08′49.1″，海拔220.5米。墓葬整体呈丘状，东西长约4.6米，南北宽约4.4米，现存高度约1.3米。墓葬封土流失严重，墓上可见碎山石与河卵石，墓西侧砌筑墓室石材裸露于外。在墓葬北侧和东侧各开一条探沟，封土为黄土，封土范围北侧在现北侧边缘外0.7米，东侧在现东侧边缘外0.4米（图二二二；图版四五，4）。

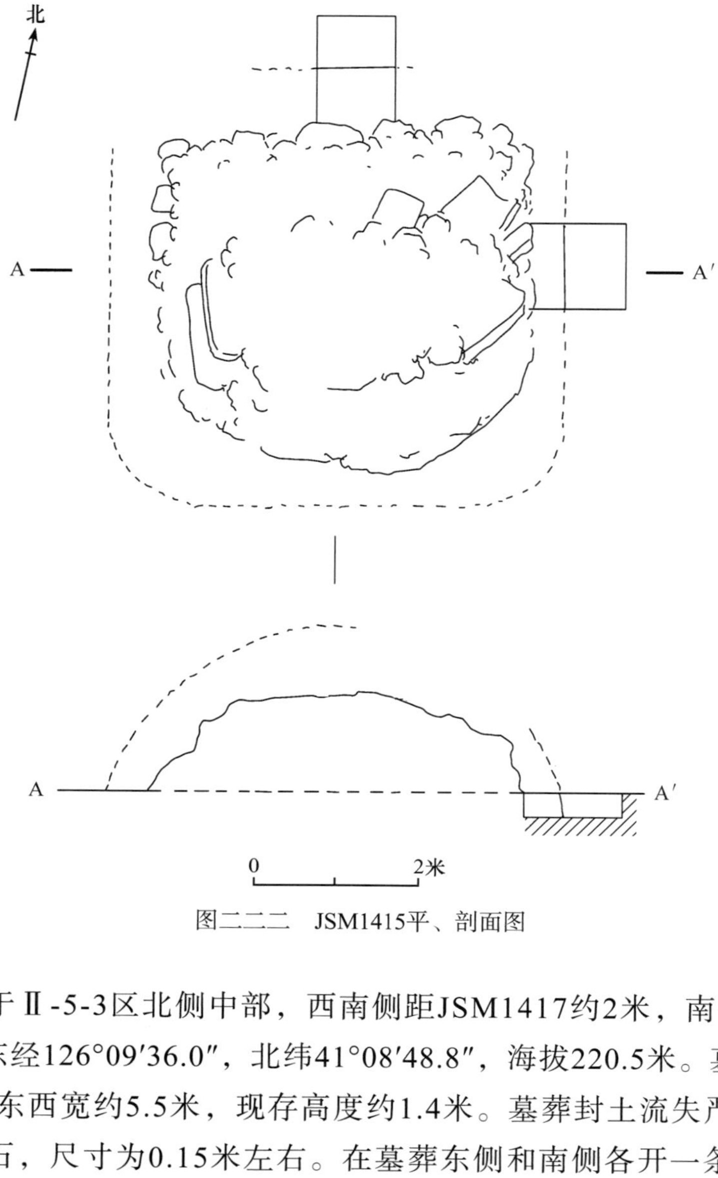

图二二二　JSM1415平、剖面图

JSM1416位于Ⅱ-5-3区北侧中部，西南侧距JSM1417约2米，南侧距JSM1418约5米。地理坐标为东经126°09′36.0″，北纬41°08′48.8″，海拔220.5米。墓葬整体呈丘状，南北长约6.2米，东西宽约5.5米，现存高度约1.4米。墓葬封土流失严重，墓上可见大量河卵石与碎山石，尺寸为0.15米左右。在墓葬东侧和南侧各开一条探沟，封土为黄土，封土范围东侧在现东侧边缘外0.6米，南侧在现南侧边缘外0.3米（图二二三；图版四五，5）。

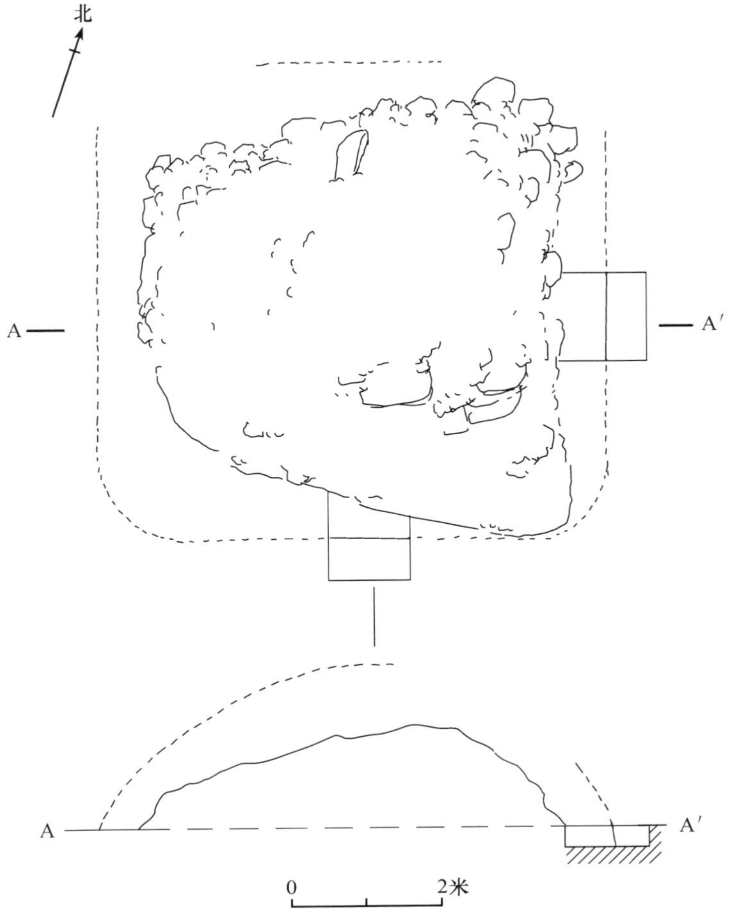


图二二三　JSM1416平、剖面图

JSM1417位于Ⅱ-5-3区北侧中部，西南侧距JSM1428约3米，东北侧距JSM1416约2米。地理坐标为东经126°09′35.7″，北纬41°08′48.6″，海拔220.5米。墓葬整体呈丘状，东西长约5.7米，南北宽约5.5米，现存高度约1.3米。墓葬封土流失严重，墓顶塌陷，盖顶石的南部塌落于墓室内，在西北角形成豁口可见墓室。墓室东、北、西三壁可见一层砌石，多经过加工，西北角可见1块抹角石，墓道南向。在封土西南底端边缘有1块大石块。在墓葬北侧和东侧各开一条探沟，封土为黄土，封土范围北侧在现北侧边缘外0.5米，东侧在现东侧边缘外0.6米（图二二四；图版四五，6）。

JSM1418位于Ⅱ-5-3区北侧中部，北侧距JSM1416约5米，西南侧距JSM1424约4米。地理坐标为东经126°09′36.0″，北纬41°08′48.4″，海拔220米。墓葬整体呈丘状，南北长约8.6米，东西宽约5.6米，现存高度约2.2米。墓葬封土流失严重，砌筑墓室石材部分裸露于外。墓上可见河卵石和山石，石块较大，也有少量较小的河卵石。墓上南侧中部有1块斜立的石板，推测可能为墓道位置，方向为南向。在墓葬西侧和南侧各开一条探沟，封土为黄土，封土范围西侧在现西侧边缘外0.4米，南侧在现南侧边缘外0.5米（图二二五；图版四五，7）。

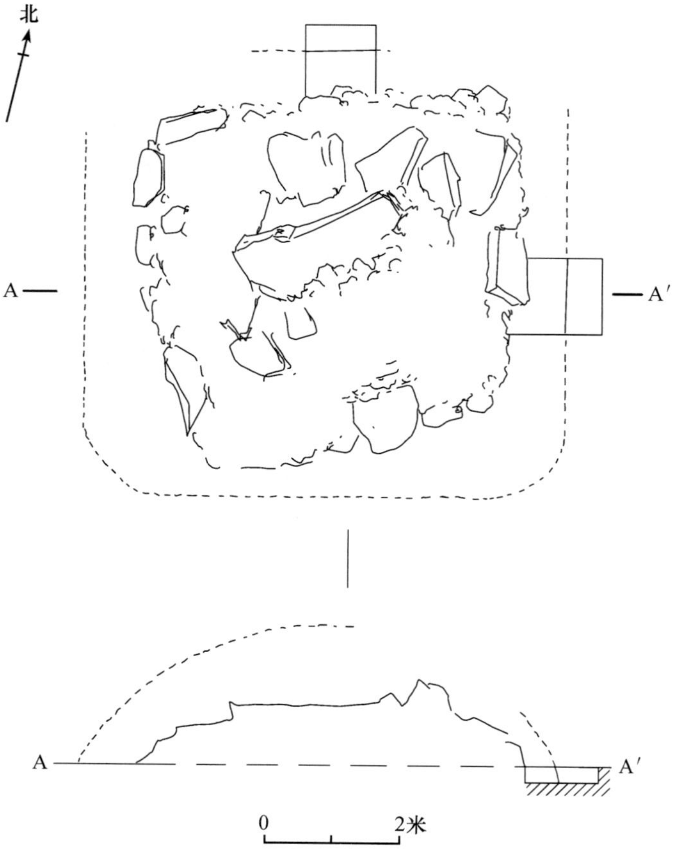


图二二四　JSM1417平、剖面图

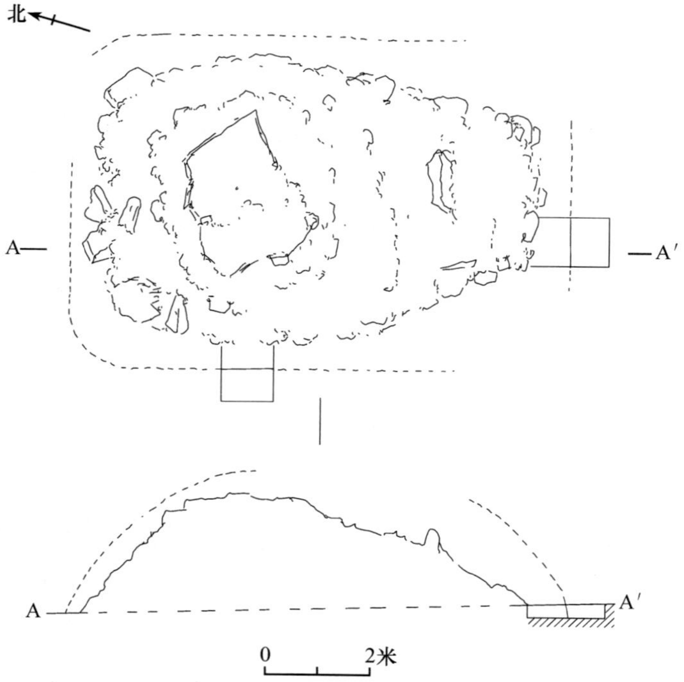


图二二五　JSM1418平、剖面图

JSM1419位于Ⅱ-5-3区北侧中部，西南侧距JSM1420约2米，东南侧距JSM1404约1米。地理坐标为东经126°09′36.6″，北纬41°08′48.5″，海拔220米。墓葬整体呈丘状，东西长约8.4米，南北宽约7.9米，现存高度约2.8米。该墓为双室墓，墓室东西排列。墓葬封土流失严重，墓上可见河卵石与碎山石。西侧砌筑墓室石材裸露于外，墓顶盖顶石塌落于墓室内，西侧墓室可见两层墓壁，砌石多为粗加工的山石，西壁可见一层抹角石。在墓葬东侧和北侧各开一条探沟，封土为黄土，封土范围东侧在现东侧边缘外0.5米，北侧在现北侧边缘外0.4米（图二二六；图版四五，8）。

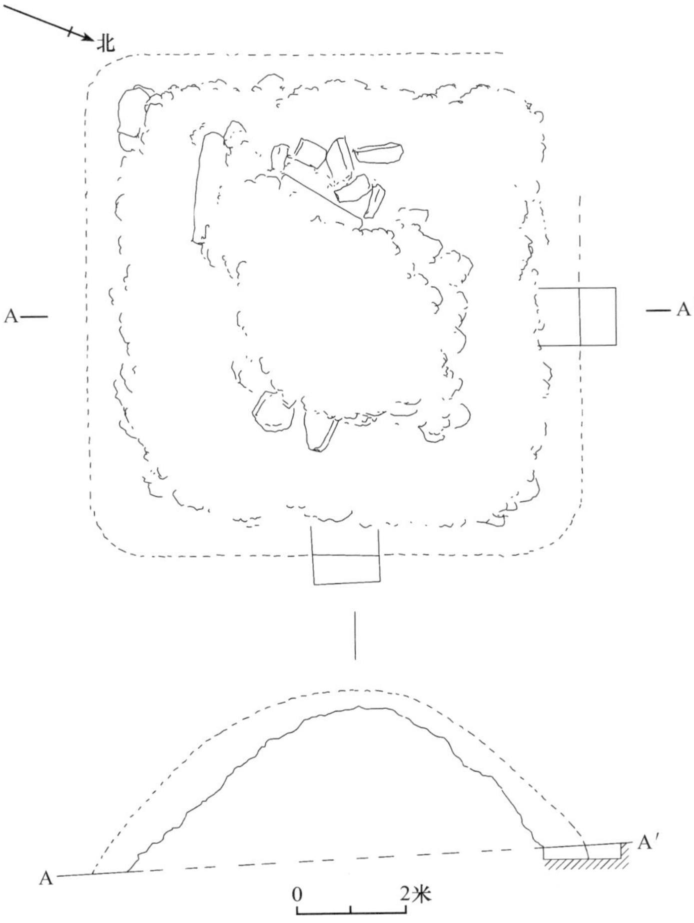

图二二六　JSM1419平、剖面图

JSM1420位于Ⅱ-5-3区北侧中部，东北侧距JSM1419约2米，西侧与JSM1421相连。地理坐标为东经126°09′36.3″，北纬41°08′48.0″，海拔220米。墓葬整体呈丘状，南北长约5.1米，东西宽约4.4米，现存高度约1.5米。墓葬封土流失严重，墓上可见大量石材，多为河卵石。墓顶有大石块裸露于外，墓上南侧有2块大石块，北侧有大石块斜立，疑为盖顶石。在墓葬北侧和东侧各开一条探沟，封土为黄土，封土范围北侧在现北侧边缘外0.5米，东侧在现东侧边缘外0.6米（图二二七；图版四六，1）。

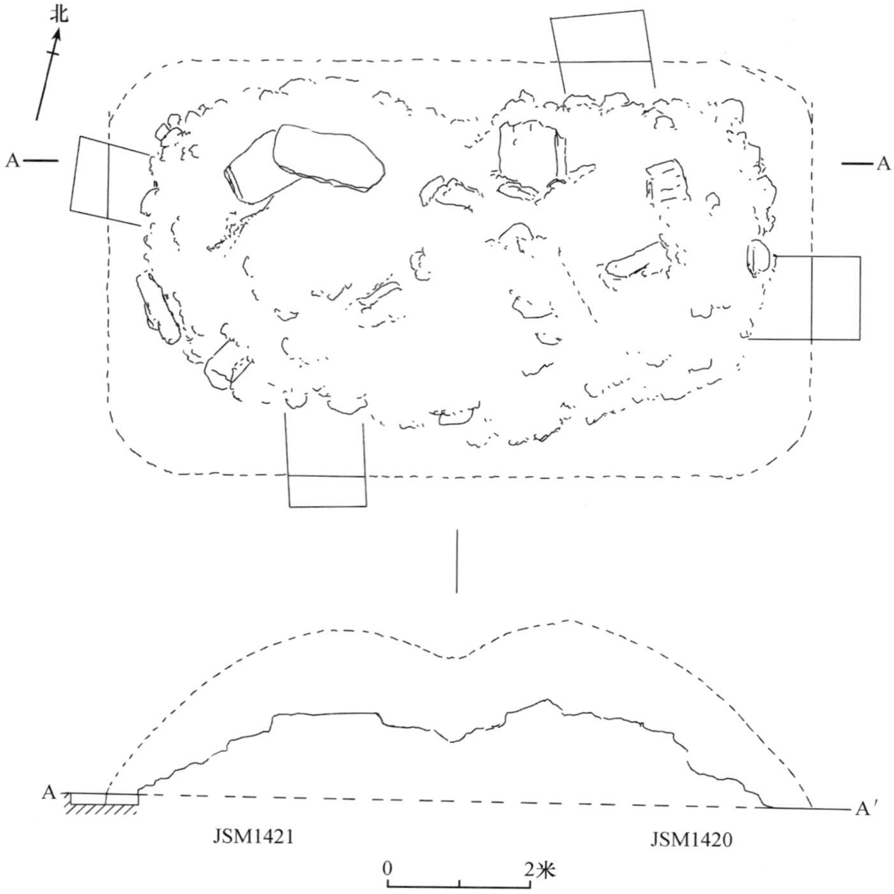


图二二七　JSM1421、JSM1420平、剖面图

JSM1421位于Ⅱ-5-3区北侧中部，东侧与JSM1420相连，西南侧距JSM1422约3米。地理坐标为东经126°09′36.2″，北纬41°08′48.1″，海拔220米。墓葬整体呈丘状，南北长约4.8米，东西宽约4.4米，现存高度约1.1米。墓葬封土流失严重，盖顶石裸露于外。墓上西侧有1块大石块，疑似盖顶石滑落，砌筑墓室的石材裸露在外。墓顶东北保留1块盖顶石，长约1.2米，宽约0.5米，厚约0.2米。盖顶石下有1块抹角石。墓室西南墓壁坍塌，可见西北角有二层抹角石。墓室内堆积淤土。在墓葬西侧和南侧各开一条探沟，封土为黄土，封土范围西侧在现西侧边缘外0.5米，南侧在现南侧边缘外0.9米（图二二七；图版四六，2）。

JSM1422位于Ⅱ-5-3区北侧中部，西北侧距JSM1424约3米，西侧距JSM1423约2米。地理坐标为东经126°09′35.9″，北纬41°08′47.8″，海拔220米。墓葬整体呈丘状，南北长约6.6米，东西宽约4.6米，现存高度约1.2米。墓葬封土流失严重，墓上可见大量石材，多为河卵石，少量山石，山石尺寸普遍大于河卵石。墓上有多块大石块，可能是盖顶石或砌筑墓室的石材。在墓葬西侧和南侧各开一条探沟，封土为黄土，封土范围西侧在现西侧边缘外0.5米，南侧在现南侧边缘外0.4米（图二二八；图版四六，3）。

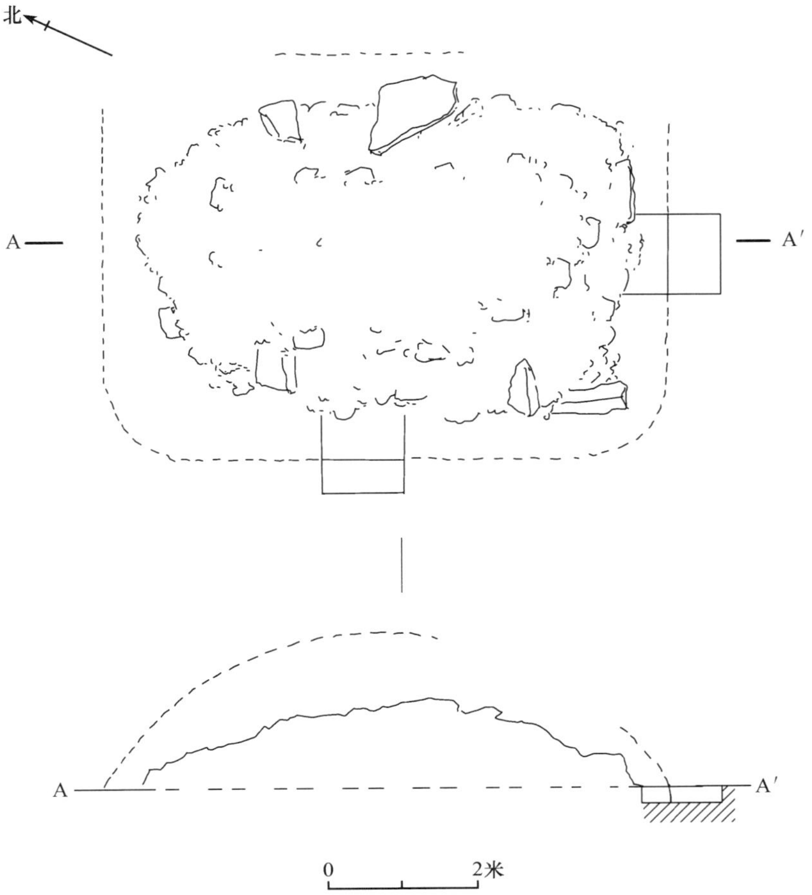


图二二八　JSM1422平、剖面图

JSM1423位于Ⅱ-5-3区北侧中部，西北侧距JSM1426约2米，西南侧距JSM1440约2米。地理坐标为东经126°09′35.6″，北纬41°08′47.8″，海拔220米。墓葬整体呈丘状，南北长约6.9米，东西宽约5.1米，现存高度约1.5米。墓葬封土流失严重，墓上砌筑墓室石材裸露于外。墓顶南侧盖顶石保存，北侧的盖顶石缺失，墓室为铲形，墓道南向，墓室内有大量淤土和石块。在墓葬西侧和南侧各开一条探沟，封土为黄土，封土范围西侧在现西侧边缘外1.2米，南侧在现南侧边缘外0.5米（图二二九；图版四六，4）。

JSM1424位于Ⅱ-5-3区北侧中部，东南侧距JSM1422约3米，东侧距JSM1418约4米。地理坐标为东经126°09′35.7″，北纬41°08′48.2″，海拔220米。墓葬整体呈丘状，南北长约6.3米，东西宽约4米，现存高度约0.8米。墓葬封土流失严重，墓顶西侧有移位的盖顶石，墓上有碎山石与河卵石，石块尺寸在0.3米左右。在墓葬东侧和南侧各开一条探沟，封土为黄土，封土范围东侧在现东侧边缘外0.5米，南侧在现南侧边缘外0.5米（图二三〇；图版四六，5）。

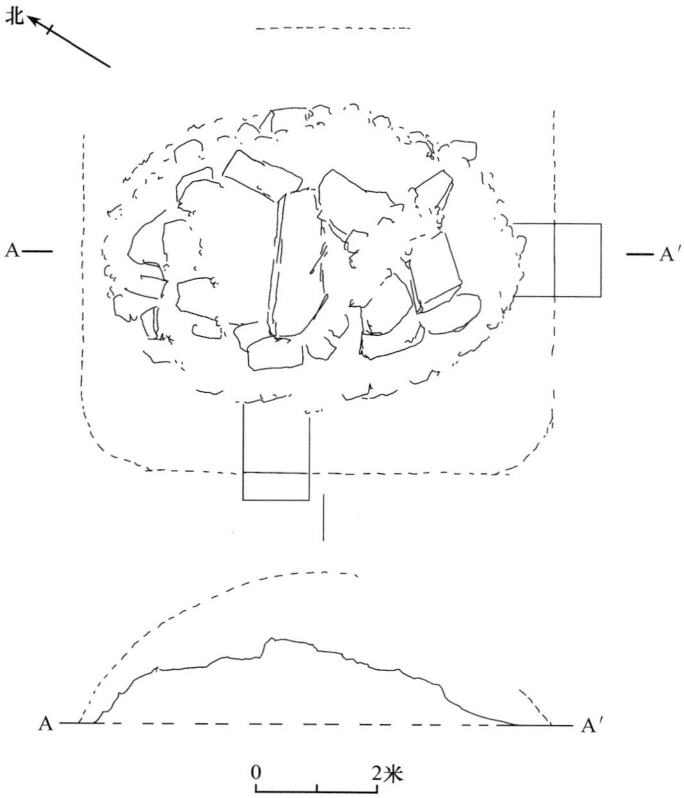


图二二九　JSM1423平、剖面图

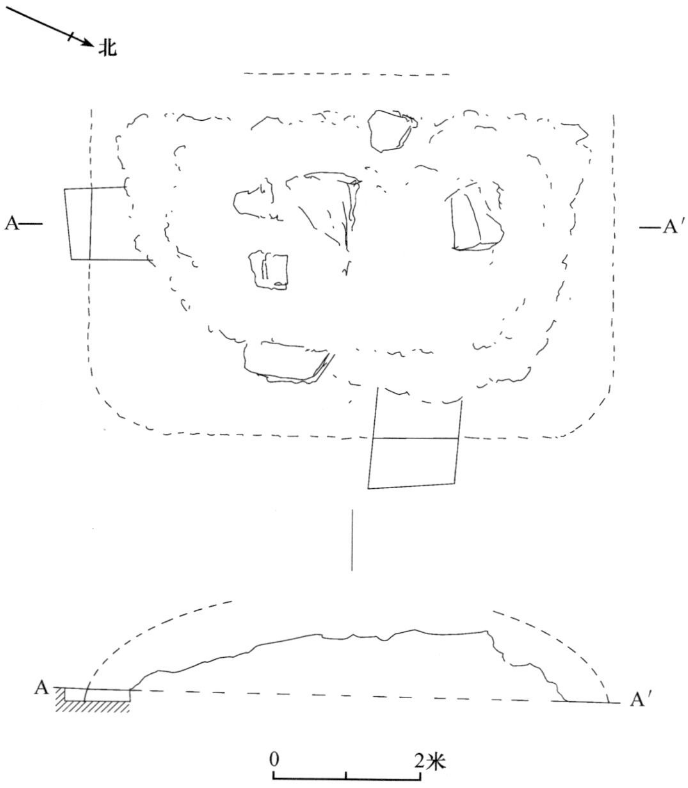


图二三〇　JSM1424平、剖面图

JSM1425位于Ⅱ-5-3区北侧中部，西侧距JSM1433约3米，东南侧与JSM1429相邻。地理坐标为东经126°09′35.0″，北纬41°08′47.8″，海拔220米。墓葬整体呈丘状，南北长约6.4米，东西宽约4.9米，现存高度约1.1米。墓葬封土流失严重，墓葬盖顶石缺失，墓室洞开。墓室内有石块和淤土，可见一至三层墓壁砌石和一层抹角石。砌筑墓室石材有河卵石与山石。墓室呈刀形，南北长约2.2米，东西宽1.6米，墓道向南，位于南壁西侧。抹角石长约1米，宽约0.7米，厚约0.15米。在墓葬北侧和西侧各开一条探沟，封土为黄土，封土范围北侧在现北侧边缘外0.5米，西侧在现西侧边缘外0.7米（图二三一；图版四六，6）。

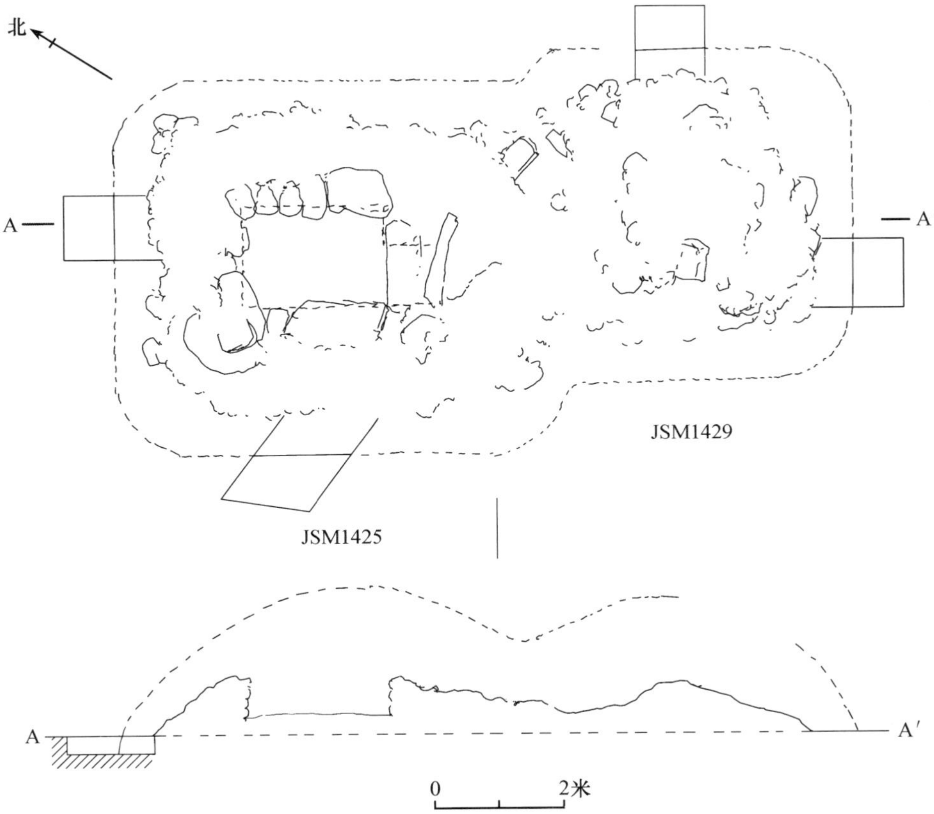

图二三一　JSM1425、JSM1429平、剖面图

JSM1426位于Ⅱ-5-3区北侧中部，东南侧距JSM1423约2米，西南侧距JSM1425约2米。地理坐标为东经126°09′35.3″，北纬41°08′48.0″，海拔220米。墓葬整体呈丘状，南北长约6.4米，东西宽约4.4米，现存高度约1.3米。墓葬封土流失严重，砌筑墓室石材部分裸露于外。盖顶石疑似移位于东南侧，墓顶洞开，可见北侧一层抹角石。墓室内堆积淤土和石块。墓道南向。在墓葬东侧和南侧各开一条探沟，封土为黄土夹碎石子，封土范围东侧在现东侧边缘外0.9米，南侧在现南侧边缘外0.5米（图二三二；图版四六，7）。

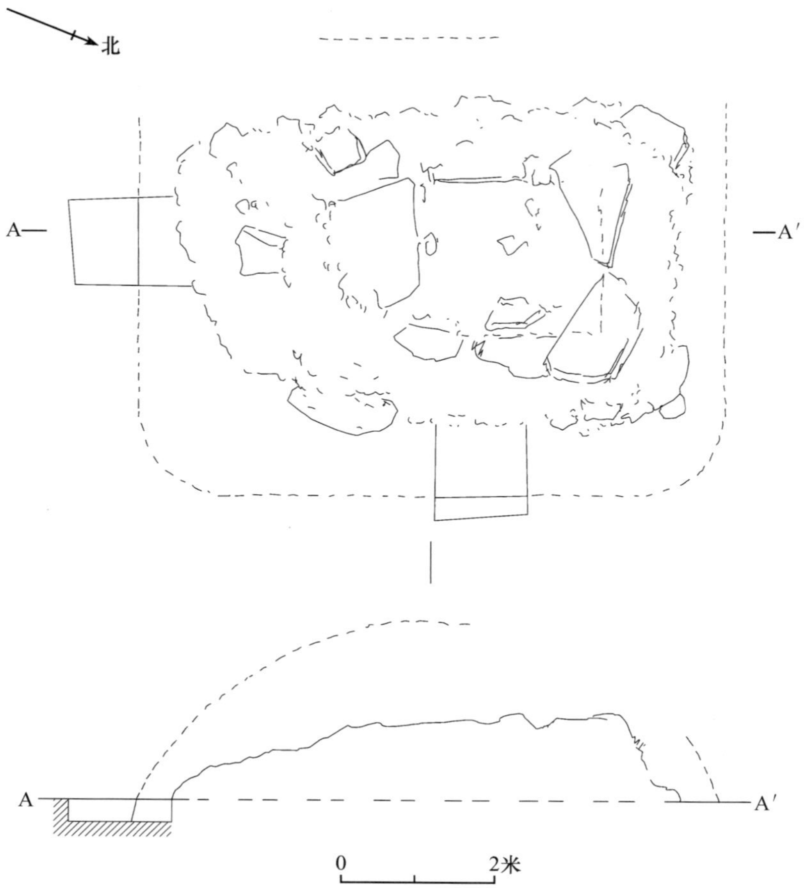


图二三二　JSM1426平、剖面图

JSM1428位于Ⅱ-5-3区北侧中部，东北侧距JSM1417约3米，西南侧距JSM1436约2米。地理坐标为东经126°09′35.3″，北纬41°08′48.5″，海拔220.5米。墓葬整体呈丘状，东西长约6米，南北宽约5.9米，现存高度约1.5米。墓葬封土流失严重，墓上砌筑墓室石材裸露于外，石材多为山石。墓顶上方有长条形石块，疑为盖顶石。墓顶塌陷西侧有1块斜立的大石块，疑似滑落的盖顶石。在墓葬北侧和西侧各开一条探沟，封土为黄土，封土范围北侧在现北侧边缘外0.7米，西侧在现西侧边缘外0.5米（图二三三；图版四六，8）。

JSM1429位于Ⅱ-5-3区北侧中部，西北侧与JSM1425相邻，东南侧距JSM1440约2米。地理坐标为东经126°09′35.2″，北纬41°08′47.8″，海拔220米。墓葬整体呈丘状，东西长约4.3米，南北宽约4米，现存高度约0.8米。墓葬封土流失严重，墓上东侧有大石块裸露。封土边缘底端散落几块大石块。在墓葬东侧和南侧各开一条探沟，封土为黄土，封土范围东侧在现东侧边缘外0.4米，南侧在现南侧边缘外0.5米（图二三一；图版四七，1）。

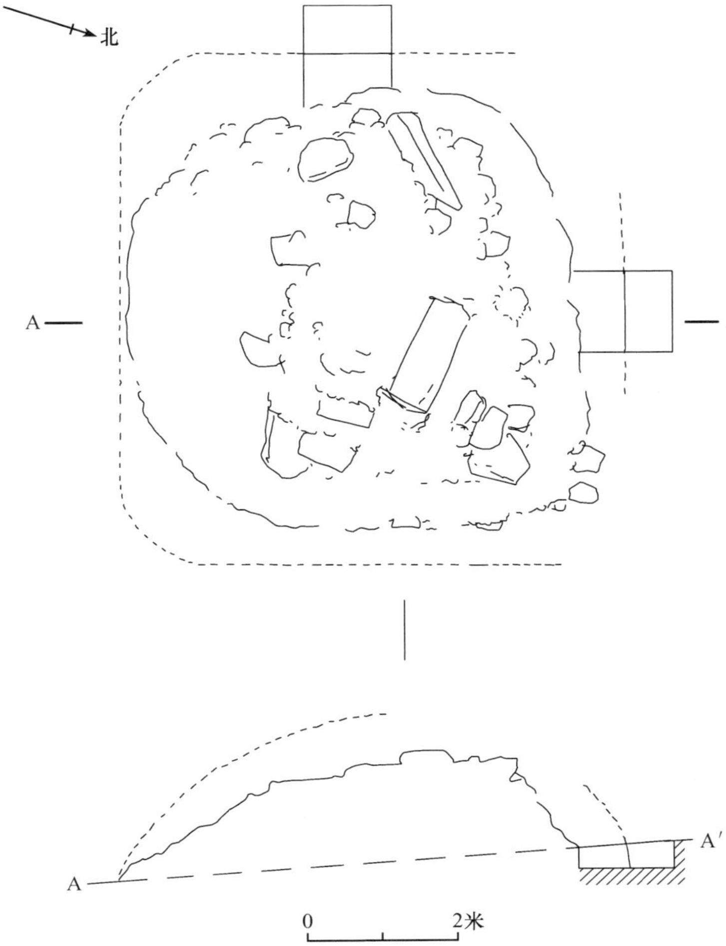


图二三三 JSM1428平、剖面图

JSM1430位于Ⅱ-5-3区北侧中部，西南侧距JSM1450约5米，东南侧距JSM1448约4米。地理坐标为东经126°09′33.8″，北纬41°08′47.4″，海拔220.5米。墓葬整体呈丘状，东西长约5.5米，南北宽约5.3米，现存高度约1.6米。墓葬封土流失严重，砌筑墓室石材部分裸露于外，东侧和北侧裸露较多，南面和西面保存稍好，石材多长约1米，宽0.7～0.8米，厚0.3～0.4米。墓室被淤土碎石填塞。西侧见有墓道盖顶石，尺寸为1米×0.5米×0.3米。墓道西向。在墓葬南侧开一条探沟，封土为黄土，封土范围南侧在现南侧边缘外0.6米（图二三四；图版四七，2）。

JSM1431位于Ⅱ-5-3区北侧中部，西北侧距JSM1432约2米，西南侧距JSM1441约4米。地理坐标为东经126°09′35.2″，北纬41°08′47.3″，海拔220米。墓葬整体呈丘状，东西长约5米，南北宽约4.8米，现存高度约1.1米。墓葬封土流失严重，砌筑墓室石材部分裸露于外。墓顶盖顶石塌落，盖顶石尺寸为1.7米×0.8米×0.5米。墓上南侧有河卵石。在墓葬东侧和南侧各开一条探沟，封土为黄土，封土范围东侧在现东侧边缘外0.5米，南侧在现南侧边缘外0.6米（图二三五；图版四七，3）。

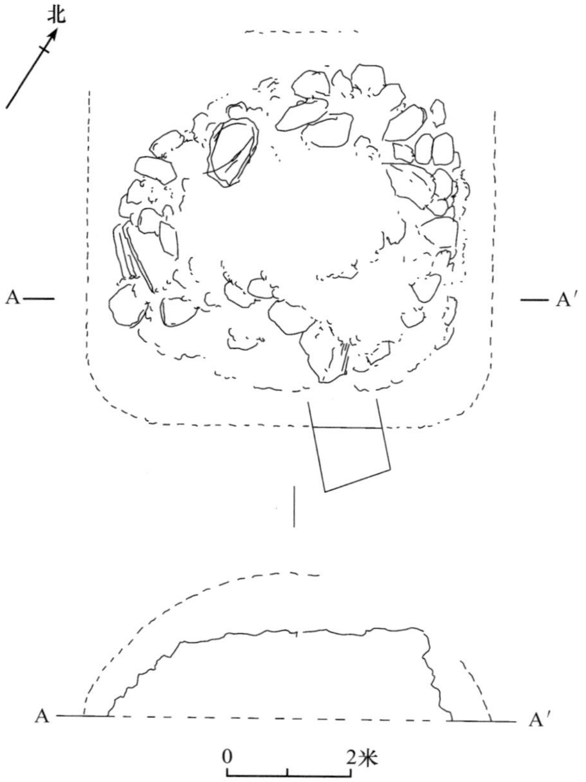


图二三四　JSM1430平、剖面图

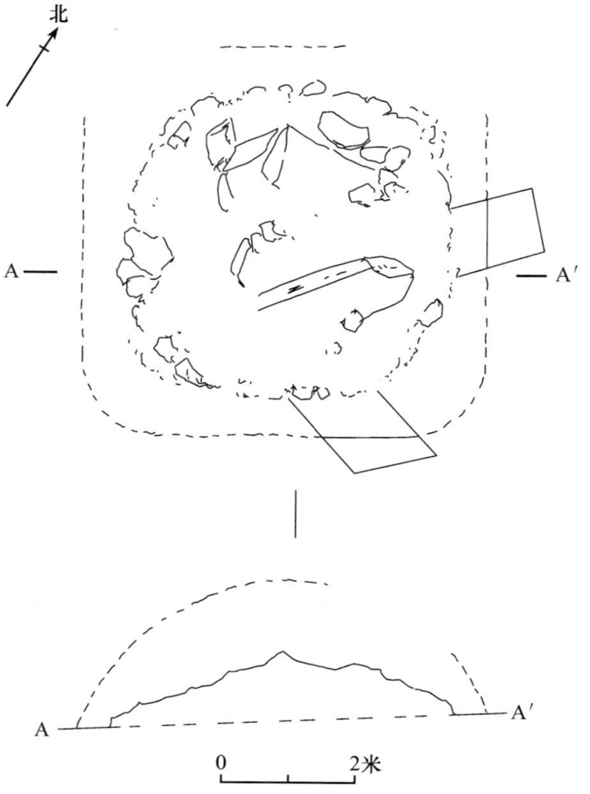


图二三五　JSM1431平、剖面图

JSM1432位于Ⅱ-5-3区北侧中部，西侧距JSM1445约4米，南侧距JSM1431约2米。地理坐标为东经126°09′35.1″，北纬41°08′47.5″，海拔220米。墓葬整体呈丘状，南北长约4.3米，东西宽约2.9米，现存高度约0.8米。墓葬遭严重破坏，顶部尚存1块盖顶石，墓周有少量大石块。在墓葬东侧和南侧各开一条探沟，封土为黄土，封土范围东侧在现东侧边缘外0.8米，南侧在现南侧边缘外0.4米（图二三六；图版四七，4）。

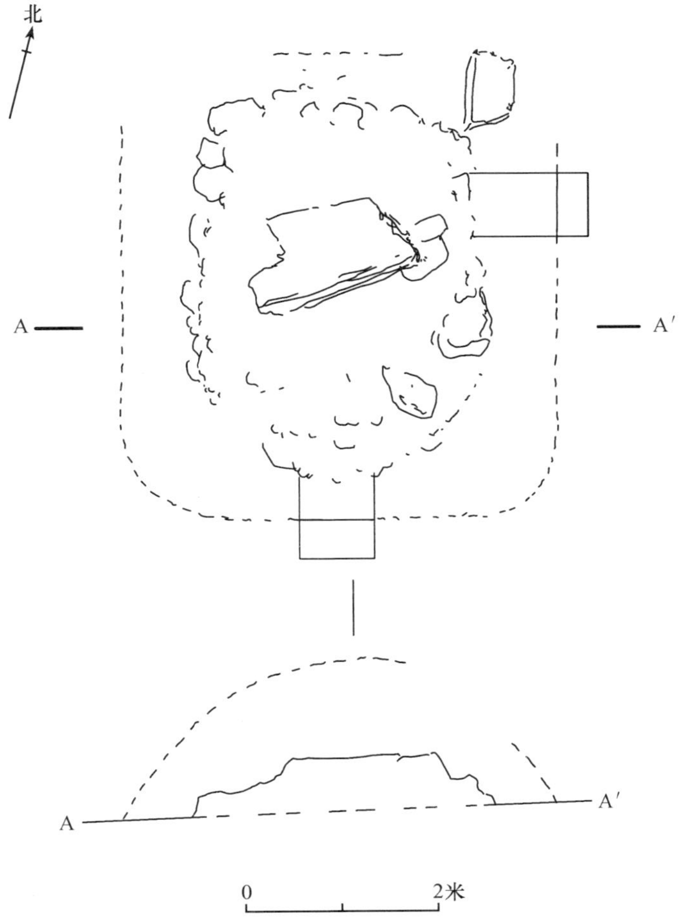

图二三六 JSM1432平、剖面图

JSM1433位于Ⅱ-5-3区北侧中部，西北侧距JSM1434约3米，西南侧距JSM1445约4米。地理坐标为东经126°09′34.7″，北纬41°08′47.8″，海拔220米。墓葬整体呈丘状，南北长约6米，东西宽约4.8米，现存高度约1米。墓葬封土流失严重，墓顶塌落，砌筑墓室石材部分裸露于外。墓上可见大量河卵石，少量碎山石。在墓葬北侧和东侧各开一条探沟，封土为黄土，封土范围北侧在现北侧边缘外0.4米，东侧在现东侧边缘外0.8米（图二三七；图版四七，5）。

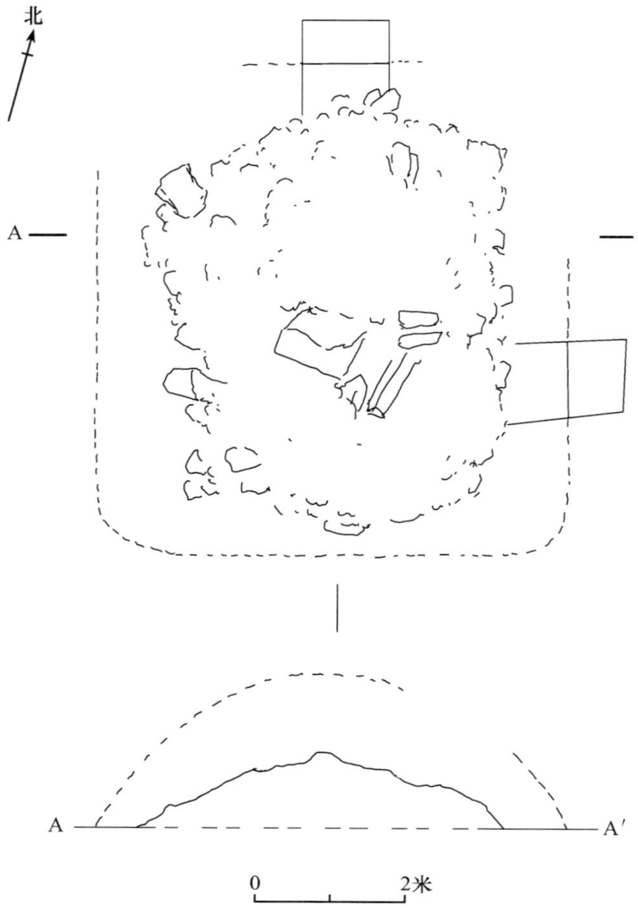


图二三七　JSM1433平、剖面图

JSM1434位于Ⅱ-5-3区北侧中部，东南侧距JSM1433约3米，西南侧距JSM1437约4米。地理坐标为东经126°09′34.3″，北纬41°08′47.9″，海拔220.5米。墓葬整体呈丘状，南北长约4.7米，东西宽约3.6米，现存高度约1.1米。墓葬封土流失严重，砌筑墓室石材裸露于外。墓上封土流失严重，盖顶石向北侧塌落，尺寸为1米×0.8米×0.3米。砌筑墓室石材较大，此外墓表还有一些河卵石。在墓葬西南侧和东南侧各开一条探沟，封土为黄土，封土范围西南侧在现西南侧边缘外1.3米，东南侧在现东南侧边缘外1.2米（图二三八；图版四七，6）。

JSM1436位于Ⅱ-5-3区北侧中部，东北侧距JSM1428约2米，东南侧距JSM1426约5米。地理坐标为东经126°09′35.0″，北纬41°08′48.4″，海拔220.5米。墓葬整体呈丘状，东西长约6.4米，南北宽约6米，现存高度约1.2米。墓葬封土流失严重，砌筑墓室石材裸露于外，石材多为山石，也有部分河卵石，尺寸在0.3米左右。墓上西北角有大量小碎山石，尺寸在0.03～0.05米。在墓葬东侧和北侧各开一条探沟，封土为黄土，封土范围东侧在现东侧边缘外0.7米，北侧在现北侧边缘外0.5米（图二三九；图版四七，7）。

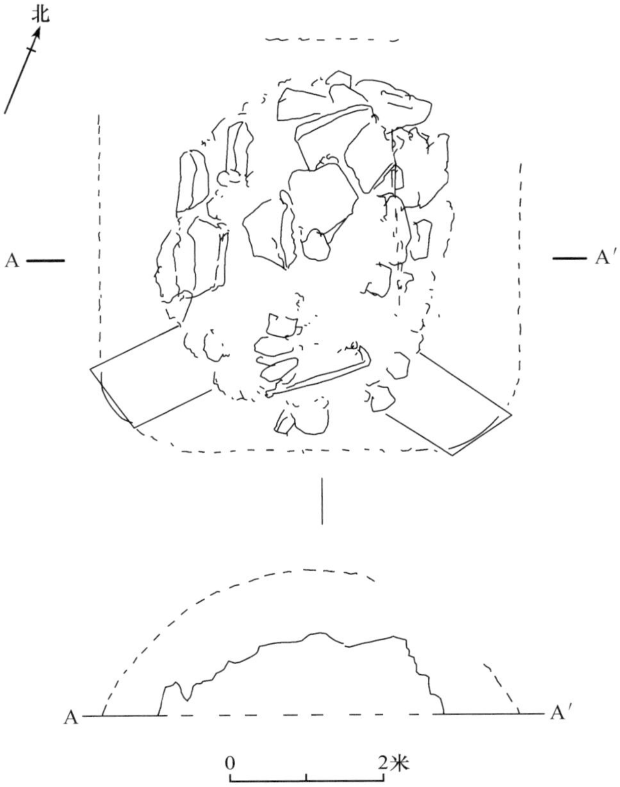


图二三八 JSM1434平、剖面图

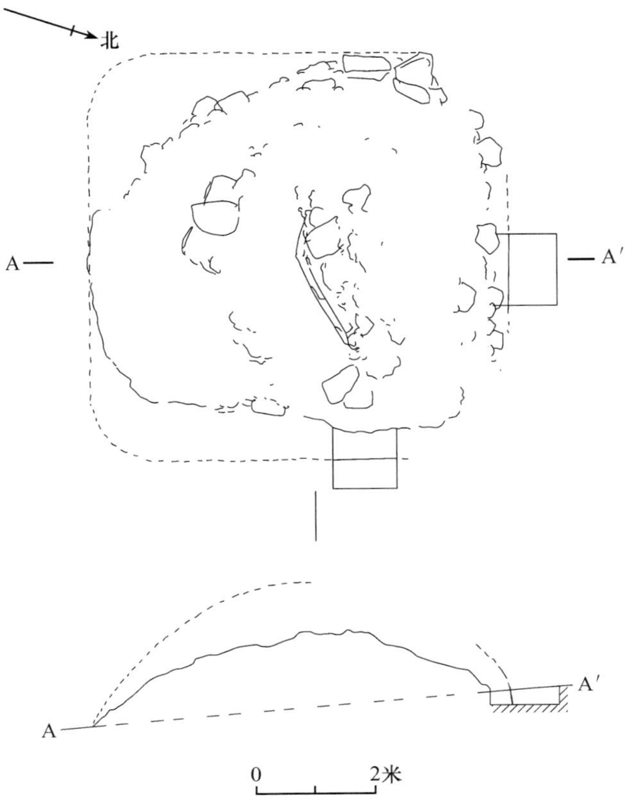


图二三九 JSM1436平、剖面图

JSM1437位于Ⅱ-5-3区北侧中部，南侧距JSM1438约3米，西南侧距JSM1430约4米。地理坐标为东经126°09′34.1″，北纬41°08′47.7″，海拔220.5米。墓葬东西长约4.7米，南北宽约2.5米，现存高度约0.5米。墓葬破坏严重，墓上仅见少量大石块。在墓葬东侧和南侧各开一条探沟，封土为黄土，封土范围东侧在现东侧边缘外0.5米，南侧在现南侧边缘外1米（图二四〇；图版四七，8）。

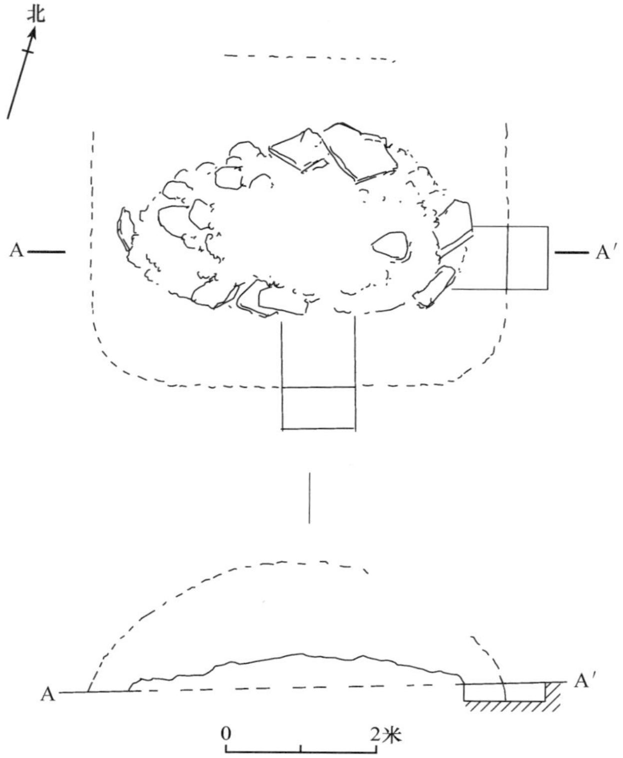


图二四〇　JSM1437平、剖面图

JSM1438位于Ⅱ-5-3区北侧中部，东南侧距JSM1439约3米，北侧距JSM1437约3米。地理坐标为东经126°09′34.2″，北纬41°08′47.5″，海拔220米。墓葬东西长约3.9米，南北宽约2.4米，现存高度约0.6米。墓葬破坏严重，仅余少量石块，石块大小不一，北侧和南侧石块稍大。在墓葬北侧和西侧各开一条探沟，封土为黄土，封土范围北侧在现北侧边缘外0.5米，西侧在现西侧边缘外0.4米（图二四一；图版四八，1）。

JSM1439位于Ⅱ-5-3区北侧中部，西南侧距JSM1448约3米，东侧距JSM1445约3米。地理坐标为东经126°09′34.3″，北纬41°08′47.2″，海拔220米。墓葬整体呈丘状，南北长约6米，东西宽约5米，现存高度约1.8米。墓葬封土流失严重，墓上可见有碎山石，少量为河卵石。北侧有散落的大石块。南侧可见墓道盖顶石。墓道南向，宽0.95米。因盖顶石位于南侧偏西，推测墓室可能为刀形。墓道口外有1块大石块，平面呈三角形。在墓葬西侧和南侧各开一条探沟，封土为黄土，封土范围西侧在现西侧边缘外0.6米，南侧在现南侧边缘外0.5米（图二四二；图版四八，2）。

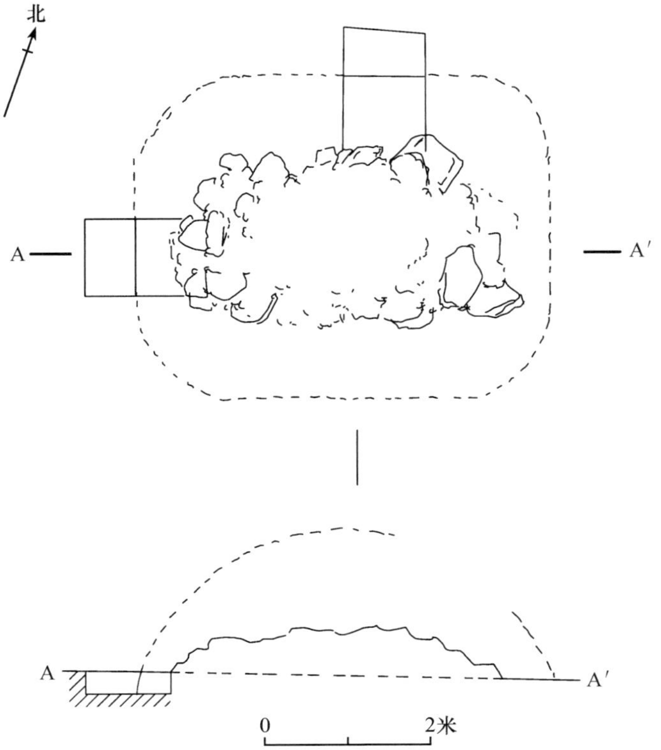


图二四一　JSM1438平、剖面图

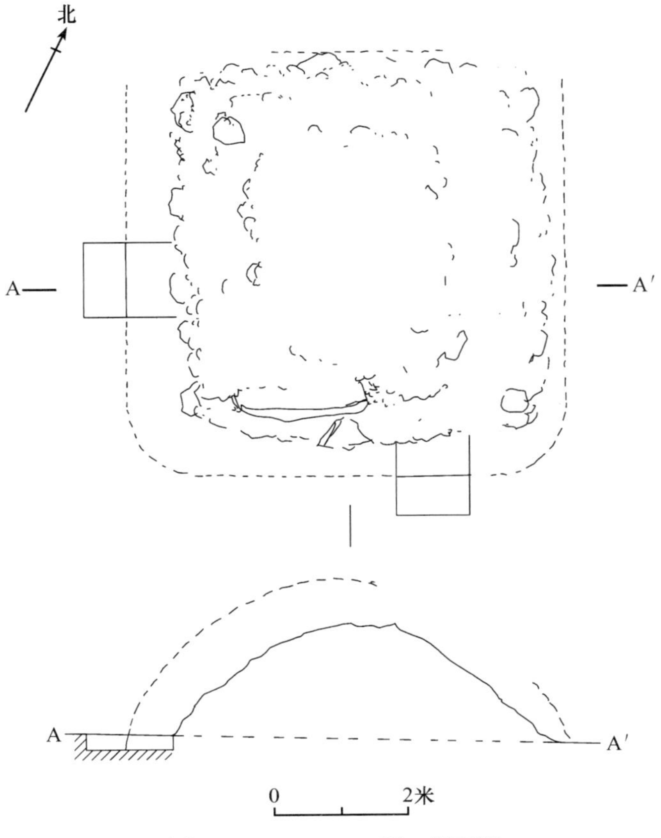


图二四二　JSM1439平、剖面图

JSM1440位于Ⅱ-5-3区北侧中部，西北侧距JSM1429约2米，东北侧距JSM1423约2米。地理坐标为东经126°09′35.3″，北纬41°08′47.4″，海拔220米。墓葬整体呈丘状，东西长约6.8米，南北宽约5.7米，现存高度约1.5米。该墓为三室墓，墓室东西向排列。墓葬封土流失严重，砌筑墓室石材部分裸露于外。东侧墓室顶可见大量碎山石。中间墓室情况不明。西侧墓室西北角砌筑墓室石材缺失，墓室洞开，从此处观测墓室，墓室为铲形，宽约0.6米，内有碎石块和淤土。在墓葬西侧和南侧各开一条探沟，封土为黄土，封土范围西侧在现西侧边缘外0.7米，南侧在现南侧边缘外1.5米（图二四三；图版四八，3）。

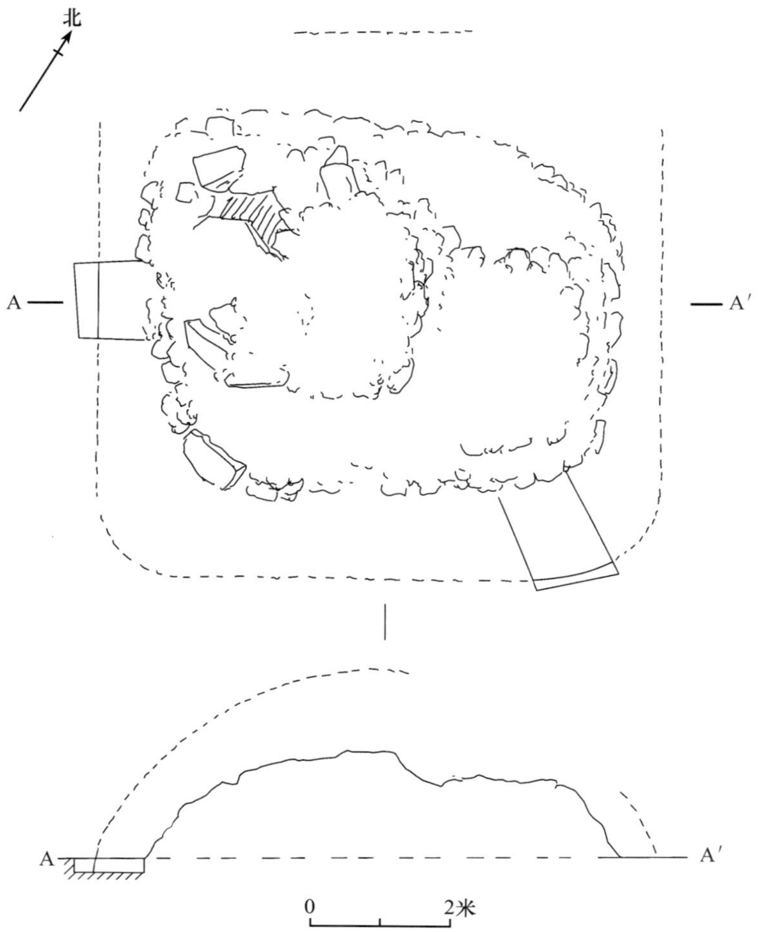


图二四三　JSM1440平、剖面图

JSM1441位于Ⅱ-5-3区北侧中部，西侧距JSM1442约4米，东北侧距JSM1431约4米。地理坐标为东经126°09′35.0″，北纬41°08′47.1″，海拔220米。墓葬整体呈丘状，东西长约3.1米，南北宽约3米，现存高度约0.6米。墓葬破坏严重，墓上有少量碎山石和河卵石。在墓葬北侧和西侧各开一条探沟，封土为黄土，封土范围北侧在现北侧边缘外1米，西侧在现西侧边缘外0.6米（图二四四；图版四八，4）。

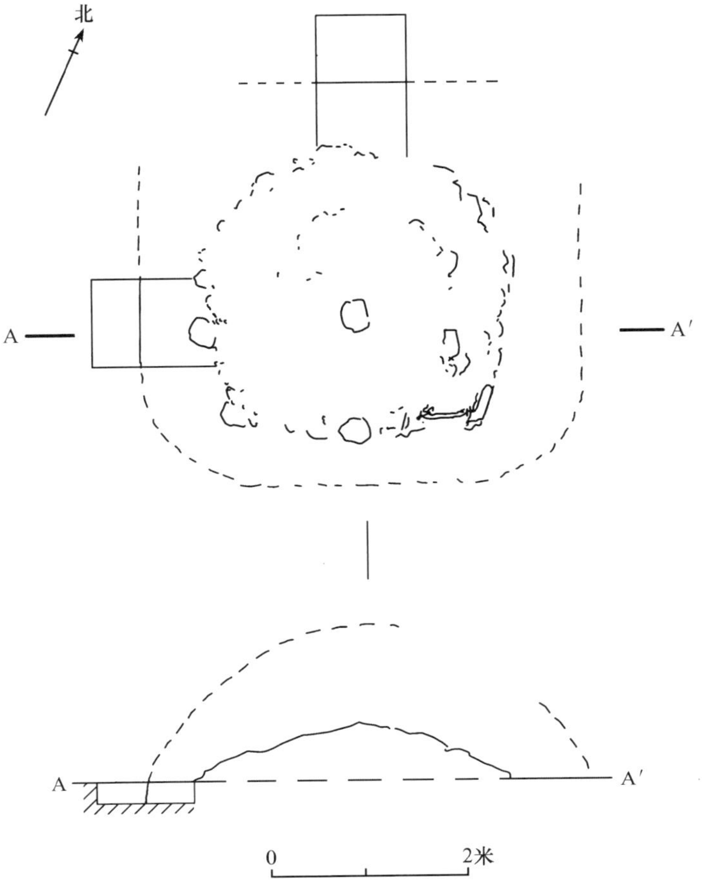


图二四四 JSM1441平、剖面图

JSM1442位于Ⅱ-5-3区北侧中部，西侧距JSM1443约4米，东侧距JSM1441约4米。地理坐标为东经126°09′36.0″，北纬41°08′47.9″，海拔220米。墓葬整体呈丘状，南北长约5米，东西宽约4.8米，现存高度约1.5米。墓葬封土流失严重，墓上可见河卵石与碎山石，砌筑墓室石材大部分裸露于外。墓顶南侧因砌筑墓室石材部分缺失形成一处豁口，可见墓室内堆积淤土石块，墓壁见顶部一至两层砌石，之上有一层抹角石。盖顶石长2.3米，宽1.4米，厚约0.4米。在墓葬北侧和东侧各开一条探沟，封土为黄土，封土范围北侧在现北侧边缘外0.5米，东侧在现东侧边缘外0.5米（图二四五；图版四八，5）。

JSM1443位于Ⅱ-5-3区北侧中部，西北侧距JSM1448约4米，西侧距JSM1447约5米。地理坐标为东经126°09′34.2″，北纬41°08′46.8″，海拔220米。墓葬整体呈丘状，南北长约5.4米，东西宽约4.2米，现存高度约1.2米。墓葬封土流失严重，墓上有大量河卵石。墓顶盖顶石缺失，墓室内填满石块和淤土，西北角与东北角可见抹角石。砌筑墓室石材多为山石，尺寸较大。墓道南向，现存1块盖顶石，从墓道盖顶石位置推测墓室可能为刀形。在墓葬北侧和东南侧各开一条探沟，封土为黄土，封土范围北侧在现北侧边缘外0.8米，东南侧在现东南侧边缘外0.5米（图二四六；图版四八，6）。

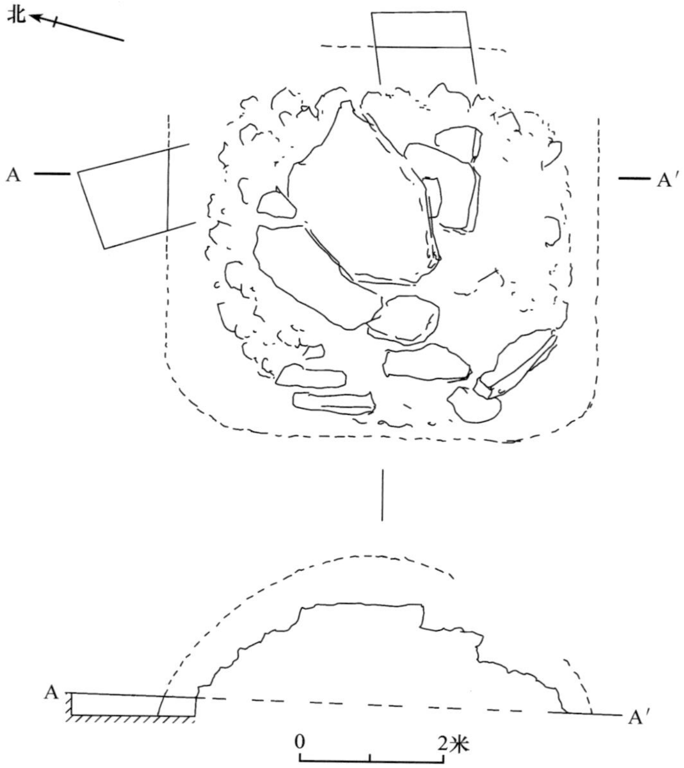


图二四五　JSM1442平、剖面图

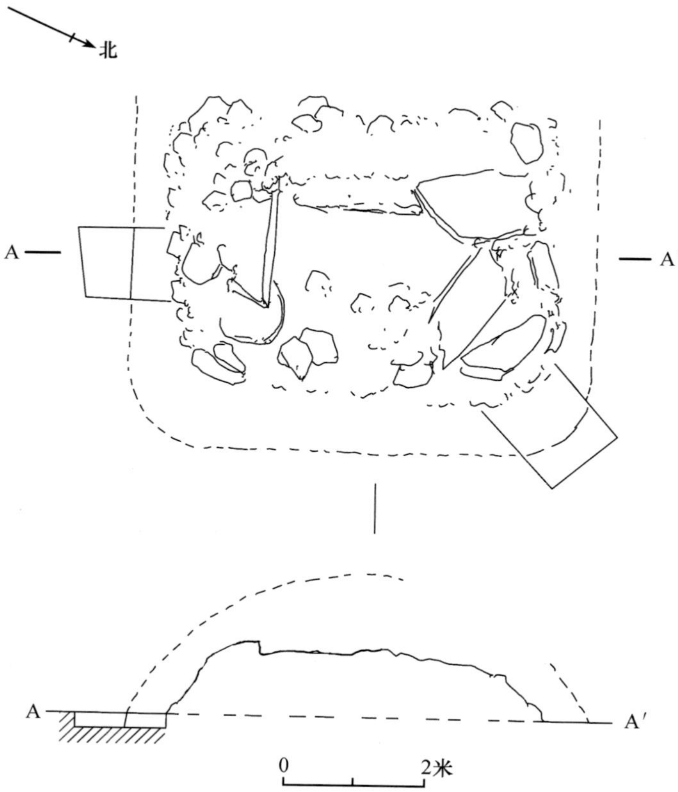


图二四六　JSM1443平、剖面图

JSM1444位于Ⅱ-5-3区北侧中部，西北侧距JSM1443约4米，西侧距JSM1446约4米。地理坐标为东经126°09′33.8″，北纬41°08′46.4″，海拔220米。墓葬整体呈矮丘状，东西长约4.2米，南北宽约2.6米，现存高度约0.5米。墓葬破坏严重，仅余少量的散落石块（图二四七；图版四八，7）。

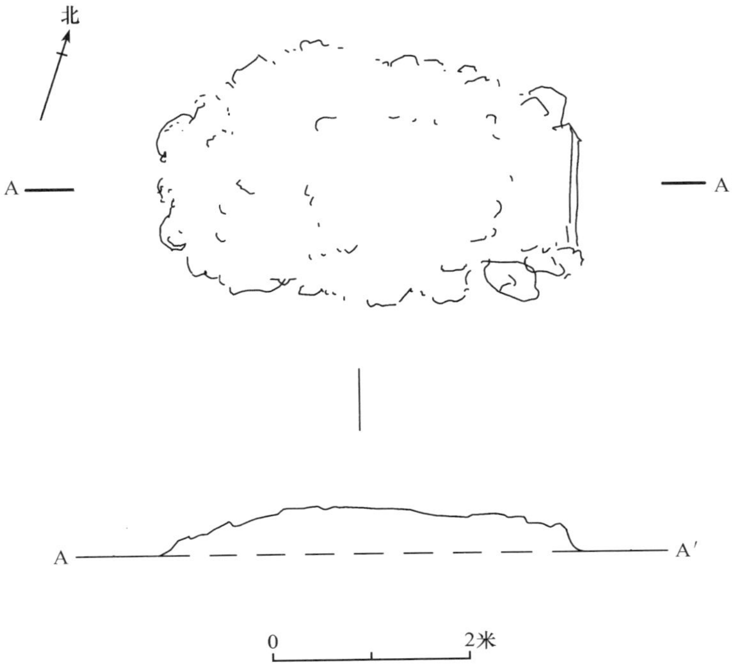

图二四七　JSM1444平、剖面图

JSM1445位于Ⅱ-5-3区北侧中部，东北侧距JSM1433约4米，西侧距JSM1439约3米。地理坐标为东经126°09′34.7″，北纬41°08′47.4″，海拔220米。墓葬整体北高南低，略呈丘状，南北长约9.1米，东西宽约5.3米，现存高度约1.9米。墓葬封土流失严重，墓室东北角洞开，该处可见砌筑墓室石材和盖顶石。墓室内堆积淤土和石块，可见一层墓壁砌石和一层抹角石。墓上南侧有碎山石。在墓葬东北侧和西北侧各开一条探沟，封土为黄土，封土范围东北侧在现东北侧边缘外1米，西北侧在现西北侧边缘外0.8米（图二四八；图版四八，8）。

JSM1446位于Ⅱ-5-3区北侧中部，西北侧距JSM1447约4米，东侧距JSM1444约4米。地理坐标为东经126°09′34.0″，北纬41°08′46.5″，海拔220米。墓葬整体呈丘状，南北长约6.1米，东西宽约5.4米，现存高度约1.8米。墓葬封土流失严重，墓上有大量河卵石与碎山石。墓顶南侧盖顶石缺失，墓室内堆积石块和淤土，墓室为刀形，墓道位于南壁西侧，墓道南向。墓室可见四至五层墓壁砌石和两层抹角石，石材多为河卵石，缝隙处填塞石块。在墓葬西北侧和东北侧各开一条探沟，封土为黄土，封土范围西北侧在现西北侧边缘外1.3米，东北侧在现东北侧边缘外1米（图二四九；图版四九，1）。

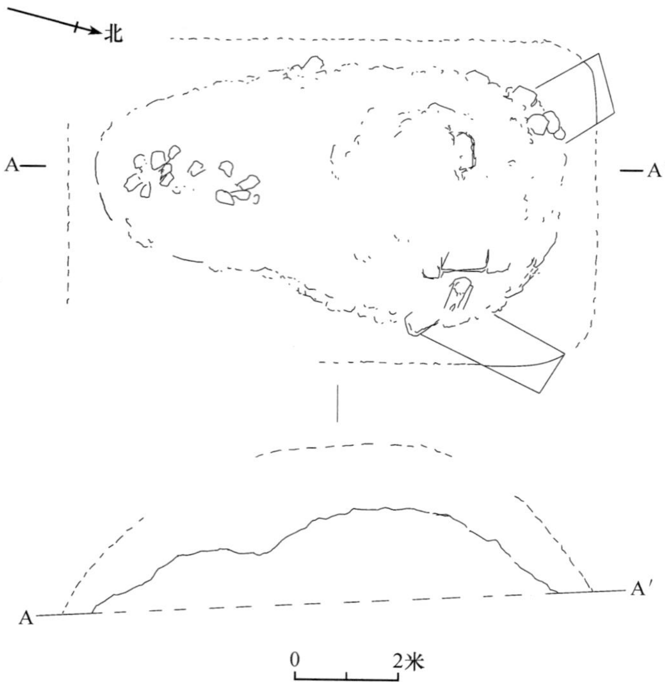


图二四八　JSM1445平、剖面图

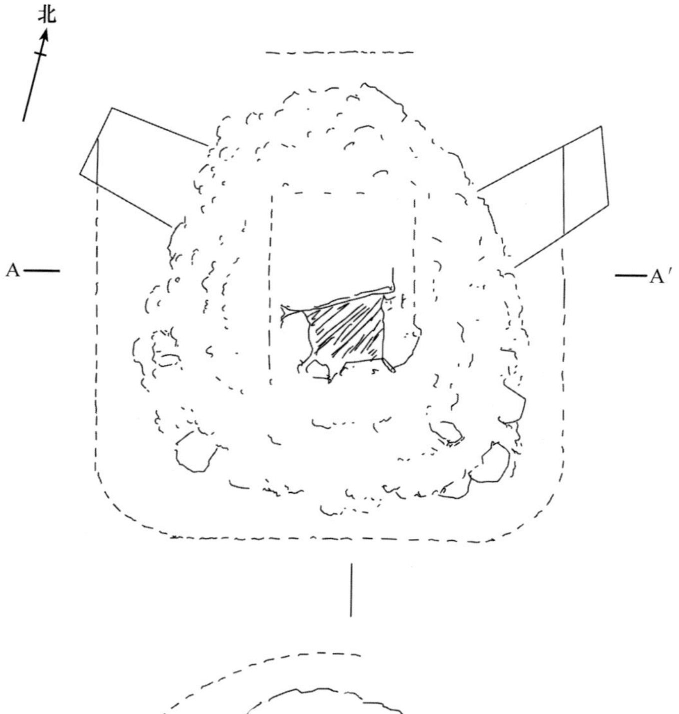

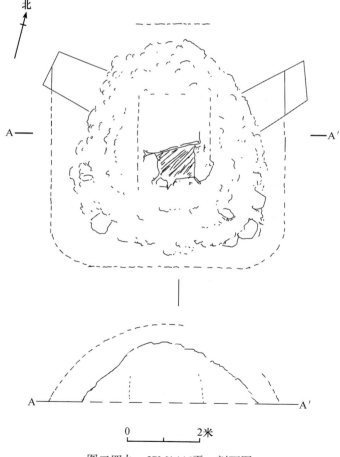

图二四九　JSM1446平、剖面图

JSM1447位于Ⅱ-5-3区北侧中部，北侧距JSM1449约1.5米，西南侧距SM1456约1.5米。地理坐标为东经126°09′33.8″，北纬41°08′46.8″，海拔220米。墓葬整体呈丘状，南北长约5.1米，东西宽约4.8米，现存高度约1.2米。墓葬封土流失严重，墓上可见河卵石和碎山石，砌筑墓室石材部分裸露于外。墓顶塌陷，塌陷位置应为墓室所在。墓葬南侧边缘有几块较大的石块。在墓葬西侧和南侧各开一条探沟，封土为黄土，封土范围西侧在现西侧边缘外0.8米，南侧在现南侧边缘外0.7米（图二五〇；图版四九，2）。

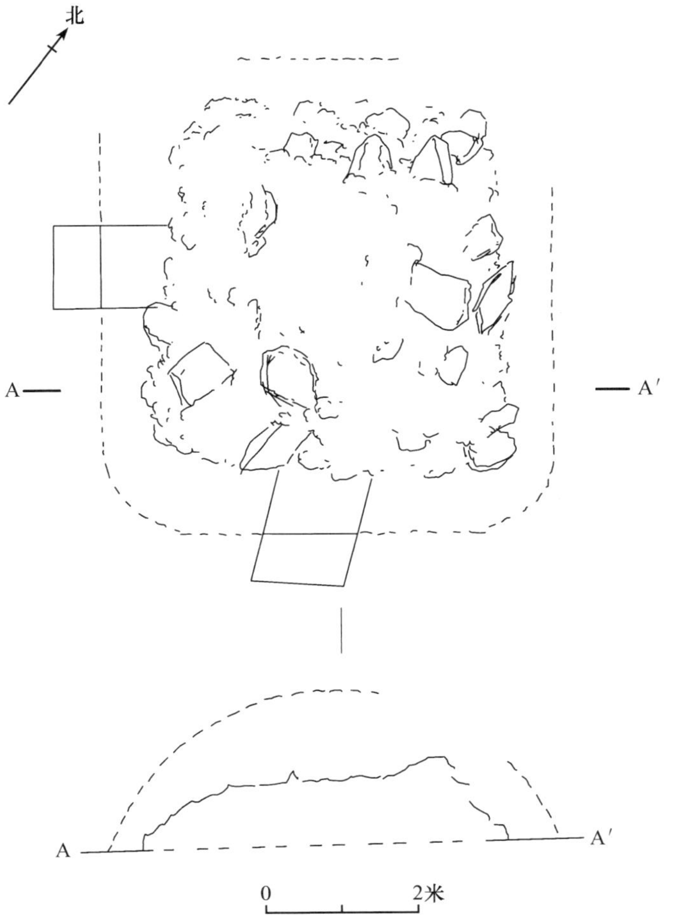


图二五〇　JSM1447平、剖面图

JSM1448位于Ⅱ-5-3区北侧中部，西北侧距JSM1430约4米，西南侧距JSM1449约2米。地理坐标为东经126°09′34.0″，北纬41°08′50.0″，海拔220米。墓葬整体呈丘状，南北长约5.7米，东西宽约4.5米，现存高度约1.3米。墓葬封土流失严重，墓上有碎山石和河卵石，东侧砌筑墓室石材裸露于外，南侧可见1块大石块，长超过1.5米，宽约0.8米，厚约0.3米，可能为墓道盖顶石，推测墓道南向。在墓葬北侧和东侧各开一条探沟，封土为黄土，封土范围北侧在现北侧边缘外0.8米，东侧在现东侧边缘外0.9米（图二五一；图版四九，3）。

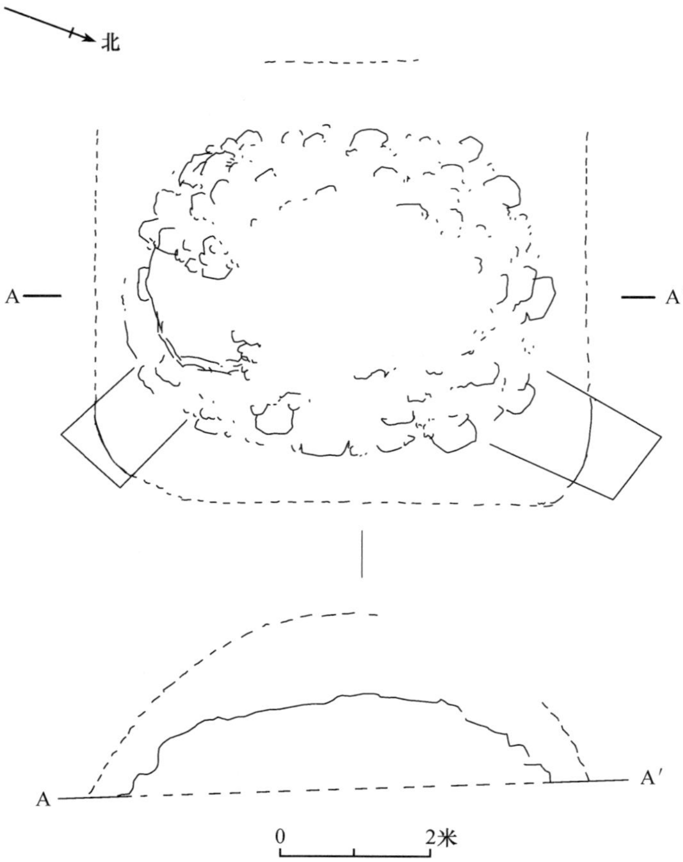


图二五一　JSM1448平、剖面图

JSM1449位于Ⅱ-5-3区北侧中部，西北侧距JSM1450约2米，西南侧距JSM1447约1.5米。地理坐标为东经126°09′33.8″，北纬41°08′47.0″，海拔220米。墓葬整体呈丘状，南北长约4.4米，东西宽约3.2米，现存高度约1.4米。墓葬封土流失严重，墓上可见河卵石和碎山石，砌筑墓室石材部分裸露于外。从墓北侧洞口可观测墓室内部情况。墓室为刀形，墓道南向。东、西两壁可见三至四层砌石，南壁可见两层砌石。墓室东北角可见一层抹角石。砌筑墓室壁的石材规格较小，大小不等，石材以山石为主，夹杂河卵石。墓室长约2.4米，宽约1.5米。墓道宽约0.85米。墓道盖顶石裸露，附近有一些大石块。在墓葬东侧和南侧各开一条探沟，封土为黄土，封土范围东侧在现东侧边缘外1.1米，南侧在现南侧边缘外0.7米（图二五二；图版四九，4）。

JSM1450位于Ⅱ-5-3区北侧中部，西北侧距JSM1451约3米，东北侧距JSM1430约5米。地理坐标为东经126°09′33.6″，北纬41°08′47.1″，海拔220米。墓葬整体呈丘状，南北长约4.7米，东西宽约3.9米，现存高度超过1.5米。墓葬封土流失严重，墓上可见大量碎山石和河卵石，石块大小不一，最大石块尺寸约1米，最小石块尺寸约0.1米。在墓葬北侧和东侧各开一条探沟，封土为黄土，封土范围北侧在现北侧边缘外0.5米，东侧在现东侧边缘外0.8米（图二五三；图版四九，5）。

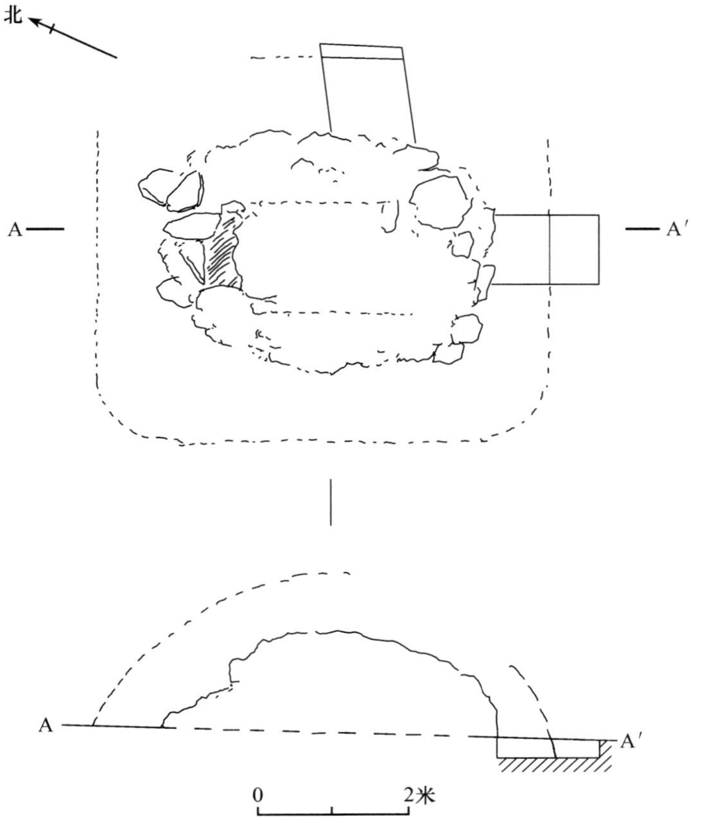


图二五二　JSM1449平、剖面图

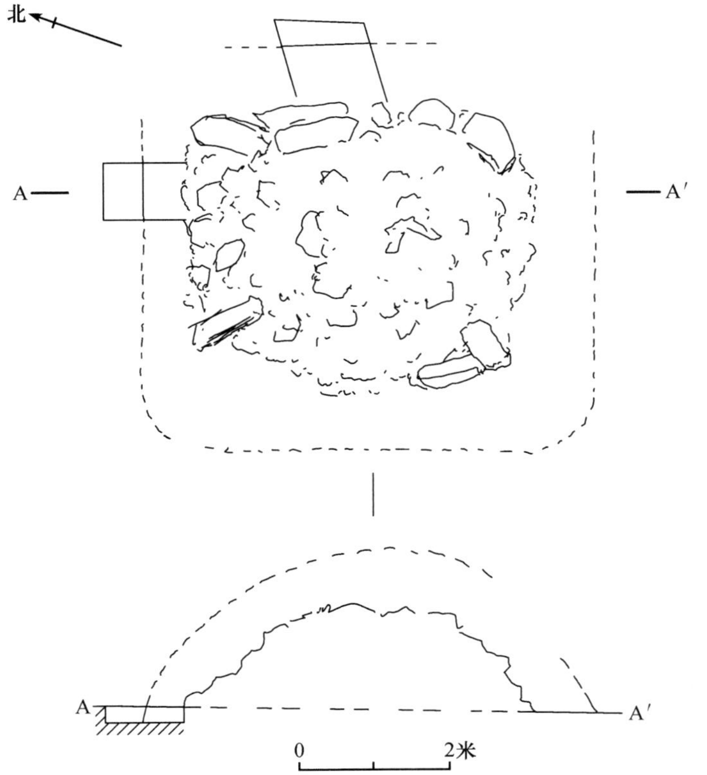


图二五三　JSM1450平、剖面图

JSM1451位于Ⅱ-5-3区北侧中部，西侧距JSM1461约3米，东南侧距JSM1450约3米。地理坐标为东经126°09′33.4″，北纬41°08′47.2″，海拔220.5米。墓葬整体呈丘状，南北长约6.5米，东西宽约4.1米，现存高度约1.3米。墓葬封土流失严重，墓顶盖顶石缺失，碎石、淤土堆积于墓室内。从现状来看，墓室为刀形，墓道南向，墓室上部还残存东北、东南、西南三处抹角石。在墓葬东侧和南侧各开一条探沟，封土为黄土，封土范围东侧在现东侧边缘外1.2米，南侧在现南侧边缘外0.4米（图二五四；图版四九，6）。

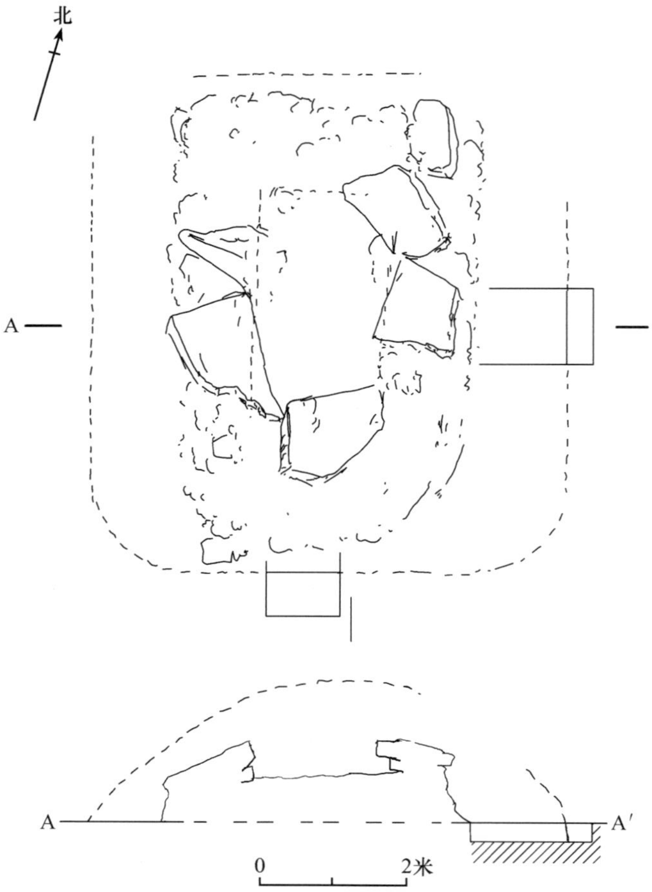


图二五四　JSM1451平、剖面图

JSM1452位于Ⅱ-5-3区北侧中部，北侧距JSM1451约3米，东南侧距JSM1447约3米。地理坐标为东经126°09′33.4″，北纬41°08′46.9″，海拔220米。墓葬整体呈丘状，南北长约6.1米，东西宽约4.6米，现存高度约1米。墓葬封土流失严重，墓上可见大量大石块，砌筑墓室石材裸露于外。墓顶中间有凹坑，墓室顶部已被破坏，墓上东北角和西北角靠近边缘处有几块较大的石块，可能是位移的盖顶石。墓上石块尺寸在0.4米左右。在墓葬西侧和南侧各开一条探沟，封土为黄土，封土范围西侧在现西侧边缘外0.8米，南侧在现南侧边缘外0.4米（图二五五；图版四九，7）。

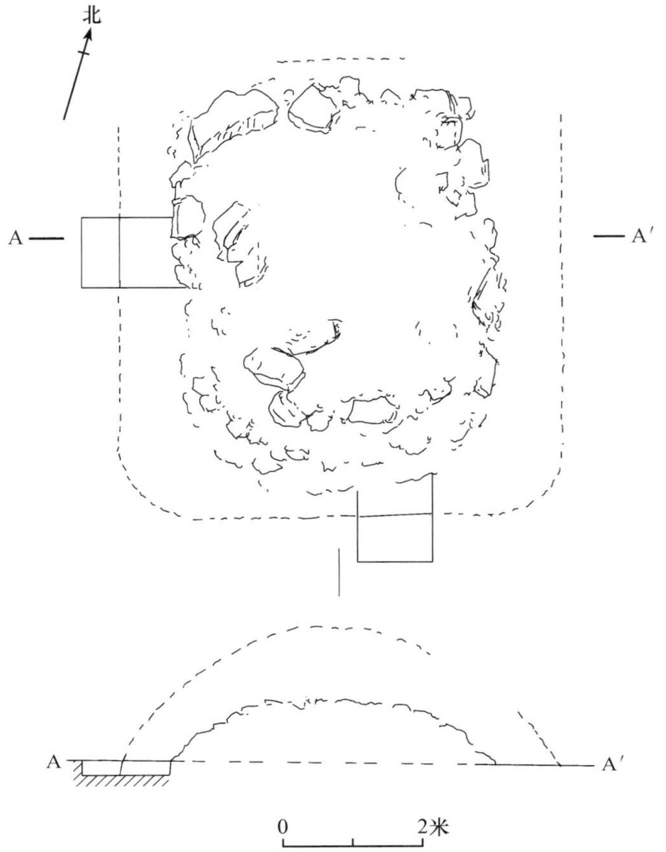


图二五五 JSM1452平、剖面图

JSM1453位于Ⅱ-5-3区北侧中部，北侧距JSM1473约3米，西侧距JSM1483约5米。地理坐标为东经126°09′32.7″，北纬41°08′46.0″，海拔220米。墓葬整体呈丘状，南北长约5.4米，东西宽约4.8米，现存高度约1.1米。墓葬封土流失严重，砌筑墓室石材部分裸露。墓顶塌陷，墓室情况不明。在南侧有1块长石条，应为墓道盖顶石。墓道南向。在墓葬北侧和东侧各开一条探沟，封土为黄土，封土范围北侧在现北侧边缘外0.5米，东侧在现东侧边缘外0.9米（图二五六；图版四九，8）。

JSM1454位于Ⅱ-5-3区北侧中部，西南侧距JSM1477约1.5米，东北侧与JSM1455相邻。地理坐标为东经126°09′33.7″，北纬41°08′46.1″，海拔220米。墓葬整体呈丘状，南北长约6.7米，东西宽约5.6米，现存高度约2米。墓葬封土流失严重，墓上可见碎山石和河卵石，砌筑墓室石材部分裸露于外。墓顶可见1块盖顶石。墓室洞开，墓室为刀形，墓室内堆积有碎石块和淤土，东北角和西北角各可见一层抹角石，墓壁砌石为简单加工山石，缝隙处填塞石块。墓道南向，位于南壁西侧。在墓葬东侧和南侧各开一条探沟，封土为黄土，封土范围东侧在现东侧边缘外0.9米，南侧在现南侧边缘外0.5米（图二五七；图版五〇，1）。

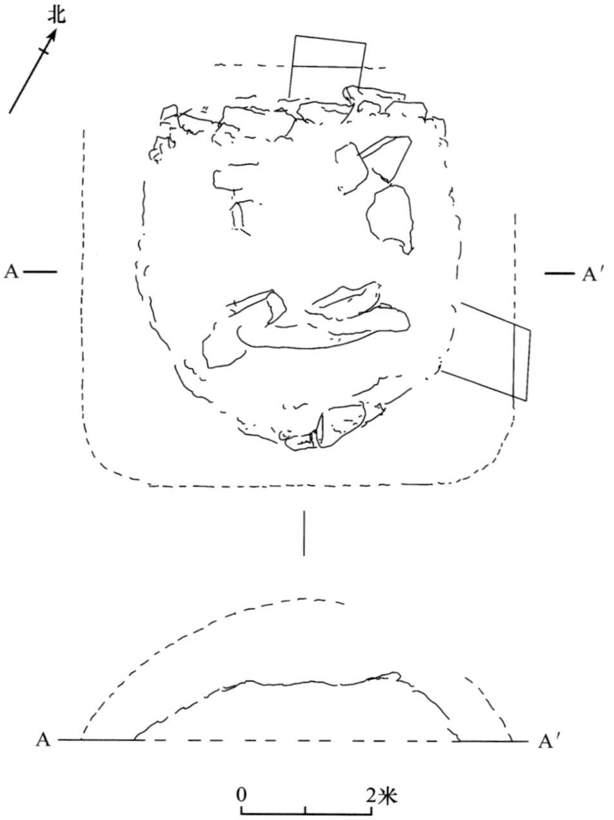


图二五六　JSM1453平、剖面图

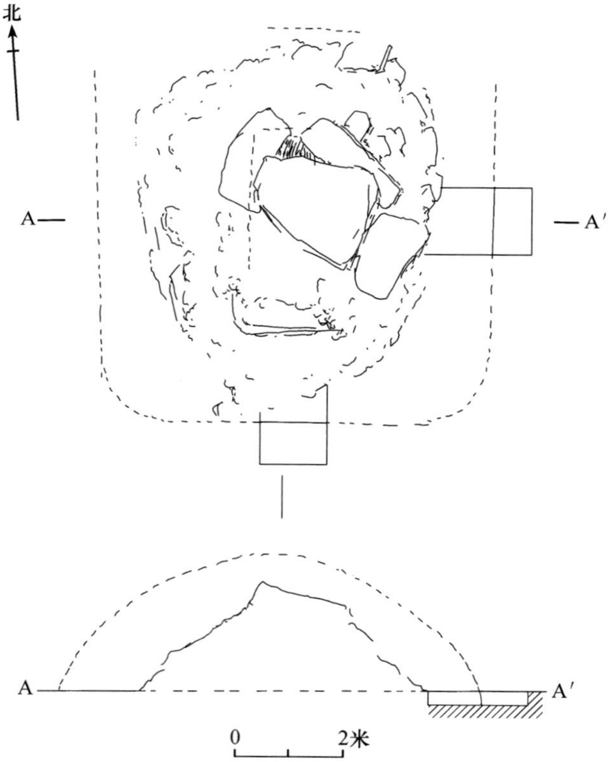


图二五七　JSM1454平、剖面图

JSM1455位于Ⅱ-5-3区北侧中部，东北侧距JSM1446约2米，西侧与JSM1454相邻。地理坐标为东经126°09′34.0″，北纬41°08′46.2″，海拔220米。墓葬整体呈丘状，南北长约5.4米，东西宽约5.1米，现存高度约1米。墓葬封土流失严重，墓室被破坏，从残存的部分看，墓室为刀形，墓道南向。墓上可见碎山石与河卵石，墓室残存部分砌筑石材有一些裸露于外。墓上西南侧有1块大石块，疑为盖顶石。在墓葬东侧和南侧各开一条探沟，封土为黄土，封土范围东侧在现东侧边缘外0.8米，南侧在现南侧边缘外0.7米（图二五八；图版五〇，2）。

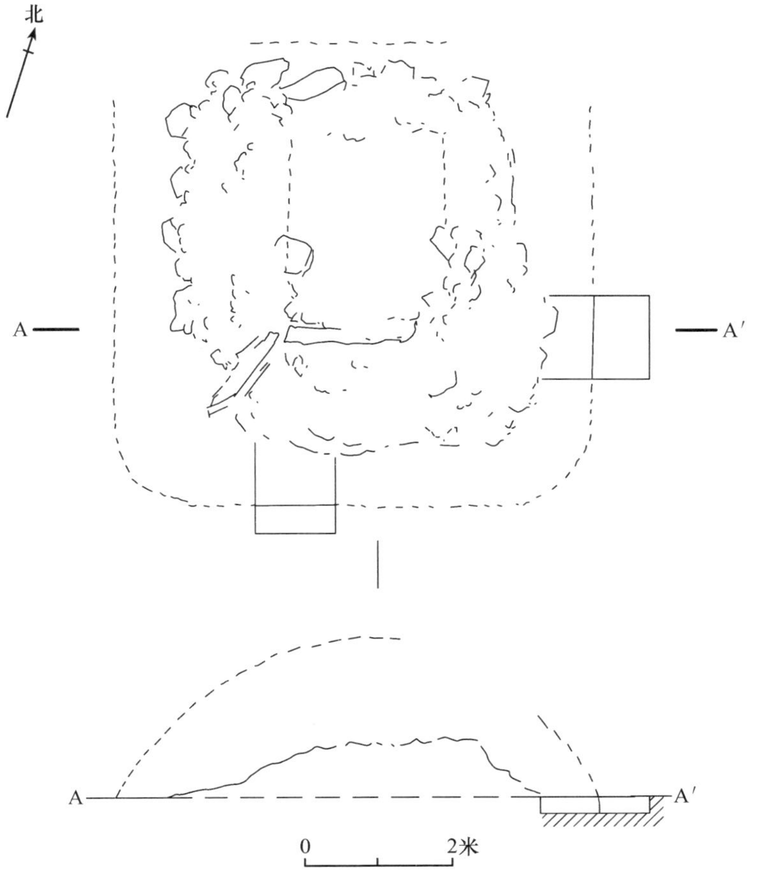


图二五八　JSM1455平、剖面图

JSM1456位于Ⅱ-5-3区北侧中部，东北侧距JSM1447约1.5米，东南侧与JSM1457相连。地理坐标为东经126°09′33.6″，北纬41°08′46.6″，海拔220米。墓葬整体呈丘状，南北长约5米，东西宽约4.7米，现存高度约0.8米。墓葬封土流失严重，墓上可见大量石块，最大石块尺寸约1米。墓室破坏较严重，从残留痕迹可看出墓室为刀形，墓道南向，位于南壁西侧。在墓葬北侧和西侧各开一条探沟，封土为黄土，封土范围北侧在现北侧边缘外0.6米，西侧在现西侧边缘外1米（图二五九；图版五〇，3）。

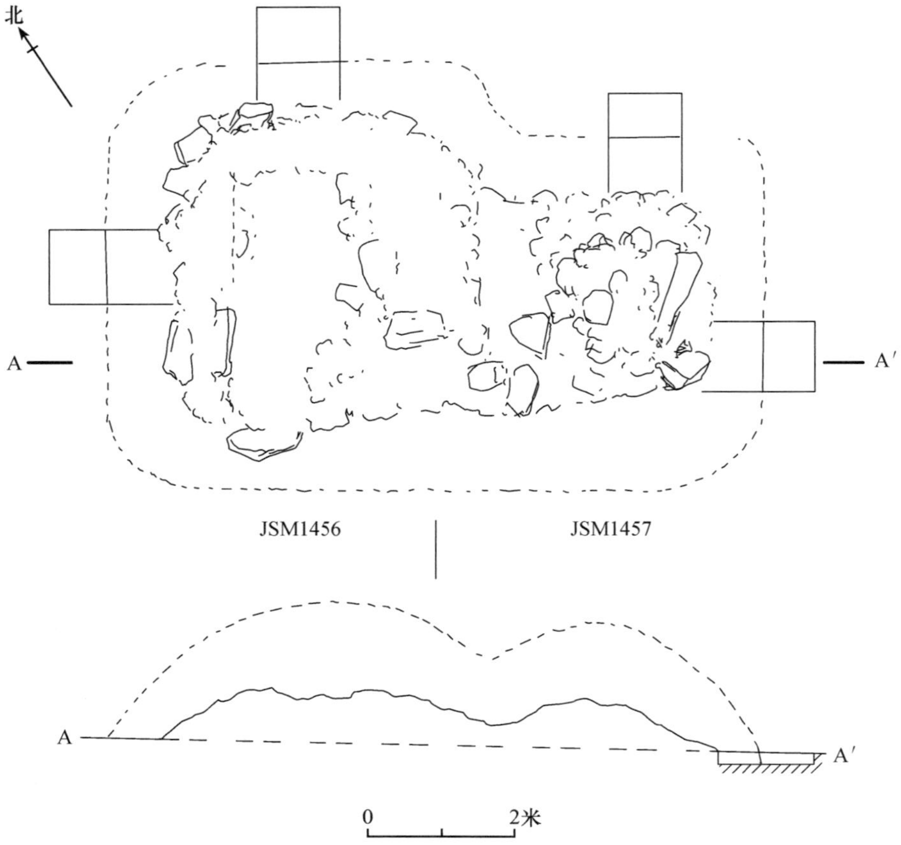


图二五九　JSM1456、JSM1457平、剖面图

JSM1457位于Ⅱ-5-3区北侧中部，北侧距JSM1447约1米，西北侧与JSM1456相连。地理坐标为东经126°09′33.7″，北纬41°08′46.6″，海拔220米。墓葬整体呈丘状，南北长约3米，东西宽约2.8米，现存高度约0.8米。墓葬破坏较重，封土流失严重，墓上可见大量河卵石和碎山石。墓东侧有1块长石条。在墓葬北侧和东侧各开一条探沟，封土为黄土，封土范围北侧在现北侧边缘外0.7米，东侧在现东侧边缘外0.7米（图二五九；图版五〇，4）。

JSM1458位于Ⅱ-5-3区北侧中部，西南侧距JSM1459约4米，西北侧距JSM1465约4米。地理坐标为东经126°09′33.3″，北纬41°08′46.7″，海拔220米。墓葬整体呈丘状，东西长约6米，南北宽约5.3米，现存高度约1.6米。墓葬封土流失严重，砌筑墓室石材部分裸露于外。墓顶盖顶石缺失，墓室洞开。墓室为刀形，墓道近西南。墓室内堆积石块和淤土，砌筑墓壁的石材多为河卵石，朝向墓室一面较平整。西南角可见三层抹角石，墓室壁石材缝隙处填塞石块，墓壁由下而上逐层内收，石材外露面为倾斜面。墓上东侧边缘有1块长石板，疑为盖顶石。墓西南侧可见1块墓道盖顶石，墓道口处宽约0.9米。在墓葬北侧和东侧各开一条探沟，封土为黄土，封土范围北侧在现北侧边缘外0.5米，东侧在现东侧边缘外0.5米（图二六〇；图版五〇，5）。

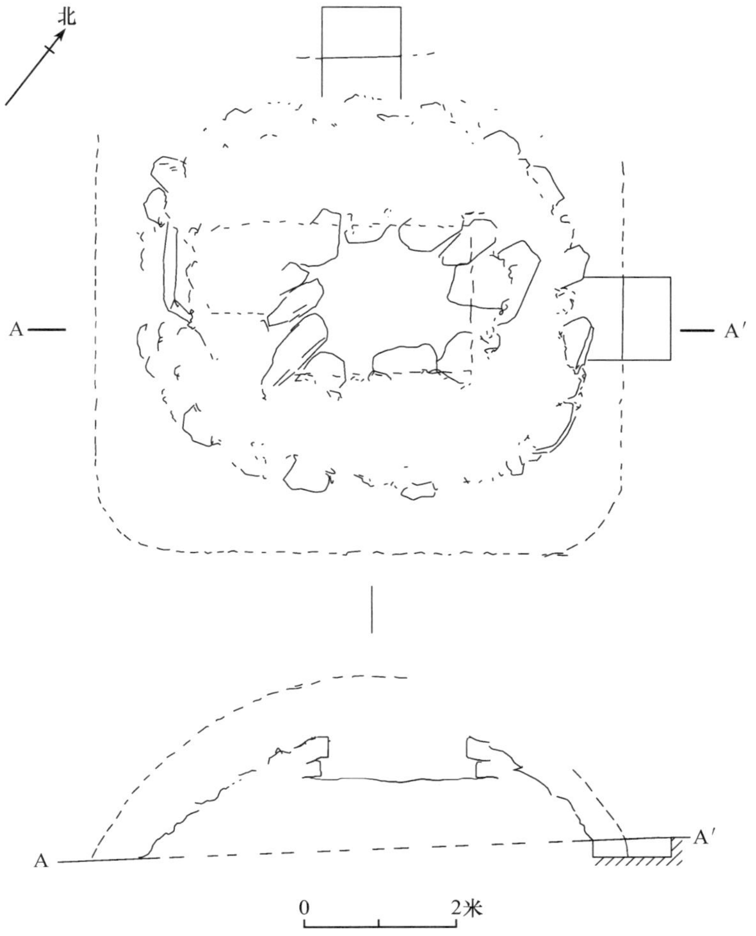


图二六〇　JSM1458平、剖面图

JSM1459位于Ⅱ-5-3区北侧中部，西北侧距JSM1465约3米，东南侧距JSM1467约1米。地理坐标为东经126°09′33.0″，北纬41°08′46.4″，海拔220米。墓葬整体呈丘状，东西长约5米，南北宽约4.9米，现存高度约1.2米。墓葬封土流失严重，墓上可见河卵石和碎山石，砌筑墓室石材大多裸露于外。南侧有1块长条形大石块，可能为盖顶石。在墓葬东侧和西南侧各开一条探沟，封土为黄土，封土范围东侧在现东侧边缘外0.5米，西南侧在现西南侧边缘外1米（图二六一；图版五〇，6）。

JSM1460位于Ⅱ-5-3区北侧中部，北侧与JSM1461相邻，西侧距JSM1464约3米。地理坐标为东经126°09′33.1″，北纬41°08′46.9″，海拔220.3米。墓葬东西长约4.2米，南北宽约4米，现存高度约0.8米。墓葬破坏严重，仅余少量石块，石块大小不一，西北角有几块大石条，厚约0.2米。在墓葬北侧和东侧各开一条探沟，封土为黄土，封土范围北侧在现北侧边缘外0.5米，东侧在现东侧边缘外0.7米（图二六二；图版五〇，7）。

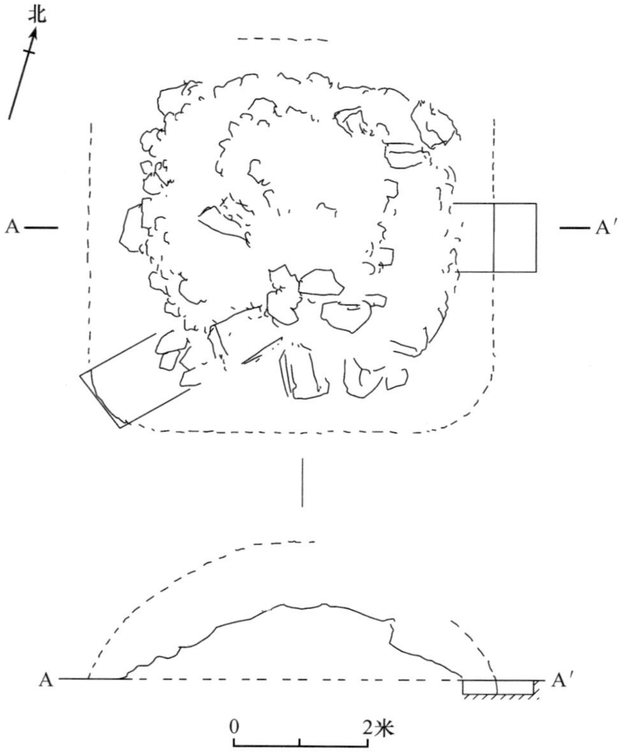


图二六一　JSM1459平、剖面图

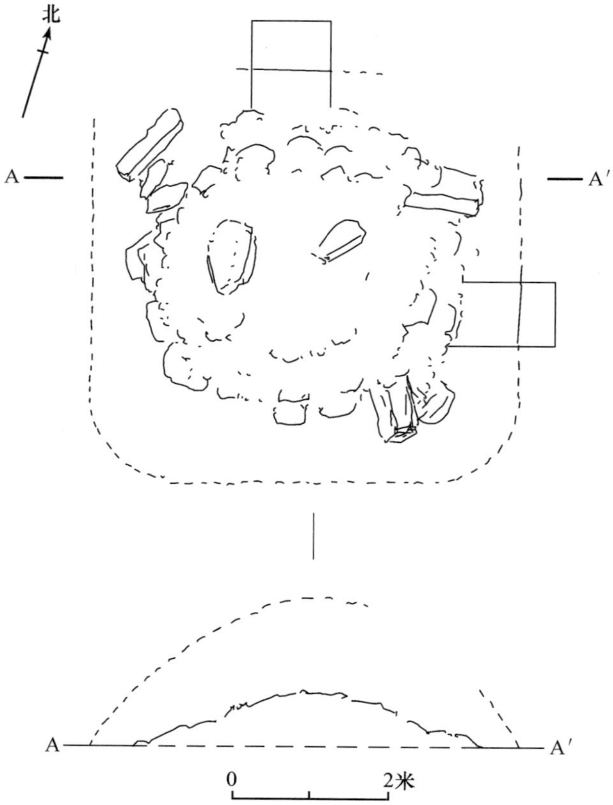


图二六二　JSM1460平、剖面图

JSM1461位于Ⅱ-5-3区北侧中部，东侧距JSM1451约3米，南侧与JSM1460相邻。地理坐标为东经126°09′33.1″，北纬41°08′47.1″，海拔220.5米。墓葬整体呈丘状，南北长约5米，东西宽约3.6米，现存高度约1米。墓葬封土流失严重，墓上可见大量碎山石和少量河卵石，砌筑墓室石材部分裸露于外，石材尺寸为0.5米。在墓葬东侧和南侧各开一条探沟，封土为黄土，封土范围东侧在现东侧边缘外1米，南侧在现南侧边缘外0.4米（图二六三；图版五〇，8）。

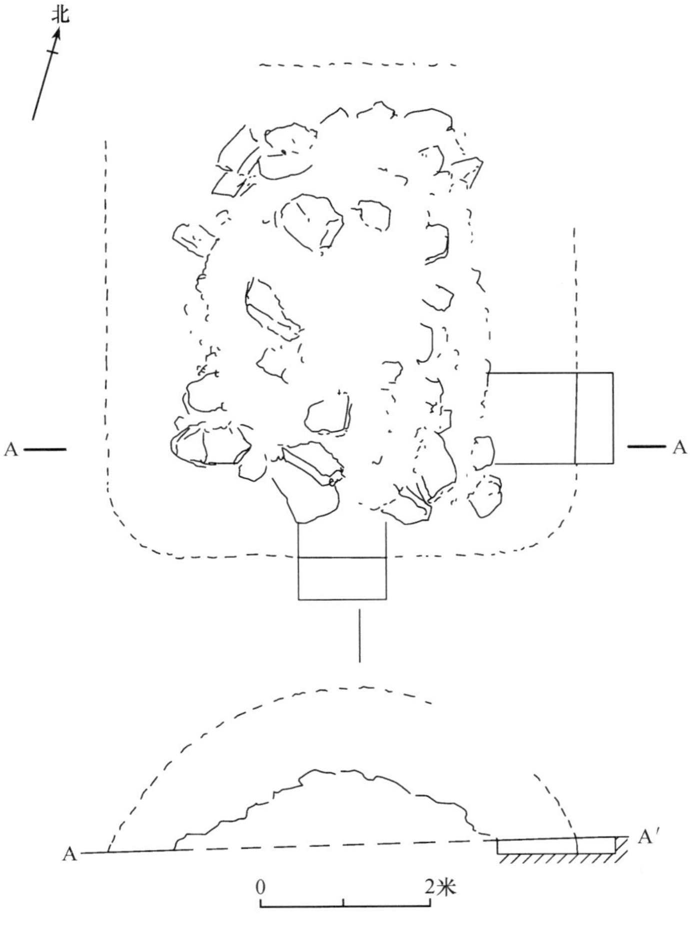


图二六三　JSM1461平、剖面图

JSM1463位于Ⅱ-5-3区北侧中部，南侧距JSM1464约2米，东侧距JSM1461约3米。地理坐标为东经126°09′32.9″，北纬41°08′47.0″，海拔220.5米。墓葬整体呈丘状，南北长约5.4米，东西宽约3.5米，现存高度约1米。墓葬破坏较重，封土大量流失，墓上可见少量河卵石，东侧边缘石材较多，最大石块长超过1米，宽约0.8米，厚约0.3米。在墓葬东侧和南侧各开一条探沟，封土为黄土，封土范围东侧在现东侧边缘外0.9米，南侧在现南侧边缘外0.3米（图二六四；图版五一，1）。

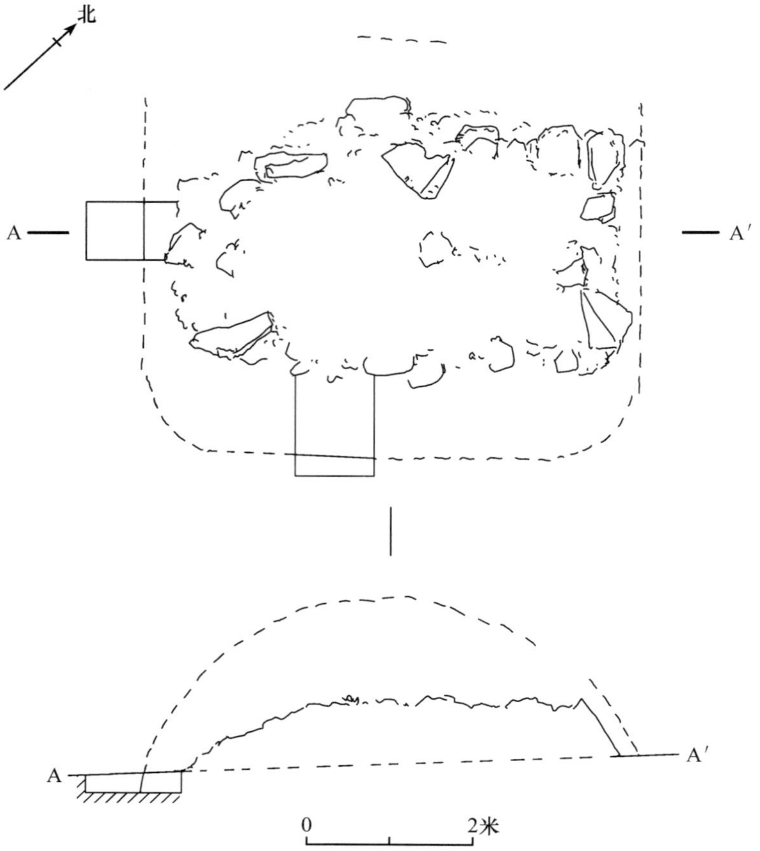


图二六四　JSM1463平、剖面图

JSM1464位于Ⅱ-5-3区北侧中部，北侧距JSM1463约2米，西侧距JSM1475约3米。地理坐标为东经126°09′32.8″，北纬41°08′46.8″，海拔220.3米。墓葬整体呈丘状，东西长约5.1米，南北宽约4.3米，现存高度约1.1米。墓葬封土流失严重，墓上可见大量河卵石和碎山石，东侧边缘有几块较大石块。在墓葬北侧和东侧各开一条探沟，封土为黄土，封土范围北侧在现北侧边缘外1米，东侧在现东侧边缘外0.6米（图二六五；图版五一，2）。

JSM1465位于Ⅱ-5-3区北侧中部，北侧距JSM1464约2米，西南侧距JSM1474约5米。地理坐标为东经126°09′32.9″，北纬41°08′46.7″，海拔220米。墓葬整体呈丘状，东西长约4.5米，南北宽约4.3米，现存高度约1米。墓葬封土流失严重，墓上可见大量小碎山石。墓东北角有1块大石块，西部边缘有2块大石块。在墓葬西侧和南侧各开一条探沟，封土为黄土，封土范围西侧在现西侧边缘外0.6米，南侧在现南侧边缘外0.7米（图二六六；图版五一，3）。

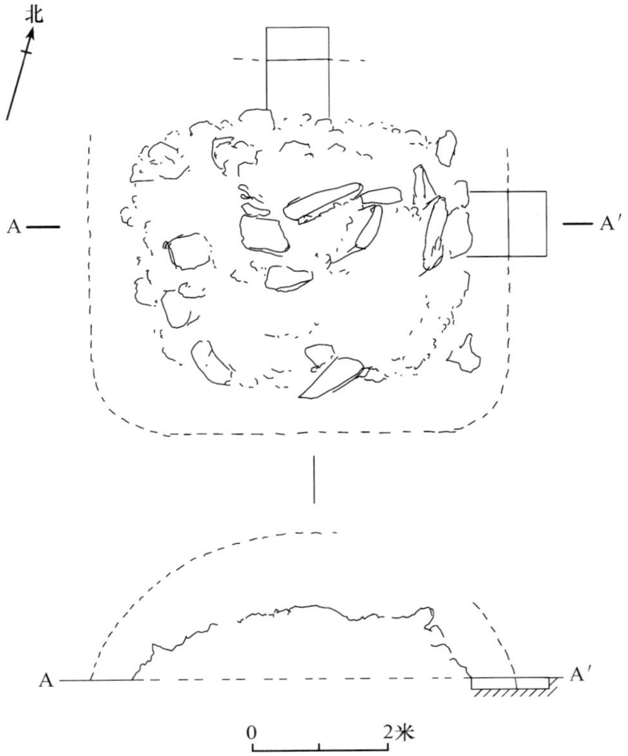


图二六五 JSM1464平、剖面图

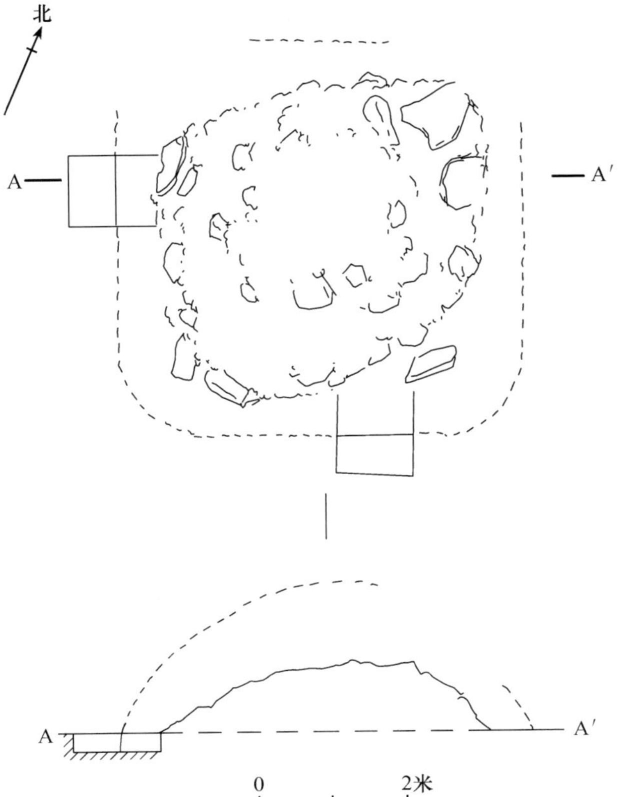


图二六六 JSM1465平、剖面图

JSM1466位于Ⅱ-5-3区北侧中部，西侧距JSM1473约2米，西南侧距JSM1453约5米。地理坐标为东经126°09′33.0″，北纬41°08′46.2″，海拔220米。墓葬整体呈丘状，东西长约5.2米，南北宽约4.4米，现存高度约1.6米。墓葬封土流失严重，墓顶可见盖顶石，盖顶石略有移位，在墓顶形成宽约0.1米的缝隙，砌筑墓室石材部分裸露于外。在墓葬北侧和东侧各开一条探沟，封土为黄土，封土范围北侧在现北侧边缘外1.1米，东侧在现东侧边缘外0.5米（图二六七；图版五一，4）。

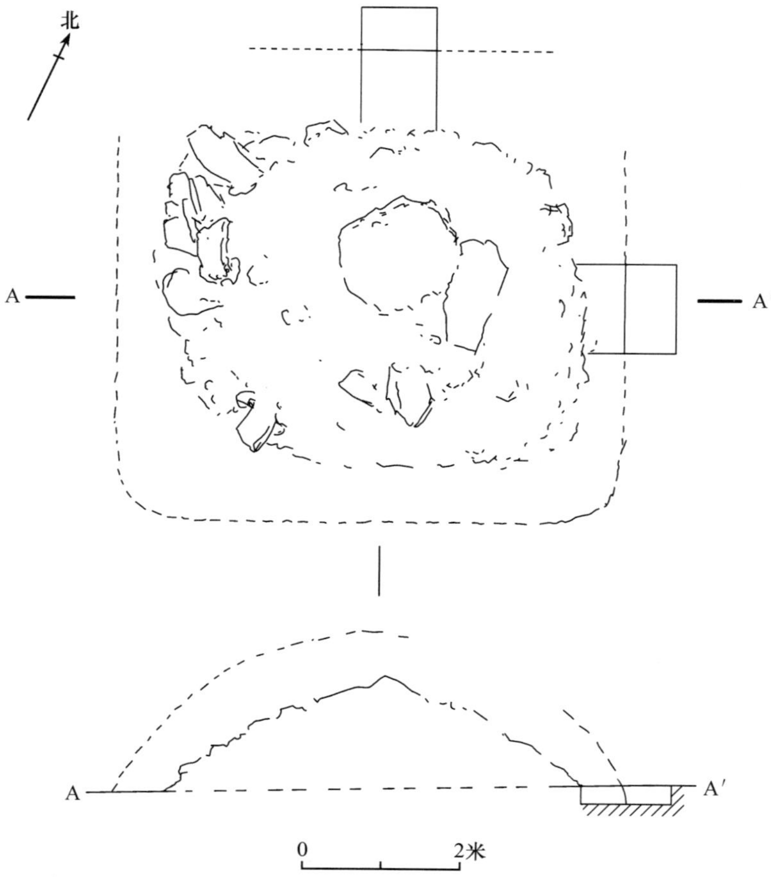


图二六七　JSM1466平、剖面图

JSM1467位于Ⅱ-5-3区北侧中部，西北侧距JSM1459约1米，西南侧距JSM1466约2米。地理坐标为东经126°09′33.2″，北纬41°08′46.3″，海拔220米。墓葬东西长约2.6米，南北宽约2.2米，现存高度约0.7米。墓葬破坏严重，仅余少量石块，墓北侧有1块大石块，长约0.6米，宽约0.5米，高约0.2米（图二六八；图版五一，5）。

JSM1468位于Ⅱ-5-3区北侧中部，西北侧距JSM1458约2米，西南侧距JSM1467约3米。地理坐标为东经126°09′33.4″，北纬41°08′46.4″，海拔220米。墓葬南北长约3.3米，东西宽约2.3米，现存高度约0.8米。墓葬破坏严重，仅余少量石块，最大石块长约1米，宽约0.7米，厚约0.2米（图二六九；图版五一，6）。

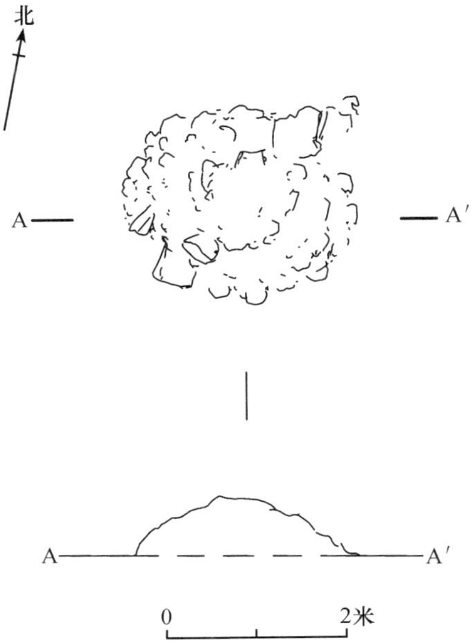


图二六八　JSM1467平、剖面图

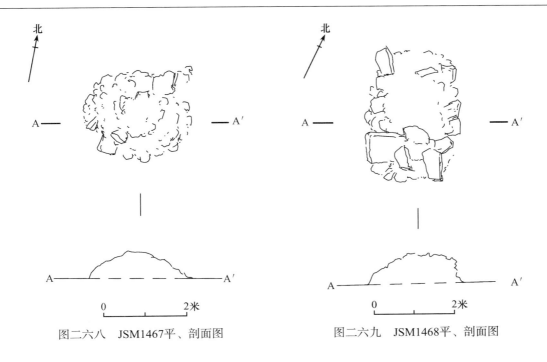

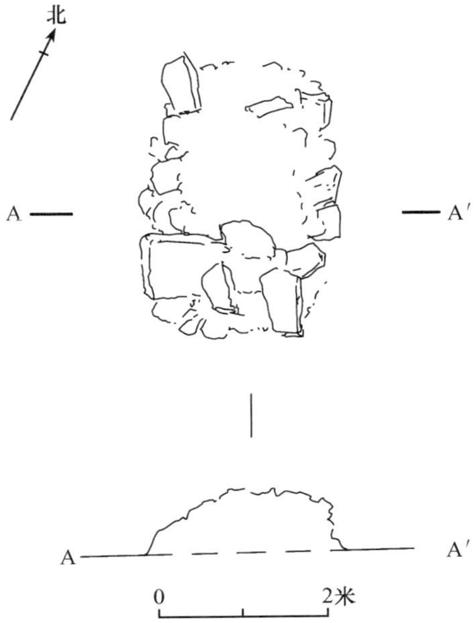


图二六九　JSM1468平、剖面图

JSM1469位于Ⅱ-5-3区北侧中部，西北侧距JSM1468约1.5米，南侧距JSM1454约2米。地理坐标为东经126°09′33.6″，北纬41°08′46.2″，海拔220米。墓葬整体呈丘状，南北长约5米，东西宽约4.1米，现存高度约1.4米。墓葬封土流失严重，墓上可见大量河卵石和碎山石，砌筑墓室石材部分裸露于外。墓顶南侧盖顶石缺失，墓室内有淤土，可见北壁二至三层砌石，均为山石，缝隙处填塞小石块。墓道西南向。在墓葬东北侧和西北侧各开一条探沟，封土为黄土，封土范围东北侧在现东北侧边缘外0.8米，西北侧在现西北侧边缘外1米（图二七〇；图版五一，7）。

JSM1470位于Ⅱ-5-3区北侧中部，西北侧距JSM1498约2米，南侧距JSM1476约2米。地理坐标为东经126°09′32.2″，北纬41°08′46.3″，海拔220.3米。墓葬整体呈丘状，东西长约6米，南北宽约4.1米，现存高度约1.1米。墓葬封土流失严重，墓上可见少量碎山石，盖顶石被扰乱，砌筑墓室石材裸露。在墓葬东侧和东南侧各开一条探沟，封土为黄土，封土范围东侧在现东侧边缘外0.4米，东南侧在现东南侧边缘外0.6米（图二七一；图版五一，8）。

JSM1471位于Ⅱ-5-3区北侧中部，东侧距JSM1477约2米，西北侧距JSM1453约5米。地理坐标为东经126°09′33.2″，北纬41°08′45.9″，海拔220米。墓葬整体呈丘状，东西长约7.5米，南北宽约6.3米，现存高度约1.6米。墓葬封土流失严重，砌筑墓室石材部分裸露。墓顶西侧有碎山石，盖顶石塌落在墓室内。墓上可见墓道盖顶石，墓道西南向，墓道盖顶石长超过1.4米，宽0.9米，厚0.35米。在墓葬东侧和南侧各开一条探沟，封土为黄土，封土范围东侧在现东侧边缘外0.3米，南侧在现南侧边缘外0.4米（图二七二；图版五二，1）。

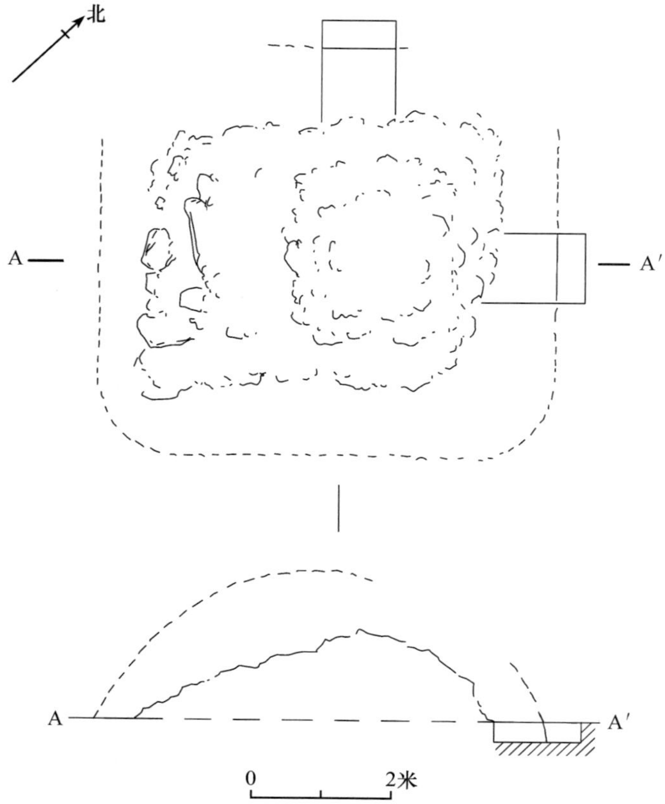


图二七〇　JSM1469平、剖面图

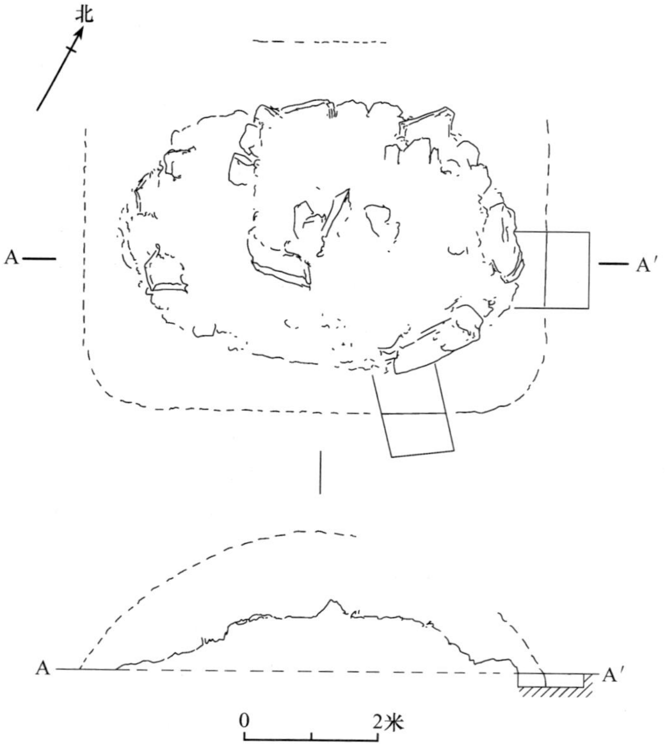


图二七一　JSM1470平、剖面图

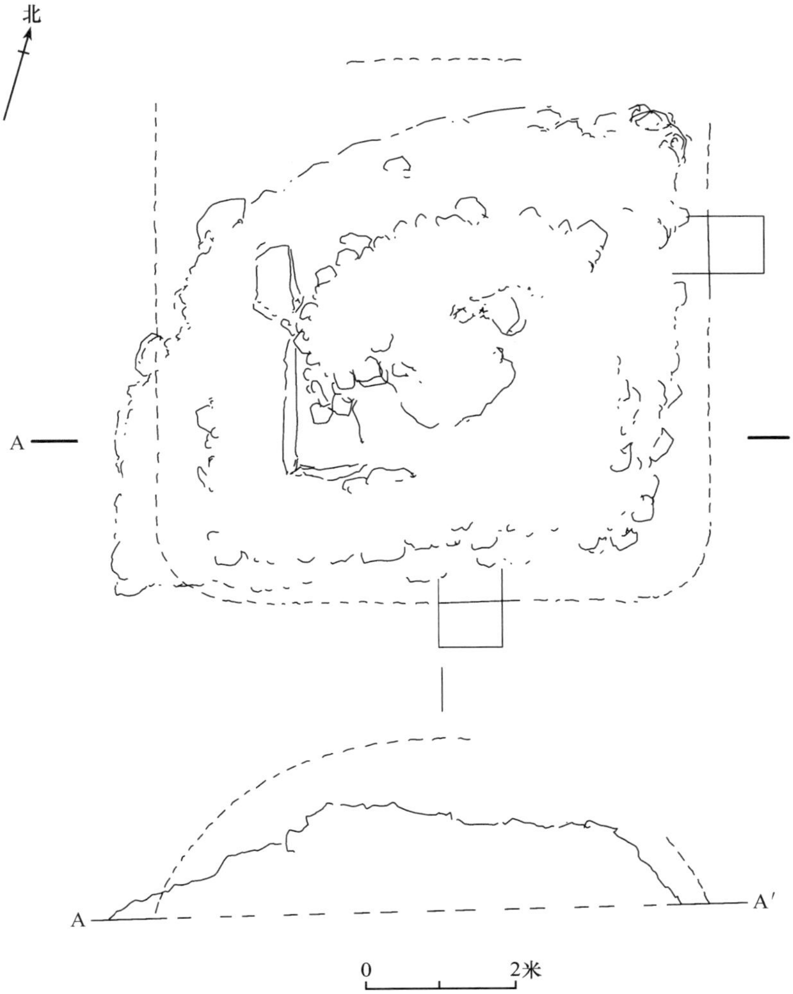


图二七二　JSM1471平、剖面图

JSM1472位于Ⅱ-5-3区北侧中部，西北侧距JSM1466约2米，西南侧距JSM1471约2米。地理坐标为东经126°09′33.3″，北纬41°08′46.2″，海拔220米。墓葬整体呈丘状，南北长约4.3米，东西宽约2.9米，现存高度约0.8米。墓葬封土流失严重，墓上可见大量河卵石和碎山石，砌筑墓室石材部分裸露于外。墓上东南侧有1块大石块。在墓葬东侧和南侧各开一条探沟，封土为黄土，封土范围东侧在现东侧边缘外0.8米，南侧在现南侧边缘外0.2米（图二七三；图版五二，2）。

JSM1473位于Ⅱ-5-3区北侧中部，北侧距JSM1474约3米，西侧距JSM1476约2米。地理坐标为东经126°09′32.6″，北纬41°08′46.2″，海拔220米。墓葬南北长约4.4米，东西宽约3.9米，现存高度约0.6米。墓葬破坏严重，仅余少量石块。在墓葬西北侧和南侧各开一条探沟，封土为黄土，封土范围西北侧在现西北侧边缘外1.1米，南侧在现南侧边缘外0.6米（图二七四；图版五二，3）。

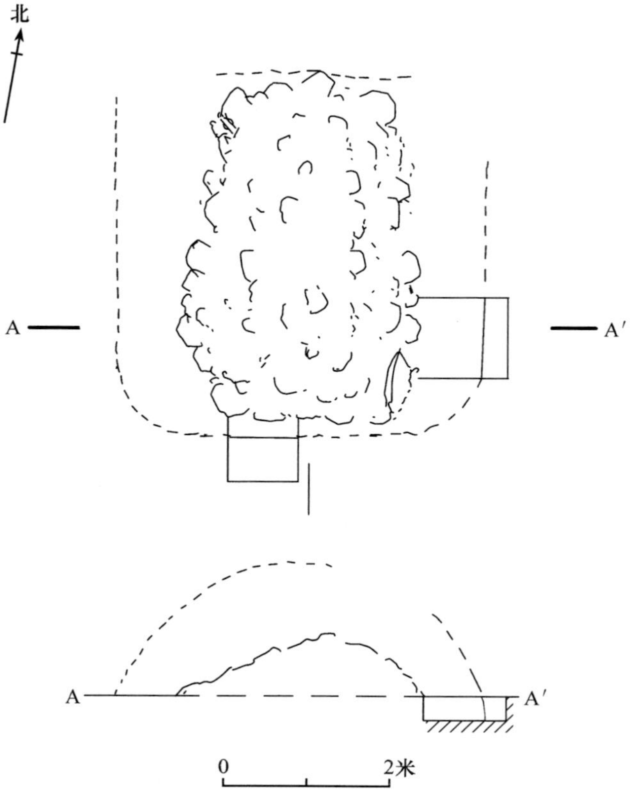


图二七三　JSM1472平、剖面图

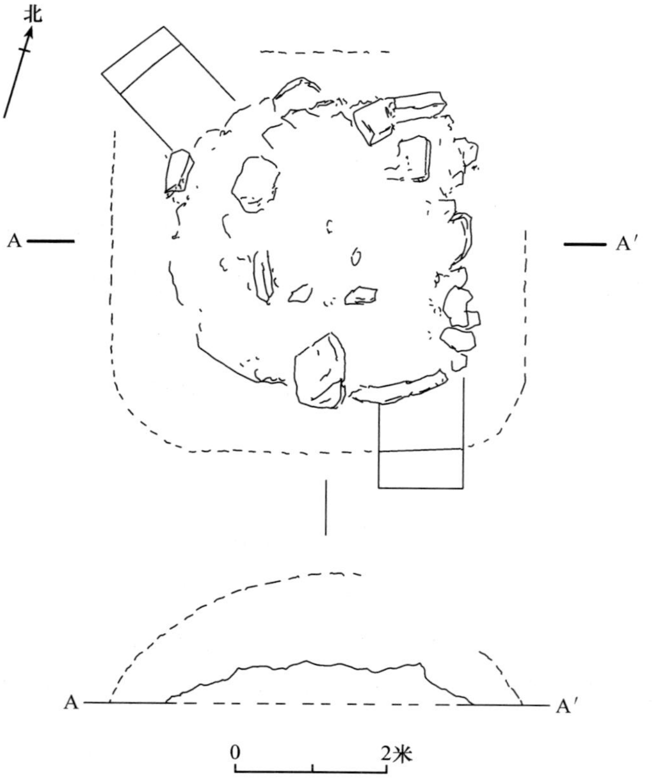


图二七四　JSM1473平、剖面图

JSM1474位于Ⅱ-5-3区北侧中部，西侧距JSM1470约1.5米，南侧距JSM1473约3米。地理坐标为东经126°09′32.5″，北纬41°08′46.5″，海拔220.3米。墓葬整体呈丘状，东西长约6.9米，南北宽约5.2米，现存高度约1.5米。该墓为双室墓，墓室东西排列。墓葬封土流失严重，两墓室顶部均裸露在外。东侧墓室破坏严重，墓顶石材缺失，墓室内塌落大量石块，墓室东壁残高0.7米，墓壁顶部可见4块砌石，石材基本未加工。西侧墓室墓顶盖顶石塌落，斜插入墓室内，尺寸为1.1米×0.6米×0.2米。在墓葬北侧和西侧各开一条探沟，封土为黄土，封土范围北侧在现北侧边缘外0.8米，西侧在现西侧边缘外0.5米（图二七五；图版五二，4）。

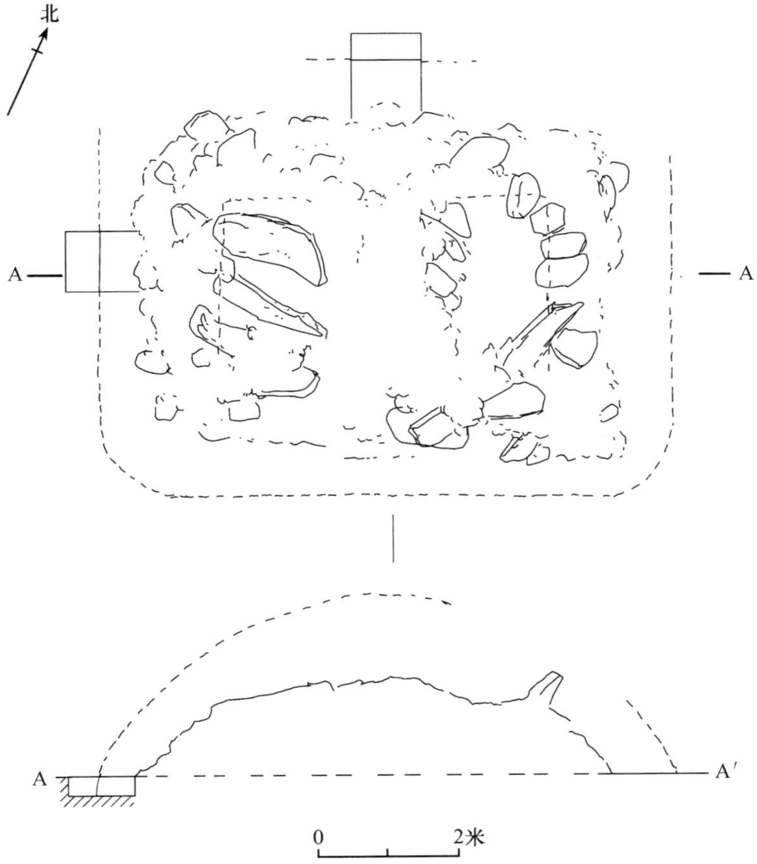

图二七五　JSM1474平、剖面图

JSM1475位于Ⅱ-5-3区北侧中部，南侧距JSM1474约1.5米，东侧距JSM1464约3米。地理坐标为东经126°09′32.5″，北纬41°08′46.7″，海拔220.5米。墓葬整体呈丘状，南北长约4.9米，东西宽约4.6米，现存高度约1米。墓葬封土流失严重，墓顶塌陷，盖顶石移位，砌筑墓室石材大部分裸露于外。在墓葬北侧和东侧各开一条探沟，封土为黄土夹小河卵石，封土范围北侧在现北侧边缘外0.6米，东侧在现东侧边缘外1米（图二七六；图版五二，5）。

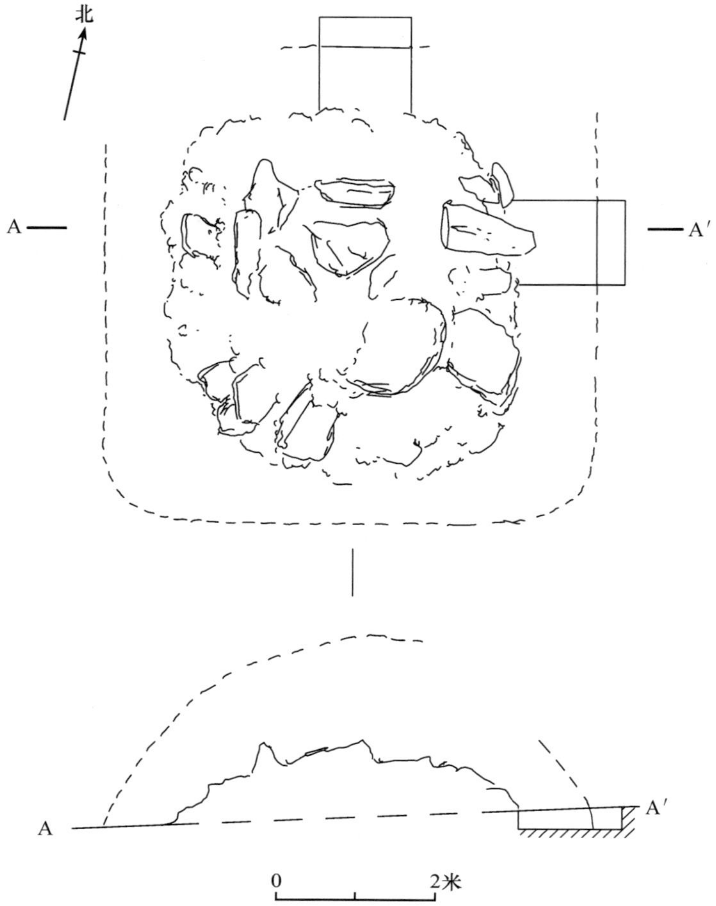

图二七六　JSM1475平、剖面图

JSM1476位于Ⅱ-5-3区北侧中部，西侧距JSM1480约2米，北侧距JSM1470约2米。地理坐标为东经126°09′32.3″，北纬41°08′46.2″，海拔220米。墓葬整体呈丘状，东西长约6.4米，南北宽约4.3米，现存高度约1.2米。墓葬封土流失严重，墓上砌筑墓室石材部分裸露于外，墓顶塌陷，盖顶石移位，墓顶形成一处小豁口，墓室内情况难以观察，盖顶石长约1.5米，宽0.9米，厚0.2米。在墓葬北侧和东侧各开一条探沟，封土为黄土，封土范围北侧在现北侧边缘外0.4米，东侧在现东侧边缘外0.5米（图二七七；图版五二，6）。

JSM1477位于Ⅱ-5-3区北侧中部，西北侧距JSM1471约2米，东北侧距JSM1454约1.5米。地理坐标为东经126°09′33.4″，北纬41°08′45.9″，海拔220米。墓葬整体呈丘状，南北长约5.6米，东西宽约3.8米，现存高度约1.1米。墓葬封土流失严重，墓上可见大量河卵石和碎山石，砌筑墓室石材部分裸露于外。在墓上东侧有3块大石块。在墓葬西侧和南侧各开一条探沟，封土为黄土，封土范围西侧在现西侧边缘外0.8米，南侧在现南侧边缘外0.2米（图二七八；图版五二，7）。

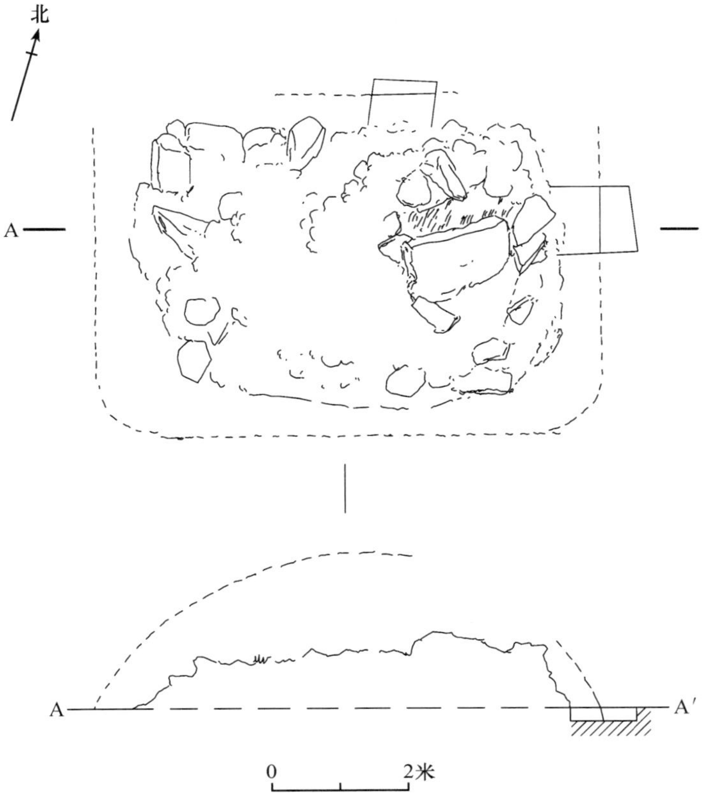


图二七七 JSM1476平、剖面图

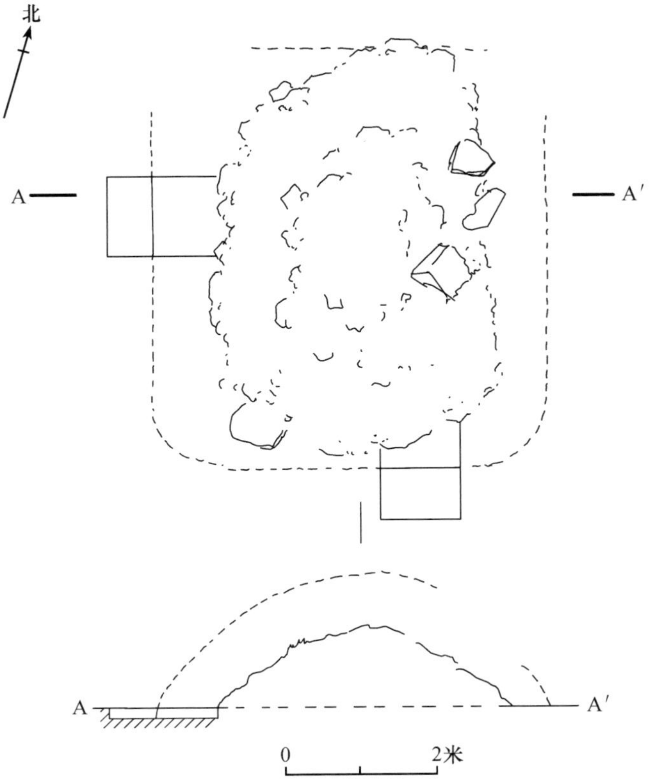


图二七八 JSM1477平、剖面图

JSM1480位于Ⅱ-5-3区北侧中部，北侧距JSM1498约2米，西北侧距JSM1481约3米。地理坐标为东经126°09′31.9″，北纬41°08′46.2″，海拔220米。墓葬整体略呈马鞍状，东西长约10.2米，南北宽约6.9米，现存高度约1.7米。该墓为双室墓，墓室东西排列。墓葬封土流失严重，两墓室顶部基本裸露在外。东侧墓室稍高，墓顶可见盖顶石局部和部分砌筑墓室石材。西侧墓室稍低，墓顶可见盖顶石和西侧部分砌筑墓室石材，石材的外露面较为平整。在墓葬北侧和西南侧各开一条探沟，封土为黄土，封土范围北侧在现北侧边缘外0.8米，西南侧在现西南侧边缘外2.1米（图二七九；图版五二，8）。

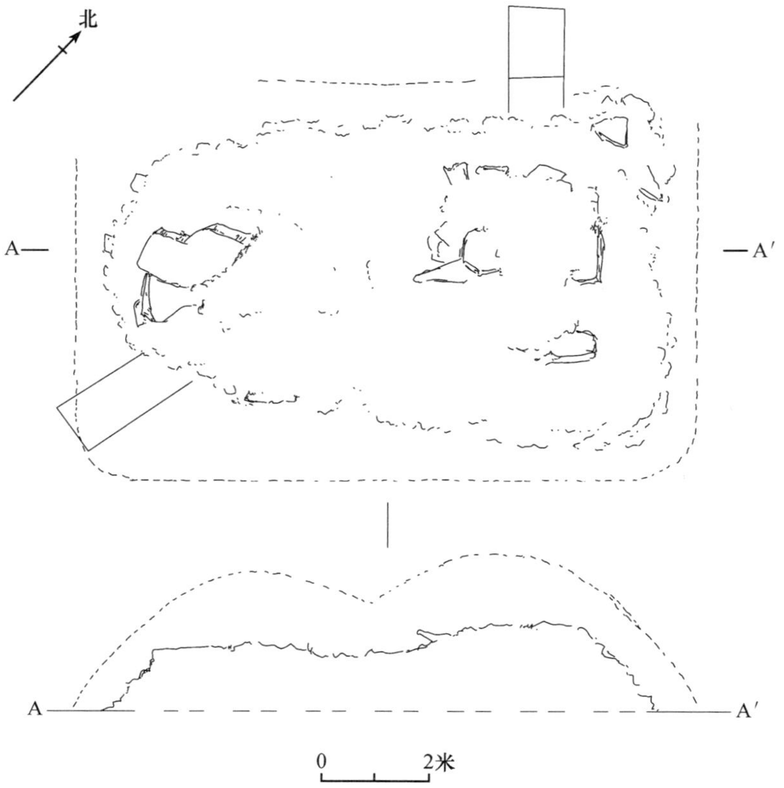


图二七九　JSM1480平、剖面图

JSM1481位于Ⅱ-5-3区北侧偏西，东南侧距JSM1480约3米，东北侧距JSM1498约5米。地理坐标为东经126°09′31.6″，北纬41°08′46.2″，海拔220.5米。墓葬整体呈丘状，东西长约4.1米，南北宽约3.8米，现存高度约1.3米。墓葬封土流失严重，砌筑墓室石材大量裸露于外，墓顶部有少量小碎山石。在墓葬北侧和东侧各开一条探沟，封土为黄土，封土范围北侧在现北侧边缘外0.6米，东侧在现东侧边缘外0.9米（图二八〇；图版五三，1）。

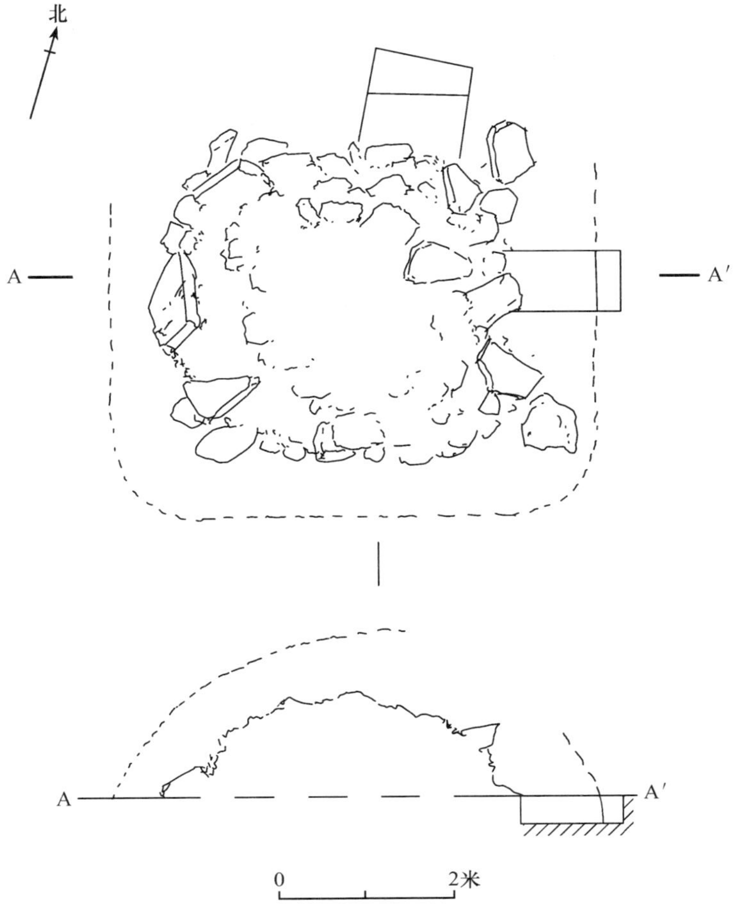


图二八〇 JSM1481平、剖面图

JSM1482位于Ⅱ-5-3区北侧偏西，北侧距JSM1480约3米，东侧距JSM1483约2米。地理坐标为东经126°09′32.0″，北纬41°08′45.7″，海拔220米。墓葬整体呈丘状，南北长约6米，东西宽约3.7米，现存高度约1.1米。墓葬封土流失严重，砌筑墓室石材部分裸露于外，部分石材为河卵石，墓顶可见大量碎山石。在墓葬北侧和西侧各开一条探沟，封土为黄土，封土范围北侧在现北侧边缘外0.4米，西侧在现西侧边缘外0.7米（图二八一；图版五三，2）。

JSM1483位于Ⅱ-5-3区北侧偏西，西北侧距JSM1480约3米，西侧距JSM1482约2米。地理坐标为东经126°09′32.2″，北纬41°08′45.9″，海拔220米。墓葬整体呈丘状，南北长约6.7米，东西宽约5.2米，现存高度约1.3米。墓葬封土流失严重，砌筑墓室石材部分裸露于外。墓顶盖顶石略有移位，在墓顶形成一处豁口，豁口较小难以观察墓室情况。在墓葬西侧和南侧各开一条探沟，封土为黄土，封土范围西侧在现西侧边缘外0.6米，南侧在现南侧边缘外0.4米（图二八二；图版五三，3）。

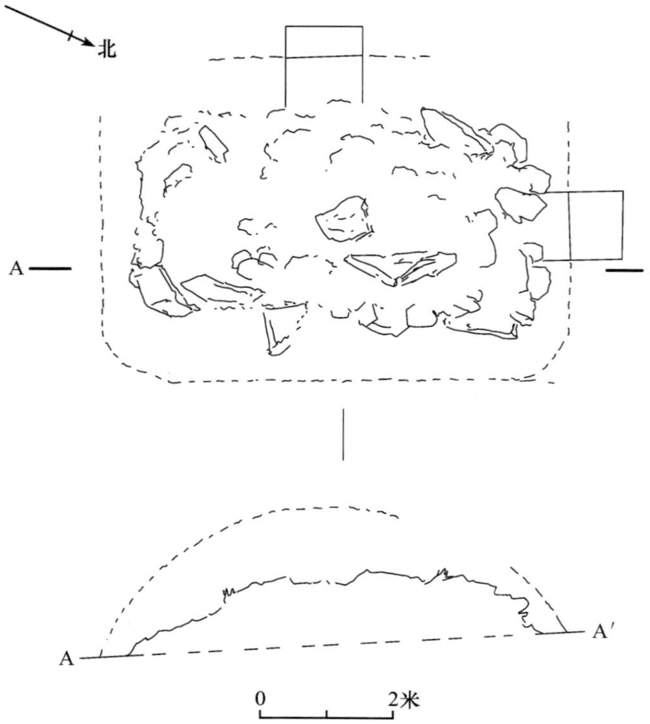


图二八一　JSM1482平、剖面图

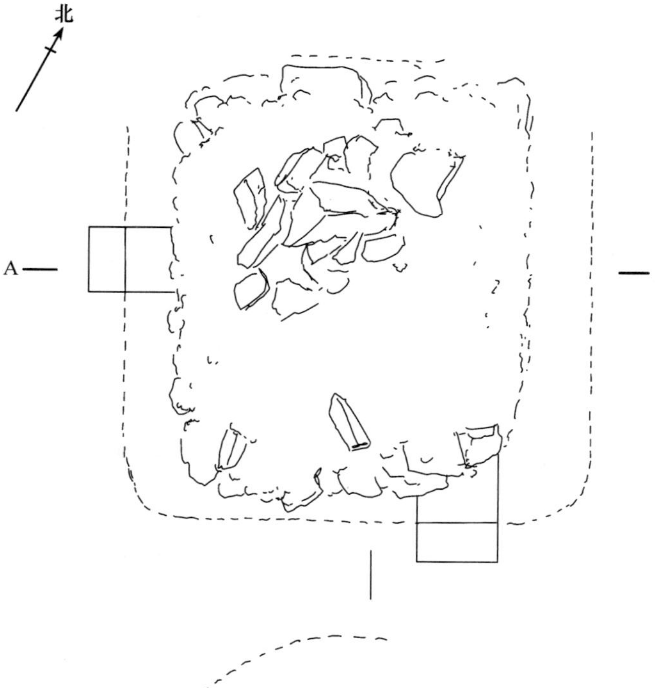

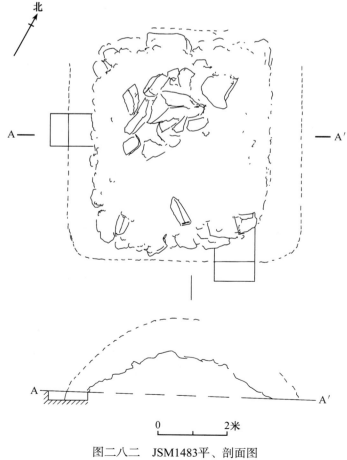

图二八二　JSM1483平、剖面图

JSM1484位于Ⅱ-5-3区北侧偏西，东北侧距JSM1453约5米，西北侧距JSM1483约6米。地理坐标为东经126°09′32.6″，北纬41°08′45.6″，海拔220米。墓葬整体呈丘状，东西长约8.2米，南北宽约6.9米，现存高度约1.9米。该墓为双室墓，墓室东西排列。墓葬封土流失严重，墓上南半部可见大量河卵石。东侧墓室砌筑墓室石材部分裸露于外，东侧由于石材缺失形成一个小洞，但难以观察墓室内部情况。南侧有1块大石块，推测为墓道盖顶石，墓道应为南向。西侧墓室砌筑墓室石材部分裸露于外，南侧有1块大石块，推测为墓道盖顶石，墓道应为南向。在墓葬北侧和东侧各开一条探沟，封土为黄土，封土范围北侧在现北侧边缘外0.2米，东侧在现东侧边缘外0.7米（图二八三；图版五三，4）。

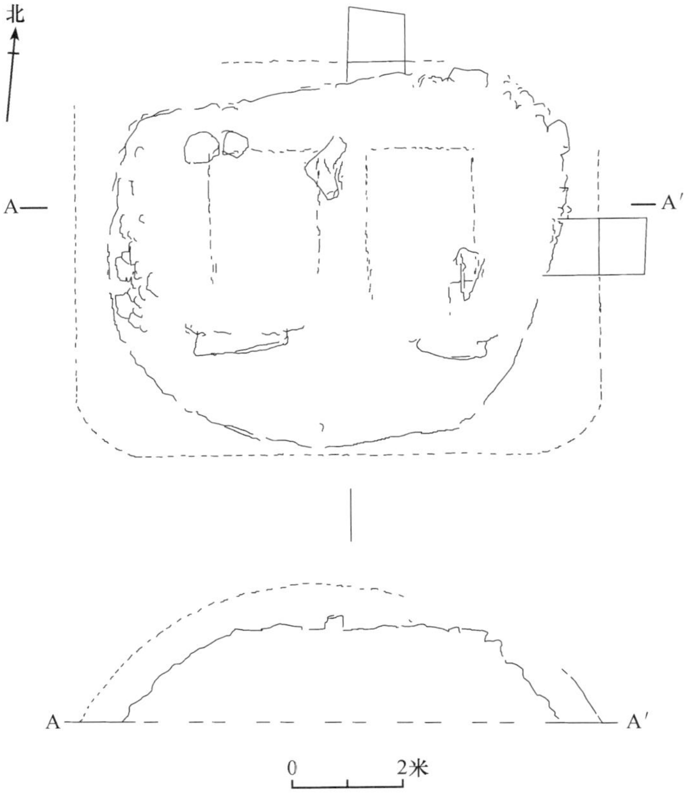

图二八三 JSM1484平、剖面图

JSM1485位于Ⅱ-5-3区北侧偏西，西北侧距JSM1485A约2米，南侧距JSM-1490约2米。地理坐标为东经126°09′32.4″，北纬41°08′45.2″，海拔220米。墓葬整体呈丘状，东西长约4.9米，南北宽约2.9米，现存高度约0.8米。墓葬封土流失严重，墓上可见河卵石和碎山石，砌筑墓室石材部分裸露。在墓葬西北侧和西南侧各开一条探沟，封土为黄土，封土范围西北侧在现西北侧边缘外0.1米，西南侧在现西南侧边缘外0.7米（图二八四；图版五三，5）。

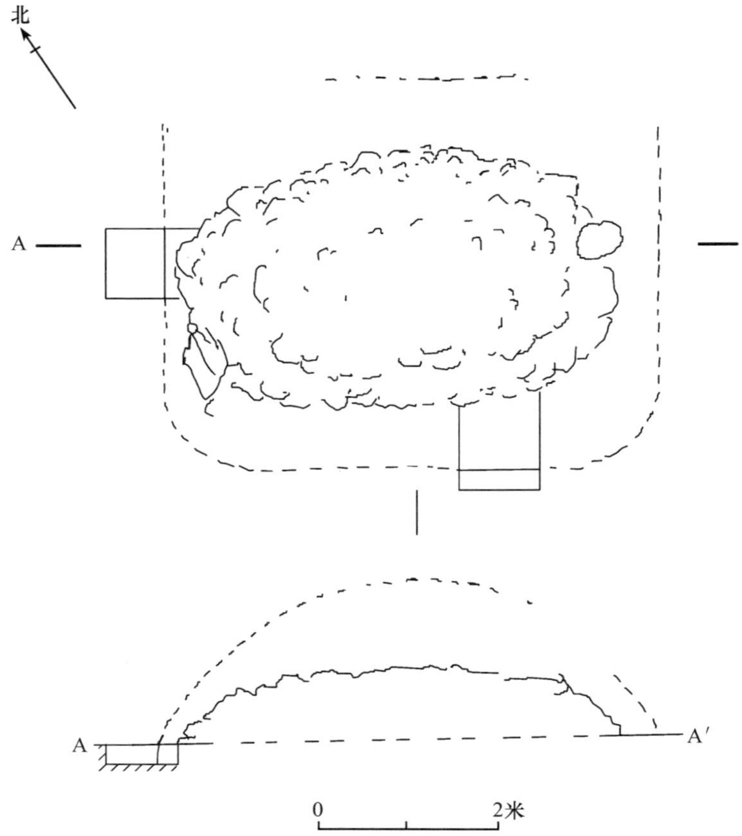


图二八四　JSM1485平、剖面图

JSM1485A位于Ⅱ-5-3区北侧偏西，西侧距JSM1486约2米，东北侧距JSM1484约6米。地理坐标为东经126°09′32.2″，北纬41°08′45.4″，海拔220米。墓葬整体呈丘状，东西长约4.3米，南北宽约3.9米，现存高度约0.8米。墓葬封土流失严重，墓上可见少量石材，西侧有较多小碎山石，尺寸在0.1米左右。在墓葬西侧和南侧各开一条探沟，封土为黄土夹碎石子，封土范围西侧在现西侧边缘外0.5米，南侧在现南侧边缘外0.6米（图二八五；图版五三，6）。

JSM1486位于Ⅱ-5-3区北侧偏西，西南侧距JSM1501约6米，东侧距JSM1485A约2米。地理坐标为东经126°09′31.9″，北纬41°08′45.2″，海拔220米。墓葬整体呈丘状，东西长约7.6米，南北宽约7.5米，现存高度约1.9米。墓葬封土流失严重，墓顶可见盖顶石，南侧盖顶石缺失，顶部洞开。从洞口可观察墓室内部情况，墓室为刀形，墓室内有大量碎石与淤土，还有塌落的大石块，西、北、东三壁可见顶层的三层砌石，均为简单加工的山石，上部可见一层抹角石，缝隙处填石子。墓道位于墓室南壁西侧，墓道南向。墓上有大量小碎山石。在墓葬西侧和南侧各开一条探沟，封土为黄土夹碎石子，封土范围西侧在现西侧边缘外0.6米，南侧在现南侧边缘外1.1米（图二八六；图版五三，7）。

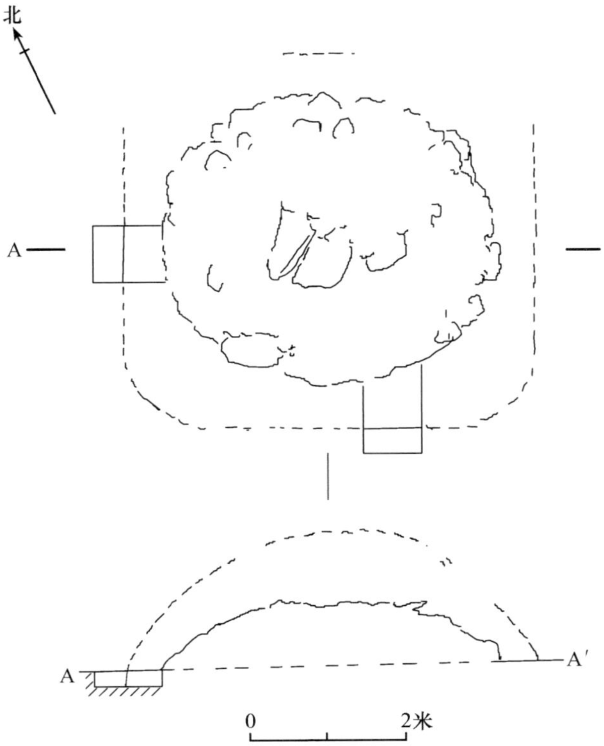


图二八五 JSM1485A平、剖面图

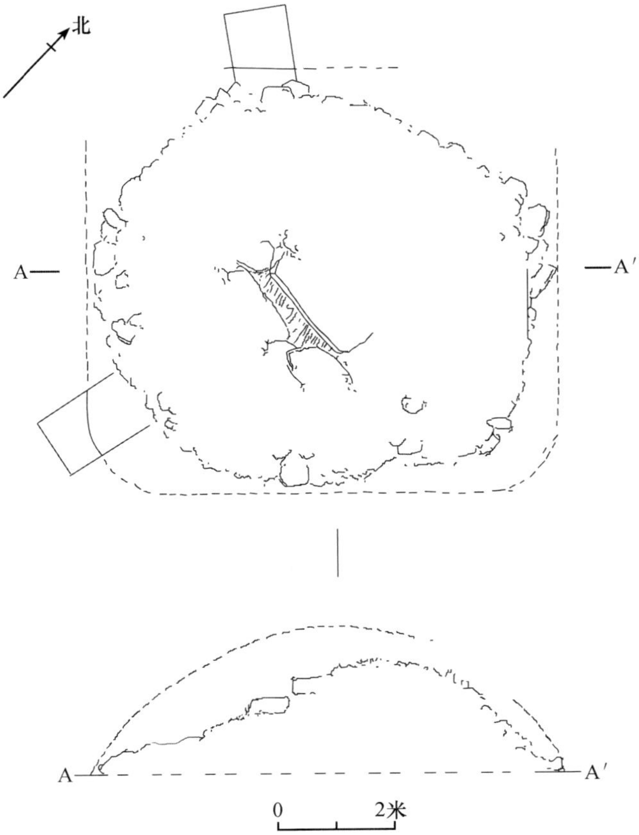


图二八六 JSM1486平、剖面图

JSM1487位于Ⅱ-5-3区中部，西北侧距JSM1488约2米，东侧距JSM1414约6米。地理坐标为东经126°09′33.2″，北纬41°08′44.4″，海拔220米。墓葬整体呈丘状，南北长约6.2米，东西宽约3.6米，现存高度约1.2米。墓葬封土流失严重，墓上可见大量山石和少量河卵石。墓顶有1块大石条，应为盖顶石，墓西侧有几块大石块。在墓葬北侧和西侧各开一条探沟，封土为黄土，封土范围北侧在现北侧边缘外0.3米，西侧在现西侧边缘外0.7米（图二八七；图版五三，8）。

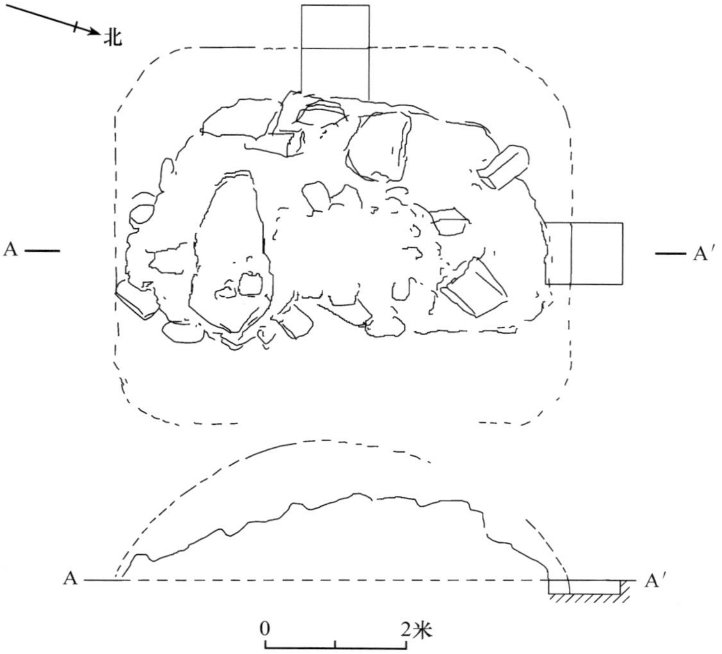

图二八七　JSM1487平、剖面图

JSM1488位于Ⅱ-5-3区中部，东南侧距JSM1487约2米，西北侧距JSM1489约1米。地理坐标为东经126°09′33.0″，北纬41°08′44.6″，海拔220米。墓葬整体呈丘状，东西长约3.2米，南北宽约3米，现存高度约0.9米。墓葬破坏严重，仅存少量石块，西南侧有1块大石条，石条长约1.3米，厚约0.2米。在墓葬北侧和西侧各开一条探沟，封土为黄土，封土范围北侧在现北侧边缘外0.7米，西侧在现西侧边缘外0.6米（图二八八；图版五四，1）。

JSM-1489位于Ⅱ-5-3区中部，东侧与JSM1489相邻，东南侧距JSM1508约2米。地理坐标为东经126°09′32.3″，北纬41°08′44.4″，海拔220米。墓葬整体呈丘状，南北长约7.7米，东西宽约6.7米，现存高度约1.7米。墓葬封土流失严重，墓顶盖顶石缺失，墓室洞开。从开口处观察，墓室呈刀形，墓室长约2.5米，宽约2米，深约0.6米。室内堆积石块与淤土，有1块塌落的石灰岩石板。墓室内可见墓壁顶部二至三层砌石，西北、东北、东南角可见一层抹角石，砌筑墓室的石材均为花岗岩。墓道盖顶石尚存，墓道南向。在墓葬东侧开一条探沟，封土为黄土，封土范围东侧在现东侧边缘外0.7米（图二八九；图版五四，2）。

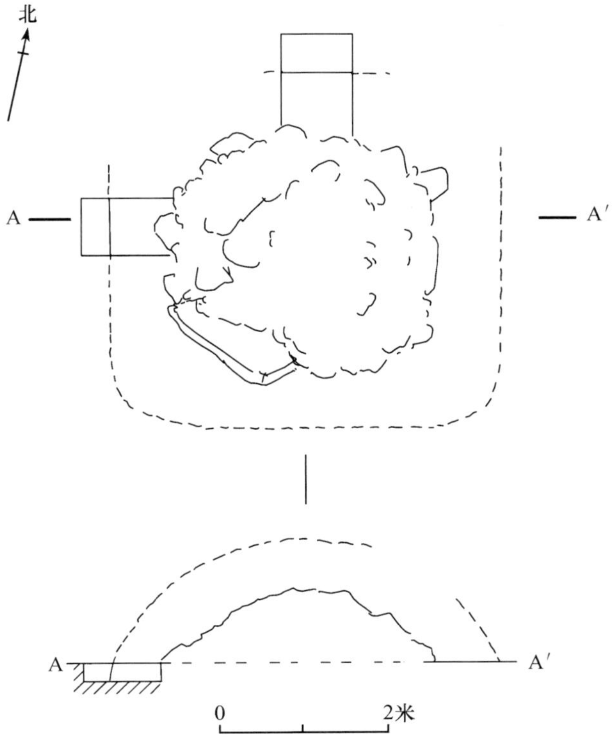


图二八八　JSM1488平、剖面图

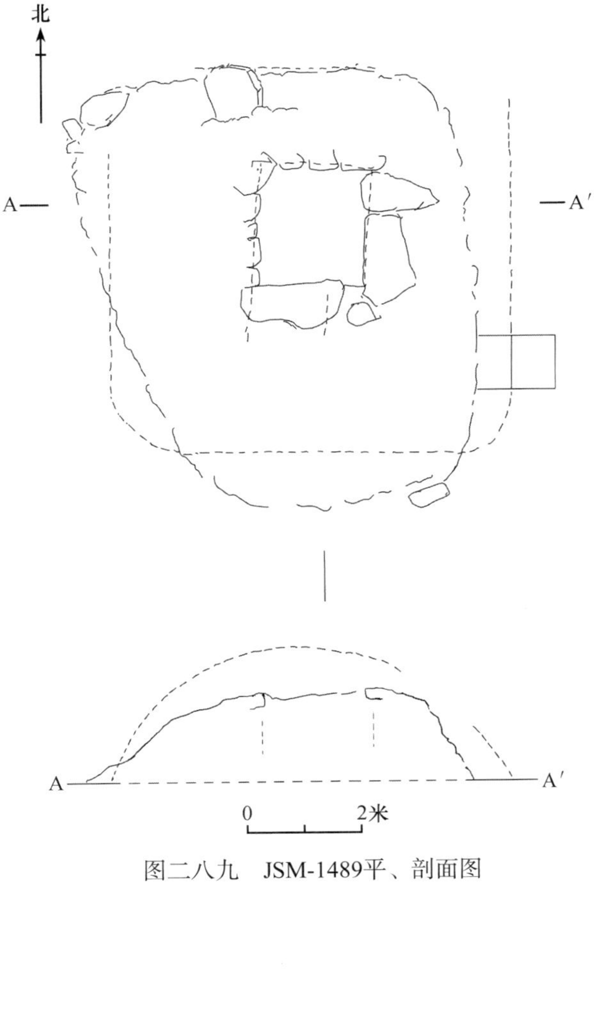


图二八九　JSM-1489平、剖面图

JSM1490位于Ⅱ-5-3区中部，西侧距JSM1503约2米，东侧与JSM-1490相连。地理坐标为东经126°09′32.2″，北纬41°08′44.8″，海拔220米。墓葬整体呈丘状，东西长约5.1米，南北宽约4.1米，现存高度约1.3米。墓葬封土流失严重，墓上可见大量小碎山石，东侧边缘有十余块较大山石。在墓葬南侧开一条探沟，封土为黄土夹碎石子，封土范围南侧在现南侧边缘外0.3米（图二九〇；图版五四，3）。

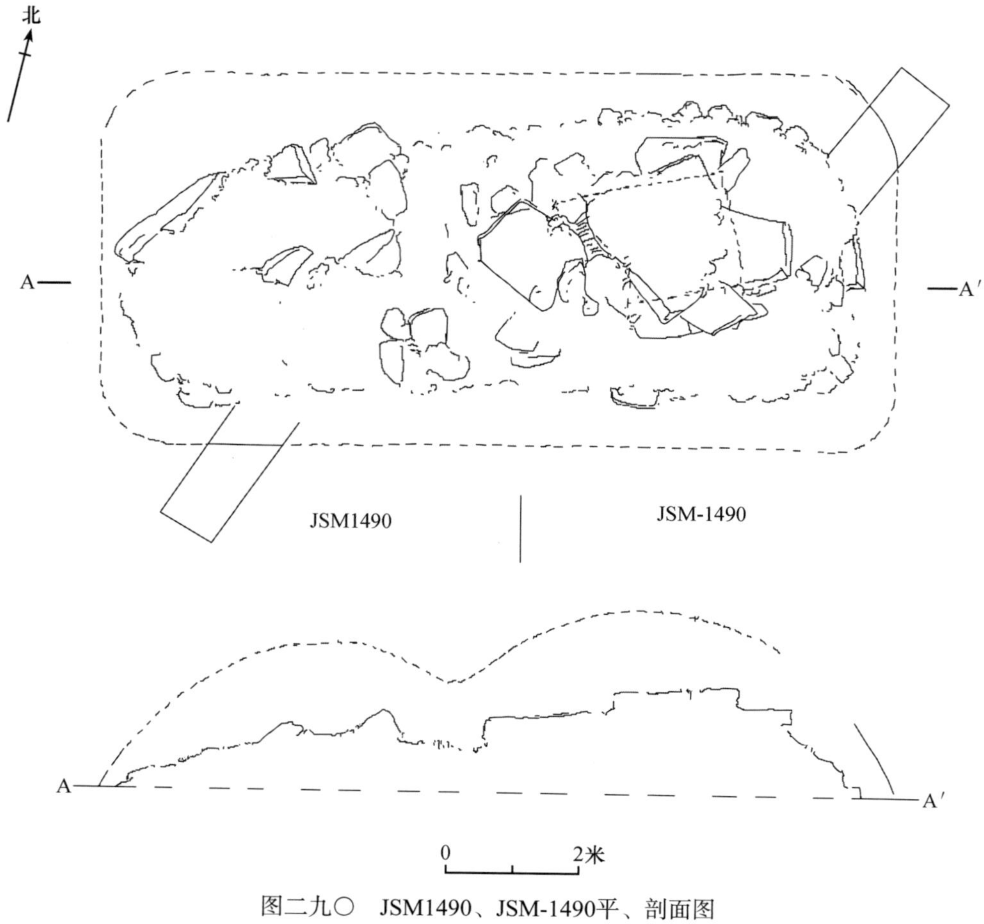


图二九〇　JSM1490、JSM-1490平、剖面图

JSM-1490位于Ⅱ-5-3区中部，西北侧距JSM1485约2米，西侧与JSM1490相连。地理坐标为东经126°09′32.5″，北纬41°08′45.0″，海拔220米。墓葬整体呈丘状，东西长约6.1米，南北宽约4.6米，现存高度约1.6米。墓葬封土流失严重，墓顶盖顶石裸露，从缝隙中可见墓室内部情况。墓室为刀形，西壁可见顶层二至三层砌石，东壁可见二层墓壁砌石，东北角可见一层抹角石。石材多为简单加工的山石，规格较大。墓道可见1块盖顶石，墓道为西南向，宽约0.9米。在墓葬东北侧开一条探沟，封土为黄土夹碎石子，封土范围东北侧在现东北侧边缘外1.1米（图二九〇；图版五四，4）。

JSM1492位于Ⅱ-5-3区北侧偏西，北侧距JSM1494约4米，西侧与JSM1500相连。地理坐标为东经126°09′31.4″，北纬41°08′45.6″，海拔220米。墓葬整体呈丘状，东西长约7米，南北宽约5.8米，现存高度约1.5米。墓葬封土流失严重，墓顶盖顶石裸露于外，中间盖顶石缺失，可观察墓室内部情况。墓室低矮，刀形，可见顶部一层墓壁砌石，墓壁砌石为不规整的山石，仅外露面较平整。墓道南向，宽约0.7米。在墓葬北侧和南侧各开一条探沟，封土为黄土夹碎石子，封土范围北侧在现北侧边缘外0.4米，南侧在现南侧边缘外0.6米（图二九一；图版五四，5）。

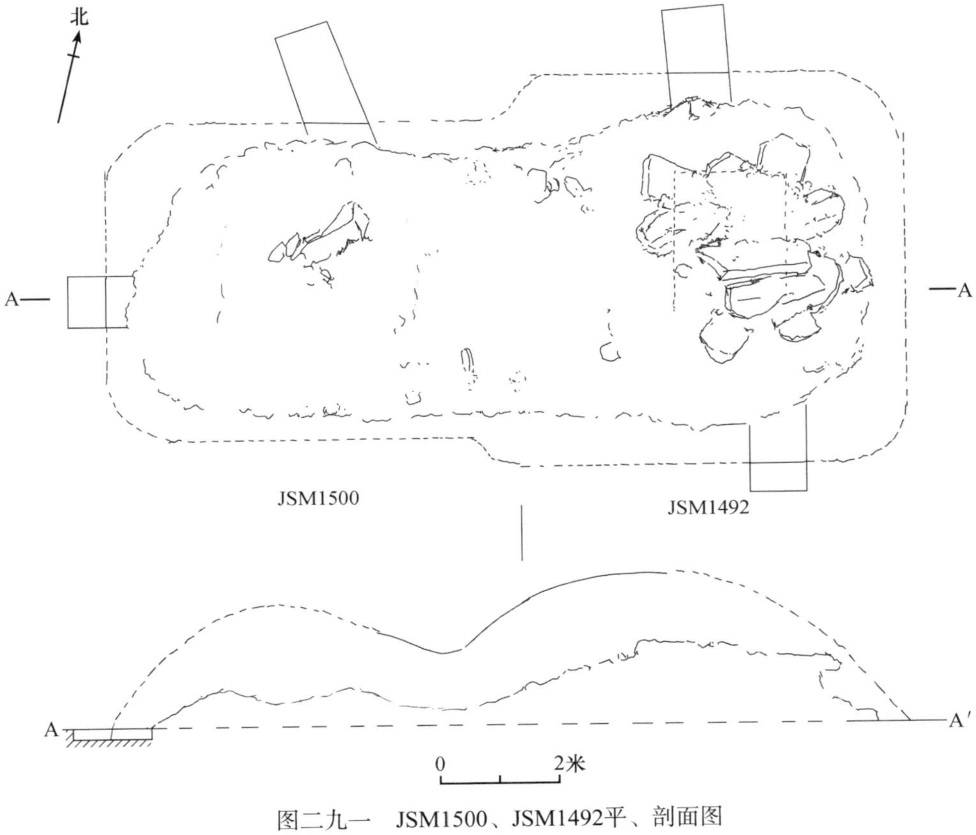


图二九一　JSM1500、JSM1492平、剖面图

JSM1494位于Ⅱ-5-3区北侧偏西，西侧距JSM1499约2米，东北侧距JSM1481约4米。地理坐标为东经126°09′31.5″，北纬41°08′45.9″，海拔220米。墓葬东西长约3米，南北宽约2.8米，现存高度约0.5米。墓葬破坏严重，仅余少量石块（图二九二；图版五四，6）。

JSM1495位于Ⅱ-5-3区北侧偏西，东侧距JSM1481约5米，西侧距JSM1497约3米。地理坐标为东经126°09′31.1″，北纬41°08′46.1″，海拔220.5米。墓葬整体呈丘状，东西长约6.3米，南北宽约4米，现存高度约1.6米。墓葬封土流失严重，墓上可见较多石块，尺寸在0.4米左右。墓西侧边缘有1块南北向长石条，疑为墓道盖顶石，墓道方向可能为西向。在墓葬北侧和东侧各开一条探沟，封土为黄土，封土范围北侧在现北侧边缘外1米，东侧在现东侧边缘外0.3米（图二九三；图版五四，7）。

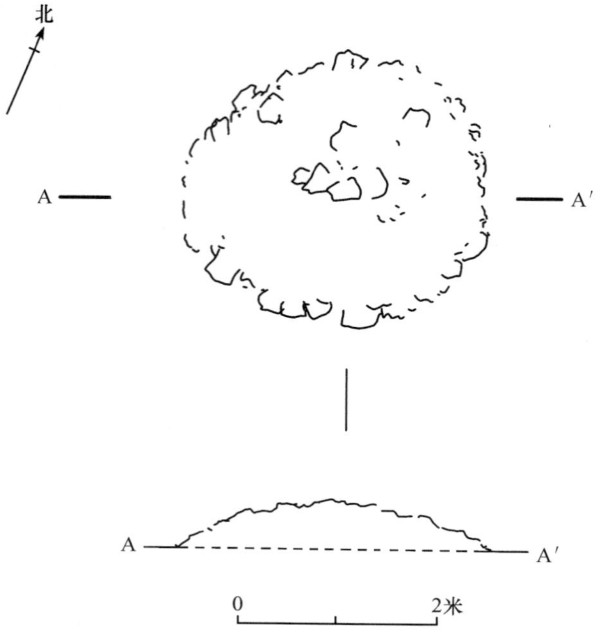


图二九二　JSM1494平、剖面图

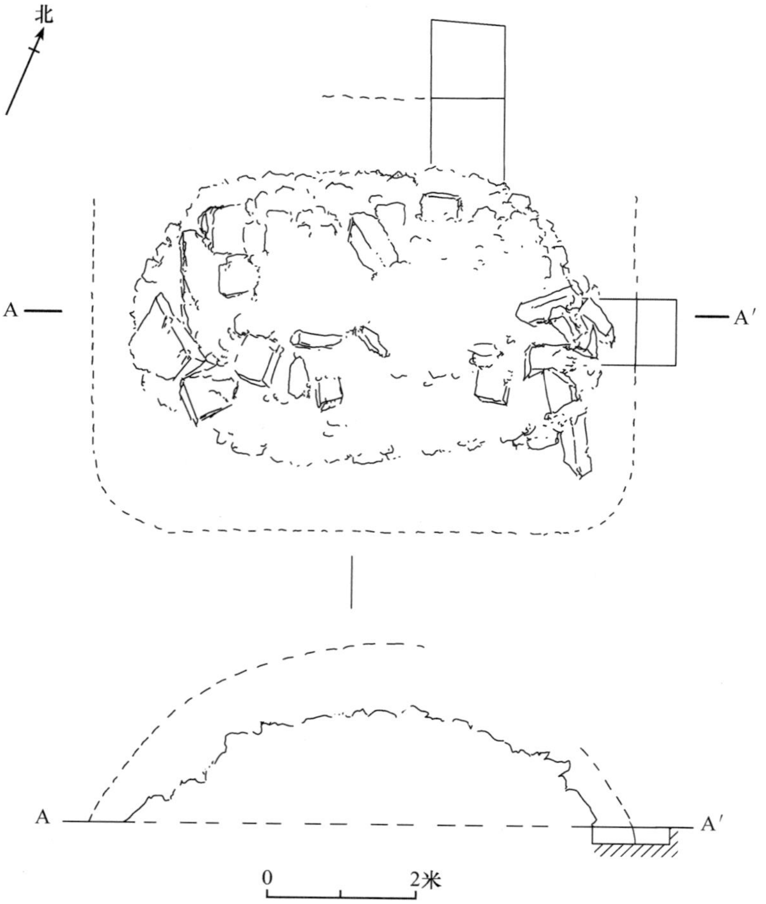


图二九三　JSM1495平、剖面图

JSM1496位于Ⅱ-5-3区北侧偏西，东南侧距JSM1497约2米。地理坐标为东经126°09′30.5″，北纬41°08′46.3″，海拔220.5米。墓葬整体呈丘状，东西长约3.8米，南北宽约3米，现存高度约1米。墓葬封土流失严重，墓上可见大量河卵石。墓东南角边缘有1块较大石块，长约0.7米，宽约0.2米，厚约0.4米。在墓葬东侧和南侧各开一条探沟，封土为黄土，封土范围东侧在现东侧边缘外0.6米，南侧在现南侧边缘外0.8米（图二九四；图版五四，8）。

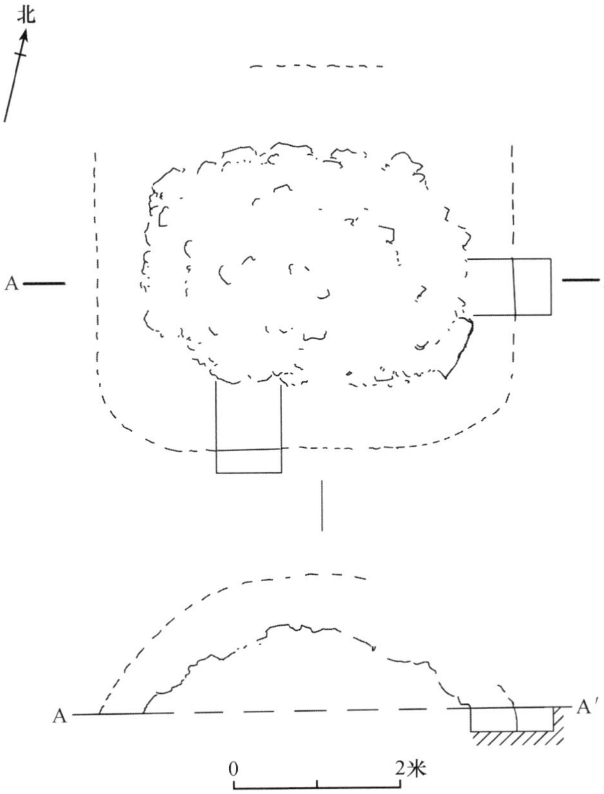


图二九四　JSM1496平、剖面图

JSM1497位于Ⅱ-5-3区北侧偏西，西北侧距JSM1496约2米，东侧距JSM1495约3米。地理坐标为东经126°09′30.7″，北纬41°08′46.0″，海拔220.5米。墓葬整体呈丘状，东西长约5.1米，南北宽约3.8米，现存高度约1.3米。墓葬封土流失严重，墓上可见大量碎山石和河卵石。墓西北侧和东南侧各有1块大石块。在墓葬北侧和东侧各开一条探沟，封土为黄土，封土范围北侧在现北侧边缘外0.8米，东侧在现东侧边缘外0.5米（图二九五；图版五五，1）。

JSM1498位于Ⅱ-5-3区北侧偏西，西南侧距JSM1481约5米，南侧距JSM1480约2米。地理坐标为东经126°09′31.9″，北纬41°08′46.4″，海拔220.5米。墓葬整体呈丘状，南北长约4.2米，东西宽约3.3米，现存高度约0.9米。墓葬破坏严重，仅余一些砌筑墓葬的石材，底部的石材较大（图二九六；图版五五，2）。

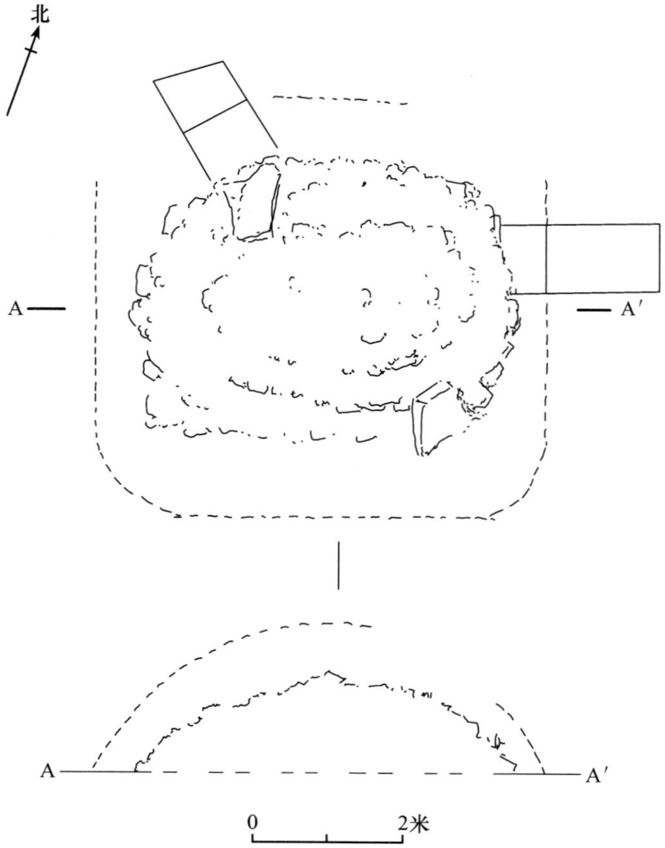

图二九五　JSM1497平、剖面图

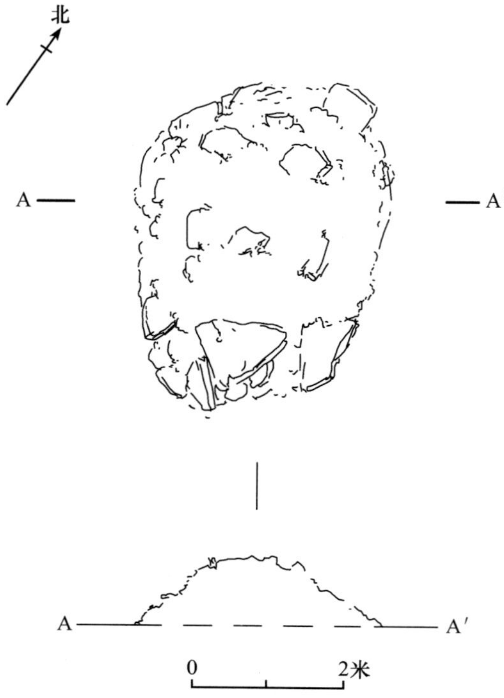

图二九六　JSM1498平、剖面图

JSM1499位于Ⅱ-5-3区北侧偏西，西南侧距JSM1528约3米，东侧距JSM1494约2米。地理坐标为东经126°09′31.3″，北纬41°08′45.8″，海拔220米。墓葬东西长约2.6米，南北宽约2.1米，现存高度约0.5米。墓葬破坏严重，仅余零星几块石块（图二九七；图版五五，3）。

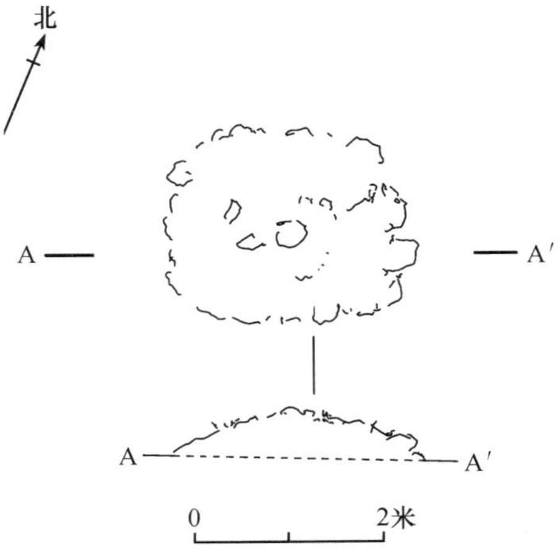

图二九七　JSM1499平、剖面图

JSM1500位于Ⅱ-5-3区北侧偏西，西北侧距JSM 1528约4米，东与JSM1492相连。地理坐标为东经126°09′31.1″，北纬41°08′45.6″，海拔220米。墓葬整体呈丘状，东西长约5.6米，南北宽约4.8米，现存高度约0.7米。墓葬封土流失严重，墓顶有一凹坑，东北侧有1块大石块。在墓葬北侧和西侧各开一条探沟，封土为黄土夹碎石子，封土范围北侧在现北侧边缘外0.3米，西侧在现西侧边缘外0.4米（图二九一；图版五五，4）。

JSM1501位于Ⅱ-5-3区北侧偏西，东南侧距JSM1503约2米，西北侧距JSM1519约4米。地理坐标为东经126°09′31.5″，北纬41°08′44.9″，海拔220米。墓葬整体呈丘状，东西长约6米，南北宽约5.9米，现存高度约1.4米。墓葬封土流失严重，墓顶可见多块较大的石块，石块多为砌筑墓室的石材，塌落于墓室内。从墓顶情况判断，墓室为刀形，墓道南向。在墓葬北侧和东侧各开一条探沟，封土为黄土夹碎石子，封土范围北侧在现北侧边缘外0.5米，东侧在现东侧边缘外0.7米（图二九八；图版五五，5）。

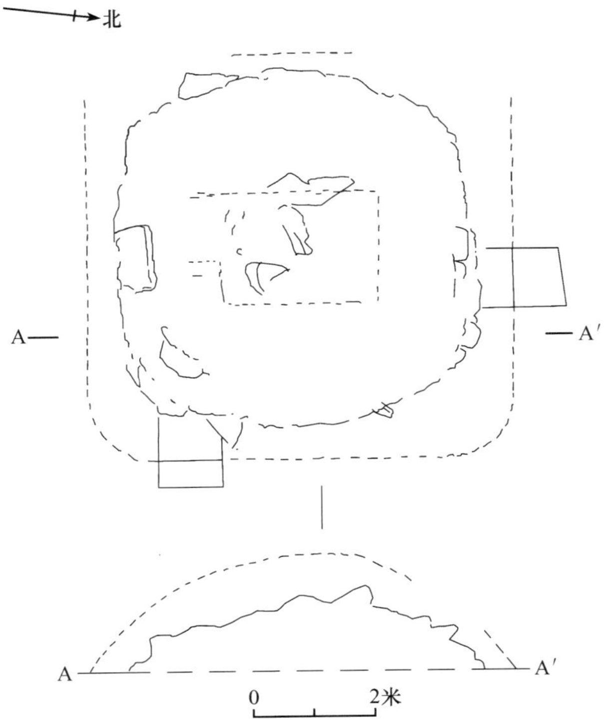

图二九八　JSM1501平、剖面图

JSM1503位于Ⅱ-5-3区北侧偏西，西北侧距JSM1501约2米，东北侧距JSM1486约5米。地理坐标为东经126°09′31.8″，北纬41°08′44.8″，海拔220米。墓葬整体呈丘状，南北长约7.6米，东西宽约5.9米，现存高度约1.5米。墓葬封土流失严重，墓顶石块缺失，墓上东南侧的大石块可能为被移位的盖顶石。墓室四壁裸露于外，石材多为山石，平整一面朝向墓室内。根据现存状态推测墓室为刀形，墓道西南向。在墓葬北侧和东侧各开一条探沟，封土为黄土夹碎石子，封土范围北侧在现北侧边缘位置，东侧在现东侧边缘外1米（图二九九；图版五五，6）。

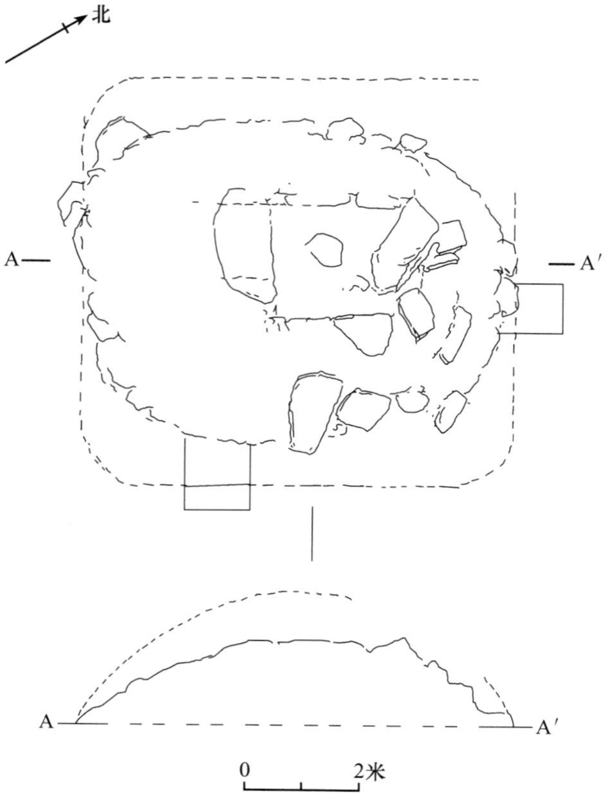

图二九九　JSM1503平、剖面图

JSM1505位于Ⅱ-5-3区中部，西北侧距JSM-1489约6米，北侧距JSM1489约5米。地理坐标为东经126°09′32.7″，北纬41°08′44.3″，海拔220米。墓葬南北长约3.8米，东西宽约3.6米，现存高度约0.9米。墓葬破坏严重，仅存几块较大的石块（图三〇〇；图版五五，7）。

JSM1506位于Ⅱ-5-3区中部，东南侧距JSM1510约5米，西南侧距JSM1509约5米。地理坐标为东经126°09′33.5″，北纬41°08′43.7″，海拔220米。墓葬整体呈丘状，南北长约4.5米，东西宽约3米，现存高度约1.4米。墓葬封土流失严重，盖顶石和砌筑墓室石材全部裸露于外，石材主要为山石。东北角砌筑墓室的石材部分缺失，有一小洞，墓室被淤土填满。墓上还有少量河卵石和碎山石（图三〇一；图版五五，8）。

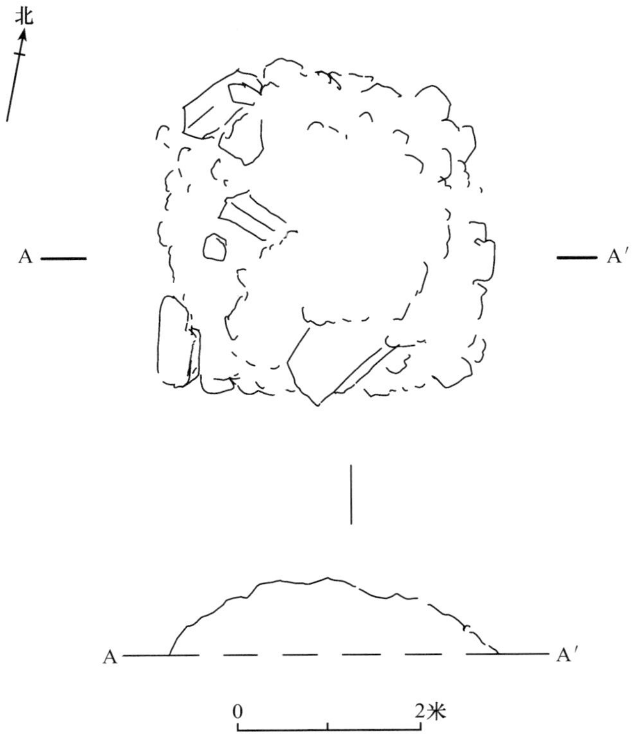


图三〇〇　JSM1505平、剖面图

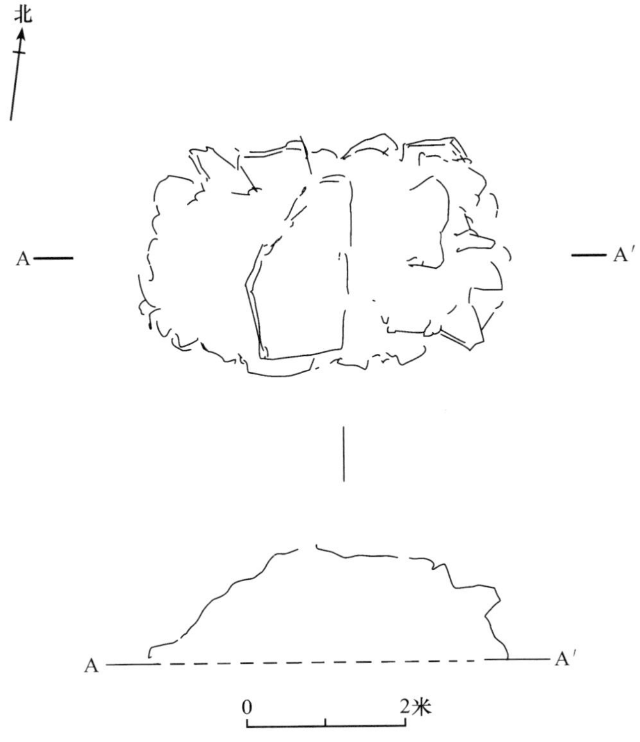


图三〇一　JSM1506平、剖面图

JSM1507位于Ⅱ-5-3区中部，西南侧距JSM1512约5米，西北侧距JSM-1508约3米。地理坐标为东经126°09′33.0″，北纬41°08′43.8″，海拔220米。墓葬整体呈丘状，南北长约5.1米，东西宽约4米，现存高度约1.5米。墓葬封土流失严重，砌筑墓室石材裸露在外，多为山石，夹少量河卵石。墓西南部砌筑墓室的石材坍塌，堆积大量河卵石，墓内被土石填满。墓上有小碎山石和小河卵石。在墓葬北侧和西侧各开一条探沟，封土为黄土，封土范围北侧在现北侧边缘外0.7米，西侧在现西侧边缘外0.5米（图三〇二；图版五六，1）。

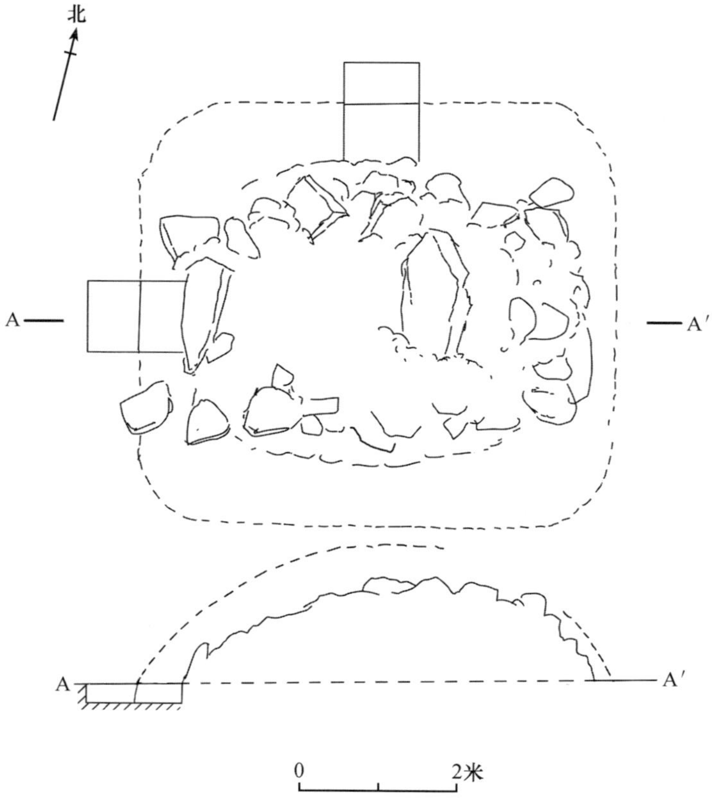


图三〇二　JSM1507平、剖面图

JSM-1508位于Ⅱ-5-3区中部，北侧距JSM1508约0.5米，东南侧距JSM1507约3米。地理坐标为东经126°09′32.7″，北纬41°08′43.9″，海拔220米。墓葬南北长约3.6米，东西宽约3.6米，现存高度约0.6米。墓葬破坏严重，仅存少量砌筑墓葬的石块，东北角与西南角各有1块较大石块（图三〇三；图版五六，2）。

JSM1509位于Ⅱ-5-3区中部，东北侧距JSM1506约5米，东南侧距JSM1510约6米。地理坐标为东经126°09′33.4″，北纬41°08′43.4″，海拔220米。墓葬南北长约4.4米，东西宽约2.2米，现存高度约1米。墓葬破坏严重，仅存部分砌筑墓葬的石块，墓上可见小河卵石和小碎山石，边缘石块较大（图三〇四；图版五六，3）。

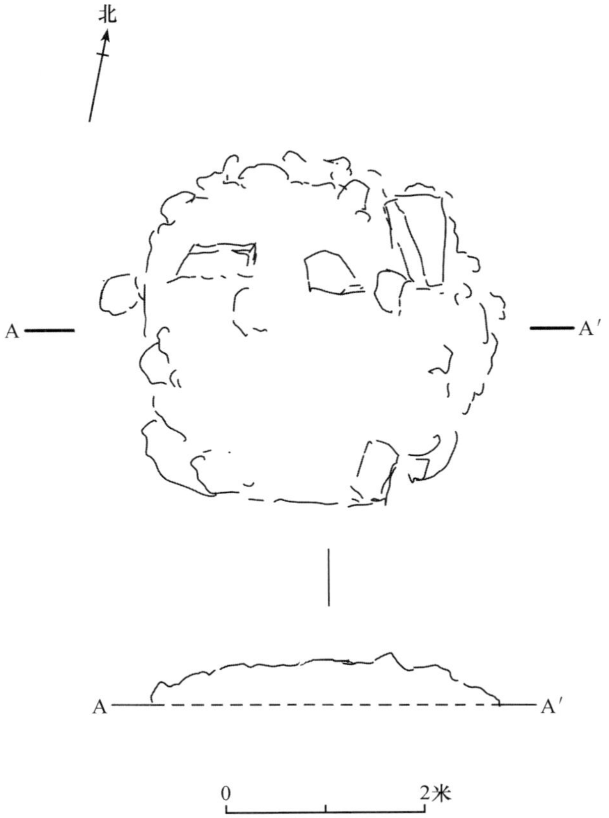

图三〇三　JSM-1508平、剖面图

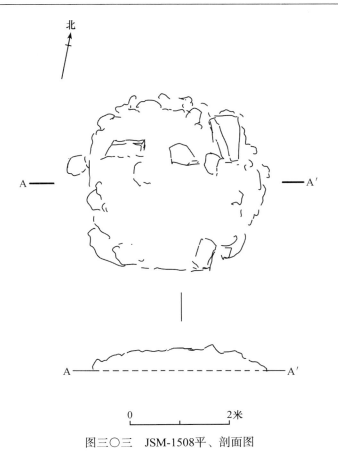

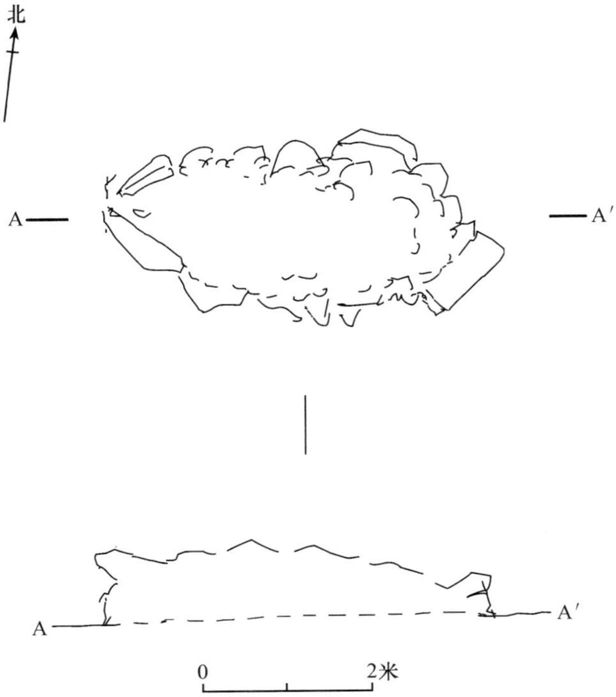

图三〇四　JSM1509平、剖面图

JSM1510位于Ⅱ-5-3区中部，西侧距JSM1509约6米，西北侧距JSM1506约5米。地理坐标为东经126°09′33.6″，北纬41°08′43.4″，海拔220米。墓葬南北长约9.9米，东西宽约6.7米，现存高度约1米。墓葬破坏严重，墓葬边缘保存有较多大石块，中部石块较少，且略低于南北两侧。在墓葬西侧和南侧各开一条探沟，封土为黄土，封土范围西侧在现西侧边缘外0.6米，南侧在现南侧边缘外0.7米（图三〇五；图版五六，4）。

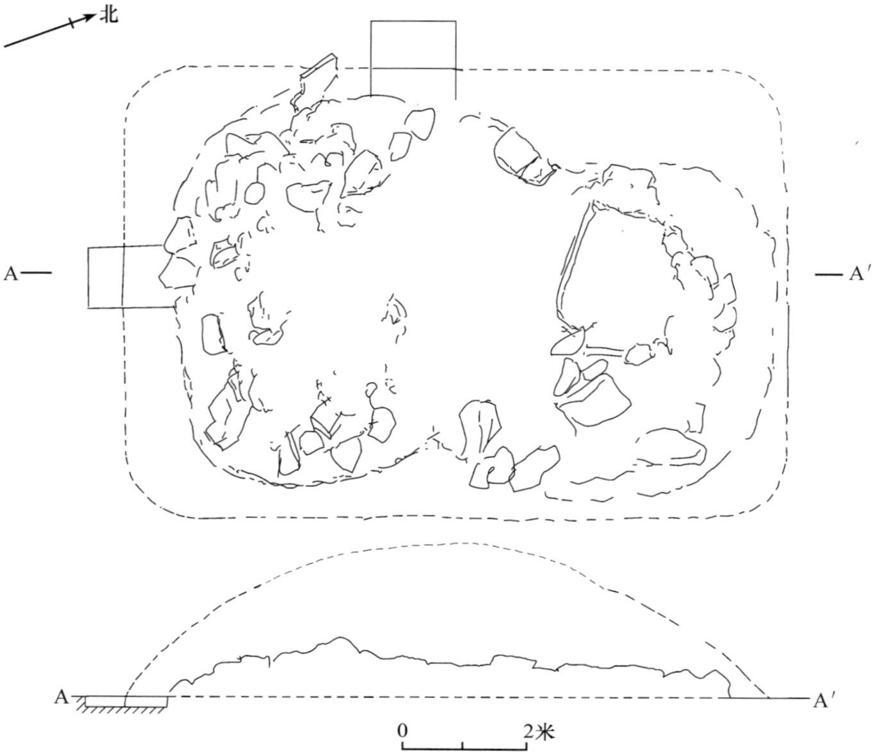


图三〇五　JSM1510平、剖面图

JSM1518位于Ⅱ-5-3区中部，北侧距JSM1519约5米，东侧距JSM1503约10米。地理坐标为东经126°09′31.2″，北纬41°08′44.7″，海拔220.3米。墓葬整体呈丘状，东西长约5.5米，南北宽约3米，现存高度约1.1米。墓葬封土流失严重，墓上可见大量小碎山石，还有部分稍大石块，石块尺寸为0.3米左右。在墓葬北侧和西侧各开一条探沟，封土为黄土，封土范围北侧在现北侧边缘位置，西侧在现西侧边缘外0.8米（图三〇六；图版五六，5）。

JSM1528位于Ⅱ-5-3区北侧偏西，西北侧距JSM1497约7米，东侧距JSM1499约3米。地理坐标为东经126°09′30.9″，北纬41°08′45.7″，海拔220米。墓葬整体呈丘状，南北长约6米，东西宽约4.6米，现存高度约1.5米。墓葬封土流失严重，墓上可见大量小碎山石和少量小河卵石。西侧有一些较大石块。在墓葬西侧和南侧各开一条探沟，封土为黄土夹碎石子，封土范围西侧在现西侧边缘外0.8米，南侧在现南侧边缘外0.8米（图三〇七；图版五六，6）。

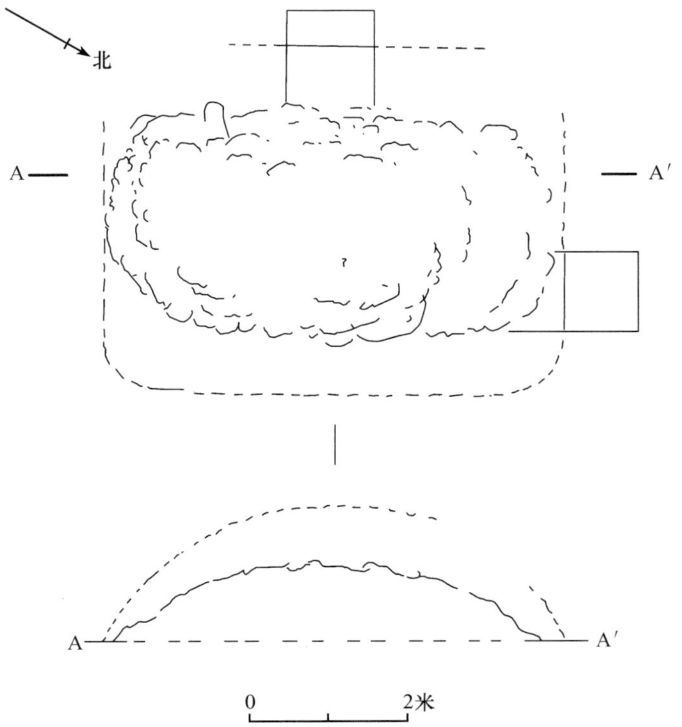


图三〇六　JSM1518平、剖面图

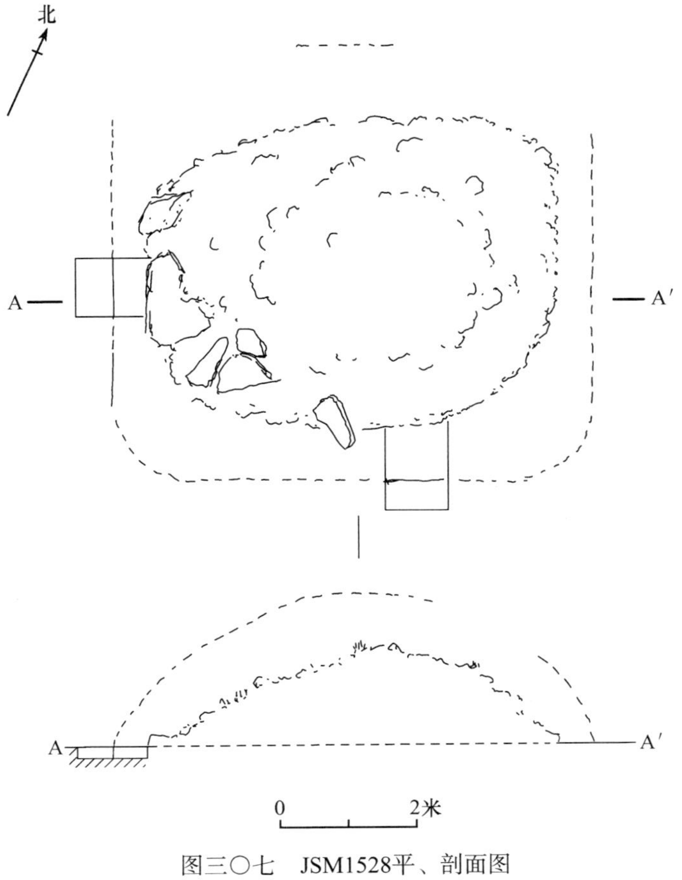


图三〇七　JSM1528平、剖面图

# 第三章　结　　语

2016年度洞沟古墓群山城下墓区河西片墓葬清理，是为了配合洞沟古墓群墓葬本体保护及防排水工程而开展，也是继2015年度河西片清理工作之后，对河西片剩余未经清理发掘的墓葬进行的一次全面的考古清理，使我们首次完成了对洞沟古墓群中一处相对独立的自然地域内的墓葬的全部清理，是对以往考古工作的重要补充，为高句丽墓葬研究提供了一批重要的考古资料，拓展了高句丽墓葬研究的学术视角。

## 一、墓葬形制特征

**1. 积石墓**

2016年度共清理和著录积石墓11座，其中基坛积石墓6座、阶坛积石墓1座、阶墙积石墓1座、封石墓2座、另有1座类型不明。这些积石墓多位于墓区北侧山坡下，沿山体呈东北—西南向排列，只有1座位于墓区南侧。墓葬周边均有大量小型封土墓，保存现状不好，JSM1271的基坛直接被周边的封土墓打破。

墓葬体量普遍较小，呈方形或长方形，四边长度在10米左右，现存高度1～2米，墓葬长边方向大体相同，均未发现基础。基坛或者阶坛砌石为山石和河卵石，尺寸普遍较小，多未经加工或仅经简单加工，砌石错缝平砌，JSM0745上下两层缝隙中还用薄石片填充。墓葬封石一般为河卵石和碎山石，也有只封护河卵石或碎山石的，如JSM0739的基坛砌石和封石均为山石。

墓葬顶部破坏较重，大部分有凹陷坑，应该是墓圹的位置。JSM1389墓圹的形制为圹室，墓道底部铺大河卵石，圹室底部较乱，未发现与墓道底部铺石相近的大河卵石。该墓仅在南侧阶坛之外保存有一段墓域铺石。JSM-0735因地势北高南低，在南侧筑有四道阶墙，外侧的三道阶墙起到了加固墓葬南部的作用，阶墙形制较规整。

**2. 封土墓**

2016年度共发掘和著录封土墓277座，这些墓葬集中分布于两个区域：一是沿丸都山城南墙所在山体呈东北—西南走向分布，形成一个长约620米，宽约120米的长条形区域。二是位于整个墓区的东北部，围绕在JSM0696、JSM0700、JSM0721等几座大型积石墓周围，形成一个长约160米，宽约150米的不规则区域。从总体看封土墓分布集中，排列紧密，从局部看有呈横向或呈纵向的排列，这些墓葬的年代可能存在相近或延续关系。大多数墓葬遭受不同程度的盗掘和破坏，且封土流失严重，筑墓石材裸露于外。现存边长多在10米之下，按《1997年测绘报告》的划分标准，主要为小型封土石室墓。从已清理墓室或可观察到墓室的墓葬的统计来看，墓室以南向刀形单室墓为主，多有抹角叠涩。

2016年度清理工作的重点是10座封土墓的发掘，这10座墓葬的墓室数量、墓道方向、墓室形状、墓室结构等方面各具特点。除JSM1334边长不足7米外，其余墓葬边长在10～13米，高度在2～3米，是2016年度清理的封土墓中规格最大的几座。单室墓6座，3座墓室呈刀形、3座墓室呈铲形，其中1座铲形墓室有两个壁龛。单室墓的墓室长2.2～3.4米，宽1.9～2.9米，高1.5～2.65米。双室墓4座，包括2座双刀形墓室、1座双铲形墓室、1座长方形和刀形墓室，其中2座双刀形墓的墓室排列方式又有不同，1座为“刀背”相对、1座为同向排列。双室墓的墓室长2.05～2.8米，宽1.2～2.4米，高1～2.35米。

按砌筑墓室石材的不同可分为三种：第一种以精细加工的石灰岩石条砌筑，如JSM0791、JSM1335，石条加工规整，错缝砌筑，并用白灰勾缝。第二种以精细加工的花岗岩石条砌筑，如JSM1334、JSM1351，石条加工规整，错缝或对缝砌筑，偶见缝隙中填塞片状垫石。JSM1351抹角石及盖顶石边缘有凸棱，在2015年度清理的JSM0666的墓壁和墓室内倒塌的石条中也可见①，边缘的凸棱会使其本身或上层石条在砌筑时不甚平稳，推测此类石条原本不是为砌筑封土墓墓室而准备，很可能是从周边某座积石墓的基坛石或阶坛石拆取而来，也可能是其他建筑加工好的剩余石材或是墓主人及其家族早年加工好的石材。第三种以简单加工的山石和河卵石砌筑，这类墓葬占大多数，石材大小不一，砌筑不甚规整，错缝或对缝砌筑，缝隙较大，填塞较多的小石块，有的用白灰勾缝，有的墓室涂抹白灰。

墓顶形制可以分为穹隆顶、平盖顶、平行叠涩、抹角叠涩、平行叠涩之上抹角。穹隆顶的2座墓墓道向西或西南，平盖顶仅发现于长方形墓室之上，平行叠涩和抹角叠涩较为常见。墓底形制可以分为黄土面、铺小碎石、铺石片、铺大河卵石、白灰抹平，其中3个墓室可见棺床，数量为1～3个。JSM0791东墓室在墓底四边经过夯筑，中间铺大量木炭，厚度达0.15米，木炭起到防潮、防止地下水渗透的作用。这种墓底铺炭的结构在JSM0325也有发现，铺炭厚度约0.02米②。以往发掘中，棺床方向多与墓道方向平行，

① 吉林省文物考古研究所、集安市博物馆：《2015年度洞沟古墓群山城下墓区清理报告》，科学出版社，2020年，第96页。

② 吉林省文物工作队、集安文管所：《1976年集安洞沟高句丽墓清理》，《考古》1984年1期。

JSM1351铺石棺床位于墓室北半部，东西长2.6米，南北宽1.8米，墓道方向为南向，棺床方向似与墓道方向垂直，这种现象不见于以往发掘的墓葬中。JSM0791西墓室有三座棺床，中间棺床最长最高，应属于墓主人，东、西两座棺床尺寸基本相同，只是西侧棺床西北角有意缺失，可能身份略低于东侧。JSM1335两座棺床长度和高度一致，西侧棺床宽度大于东侧棺床，应属于墓主人。

多数墓葬墓道砌筑不如墓室规整，石材选用较随意，仅外露面稍平整。墓道方向以南向为主，仅有2座西向和1座西南向。部分墓葬墓道封堵石尚存，封堵石材不一，底层石块较大，个别有白灰勾缝，上层封堵石多已缺失。JSM1334西侧墓室未遭扰动，其墓道封堵石之外还立置1块封堵墓道口的大石块。JSM1335、JSM1351墓道两壁向外伸折形成挡土墙。

墓葬外部由黄土培封，现墓表多有大量石块，JSM1333在封土的四角发现大石块，但封土东、西两面中部的探沟内未发现大石块，而且封土也未被扰动，其不同于JSM0634等有坛封土石室墓的石坛形制，暂时不能称其为有坛封土石室墓。

## 二、遗　　物

出土遗物共200余件，包括铁器、金器、银器、陶器等，数量最多的是与葬具相关的铁钉、铁棺环。以往洞沟古墓群的发掘中，长方形墓室中未发现葬具和随葬品，本次发掘的JSM1334西侧长方形墓室保存较好，从人骨位置看葬式应为头北足南。墓室内出土铁棺环和铁钉说明该墓应有木棺，从铁棺环和铁钉出土位置看，应是木棺腐烂后自然倒塌时的位置。出土的八瓣花形银饰和鎏金银饰造型精致，八瓣花形银饰与长川二号墓、禹山1897号墓出土鎏金八瓣形花饰形制相近①，可能为棺饰。三足形铁器形制特殊，与麻线一号墓出土丫形金饰有相似之处②，用途不明。JSM0791出土的长条形银饰在以往发掘资料中较为少见，推测可能是一种牌饰。

## 三、墓 葬 年 代

2016年度清理的墓葬层位关系简单，出土遗物多与葬具相关，此外仅有1件可复原陶罐和少量横耳、釉陶残片，很难参考高句丽陶器序列判断墓葬年代，只能根据墓葬形制以及出土的典型器物，对比集安地区高句丽遗址以及洞沟古墓群其他墓区同类型墓葬进

① 吉林省文物工作队：《吉林集安长川二号封土墓发掘纪要》，《考古与文物》1983年1期；张雪岩：《集安两座高句丽封土墓》，《博物馆研究》1988年1期。

② 吉林省博物馆集安考古队：《吉林集安麻线沟一号壁画墓》，《考古》1964年10期。

行年代判断。同时，我们对JSM0727西侧墓室人骨、牙齿标本和JSM0791东侧墓室墓底炭样进行了$^{14}$C测年，其结果对判断墓葬年代提供了佐证。

积石墓中除JSM1389、JSM0703、JSM0704外，其余墓葬多分布在墓区北部，形制不完备、外形不规整、石材加工不精细、封石较低矮，推测年代应该偏早，尤其JSM-0735是一座阶墙积石墓，参考高句丽王陵的形制演变，目前学术界普遍认为阶墙积石墓的年代较早。JSM1389砌筑较为规整，形制较完备，有阶坛、扩室和墓域，年代应该较晚，可能与2015年发掘的JSM0696、JSM0700等墓葬年代相近或略早，约在5世纪前后。JSM0703、JSM0704是2座封石石室墓，在2015年的发掘中也有3座封石石室墓，我们认为这种墓葬类型可能是由积石墓到封土墓的一种过渡形制，年代可能在5世纪前后。

封土墓中有叠压和破坏积石墓的情况，总体上看年代应晚于积石墓。JSM0727为同封异穴的封土墓，两个墓室方向基本相同，大小相近，可能为夫妻合葬墓。西侧墓室采集牙齿标本的$^{14}$C测年结果为540～640年，人骨标本的$^{14}$C测年结果为560～650年，其结果较为可信，判断墓葬年代为6世纪中期至7世纪中期。JSM0791也为同封异穴的封土墓，东侧墓室墓底炭样的$^{14}$C测年结果为380～435年、460～465年、490～535年。西侧墓室出土陶罐与JYM3299出土展沿罐形制较接近，唇部略有不同，JYM3299出土展沿罐为圆唇，该墓陶罐为方唇。JYM3299是一座积石墓，JSM0791年代不会早于积石墓，“双铲形”墓室结构较为完备，测年结果中的5世纪末至6世纪早中期较为合理。JSM1317墓室藻井为穹隆顶，甬道两侧各有一个壁龛，此种情况在高句丽封土石室墓中较为少见。以往研究认为，耳室是由壁龛发展而来，因此该墓年代较早。结合壁龛内出土的器耳和垂帐纹陶片，推测JSM1317的年代约为5世纪以后。JSM1335墓室砌筑规整，石材加工精细，砌石用白灰勾缝，石棺床表面涂抹白灰，墓道口外侧有挡墙，墓葬藻井为平行叠涩，根据以往研究高句丽封土墓中平行叠涩的墓葬年代普遍稍早，再结合出土釉陶器盖、釉陶口沿形制，推测JSM1335的年代为5世纪中期以后。

综合往年洞沟古墓群山城下墓区河西片区发掘成果以及2015～2016年度的考古清理工作，我们对河西片区的墓葬类型、分布、排列、年代等有了初步认识。积石墓年代以墓区西北角一片为最早，可能在丸都山城第一次废弃之后即3世纪中后期，大部分积石墓的年代在山城第二次废弃之后即4世纪中期之后，积石墓的年代下限是以JSM0674、JSM0675、折天井墓、兄墓、弟墓等为代表，年代在5世纪之后。封土墓年代晚于积石墓，结合墓葬形制、出土遗物、测年数据，参考《1997年测绘报告》中对封土墓年代的判定，推测河西片区封土墓年代约在5世纪至7世纪中期，部分墓葬可能已经晚至渤海时期。

# 参考文献


**史志资料**

（晋）陈寿：《三国志》，中华书局，1959年。

（南朝）范晔：《后汉书》，中华书局，1965年。

（北齐）魏收：《魏书》，中华书局，1974年。

（唐）魏徵等：《隋书》，中华书局，1973年。

（唐）李延寿：《北史》，中华书局，1974年。

（五代）刘昫等：《旧唐书》，中华书局，1975年。

（北宋）欧阳修等：《新唐书》，中华书局，1962年。

（高丽）金富轼著，孙文范等校勘：《三国史记》，吉林文史出版社，2003年。

吉林省文物志编委会：《集安县文物志》，吉林省文物志编委会，1987年。

中国大百科全书考古学卷编委会：《中国大百科全书·考古学》，中国大百科全书出版社，1986年。

**研究专著**

耿铁华：《中国高句丽史》，吉林人民出版社，2002年。

孙仁杰、迟勇：《集安高句丽墓葬》，香港亚洲出版社，2007年。

魏存成：《高句丽考古》，吉林大学出版社，1994年。

魏存成：《高句丽遗迹》，文物出版社，2002年。

**研究论文**

方起东：《高句丽石墓的演进》，《博物馆研究》1985年第2期。

方起东：《高句丽墓葬研究中的几个问题》，《辽海文物学刊》1996年第2期。

耿铁华、林至德：《集安高句丽陶器的初步研究》，《文物》1984年第1期。

耿铁华：《高句丽釉陶器的类型与分期》，《考古与文物》2001年第3期。

李殿福：《集安高句丽墓研究》，《考古学报》1980年第2期。

彭善国：《3—6世纪中国东北地区出土的釉陶》，《边疆考古研究（第7辑）》，科学出版社，2008年。

乔梁：《高句丽陶器的编年与分期》，《北方文物》1999年第4期。

孙颢：《集安地区遗址出土高句丽陶器研究》，《边疆考古研究（第14辑）》，科学出版社，2003年。

王志刚：《高句丽王城及相关遗存研究》，吉林大学博士学位论文，2016年。

赵俊杰：《4—7世纪大同江、载宁江流域封土石室墓研究》，吉林大学博士学位论文，2009年。

**考古调查、发掘报告或简报**

吉林省文物考古研究所、集安市博物馆：《洞沟古墓群1997年调查测绘报告》，科学出版社，2002年。

吉林省文物考古研究所、集安市博物馆：《集安高句丽王陵——1990～2003年集安高句丽王陵调查报告》，文物出版社，2004年。

吉林省文物考古研究所：《吉林集安高句丽墓葬报告集》，科学出版社，2009年。

吉林省文物考古研究所、集安市博物馆：《2008年集安市洞沟古墓群考古发掘报告》，《边疆考古研究（第9辑）》，科学出版社，2010年。

吉林省文物考古研究所、集安市博物馆：《2015年度洞沟古墓群山城下墓区清理报告》，科学出版社，2020年。

# 附表1　2016年度山城下墓区积石墓墓葬形制总表

（单位：米）

| 序号 | 墓葬编号 | 墓葬类型 | 方向/（°） | 规模 | 保存状况 | 基坛情况 | | | 阶坛情况 | | | | 阶墙情况 | | | 墓室情况 | 封石情况 | 出土遗物 | 备注 |
|---|---|---|---|---|---|---|---|---|---|---|---|---|---|---|---|---|---|---|---|
| | | | | | | 基坛高度 | 砌石层数 | 基坛石材 | 阶坛级数 | 阶坛高度 | 砌石层数（第1级阶坛） | 阶坛石材 | 阶墙数量 | 阶墙高度 | 阶墙石材 | | | | |
| 1 | JSM0623 | 基坛 | 北偏西30 | 9.4×8.1×1.4 | 破坏严重 | 0.6 | 2 | 河卵石、山石 | | | | | | | | 不详 | 河卵石为主 | | |
| 2 | JSM0703 | 封石 | 北偏西26 | 10×6.7×1.5 | 破坏严重 | | | | | | | | | | | 不详 | 河卵石为主 | | |
| 3 | JSM0704 | 封石 | 北偏西24 | 7.4×7×1.6 | 破坏严重 | | | | | | | | | | | 不详 | 河卵石为主 | | |
| 4 | JSM-0735 | 阶墙 | 北偏西42 | 11.9×7.5×0.6 | 破坏严重 | | | | | | | | 4 | 0.6 | 河卵石、山石 | 不详 | 碎山石为主 | | |
| 5 | JSM0739 | 基坛 | 北偏西29 | 10.2×10×1.1 | 破坏严重 | 0.55 | 2 | 山石 | | | | | | | | 不详 | 碎山石为主 | | |
| 6 | JSM0745 | 基坛 | 北偏西19 | 8.6×8.2×1.4 | 四至清楚 | 0.7 | 3 | 河卵石、山石 | | | | | | | | 不详 | 碎山石为主 | | |
| 7 | JSM1271 | 基坛 | 北偏西43 | 13.3×11×1.4 | 破坏严重 | 0.5 | 2 | 河卵石、山石修整 | | | | | | | | 不详 | 河卵石 | | |

续表

| 序号 | 墓葬编号 | 墓葬类型 | 方向/(°) | 规模 | 保存状况 | 基坛情况 | | | 阶坛情况 | | | | 阶墙情况 | | | 墓室情况 | 封石情况 | 出土遗物 | 备注 |
|---|---|---|---|---|---|---|---|---|---|---|---|---|---|---|---|---|---|---|---|
| | | | | | | 基坛高度 | 砌石层数 | 基坛石材 | 阶坛级数 | 阶坛高度 | 砌石层数（第1级阶坛） | 阶坛石材 | 阶墙数量 | 阶墙高度 | 阶墙石材 | | | | |
| 8 | JSM1323 | 基坛 | 北偏西40 | 8.2×7×1 | 四至清楚 | 0.7 | 2 | 山石 | | | | | | | | 不详 | 碎山石和河卵石 | | |
| 9 | JSM1348 | 基坛 | 北偏东51（南侧基坛） | 9.8×7.4×1.2 | 破坏严重 | 0.85 | 3 | 山石 | | | | | | | | 不详 | 碎山石和河卵石 | 铁匕 | |
| 10 | JSM1389 | 阶坛 | 南偏西43（墓道） | 12.5×12.2×2.1 | 四至清楚 | | | | 2 | 0.7 | 2 | 河卵石、山石修整 | | | | 扩室 | 碎山石和河卵石 | | |
| 11 | JSM1512 | 不详 | 不详 | 6.8×5.7×0.7 | 破坏严重 | | | | | | | | | | | 不详 | 河卵石为主 | | |

# 附表2　2016年度山城下墓区封土墓墓葬形制总表

（单位：米）

| 序号 | 墓葬编号 | 现封土范围 | 墓室 | | | | | | 遗物 | 备注 |
|---|---|---|---|---|---|---|---|---|---|---|
| | | | 数量 | 形状 | 方向 | 尺寸 | 藻井 | 墓底 | | |
| 1 | JSM0669 | 3.5×2.5×0.8 | | | | | | | | |
| 2 | JSM0670 | 6×6×1.3 | | | | | | | | |
| 3 | JSM0676 | 6×5×1.2 | | | | | | | | |
| 4 | JSM0677 | 5.8×4.2×1.4 | | | | | | | | |
| 5 | JSM0678 | 4.2×3.2×0.5 | | | | | | | | |
| 6 | JSM0679 | 7×7×1.7 | 双室 | | | | | | | |
| 7 | JSM0680 | 5×4×1.2 | 双室? | | | | | | | |
| 8 | JSM0682 | 4×3.5×1.2 | | | | | | | | |
| 9 | JSM0684 | 6×5×1 | | | | | | | | |
| 10 | JSM0685 | 6.5×6×1.6 | | | | | | | | |
| 11 | JSM0686 | 5.5×5.5×1.6 | | | | | | | | |
| 12 | JSM0687 | 6.5×6.5×1.3 | 双室 | 刀形 | 南 | | | | | |
| 13 | JSM0688 | 6.1×5.3×1.4 | 双室 | 刀形 | 南 | 西：3×1.65<br>东：3.1×1.7 | 抹角叠涩 | | | |
| 14 | JSM0691 | 4×3.3×1 | | | | | | | | |
| 15 | JSM0692 | 5.5×5.5×1.7 | | | | | | | | |

续表

| 序号 | 墓葬编号 | 现封土范围 | 墓室 | | | | | | 遗物 | 备注 |
|---|---|---|---|---|---|---|---|---|---|---|
| | | | 数量 | 形状 | 方向 | 尺寸 | 藻井 | 墓底 | | |
| 16 | JSM0699 | 7.4×6.7×1.2 | 单室 | 铲形 | 南 | 2.3×1.8 | 平行叠涩之上抹角 | | | |
| 17 | JSM0701 | 5.5×4×1.6 | 单室 | | 南 | | 抹角叠涩 | | | |
| 18 | JSM0705 | 5×5×1.4 | | | | | | | | |
| 19 | JSM0711 | 4.9×3.9×0.7 | | | | | | | | |
| 20 | JSM-0711 | 6.3×2.7×0.7 | | | | | | | | |
| 21 | JSM0712 | 5×4×1.2 | 单室 | | 南 | | 抹角叠涩 | | | |
| 22 | JSM0713 | 6×5×1.5 | | | | | | | | |
| 23 | JSM0714 | 5×3.5×1.3 | 单室? | | 南 | | | | | |
| 24 | JSM0715 | 5.8×5.5×1.3 | 双室? | | 东侧：南 | | | | | |
| 25 | JSM0717A | 7.5×4.5×1.8 | | | | | | | | |
| 26 | JSM0717B | 7×4×1.7 | | | 西南? | | | | | |
| 27 | JSM0722 | 7×5.5×1.5 | 单室? | | 南 | | | | | |
| 28 | JSM0723 | 7.8×7×2.1 | | | 南 | | | | | |
| 29 | JSM0727 | 11.7×11.1×2.7 | 双室 | 刀形 | 南偏西15° | 西：2.3×1.8×1.6<br>东：2.2×1.8×1.5 | 抹角叠涩 | 铺小碎石 | 铁钉 | |
| 30 | JSM0730 | 8.5×3.8×1.2 | | | | | | | | |
| 31 | JSM-0730 | 2.8×2.4×0.15 | | | | | | | | |
| 32 | JSM0731 | 4.5×4×1.5 | | | | | | | | |
| 33 | JSM0732 | 7×6.4×1.8 | | | | | | | | |
| 34 | JSM0733 | 4.1×3.8×0.4 | | | | | | | | |
| 35 | JSM0734 | 8.5×7.5×1.8 | | | | | | | | |
| 36 | JSM-0734 | 4.7×3.8×1.5 | | | | | | | | |
| 37 | JSM0736 | 4.2×4×1.6 | | | | | | | | |
| 38 | JSM0737 | 7.5×7×1.6 | | | | | | | | |
| 39 | JSM0738 | 8.2×7.4×1.7 | 双室 | 东侧：刀形? | 南 | | | | | |

续表

| 序号 | 墓葬编号 | 现封土范围 | 墓室 | | | | | | 遗物 | 备注 |
|---|---|---|---|---|---|---|---|---|---|---|
| | | | 数量 | 形状 | 方向 | 尺寸 | 藻井 | 墓底 | | |
| 40 | JSM0740 | 7×5.1×1.1 | | | | | | | | |
| 41 | JSM0741 | 5.3×4.5×1.1 | | | | | | | | |
| 42 | JSM0742 | 6.5×4.7×1.3 | | | | | | | | |
| 43 | JSM-0744 | 5.6×5.3×1.5 | | | | | | | | |
| 44 | JSM0746 | 5×4.5×1.2 | 单室 | | | | 抹角叠涩 | | | |
| 45 | JSM-0746 | 4.1×2.3×1.1 | | | | | | | | |
| 46 | JSM0748 | 3.5×3.3×1.4 | | | | | | | | |
| 47 | JSM0749 | 4.3×3.1×1.3 | | | | | | | | |
| 48 | JSM0750 | 7.2×7.1×1.9 | 双室 | | 东侧：南 | | | | | |
| 49 | JSM0751 | 7×3.9×1.3 | | | | | | | | |
| 50 | JSM0752 | 5.5×4.6×1.3 | | | | | | | | |
| 51 | JSM0754 | 5×4.7×1.2 | | | | | | | | |
| 52 | JSM0755 | 5×3.4×1.5 | | | | | | | | |
| 53 | JSM0756 | 5×4.8×1.5 | | | | | | | | |
| 54 | JSM0757 | 6.9×5.5×1.5 | | | 南 | | 抹角叠涩 | | | |
| 55 | JSM0760 | 5.8×4.7×1.2 | | | 南 | | | | | |
| 56 | JSM0761 | 5.8×4.8×1.3 | 单室 | 铲形 | 南 | | 抹角叠涩 | | | |
| 57 | JSM0762 | 4.5×4.1×1.1 | | | | | | | | |
| 58 | JSM0763 | 6.3×6×1.6 | 双室 | | 南 | | | | | |
| 59 | JSM-0763A | 2.9×2.7×0.7 | | | | | | | | |
| 60 | JSM-0763B | 3.5×3.2×0.9 | | | | | | | | |
| 61 | JSM0764 | 4.7×4.5×1.3 | | | | | | | | |
| 62 | JSM0765 | 7×6.7×1.8 | 双室 | | | | | | | |
| 63 | JSM0767 | 6.4×5.9×2 | | | | | | | | |
| 64 | JSM0768 | 5.5×4.8×1.3 | | | | | | | | |
| 65 | JSM0769 | 6.5×5.6×1.5 | | | | | | | | |

续表

| 序号 | 墓葬编号 | 现封土范围 | 墓室 | | | | | | 遗物 | 备注 |
|---|---|---|---|---|---|---|---|---|---|---|
| | | | 数量 | 形状 | 方向 | 尺寸 | 藻井 | 墓底 | | |
| 66 | JSM0770 | 6 × 5.2 × 1.4 | | | | | | | | |
| 67 | JSM0771 | 6.1 × 6 × 1.4 | 双室 | 西侧：刀形 | 西侧：南 | | 西侧：抹角叠涩 | | | |
| 68 | JSM0772 | 5.6 × 4.4 × 1.4 | | | | | | | | |
| 69 | JSM0773 | 5.6 × 4.4 × 1.3 | | | | | | | | |
| 70 | JSM0775 | 6.5 × 4.6 × 1.4 | | | | | | | | |
| 71 | JSM0776 | 5.3 × 4.6 × 1.2 | | | | | | | | |
| 72 | JSM0777 | 7.6 × 5.5 × 2.9 | | | 南 | | | | | |
| 73 | JSM0778 | 4.8 × 4.1 × 1 | | | | | | | | |
| 74 | JSM0779 | 4.6 × 4.6 × 1.3 | | | | | | | | |
| 75 | JSM-0779 | 6.1 × 5.3 × 1.6 | | | | | | | | |
| 76 | JSM0781 | 5.8 × 4.8 × 1.3 | | | 南 | | 抹角叠涩 | | | |
| 77 | JSM0784 | 4.1 × 3.3 × 1.3 | | | | | | | | |
| 78 | JSM0785 | 5.7 × 5.6 × 1.4 | 双室 | | | | | | | |
| 79 | JSM0786 | 5.2 × 5 × 1.3 | | | | | | | | |
| 80 | JSM0787 | 7.6 × 7.2 × 1.7 | 双室 | | 西侧：南 | | | | | |
| 81 | JSM0788 | 3.6 × 3.4 × 1 | | | | | | | | |
| 82 | JSM0789 | 6.2 × 5.2 × 1.3 | | | 南 | | | | | |
| 83 | JSM-0789 | 4.8 × 3.6 × 1.2 | | | 南 | | | | | |
| 84 | JSM0790 | 10.6 × 7.3 × 2.8 | | 刀形 | 南 | | 抹角叠涩 | | | |
| 85 | JSM0791 | 12.7 × 11.4 × 2.8 | 双室 | 铲形 | 南偏西12° | 西侧：2.4 × 2.4 × 2.35<br>东侧：2.05 × 2.05 × 1.85 | 西侧：抹角叠涩<br>东侧：平行叠涩之上抹角 | 西侧：3座棺床<br>东侧：铺小碎石 | 银饰、铁钉、铁棺环、陶片 | |
| 86 | JSM0792 | 7.4 × 6.2 × 1.4 | 双室 | 刀形 | 西南 | 西侧：1.5 × 1.1 | 西侧：抹角叠涩 | | | |
| 87 | JSM0793 | 6.2 × 6.2 × 1.7 | | 刀形 | 南 | | 抹角叠涩 | | | |
| 88 | JSM0794 | 9.4 × 7.2 × 2.1 | 双室 | 北侧：刀形 | 西 | | 南侧：抹角叠涩 | | | |
| 89 | JSM0795 | 4.4 × 3.9 × 1 | | | | | | | | |

续表

| 序号 | 墓葬编号 | 现封土范围 | 墓室 | | | | | | 遗物 | 备注 |
|---|---|---|---|---|---|---|---|---|---|---|
| | | | 数量 | 形状 | 方向 | 尺寸 | 藻井 | 墓底 | | |
| 90 | JSM0796 | 5.4×5.1×1.3 | | | | | | | | |
| 91 | JSM0797 | 6×5.5×1.4 | | | | | | | | |
| 92 | JSM0799 | 6.8×4.5×1.5 | | | | | | | | |
| 93 | JSM1260 | 5.7×4.5×1 | | | | | | | | |
| 94 | JSM1262 | 5×3.5×1.3 | | | | | | | | |
| 95 | JSM1263 | 7×6×1.8 | | | | | | | | |
| 96 | JSM1264 | 8×3.2×1.2 | | | | | 抹角叠涩？ | | | |
| 97 | JSM1265 | 9.7×9×1.4 | 单室 | 刀形 | 南偏西8° | 2.8×2.25 | | | | |
| 98 | JSM1266 | 7×4.5×1.7 | | | | | | | | |
| 99 | JSM1267 | 8.5×5×1.5 | | | | | | | | |
| 100 | JSM1268 | 8.1×7.5×1.8 | 单室 | | 南 | | | | | |
| 101 | JSM1269 | 7×7×1 | | | | | | | | |
| 102 | JSM1272 | 5.9×4×0.5 | | | | | | | | |
| 103 | JSM1273 | 6.5×5.9×1.1 | 单室 | | | 东西长1.8 | | | | |
| 104 | JSM1274 | 6.8×6.6×1.2 | 单室 | 铲形 | 南 | | | | | |
| 105 | JSM1277 | 8×4×1.3 | | | | | | | | |
| 106 | JSM1278 | 6×5.6×1.7 | 单室 | | 西南 | | 抹角叠涩 | | | |
| 107 | JSM1279 | 6.3×6×1.7 | | | 南 | | | | | |
| 108 | JSM1282 | 4.5×3.5×1.2 | | | | | | | | |
| 109 | JSM1285 | 9×5×1.3 | | | | | | | | |
| 110 | JSM1286 | 7.5×7×1.3 | | 刀形 | 南 | 东西长1.35 | | | | |
| 111 | JSM1287 | 5×4×0.5 | | | | | | | | |
| 112 | JSM1288 | 5×4×1.1 | | | | | | | | |
| 113 | JSM1289 | 8.5×7×1 | | | 南？ | 东西长1 | 抹角叠涩 | | | |
| 114 | JSM1317 | 10×8.8×3.1 | 单室 | 铲形（两个壁龛） | 南偏西46° | 3×2.8×2.65 | 穹隆顶 | 涂抹白灰 | 铁钉、陶片、陶器耳、陶饼 | |

续表

| 序号 | 墓葬编号 | 现封土范围 | 墓室 | | | | | | 遗物 | 备注 |
|---|---|---|---|---|---|---|---|---|---|---|
| | | | 数量 | 形状 | 方向 | 尺寸 | 藻井 | 墓底 | | |
| 115 | JSM1318 | 6.8×5.1×1.4 | | | | | | | | |
| 116 | JSM1319 | 5.4×5×1.4 | | | | | | | | |
| 117 | JSM1320 | 7.8×5.5×2 | | | | | | | | |
| 118 | JSM1321 | 4.5×3.1×0.9 | | | | | | | | |
| 119 | JSM1322 | 5.5×4.2×1.7 | 单室 | 刀形 | 南 | | | | | |
| 120 | JSM1324 | 4.5×4.3×1.2 | | | | | | | | |
| 121 | JSM1325 | 7.4×6×1.4 | | | | | 平行叠涩 | | | |
| 122 | JSM1326 | 7.5×7.3×3.4 | 单室 | | | | 抹角叠涩 | | | |
| 123 | JSM1328 | 15.1×（6.5～8.5）×（1.5～3.3） | 两座墓均双室 | 东侧墓葬东侧：刀形 | 东侧墓葬东侧：南 | | | | | |
| 124 | JSM1329 | 9.3×9×2.3 | | | | | | | | |
| 125 | JSM1330 | 7.3×7×1.7 | | | 西？ | | | | | |
| 126 | JSM1331 | 13.6×11.3×3.2 | 单室 | 刀形 | 南偏西2° | （2.5～3.4）×（2～2.2）×2.1 | 抹角叠涩 | 黄土夹小碎石 | | |
| 127 | JSM1332 | 8.1×7×2.1 | | | | | | | | |
| 128 | JSM1333 | 12.5×11.7×3.3 | 单室 | 刀形 | 南偏东2° | 2.3×1.9×2.1 | 平行叠涩 | 铺小碎石 | | |
| 129 | JSM1334 | 6.8×6.7×2.4 | 双室 | 西侧：长方形<br>东侧：刀形 | 南偏西30° | 西侧：2.8×（1～1.2）×1<br>东侧：2.5×2.1×1.7 | 西侧：平盖顶<br>东侧：抹角叠涩 | 铺小碎石 | 铁器、金器、鎏金器、银器、玛瑙珠 | |
| 130 | JSM1335 | 11.5×11×3.3 | 单室 | 铲形 | 南偏东6° | 2.5×2.5×2.6 | 平行叠涩 | 2座棺床 | 铁器、银器、釉陶器 | |
| 131 | JSM1336 | 3.4×2.6×0.6 | | | | | | | | |
| 132 | JSM1337 | 5.8×4.5×1.8 | | | | | | | | |

续表

| 序号 | 墓葬编号 | 现封土范围 | 墓室 | | | | | | 遗物 | 备注 |
|---|---|---|---|---|---|---|---|---|---|---|
| | | | 数量 | 形状 | 方向 | 尺寸 | 藻井 | 墓底 | | |
| 133 | JSM1338 | 5.1×3.2×1 | | | | | | | | |
| 134 | JSM1340 | 8×4.7×0.9 | 双室? | | 东侧：南 | | 东侧：抹角叠涩 | | | |
| 135 | JSM1341 | 6.9×4.8×1.2 | | | | | | | | |
| 136 | JSM1344 | 6.6×6.3×2 | | | | | | | | |
| 137 | JSM1345 | 7.1×6×1.5 | | | | | 抹角叠涩 | | | |
| 138 | JSM-1345 | 5.4×5.1×1.2 | 单室 | 刀形? | 南? | | 抹角叠涩? | | | |
| 139 | JSM1349 | 6.8×6.5×2 | | | | | 抹角叠涩 | | | |
| 140 | JSM1350 | 5.5×5.2×1.6 | | | | | | | | |
| 141 | JSM1351 | 11×10.4×2.8 | 单室 | 铲形 | 南偏东7° | 3×2.6×2.3 | 抹角叠涩 | 1座棺床 | 铁钉、铁挡片 | |
| 142 | JSM1352 | 5.5×4.4×2 | | | 南偏东? | | | | | |
| 143 | JSM1353 | 9.2×7×2.2 | | | | | | | 铁棺环 | |
| 144 | JSM1355 | 5.5×5.5×2.2 | | | | | | | | |
| 145 | JSM1356 | 7.6×7.5×3.1 | 双室 | | 西 | | 北侧：抹角叠涩 | | | |
| 146 | JSM1357 | 6.7×6.4×1.4 | 双室 | | | 东侧：东西长1.5 | | | | |
| 147 | JSM1360 | 6.8×5.3×0.7 | | | | | | | | |
| 148 | JSM1361 | 5.7×5.6×1.9 | 单室? | 刀形? | 南? | | | | | |
| 149 | JSM1362 | 6.8×5.6×1.7 | | | | | | | | |
| 150 | JSM1363 | 2.7×2.2×0.6 | | | | | | | | |
| 151 | JSM1364 | 6.8×5.5×1.5 | | | | | | | | |
| 152 | JSM1365 | 4.9×3.3×0.9 | | | | | | | | |
| 153 | JSM1366 | 5.6×5.4×1.6 | | | | | | | | |
| 154 | JSM1367 | 6.2×5.4×1.7 | | | | | | | | |
| 155 | JSM1368 | 5.5×5×1.3 | | | | | | | | |
| 156 | JSM1368A | 6×3.7×0.9 | | | | | | | | |
| 157 | JSM1369 | 7.2×5.2×1.5 | | | | | | | | |

续表

| 序号 | 墓葬编号 | 现封土范围 | 墓室 | | | | | | 遗物 | 备注 |
|---|---|---|---|---|---|---|---|---|---|---|
| | | | 数量 | 形状 | 方向 | 尺寸 | 藻井 | 墓底 | | |
| 158 | JSM1370 | 7×5.2×1.5 | 单室 | 刀形 | 南 | 2.2×1.5×1 | 抹角叠涩 | | | |
| 159 | JSM1371 | 7.4×6.7×2 | | | | | | | | |
| 160 | JSM1372 | 5.5×5×1.7 | 单室 | 铲形 | 西 | | 抹角叠涩 | | | |
| 161 | JSM1373 | 6.2×5.8×1.5 | | | | | | | | |
| 162 | JSM1374 | 7.3×5.8×2 | | | | | | | | |
| 163 | JSM1375 | 5.1×5.1×1.5 | | | | | | | | |
| 164 | JSM1376 | 5.7×5.4×1.7 | | | | | | | | |
| 165 | JSM1377 | 6.6×4.3×1.5 | | | | | | | | |
| 166 | JSM1378 | 5.5×5.4×1 | 双室 | | | | | | | |
| 167 | JSM1379 | 8×5.8×1.8 | | | | | | | | |
| 168 | JSM1380 | 6.2×4.3×1.8 | | | | | | | | |
| 169 | JSM1381 | 6×5.7×1.8 | | | | | | | | |
| 170 | JSM1382 | 7.5×3.5×1.5 | | | | | | | | |
| 171 | JSM1385 | 6.8×5×1.6 | | | | | | | | |
| 172 | JSM1386 | 10×7.7×1.6 | 双室 | | 东侧：南 | | 东侧：抹角叠涩 | | | |
| 173 | JSM1388 | 5.3×5.1×1.2 | | | | | | | | |
| 174 | JSM-1389 | 5.7×3.7×1 | | | | | | | | |
| 175 | JSM1393 | 6.7×6.2×2.4 | | | | | | | | |
| 176 | JSM1395 | 6.8×5.6×1.9 | | | | | 抹角叠涩 | | | |
| 177 | JSM1396 | 6.6×5.3×1.7 | | | | | | | | |
| 178 | JSM1397 | 5.7×5.1×1.4 | | | | | | | | |
| 179 | JSM1398 | 7.4×5.7×1.9 | | | | | | | | |
| 180 | JSM1399 | 15×（6.2～7.7）×（1.5～2.1） | 单室 | 刀形 | 西偏南36° | 2.1×1.6×1.4 | 抹角叠涩 | 黄土夹少量小碎石 | 铁钉 | 串墓 |
| 181 | JSM1400 | | 双室 | 刀形 | 北侧：西偏南38°<br>南侧：西偏南36° | 北侧：2.4×1.8×1.6<br>南侧：2.2×1.9×1.5 | 北侧：穹隆顶<br>南侧：穹隆顶 | 北侧：黄土夹少量小碎石<br>南侧：铺石片 | | |

续表

| 序号 | 墓葬编号 | 现封土范围 | 墓室 | | | | | | 遗物 | 备注 |
|---|---|---|---|---|---|---|---|---|---|---|
| | | | 数量 | 形状 | 方向 | 尺寸 | 藻井 | 墓底 | | |
| 182 | JSM1401 | 7×5.9×1.9 | | | | | | | | |
| 183 | JSM1402 | 5.1×3.5×0.9 | | | | | | | | |
| 184 | JSM1403 | 6.2×5.9×1.5 | | | 西? | | | | | |
| 185 | JSM1404 | 4.6×3.9×1.1 | | | | | | | | |
| 186 | JSM1406 | 6.2×6.1×1.5 | | | | | | | | |
| 187 | JSM1415 | 4.6×4.4×1.3 | | | | | | | | |
| 188 | JSM1416 | 6.2×5.5×1.4 | | | | | | | | |
| 189 | JSM1417 | 5.7×5.5×1.3 | | | | | | | | |
| 190 | JSM1418 | 8.6×5.6×2.2 | | | 南? | | | | | |
| 191 | JSM1419 | 8.4×7.9×2.8 | 双室 | | | | 西侧：抹角叠涩 | | | |
| 192 | JSM1420 | 5.1×4.4×1.5 | | | | | | | | 串墓 |
| 193 | JSM1421 | 4.8×4.4×1.1 | | | | | 抹角叠涩 | | | |
| 194 | JSM1422 | 6.6×4.6×1.2 | | | | | | | | |
| 195 | JSM1423 | 6.9×5.1×1.5 | | 铲形 | 南 | | | | | |
| 196 | JSM1424 | 6.3×4×0.8 | | | | | | | | |
| 197 | JSM1425 | 6.4×4.9×1.1 | | 刀形 | 南 | 2.2×1.6 | 抹角叠涩 | | | |
| 198 | JSM1426 | 6.4×4.4×1.3 | | | 南 | | 抹角叠涩 | | | |
| 199 | JSM1428 | 6×5.9×1.5 | | | | | | | | |
| 200 | JSM1429 | 4.3×4×0.8 | | | | | | | | |
| 201 | JSM1430 | 5.5×5.3×1.6 | | | 西 | | | | | |
| 202 | JSM1431 | 5×4.8×1.1 | | | | | | | | |
| 203 | JSM1432 | 4.3×2.9×0.8 | | | | | | | | |
| 204 | JSM1433 | 6×4.8×1 | | | | | | | | |
| 205 | JSM1434 | 4.7×3.6×1.1 | | | | | | | | |
| 206 | JSM1436 | 6.4×6×1.2 | | | | | | | | |
| 207 | JSM1437 | 4.7×2.5×0.5 | | | | | | | | |

续表

| 序号 | 墓葬编号 | 现封土范围 | 墓室 | | | | | | 遗物 | 备注 |
|---|---|---|---|---|---|---|---|---|---|---|
| | | | 数量 | 形状 | 方向 | 尺寸 | 藻井 | 墓底 | | |
| 208 | JSM1438 | 3.9×2.4×0.6 | | | | | | | | |
| 209 | JSM1439 | 6×5×1.8 | | 刀形? | 南 | | | | | |
| 210 | JSM1440 | 6.8×5.7×1.5 | 三室 | 西侧：铲形 | | | | | | |
| 211 | JSM1441 | 3.1×3×0.6 | | | | | | | | |
| 212 | JSM1442 | 5×4.8×1.5 | | | | | 抹角叠涩 | | | |
| 213 | JSM1443 | 5.4×4.2×1.2 | | 刀形? | 南 | | 抹角叠涩 | | | |
| 214 | JSM1444 | 4.2×2.6×0.5 | | | | | | | | |
| 215 | JSM1445 | 9.1×5.3×1.9 | | | | | 抹角叠涩 | | | |
| 216 | JSM1446 | 6.1×5.4×1.8 | 单室 | 刀形 | 南 | | 抹角叠涩 | | | |
| 217 | JSM1447 | 5.1×4.8×1.2 | | | | | | | | |
| 218 | JSM1448 | 5.7×4.5×1.3 | | | 南? | | | | | |
| 219 | JSM1449 | 4.4×3.2×1.4 | 单室 | 刀形 | 南 | 2.4×1.5 | 抹角叠涩 | | | |
| 220 | JSM1450 | 4.7×3.9×1.5 | | | | | | | | |
| 221 | JSM1451 | 6.5×4.1×1.3 | 单室 | 刀形 | 南 | | 抹角叠涩 | | | |
| 222 | JSM1452 | 6.1×4.6×1 | | | | | | | | |
| 223 | JSM1453 | 5.4×4.8×1.1 | | | 南 | | | | | |
| 224 | JSM1454 | 6.7×5.6×2 | 单室 | 刀形 | 南 | | 抹角叠涩 | | | |
| 225 | JSM1455 | 5.4×5.1×1 | 单室 | 刀形 | 南 | | | | | |
| 226 | JSM1456 | 5×4.7×0.8 | 单室 | 刀形 | 南 | | | | | |
| 227 | JSM1457 | 3×2.8×0.8 | | | | | | | | |
| 228 | JSM1458 | 6×5.3×1.6 | 单室 | 刀形 | 近西南 | | 抹角叠涩 | | | |
| 229 | JSM1459 | 5×4.9×1.2 | | | | | | | | |
| 230 | JSM1460 | 4.2×4×0.8 | | | | | | | | |
| 231 | JSM1461 | 5×3.6×1 | | | | | | | | |
| 232 | JSM1463 | 5.4×3.5×1 | | | | | | | | |
| 233 | JSM1464 | 5.1×4.3×1.1 | | | | | | | | |

续表

| 序号 | 墓葬编号 | 现封土范围 | 墓室 | | | | | | 遗物 | 备注 |
|---|---|---|---|---|---|---|---|---|---|---|
| | | | 数量 | 形状 | 方向 | 尺寸 | 藻井 | 墓底 | | |
| 234 | JSM1465 | 4.5×4.3×1 | | | | | | | | |
| 235 | JSM1466 | 5.2×4.4×1.6 | | | | | | | | |
| 236 | JSM1467 | 2.6×2.2×0.7 | | | | | | | | |
| 237 | JSM1468 | 3.3×2.3×0.8 | | | | | | | | |
| 238 | JSM1469 | 5×4.1×1.4 | 单室 | | 西南 | | | | | |
| 239 | JSM1470 | 6×4.1×1.1 | | | | | | | | |
| 240 | JSM1471 | 7.5×6.3×1.6 | 单室 | | 西南 | | | | | |
| 241 | JSM1472 | 4.3×2.9×0.8 | | | | | | | | |
| 242 | JSM1473 | 4.4×3.9×0.6 | | | | | | | | |
| 243 | JSM1474 | 6.9×5.2×1.5 | 双室 | | | | | | | |
| 244 | JSM1475 | 4.9×4.6×1 | | | | | | | | |
| 245 | JSM1476 | 6.4×4.3×1.2 | | | | | | | | |
| 246 | JSM1477 | 5.6×3.8×1.1 | | | | | | | | |
| 247 | JSM1480 | 10.2×6.9×1.7 | 双室 | | | | | | | |
| 248 | JSM1481 | 4.1×3.8×1.3 | | | | | | | | |
| 249 | JSM1482 | 6×3.7×1.1 | | | | | | | | |
| 250 | JSM1483 | 6.7×5.2×1.3 | | | | | | | | |
| 251 | JSM1484 | 8.2×6.9×1.9 | 双室 | | 南? | | | | | |
| 252 | JSM1485 | 4.9×2.9×0.8 | | | | | | | | |
| 253 | JSM1485A | 4.3×3.9×0.8 | | | | | | | | |
| 254 | JSM1486 | 7.6×7.5×1.9 | 单室 | 刀形 | 南 | | 抹角叠涩 | | | |
| 255 | JSM1487 | 6.2×3.6×1.2 | | | | | | | | |
| 256 | JSM1488 | 3.2×3×0.9 | | | | | | | | |
| 257 | JSM-1489 | 7.7×6.7×1.7 | 单室 | 刀形 | 南 | 2.5×2 | 抹角叠涩 | | | |
| 258 | JSM1490 | 5.1×4.1×1.3 | | | | | | | | |
| 259 | JSM-1490 | 6.1×4.6×1.6 | 单室 | 刀形 | 西南 | | 抹角叠涩 | | | |

续表

| 序号 | 墓葬编号 | 现封土范围 | 墓室 | | | | | | 遗物 | 备注 |
|---|---|---|---|---|---|---|---|---|---|---|
| | | | 数量 | 形状 | 方向 | 尺寸 | 藻井 | 墓底 | | |
| 260 | JSM1492 | 7×5.8×1.5 | 单室 | 刀形 | 南 | | | | | |
| 261 | JSM1494 | 3×2.8×0.5 | | | | | | | | |
| 262 | JSM1495 | 6.3×4×1.6 | | | 西? | | | | | |
| 263 | JSM1496 | 3.8×3×1 | | | | | | | | |
| 264 | JSM1497 | 5.1×3.8×1.3 | | | | | | | | |
| 265 | JSM1498 | 4.2×3.3×0.9 | | | | | | | | |
| 266 | JSM1499 | 2.6×2.1×0.5 | | | | | | | | |
| 267 | JSM1500 | 5.6×4.8×0.7 | | | | | | | | |
| 268 | JSM1501 | 6×5.9×1.4 | | 刀形 | 南 | | | | | |
| 269 | JSM1503 | 7.6×5.9×1.5 | | 刀形 | 西南 | | | | | |
| 270 | JSM1505 | 3.8×3.6×0.9 | | | | | | | | |
| 271 | JSM1506 | 4.5×3×1.4 | | | | | | | | |
| 272 | JSM1507 | 5.1×4×1.5 | | | | | | | | |
| 273 | JSM-1508 | 3.6×3.6×0.6 | | | | | | | | |
| 274 | JSM1509 | 4.4×2.2×1 | | | | | | | | |
| 275 | JSM1510 | 9.9×6.7×1 | | | | | | | | |
| 276 | JSM1518 | 5.5×3×1.1 | | | | | | | | |
| 277 | JSM1528 | 6×4.6×1.5 | | | | | | | | |

# 附表3　山城下墓区封土墓$^{14}$C测年报告

Beta Analytic Inc.
DR. M.A. TAMERS and MR. D.G. HOOD
4985 S.W. 74 COURT
MIAMI, FLORIDA, USA 33155
**PH:** 305-667-5167 **FAX:** 305-663-0964
beta@radiocarbon.com

## REPORT OF RADIOCARBON DATING ANALYSES

Ms. Ruizhe Li　　Report Date: 12/16/2016

Jilin Institute of Cultural Relics and Archaeology　　Material Received: 11/23/2016

| Sample Data | Measured Radiocarbon Age | Isotopes Results o/oo | Conventional Radiocarbon Age |
|---|---|---|---|
| Beta - 451307<br>SAMPLE: JSM727X-1<br>ANALYSIS: AMS-Standard delivery<br>MATERIAL/PRETREATMENT: (tooth): collagen extraction: with alkali<br>2 SIGMA CALIBRATION : Cal AD 540 to 640 (Cal BP 1410 to 1310) | 1260 +/- 30 BP | d13C= -11.1<br>d15N= +8.7 | 1490 +/- 30 BP |
| Beta - 451308<br>SAMPLE: JSM727X-2<br>ANALYSIS: AMS-Standard delivery<br>MATERIAL/PRETREATMENT: (bone collagen): collagen extraction: with alkali<br>2 SIGMA CALIBRATION : Cal AD 560 to 650 (Cal BP 1390 to 1300) | 1260 +/- 30 BP | d13C= -13.6<br>d15N= +9.3 | 1450 +/- 30 BP |
| Beta - 451309<br>SAMPLE: JSM791D-1<br>ANALYSIS: AMS-Standard delivery<br>MATERIAL/PRETREATMENT: (charred material): acid/alkali/acid<br>2 SIGMA CALIBRATION : Cal AD 380 to 435 (Cal BP 1570 to 1515) and Cal AD 460 to 465 (Cal BP 1490 to 1485)<br>Cal AD 460 to 465 (Cal BP 1490 to 1485) and Cal AD 490 to 535 (Cal BP 1460 to 1415)<br>Cal AD 490 to 535 (Cal BP 1460 to 1415) | 1620 +/- 30 BP | d13C= -24.6 | 1630 +/- 30 BP |

Results are ISO/IEC-17025:2005 accredited. No sub-contracting or student labor was used in the analyses. All work was done at Beta in 4 in-house NEC accelerator mass spectrometers and 4 Thermo IRMSs. The "Conventional Radiocarbon Age" is corrected for isotopic fraction and was used for calendar calibration where applicable. The Age was calculated using the Libby half-life (5568 years), is rounded to the nearest 10 years and is reported as radiocarbon years before present (BP), "present" = AD 1950. Results greater than the modern reference are reported as percent modern carbon (pMC). The modern reference standard was 95% the 14C signature of NIST SRM-4990C (oxalic acid). Quoted error is 1 sigma of counting error on the combined measurements of sample, background and modern reference. Calculated sigmas less than 30 years are conservatively rounded up to 30. d13C values are on the material itself (not the AMS d13C) and are reported in per mil relative to VPDB-1. Applicable calendar calibrated results were calculated using INTCAL13, MARINE13 or SHCAL13 as appropriate (see calibration graph report for references). Applicable d15N values are relative to VPDB-1 and applicable d18O and dD values are relative to VSMOW. Applicable water results are reported without correction for isotopic fractionation.

# CALIBRATION OF RADIOCARBON AGE TO CALENDAR YEARS

(Variables: C13/C12 = -11.1 o/oo : lab. mult = 1)

**Laboratory number** **Beta-451307 : JSM727X-1**

**Conventional radiocarbon age** **1490 ± 30 BP**

**Calibrated Result (95% Probability)** **Cal AD 540 to 640 (Cal BP 1410 to 1310)**

Intercept of radiocarbon age with calibration curve Cal AD 575 (Cal BP 1375)

Calibrated Result (68% Probability) Cal AD 550 to 605 (Cal BP 1400 to 1345)

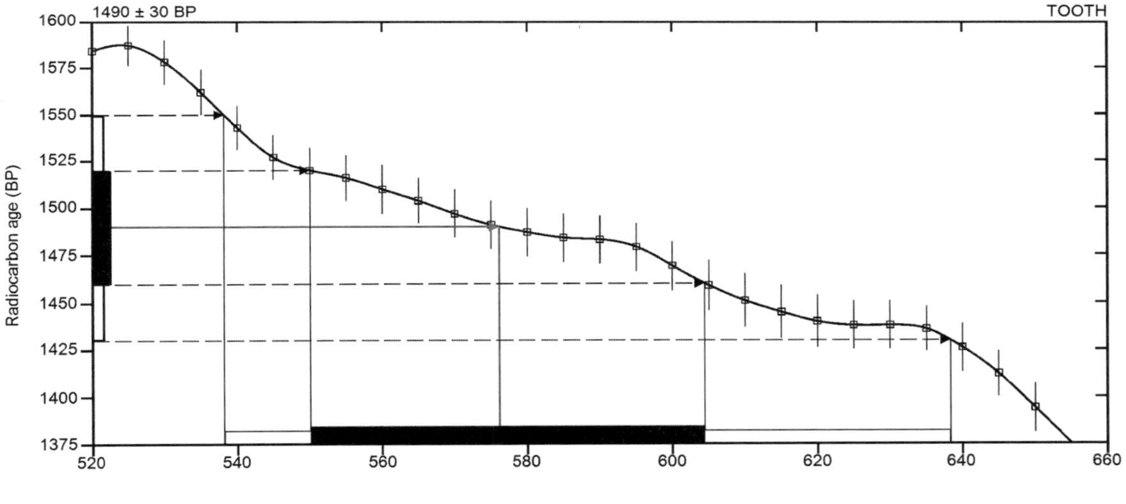


**Database used**
**INTCAL13**

**References**

**Mathematics used for calibration scenario**
A Simplified Approach to Calibrating C14 Dates, Talma, A. S., Vogel, J. C., 1993, Radiocarbon 35(2):317-322
**References to INTCAL13 database**
Reimer PJ et al. IntCal13 and Marine13 radiocarbon age calibration curves 0–50,000 years cal BP. Radiocarbon 55(4):1869–1887., 2013.

**Beta Analytic Radiocarbon Dating Laboratory**
4985 S.W. 74th Court, Miami, Florida 33155 • Tel: (305)667-5167 • Fax: (305)663-0964 • Email: beta@radiocarbon.com

# CALIBRATION OF RADIOCARBON AGE TO CALENDAR YEARS

(Variables: C13/C12 = -13.6 o/oo : lab. mult = 1)

| | |
|---|---|
| **Laboratory number** | **Beta-451308 : JSM727X-2** |
| **Conventional radiocarbon age** | **1450 ± 30 BP** |
| **Calibrated Result (95% Probability)** | **Cal AD 560 to 650 (Cal BP 1390 to 1300)** |
| Intercept of radiocarbon age with calibration curve | Cal AD 610 (Cal BP 1340) |
| Calibrated Result (68% Probability) | Cal AD 595 to 640 (Cal BP 1355 to 1310) |

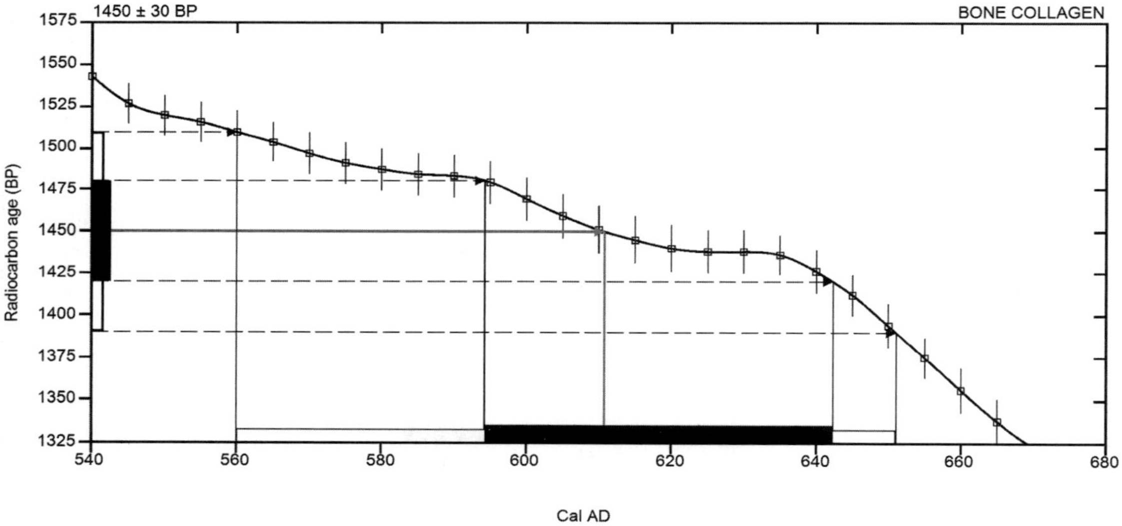


**Database used**

**INTCAL13**

**References**

**Mathematics used for calibration scenario**

A Simplified Approach to Calibrating C14 Dates, Talma, A. S., Vogel, J. C., 1993, Radiocarbon 35(2):317-322

**References to INTCAL13 database**

Reimer PJ et al. IntCal13 and Marine13 radiocarbon age calibration curves 0–50,000 years cal BP. Radiocarbon 55(4):1869–1887., 2013.

**Beta Analytic Radiocarbon Dating Laboratory**

4985 S.W. 74th Court, Miami, Florida 33155 • Tel: (305)667-5167 • Fax: (305)663-0964 • Email: beta@radiocarbon.com

# CALIBRATION OF RADIOCARBON AGE TO CALENDAR YEARS

(Variables: C13/C12 = -24.6 o/oo : lab. mult = 1)

| | |
|---|---|
| **Laboratory number** | **Beta-451309 : JSM791D-1** |
| **Conventional radiocarbon age** | **1630 ± 30 BP** |
| **Calibrated Result (95% Probability)** | **Cal AD 380 to 435 (Cal BP 1570 to 1515)**<br>**Cal AD 460 to 465 (Cal BP 1490 to 1485)**<br>**Cal AD 490 to 535 (Cal BP 1460 to 1415)** |
| Intercept of radiocarbon age with calibration curve | Cal AD 415 (Cal BP 1535) |
| Calibrated Result (68% Probability) | Cal AD 395 to 425 (Cal BP 1555 to 1525) |

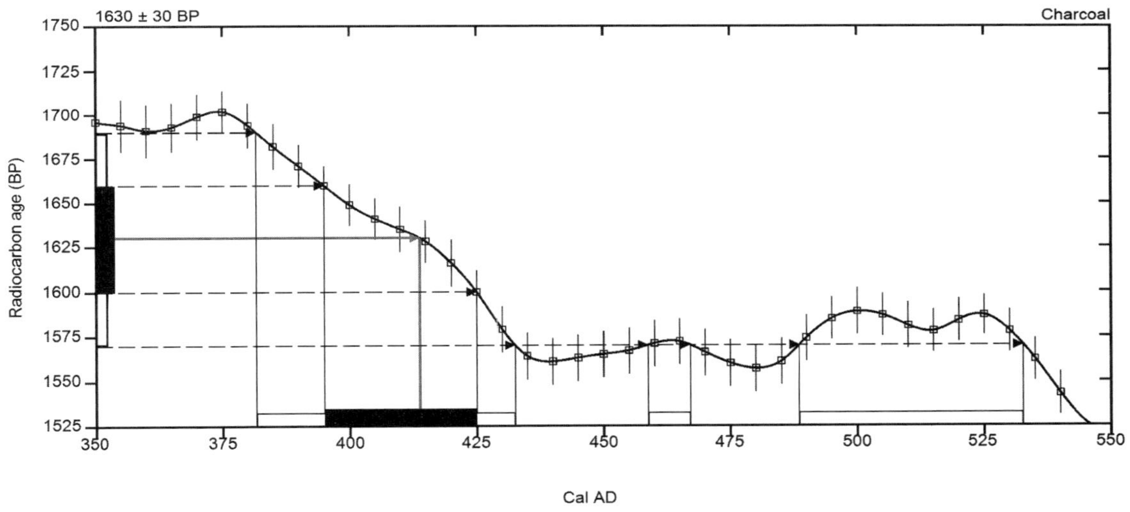


**Database used**

**INTCAL13**

**References**

**Mathematics used for calibration scenario**

A Simplified Approach to Calibrating C14 Dates, Talma, A. S., Vogel, J. C., 1993, Radiocarbon 35(2):317-322

**References to INTCAL13 database**

Reimer PJ et al. IntCal13 and Marine13 radiocarbon age calibration curves 0–50,000 years cal BP. Radiocarbon 55(4):1869–1887., 2013.

**Beta Analytic Radiocarbon Dating Laboratory**

4985 S.W. 74th Court, Miami, Florida 33155 • Tel: (305)667-5167 • Fax: (305)663-0964 • Email: beta@radiocarbon.com

# Abstract


Donggou Ancient Tombs are distributed around the urban area of Ji'an and are important tomb groups in the Goguryeo period. There are a large number of tombs and a wide variety of types. According to administrative divisions and natural topography, the tombs are divided into seven graveyards. From the west to the east, there are Maxian tombs area, Qixingshan tombs area, Wanbaoting tombs area, Shangchengxia tombs area, Yushan tombs area, Xiajiefang tombs area, Changchuan tombs area. Shangchengxia tombs area is located in the narrow and gentle slope of the canyon among Yushan Mountain, Wandu Mountain and Qixing Mountain. It is named for its distribution around Wandu Mountain City. The Hexi area of the Shangchengxia Burial Site is located on a flat terrace below the steep cliff of the south wall of Wandu Mountain City. It is also known as the tombs of noble of Shangchengxia tombs because of its diverse types, large size and dense distribution. In 2016, 288 tombs in this area were excavated. There are 1 step-wall piled-stone tomb, 6 base-altar piled-stone tombs, 1 step-altar piled-stone tomb, 2 piled-stone with stone chamber tombs, 1 tomb with unknown shape and structure. There are 277 earth tombs, including 10 chambers excavated and 267 records. Relics include gilt silver ware, gold, silver, iron, pottery and glazed pottery, etc.

This book objectively and comprehensively introduces the results of archaeological excavations in 2016. The book is divided into three chapters. The first chapter is an overview, introducing the work background, work objectives and methods. The second chapter is about the tomb, which introduces the type and the details of the tombs. The third chapter is the conclusion. The tombs are analyzed in terms of the shape of the tombs, the location of the distribution and the objects excavated. The age of the piled-stone tombs is mainly from the middle and late 3rd century to the 5th century. The age of the earth tombs is mainly from the 5th century to mid-7th century.

In 2016, the excavation work of the Hexi area of the Shangchengxia Burial Site collected a collection of precious archaeological materials of Goguryeo tombs, which is of great value to the study of the structure, evolution, arrangement and Goguryeo funeral customs of Goguryeo tombs.

# 后　　记

洞沟古墓群为全国重点文物保护单位，并于2004年列入《世界遗产名录》，加强对其保护维修、合理利用，具有重大意义。按照吉林省文物局《关于洞沟古墓群208座高句丽墓葬本体保护及防排水工程设计方案的核准意见》，吉林省文物考古研究所联合吉林大学、南京大学、吉林省博物院、通化市文物管理所、集安市文物局、集安市博物馆等相关单位，本着最小干预原则，对山城下墓区河西片区的288座墓葬进行了考古清理工作，将全部墓葬的类型、结构、建筑方法和所用材料及范围等资料信息做了翔实的记录，并通过航拍、三维建模等技术手段，全面、直观地反映每座墓葬的整体情况，为保护维修工程的实施提供了科学依据和技术支撑。此次清理，是继2003年高句丽王城、王陵和贵族墓葬申报世界文化遗产后的又一次大规模墓葬清理工作，凸显了文物保护（尤其古代遗存保护）考古先行的必要性和不可替代性。

该项目考古清理由安文荣（吉林省文物考古研究所所长，研究馆员）担任领队，董峰（集安市文物局副局长）为执行领队。参与考古清理工作的人员有吉林省文物考古研究所李睿哲、陈爽、赵昕、段德强、郭美玲、聂勇、苏作巍，南京大学硕士研究生周成慧、谷俊杰，集安市文物局高远大、宋峰宇、张世鸿，集安市博物馆郭建刚、王春燕、孙仁杰、迟勇、尹光。此外，集安市文物局项目管理办公室的王鹏勇、张然、王显华，高句丽世界文化遗产监测中心的王云刚、孙义钧、周彦萍，高句丽文物景区管理有限公司董风波、集安市文物保护派出所崔贵东也先后部分地参与了考古清理或提供技术、安全保障。墓葬本体测绘由中国人民解放军总装备部工程勘察和设计总院的汪涛负责完成。

在发掘和资料整理过程中，孙仁杰、迟勇负责墓葬类型的认定，陈爽、郭建刚负责资料整理与汇总，孙仁杰、尹光负责著录封土墓的图纸绘制，王昭、王薇（吉林建筑工程学院硕士研究生）、吴德恒（延边州文物保护中心）等负责墓葬分布图的补充和修改，赵昕、段德强负责墓葬和出土器物的拍摄，段德强负责积石墓三维建模的制作，李睿哲负责封土墓三维建模的制作，郭美玲负责出土金属器的清理与保护工作。

本报告是集体分工协作的成果。文字部分第一章由董峰编写；第二章第一至三节、第四节发掘封土墓部分由李睿哲编写并负责全书统稿，第二章第四节著录封土墓部分由郭建刚编写。安文荣负责报告编写提纲和体例的制定、第三章的编写，并对全书进行了总纂。

本报告在编纂过程中力求全面、真实地展现全部发掘成果，以此为中国高句丽墓葬研究提供一批基础研究材料，但受发掘者和编者水平所限，恐难达成所愿，敬请专家学者批评指正。

本次发掘工作得到集安市文物局、集安市博物馆的大力支持和配合，资料整理和报告的出版得到了国家社会科学基金专项项目（批准号：17VGB002）的资助，在此一并致谢！

编　者

2020年12月

1. 山城下墓区河西片鸟瞰（南向北）

2. JSM0623俯视（下为北）

山城下墓区河西片鸟瞰、JSM0623俯视

# 图版二

1. JSM0739俯视（上为北）

2. JSM0745俯视（下为北）

JSM0739、JSM0745俯视

1. JSM1271俯视（下为北）

2. JSM1323俯视（上为北）

JSM1271、JSM1323俯视

# 图版四

1. JSM1348俯视（下为北）

2. JSM-0735俯视（上为北）

JSM1348、JSM-0735俯视

1. JSM1389俯视（上为北）

2. JSM1389南侧墓域石（南向北）

JSM1389俯视、墓域

# 图版六

1. JSM1389墓道、圹室（西北向东南）

2. JSM0703（北向南）

JSM1389墓顶、JSM0703

1. JSM0704（西向东）

2. JSM1512（北向南）

JSM0704、JSM1512

图版八

1. JSM0727（南向北）

2. JSM0727西侧墓室（南向北）

JSM0727墓室

1. JSM0727东侧墓室（南向北）

2. JSM0791（南向北）

JSM0727、JSM0791

1. JSM0791西侧墓室石棺床（南向北）

2. JSM0791东侧墓室北壁（南向北）

JSM0791墓室

1. JSM0791东侧墓室墓底铺石（西向东）

2. JSM1317（西南向东北）

JSM0791、JSM1317

1. JSM1317北侧壁龛

2. JSM1317墓室北壁及底部局部（南向北）

JSM1317墓室

1. JSM1331（南向北）

2. JSM1331墓室北壁（南向北）

JSM1331

1. JSM1333（南向北）

2. JSM1333墓道封堵石（南向北）

JSM1333

1. JSM1333墓室北壁（南向北）

2. JSM1333墓底铺石（南向北）

JSM1333墓室

# 图版一六

1. JSM1333西北角石（北向南）

2. JSM1334（西南向东北）

JSM1333、JSM1334

1. JSM1334西侧墓室（西南向东北）

2. JSM1334东侧墓室（西南向东北）

JSM1334墓室

1. JSM1334东侧墓室墓底铺石（西向东）

2. JSM1335俯视（上为北）

JSM1334、JSM1335

1. JSM1335墓室北壁（南向北）

2. JSM1335藻井

JSM1335墓室

1. JSM1335东侧棺床（西向东）

2. JSM1351俯视（上为北）

JSM1335、JSM1351

1. JSM1351墓道（南向北）

2. JSM1351墓室（南向北）

JSM1351墓室

1. JSM1351藻井

2. JSM1351棺床（南向北）

JSM1351墓室

1. JSM1400、JSM1399（西南向东北）

2. JSM1400南侧墓室（西向东）

JSM1400、JSM1399

# 图版二四

1. JSM0670（东向西）

2. JSM0677（西向东）

3. JSM0679（西北向东南）

4. JSM0680（南向北）

5. JSM0682（东向西）

6. JSM0684（北向南）

7. JSM0685（南向北）

8. JSM0686（南向北）

JSM0670、JSM0677、JSM0679、JSM0680、JSM0682、JSM0684、JSM0685、JSM0686

# 图版二五

1. JSM0687（南向北）

2. JSM0688（北向南）

3. JSM0730（北向南）

4. JSM0731（北向南）

5. JSM0732（西向东）

6. JSM0733（东向西）

7. JSM0734（东向西）

8. JSM0736（西向东）

JSM0687、JSM0688、JSM0730、JSM0731、JSM0732、JSM0733、JSM0734、JSM0736

# 图版二六

1. JSM0737（南向北）

2. JSM0738（南向北）

3. JSM0740（东向西）

4. JSM0741（东向西）

5. JSM0742（西向东）

6. JSM-0744（西向东）

7. JSM0746（南向北）

8. JSM-0746（南向北）

JSM0737、JSM0738、JSM0740、JSM0741、JSM0742、JSM-0744、JSM0746、JSM-0746

1. JSM0748（南向北）

2. JSM0749（西向东）

3. JSM0750（东向西）

4. JSM0751（东向西）

5. JSM0752（西向东）

6. JSM0754（东向西）

7. JSM0755（南向北）

8. JSM0756（南向北）

JSM0748、JSM0749、JSM0750、JSM0751、JSM0752、JSM0754、JSM0755、JSM0756

# 图版二八

1. JSM0757（南向北）

2. JSM0760（西向东）

3. JSM0761（西向东）

4. JSM0762（东向西）

5. JSM0763（南向北）

6. JSM-0763A（东向西）

7. JSM-0763B（南向北）

8. JSM0764（南向北）

JSM0757、JSM0760、JSM0761、JSM0762、JSM0763、JSM-0763A、JSM-0763B、JSM0764

1. JSM0765（南向北）

2. JSM0767（西向东）

3. JSM0768（西向东）

4. JSM0769（西向东）

5. JSM0770（东向西）

6. JSM0771（北向南）

7. JSM0772（西向东）

8. JSM0773（西向东）

JSM0765、JSM0767、JSM0768、JSM0769、JSM0770、JSM0771、JSM0772、JSM0773

图版三〇

1. JSM0775（西向东）

2. JSM0776（西向东）

3. JSM0777（西向东）

4. JSM0778（南向北）

5. JSM0779（南向北）

6. JSM-0779（南向北）

7. JSM0781（南向北）

8. JSM0784（南向北）

JSM0775、JSM0776、JSM0777、JSM0778、JSM0779、JSM-0779、JSM0781、JSM0784

# 图版三一

1. JSM0785（北向南）

2. JSM0786（西向东）

3. JSM0787（北向南）

4. JSM0788（东向西）

5. JSM0789（西向东）

6. JSM-0789（东南向西北）

7. JSM0790（西向东）

8. JSM0792（南向北）

JSM0785、JSM0786、JSM0787、JSM0788、JSM0789、JSM-0789、JSM0790、JSM0792

## 图版三二

1. JSM0794（南向北）

2. JSM0795（西向东）

3. JSM0796（西向东）

4. JSM0797（南向北）

5. JSM1260（西向东）

6. JSM1262（北向南）

7. JSM1263（南向北）

8. JSM1264（南向北）

JSM0794、JSM0795、JSM0796、JSM0797、JSM1260、JSM1262、JSM1263、JSM1264

# 图版三三

1. JSM1265（北向南）

2. JSM1266（北向南）

3. JSM1267（南向北）

4. JSM1268（南向北）

5. JSM1269（东向西）

6. JSM1272（南向北）

7. JSM1318（南向北）

8. JSM1319（南向北）

JSM1265、JSM1266、JSM1267、JSM1268、JSM1269、JSM1272、JSM1318、JSM1319

# 图版三四

1. JSM1320（南向北）

2. JSM1322（南向北）

3. JSM0669（北向南）

4. JSM0691（南向北）

5. JSM0692（东向西）

6. JSM0699（东向西）

7. JSM0701（东向西）

8. JSM0705（北向南）

JSM1320、JSM1322、JSM0669、JSM0691、JSM0692、JSM0699、JSM0701、JSM0705

# 图版三五

1. JSM0711（东向西）

2. JSM-0711（北向南）

3. JSM0712（东向西）

4. JSM0713（东向西）

5. JSM0714（东向西）

6. JSM0715（北向南）

7. JSM0717A（西向东）

8. JSM0717B（南向北）

JSM0711、JSM-0711、JSM0712、JSM0713、JSM0714、JSM0715、JSM0717A、JSM0717B

# 图版三六

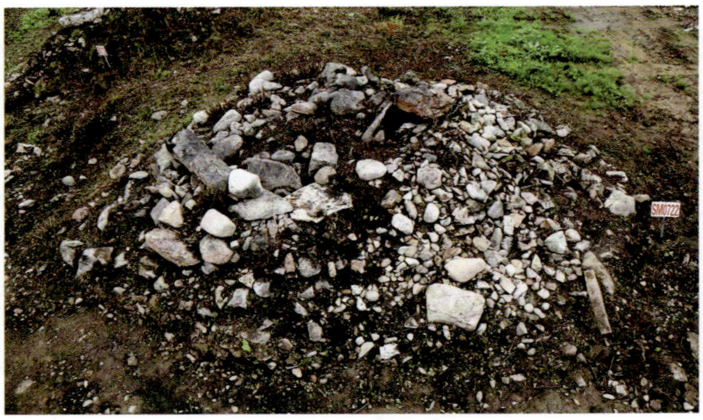

1. JSM0722（南向北）

2. JSM0723（南向北）

3. JSM0799（南向北）

4. JSM1273（东向西）

5. JSM1274（西向东）

6. JSM1277（东向西）

7. JSM1278（南向北）

8. JSM1279（西向东）

JSM0722、JSM0723、JSM0799、JSM1273、JSM1274、JSM1277、JSM1278、JSM1279

1. JSM1282（东向西）

2. JSM1285（东南向西北）

3. JSM1286（东向西）

4. JSM1287（北向南）

5. JSM1288（西向东）

6. JSM1289（南向北）

7. JSM1329（南向北）

8. JSM1330（西向东）

JSM1282、JSM1285、JSM1286、JSM1287、JSM1288、JSM1289、JSM1329、JSM1330

图版三八

1. JSM0793（南向北）

2. JSM1321（南向北）

3. JSM1324（南向北）

4. JSM1325（南向北）

5. JSM1326（南向北）

6. JSM1328（北向南）

7. JSM1336（南向北）

8. JSM1337（南向北）

JSM0793、JSM1321、JSM1324、JSM1325、JSM1326、JSM1328、JSM1336、JSM1337

# 图版三九

1. JSM1338（南向北）

2. JSM1340（南向北）

3. JSM1341（东向西）

4. JSM1344（南向北）

5. JSM1345（南向北）

6. JSM-1345（南向北）

7. JSM1349（南向北）

8. JSM1364（南向北）

JSM1338、JSM1340、JSM1341、JSM1344、JSM1345、JSM-1345、JSM1349、JSM1364

图版四〇

1. JSM1365（北向南）

2. JSM1366（南向北）

3. JSM1367（西向东）

4. JSM1332（南向北）

5. JSM1350（北向南）

6. JSM1352（南向北）

7. JSM1353（西向东）

8. JSM1355（西向东）

JSM1365、JSM1366、JSM1367、JSM1332、JSM1350、JSM1352、JSM1353、JSM1355

# 图版四一

1. JSM1356（北向南）

2. JSM1357（北向南）

3. JSM1360（东向西）

4. JSM1361（西向东）

5. JSM1362（北向南）

6. JSM1363（北向南）

7. JSM1368（东向西）

8. JSM1368A（东向西）

JSM1356、JSM1357、JSM1360、JSM1361、JSM1362、JSM1363、JSM1368、JSM1368A

## 图版四二

1. JSM1369（东向西）

2. JSM1370（南向北）

3. JSM1371（南向北）

4. JSM1372（西向东）

5. JSM1373（南向北）

6. JSM1374、JSM1375（南向北）

7. JSM1376（南向北）

8. JSM1377（西向东）

JSM1369、JSM1370、JSM1371、JSM1372、JSM1373、JSM1374、JSM1375、JSM1376、JSM1377

1. JSM1378（东向西）

2. JSM1379（南向北）

3. JSM1380（南向北）

4. JSM1381（北向南）

5. JSM1382（北向南）

6. JSM1385（南向北）

7. JSM1386（南向北）

8. JSM1388（南向北）

JSM1378、JSM1379、JSM1380、JSM1381、JSM1382、JSM1385、JSM1386、JSM1388

# 图版四四

1. JSM-1389（东向西）

2. JSM1393（西向东）

3. JSM1395（北向南）

4. JSM1396（南向北）

5. JSM1397（西向东）

6. JSM1398（南向北）

7. JSM1401（南向北）

8. JSM1402（南向北）

JSM-1389、JSM1393、JSM1395、JSM1396、JSM1397、JSM1398、JSM1401、JSM1402

1. JSM1403（北向南）

2. JSM1404（南向北）

3. JSM1406（东向西）

4. JSM1415（南向北）

5. JSM1416（西向东）

6. JSM1417（西向东）

7. JSM1418（西向东）

8. JSM1419（南向北）

JSM1403、JSM1404、JSM1406、JSM1415、JSM1416、JSM1417、JSM1418、JSM1419

# 图版四六

1. JSM1420（东向西）

2. JSM1421（南向北）

3. JSM1422（西向东）

4. JSM1423（北向南）

5. JSM1424（东向西）

6. JSM1425（西向东）

7. JSM1426（东向西）

8. JSM1428（南向北）

JSM1420、JSM1421、JSM1422、JSM1423、JSM1424、JSM1425、JSM1426、JSM1428

1. JSM1429（东向西）

2. JSM1430（西向东）

3. JSM1431（东向西）

4. JSM1432（东向西）

5. JSM1433（东向西）

6. JSM1434（南向北）

7. JSM1436（南向北）

8. JSM1437（西向东）

JSM1429、JSM1430、JSM1431、JSM1432、JSM1433、JSM1434、JSM1436、JSM1437

## 图版四八

1. JSM1438（南向北）

2. JSM1439（南向北）

3. JSM1440（北向南）

4. JSM1441（南向北）

5. JSM1442（南向北）

6. JSM1443（北向南）

7. JSM1444（东向西）

8. JSM1445（东向西）

JSM1438、JSM1439、JSM1440、JSM1441、JSM1442、JSM1443、JSM1444、JSM1445

# 图版四九

1. JSM1446（南向北）

2. JSM1447（北向南）

3. JSM1448（东向西）

4. JSM1449（西向东）

5. JSM1450（西向东）

6. JSM1451（北向南）

7. JSM1452（东向西）

8. JSM1453（南向北）

JSM1446、JSM1447、JSM1448、JSM1449、JSM1450、JSM1451、JSM1452、JSM1453

# 图版五〇

1. JSM1454（西向东）

2. JSM1455（西向东）

3. JSM1456（南向北）

4. JSM1457（西向东）

5. JSM1458（南向北）

6. JSM1459（西向东）

7. JSM1460（西向东）

8. JSM1461（西向东）

JSM1454、JSM1455、JSM1456、JSM1457、JSM1458、JSM1459、JSM1460、JSM1461

# 图版五一

1. JSM1463（东向西）

2. JSM1464（南向北）

3. JSM1465（南向北）

4. JSM1466（东向西）

5. JSM1467（东向西）

6. JSM1468（东向西）

7. JSM1469（南向北）

8. JSM1470（北向南）

JSM1463、JSM1464、JSM1465、JSM1466、JSM1467、JSM1468、JSM1469、JSM1470

# 图版五二

1. JSM1471（南向北）

2. JSM1472（西向东）

3. JSM1473（北向南）

4. JSM1474（南向北）

5. JSM1475（东向西）

6. JSM1476（南向北）

7. JSM1477（北向南）

8. JSM1480（南向北）

JSM1471、JSM1472、JSM1473、JSM1474、JSM1475、JSM1476、JSM1477、JSM1480

1. JSM1481（北向南）

2. JSM1482（东向西）

3. JSM1483（西向东）

4. JSM1484（东向西）

5. JSM1485（北向南）

6. JSM1485A（东向西）

7. JSM1486（南向北）

8. JSM1487（西向东）

JSM1481、JSM1482、JSM1483、JSM1484、JSM1485、JSM1485A、JSM1486、JSM1487

# 图版五四

1. JSM1488（西向东）

2. JSM-1489（西向东）

3. JSM1490（南向北）

4. JSM-1490（西向东）

5. JSM1492（西向东）

6. JSM1494（南向北）

7. JSM1495（北向南）

8. JSM1496（南向北）

JSM1488、JSM-1489、JSM1490、JSM-1490、JSM1492、JSM1494、JSM1495、JSM1496

# 图版五五

1. JSM1497（南向北）

2. JSM1498（东向西）

3. JSM1499（南向北）

4. JSM1500（西向东）

5. JSM1501（西向东）

6. JSM1503（南向北）

7. JSM1505（北向南）

8. JSM1506（西向东）

JSM1497、JSM1498、JSM1499、JSM1500、JSM1501、JSM1503、JSM1505、JSM1506

# 图版五六

1. JSM1507（西向东）

2. JSM-1508（西向东）

3. JSM1509（西向东）

4. JSM1510（西向东）

5. JSM1518（东向西）

6. JSM1528（东向西）

JSM1507、JSM-1508、JSM1509、JSM1510、JSM1518、JSM1528

# 图版五七

1. 铁钉
（2016JSM1317：4）

2. A型铁钉
（2016JSM1334东：2-11）

3. B型铁钉
（2016JSM1334东：2-1）

4. B型铁钉
（左：2016JSM1334西：2-6、
右：2016JSM1334西：2-9）

5. 铁钉
（左：2016JSM1351：1-8、
右：2016JSM1351：1-1）

6. A型铁钉
（2016JSM1399：1-1）

7. B型铁钉
（左：2016JSM1399：1-2、
右：2016JSM1399：1-3）

8. 铁器
（2016JSM1334西：11）

9. 铁钉
（2016JSM0727西：1-2）

10. 铁钉
（2016JSM0727西：1-5）

11. 铁钉
（2016JSM0727西：1-7）

12. 铁钉
（2016JSM0791西：5-4）

铁钉、铁器

# 图版五八

1. 2016JSM0791西：1

2. 2016JSM0791西：3

3. 2016JSM1334西：5

4. 2016JSM1334西：6

5. 2016JSM1334西：9

6. 2016JSM1334西：12

7. 2016JSM1335：1-4

8. 2016JSM1353：1

铁棺环

1. 银饰（2016JSM0791东：1）

2. 银饰（2016JSM1334西：13-3）

3. 银饰（2016JSM1334西：13-4）

4. 金环（2016JSM1334东：3）

5. 金环（2016JSM1334西：3）

6. 鎏金银饰（2016JSM1334东：4-1）

7. 鎏金银饰（2016JSM1334东：4-2）

银饰、金饰、鎏金饰

# 图版六〇

1. 陶器耳（2016JSM1317：1）

2. 陶片（2016JSM1317：3）

3. 釉陶盖（2016JSM1335：2）

4. 釉陶盖（2016JSM1335：3）

5. 釉陶口沿（2016JSM1335：4）

6. 陶罐（2016JSM0791西：4）

7. 玛瑙珠（2016JSM1334西：4）

陶器、釉陶、玛瑙珠